大疫當前

建構中國生命倫理學

大疫當前

香港城市大學出版社
City University of Hong Kong Press

國際統一書號：978-962-937-585-0

出版
香港城市大學出版社
香港九龍達之路
香港城市大學
網址：www.cityu.edu.hk/upress
電郵：upress@cityu.edu.hk

Building Chinese Bioethics in the Time of COVID-19
(in traditional Chinese characters)

ISBN: 978-962-937-585-0

Published by
City University of Hong Kong Press
Tat Chee Avenue
Kowloon, Hong Kong
Website: www.cityu.edu.hk/upress
E-mail: upress@cityu.edu.hk

Printed in Hong Kong

目錄

關懷倫理

詳細目錄

防控倫理

法律倫理

醫療倫理

責任倫理

關懷倫理

編者序

面對百年不遇的新冠病毒瘟疫（COVID-19）在全球爆發，人們固然需要流行病學、病毒學、生物學、臨床醫學、管理學以及大數據、人工智能等各類有效的科學技術以應對這一危機，但只有科學知識並不足夠；這次疫情不僅是對公共健康、醫療體制以及個人生活的挑戰，而且是對生命倫理學的挑戰，需要正當的人文道德的回應。

面對親友的患病離去、各地的分割檢疫、經濟的大幅滑坡，社會上出現了困惑和恐慌，不少人產生了焦慮和絕望。在這個特殊時機，生命倫理學應該做出誠懇的反思和深入的探索。無論是現代西方的倫理理論、還是傳統文化的倫理範式，都應該走出象牙之塔，重新思考有關人類生存的處境以及公共衛生和醫療健康等生命倫理學的關鍵議題，成為大疫當前的實際道德論述，而不是在艱難的倫理困境中無語失言。我們現在應該做什麼？需要什麼樣的知識理論？從事什麼樣的研究課題？應用什麼樣的防控倫理、法律倫理、醫療倫理和關懷倫理？這些重大議題，可能為我們建構中國生命倫理學提供危中之機。總之，解決疫情需要醫療科技，但不能只靠醫療科技，生命倫理學的探索不可缺如。

本書承繼我們在2017年主編出版的《建構中國生命倫理學：新的探索》的學術態度，基於理論結合實際的原則，在大疫當前的艱難時空中探索建構中國生命倫理學的可能取向、意義、方式、內容以及挑戰。全書分為六大部分：基礎倫理、防控倫理、法律倫理、醫療倫理、責任倫理及關懷倫理。我們希望這部應對新冠病毒疫情的生命倫理學著作不但能夠補充生命倫理學的「缺如」，而且能夠為健全社會防疫意識、完善醫療衛生體系、增強道德研究以及建構具有中國特色的生命倫理學助一臂之力。

范瑞平、張穎

謝　辭

我們首先感謝香港浸會大學應用倫理學中心（The Centre for Applied Ethics, HKBU）對於編輯和出版本書的鼓勵和幫助。該中心成立於1992年，是中國及亞洲同類型研究中心的先驅。中心致力於應用倫理學課題的研究，尤其是有關當代醫學和生命倫理學的探索，深化相關人士對於當今社會道德議題的認識和討論。另，感謝浸會大學FNRA-IG研究資金對張穎博士相關研究的資助。同時，我們感謝香港城市大學公共政策學系及其同事對於范瑞平教授的相關研究和本書編輯的協助。最後，我們特別感謝香港城市大學出版社社長朱國斌教授及其編輯對於本書出版的熱情支持、外審安排和認真負責，使得本書得以順利問世。

范瑞平　張穎

編者簡介

范瑞平，美國萊斯大學（Rice University）哲學博士。現任香港城市大學人文社會科學學院「生命倫理學及公共政策」講座教授，兼任《中外醫學哲學》（香港）聯席主編，《醫學與哲學期刊》（*Journal of Medicine and Philosophy*，美國）副主編，《中國醫學倫理學》（大陸）副主編，國際「哲學與醫學」叢書（Springer）編委。主要研究領域為儒家生命倫理學與比較哲學。發表英文論文90餘篇，中文論文80餘篇。專著有《重構主義儒學：後西方道德問題反思》（英文，2010）和《當代儒家生命倫理學》（中文，2011）。主編及聯席主編著作包括《儒家生命倫理學》（英文，1999），《儒家社會與道統復興》（中文，2008），《當代中國的儒學復興》（英文，2011），《儒家憲政與中國未來》（中文，2012）、《禮學及德性生活》（英文，2012），《儒家政治制度》（英文，2013），《以家庭為基礎的知情同意》（英文，2015），及《建構中國生命倫理學：新的探索》（中文，2017）。電郵：safan@cityu.edu.hk.

張穎，美國萊斯大學（Rice University）宗教哲學博士。現任香港浸會大學宗教及哲學系主任、博士生導師。同時任浸大應用倫理學中心主任，倫理學與公共事務碩士科目副主任。美國APCA叢書編委成員，美國醫保倫理標準世界議事會（紐約）成員。《中外醫學哲學》（香港）聯席主編，香港考試及評核局委員會委員（佛教類）。研究領域包括宗教哲學、比較哲學和應用倫理學。有關中國哲學（道家，佛教）、比較哲學及應用倫理學的論文發表於中外學術刊物，其中包括〈宗教倫理學：中國傳統的模式與詮釋〉（英文，2020）、〈大腦基因工程：佛教的回應〉（英文，2018）、〈想像與不滿：道之烏托邦與惡托邦〉（英文，2018）、〈當田立克的「存有」遭遇佛教的「無」〉（英文，2017）及〈論後人文主義時代對人文主義的反思——從列維納斯的「他者的人文關懷」到道家的「自然人文觀」〉（中文，2014）。電郵：eyzhang@hkbu.edu.hk.

作者簡介

(按姓名筆劃序)

丁春豔，香港城市大學法律學院副教授、副院長。
電郵地址：chunding@cityu.edu.hk

尹梅，哈爾濱醫科大學人文社會科學學院院長、教授；主要研究
方向：醫學倫理學、醫院文化。
電郵地址：dryinmei@163.com

尹潔，西安交通大學法學院研究生。
電郵地址：yinjie@stu.xjtu.edu.cn

方旭東，華東師範大學教授，主要從事中國哲學、實踐倫理研究。
電郵地址：xdfang@philo.ecnu.edu.cn

王明旭：西安交通大學醫學部公共衛生學院教授，主要研究方向：
醫學倫理學。
電郵地址：wangmx601@xjtu.edu.cn

王玥，西安交通大學法學院副教授。
電郵地址：wangyue2011@mail.xjtu.edu.cn

王珏，西安電子科技大學人文學院哲學系副教授，主要研究方向：
外國哲學，倫理學。
電郵地址：wangjue0330@126.com

白劼，香港城市大學公共政策學系博士生。
電郵地址：jiebai6-c@my.cityu.edu.hk

吳靜嫻，西安交通大學經濟與金融學院助理教授；專業領域：健
康政策與醫療保險。
電郵地址：jxwu0625@163.com

李振良，河北北方學院高等教育研究所教授，主要研究方向：醫學哲學。
電郵地址：zhllee68@163.com

李瑞全，台灣中央大學哲學研究所教授，主要研究方向：中國哲學、生命倫理學。
電郵地址：shuiclee@cc.ncu.edu.tw

杜焱，台灣交通大學社會與文化研究所研究生。
電郵地址：Yandu420@126.com

金琳雅，哈爾濱醫科大學人文學院醫學倫理學教研室講師。
電郵地址：linya0919@163.com

馬永慧，英國曼徹斯特大學博士，廈門大學醫學院生命倫理中心副教授，研究方向為生命倫理學。
電郵地址：yhma@xmu.edu.cn

張言亮，蘭州大學哲學社會學院教授，主要從事與倫理學相關的教學和科研工作。電郵地址：ylzhang@lzu.edu.cn；13919374213

張新慶，北京協和醫學院人文和社會科學學院教授，主要研究方向：生命倫理學。
電郵地址：zxqclx@qq.com

郭齊勇：武漢大學哲學學院教授。
電郵地址：qyguo@whu.edu.cn

陳成斌，香港浸會大學宗教及哲學系助理教授，研究方向：倫理學、政治哲學。
電郵地址：benedictchan@hkbu.edu.hk

陳琪，廈門大學醫學院生命倫理中心研究生，研究方向為生命倫理學。
電郵地址：qichen0914@163.com

曾晨，西安交通大學法學院本科生。
電郵地址：zc15960083363@stu.xjtu.edu.cn

賀苗，哈爾濱醫科大學人文學院教授，研究方向：醫學倫理學。
電郵地址：hemiao767@163.com

趙文清，美國惠特曼大學哲學系助理教授，主要研究方向：中國哲學、生命倫理學、道德心理學。
電郵地址：zhaowenqing711@gmail.com

鄭蘭蘭，西安交通大學及香港城市大學管理學哲學博士候選人，專業領域：健康管理與數字治理。
電郵地址：lanlan8625@126.com

劉長秋，上海社會科學院法學研究所研究員、生命法研究中心主任，主要從事生命法學研究。
電郵地址：shengmingfaxue@126.com

劉濤，廣州醫科大學馬克思主義學院副教授，專業領域：儒家生命倫理學。
電郵地址：172827924@qq.com

蔡昱，雲南財經大學商學院教授，研究方向：政治哲學與道德哲學，醫學倫理與醫事法。
電郵地址：yucaicn@vip.sina.com

蔡篤堅，台灣屏東基督教醫院講座教授，生命倫理暨社會醫學中心主任；陽明大學衛生福利研究所兼任教授。
電郵地址：duujiantsai@gmail.com

蔣輝，福建醫科大學附屬漳州市醫院科教科經濟師，專業領域：醫院管理與醫學倫理。
電郵地址：bydjh@qq.com

鄧蕊：山西醫科大學人文社會科學學院教授；專業領域：生命倫理學，三部六病中醫。
電郵地址：dengrui1978@sxmu.edu.cn

黎可盈，南方醫科大學衛生管理學院碩士研究生。
電郵地址：995274346@qq.com

謝文野，香港城市大學公共政策學系博士生。
電郵地址：wenyexie2-c@my.cityu.edu.hk

韓娟，廈門大學人文學院哲學系博士生，研究方向為中國傳統倫理。
電郵地址：717146079@qq.com

聶業，醫學學士，社會醫學與衛生事業管理碩士，西南醫科大學人文管理學院副教授。
電郵地址：350574562@qq.com

嚴金海，南方醫科大學通識教育部教授，研究方向為醫學倫理學。
電郵地址：yjh@smu.edu.cn

大疫當前

建構中國生命倫理學

范瑞平

香港城市大學人文社會科學學院「生命倫理學及公共政策」講座教授

張穎

香港浸會大學宗教及哲學系系主任

本書由來

2020年，百年不遇的新冠病毒瘟疫（COVID-19）在全球爆發，人們的生活秩序完全被打亂，公眾健康遭受嚴重威脅。對於這一危機，我們固然需要利用各類科學（如流行病學、病毒學、生物學、臨床醫學、管理學以及大數據、人工智能等）來進行有效的應對，但我們同時還需要訴諸合理的人文道德來做出正當的回應。也就是說，我們不僅需要科學、還需要倫理學才能全面應付這一危機。在這個特殊而又關鍵的時機，本書試圖對於這一疫情做出誠懇而又深入的生命倫理學反思。

的確，科學是有用的，但只有科學是不夠的，因為科學本身是有限的。首先，迎接這一新的冠狀病毒的入侵，科學家、公共衛生專家、醫學家都需要時間來做出適當的反應。病毒的源頭、特徵、毒性程度、傳染源、傳播途徑、易感人群以及預防和治療的方式等等，都需要經過認真的研究之後才能得到正確的知識。疫苗的研製就是一個突出的例子。儘管各國科學家都在殫精竭慮、爭分奪秒地進行工作，但若不經過必須的步驟、嚴謹的試驗的話就沒

有可能得到可靠的疫苗，只會「欲速則不達」。其次，科學家們常常會有不同的意見。人們看得很清楚，在疫情早期，無論是對於這種病毒的特性、還是對於它的預防和治療，科學家們都難以得出統一的看法。事實上，這種不一致性可能伴隨疫情的全程。例如，時至今日，科學家們對於全民檢測的效率、成效依舊莫衷一是。再次，科學本身是帶有不確定性的。要求科學為我們做出百分之百、屢試不爽的預測是不合理的，因為科學理論及其預見都有邏輯的局限性，無法為我們消除「黑天鵝」現象。最後，即使科學能夠對於疫情給予我們一些比較明確的知識，這些知識也不能完全決定我們的政策和行為。例如，閉關、封城、檢疫、隔離等等，一定有助於控制疫情，這是科學的確定性知識，但人們是否一定要這樣做、做到什麼程度、給出何種例外等等，都必須依賴人們的最終決定。而做出這類最終決定所需要考慮的絕不只是科學知識所能促進的健康價值，還必須要包括其他的人類價值，例如自由、平等、公正、繁榮等等。困難在於，這些價值之間並不總是協調一致，人們必須對它們進行適當的綜合和平衡。總之，由於科學具有這幾方面的不可避免的有限性，我們勢必需要在科學研究之外加上人文價值研究，才能全面應付新冠疫情。這當然會合情合理地把我們引入倫理學研究。

不少學者同意對抗疫情不能只靠自然科學（包括醫學），還需要依靠社會科學（特別是政治科學）的幫助。但他們仍然沒有看到倫理學的必要性和重要性。美國著名政治學家福山（Francis Fukuyama）的觀點就是突出一例。在他看來，一個國家能否有效應對疫情主要取決於三個關鍵因素：國家能力、社會信任和領導水平。因此他在疫情發生以來發表的一系列文章都着重於政治考量，完全缺乏倫理思考的維度。然而，我們已經看到，在任何社會危機之時，人們的價值取向和道德選擇都會在不同的層面上左右一個社會應對危機的態度、決策和方式，而人們的價值取向和道德選擇正是其社會的道德傳統和倫理精神所塑造和形成的。倫理學研究的對象就是道德，其內容離不開社會的道德傳統、倫理精神以及針對它們所進行的學理反思和應用探索。簡言之，無論

是國家能力的大小、社會信任的程度還是領導水平的高低，這些政治維度的細節都無法脫離道德傳統和倫理精神的糾纏，而是在深度層面上顯現着道德價值的烙印。無論是對於其中涉及的政治領導還是普通民眾，概莫能外。簡言之，面對疫情，科學、技術、政治、經濟以及其他社會因素的作用及其相關的議題研究固然重要，但生命倫理學的考察也是不可缺失的環節。

　　對疫情進行生命倫理學的考察難以脫離具體的社會狀況和文化背景來進行，因為疫情的倫理學問題雖有無關地域的共性，也有地域相關的特性，而密切聯繫實際正是生命倫理學研究不同於純理論的元倫理學（Meta-ethics）研究的一個突出特點。同時，生命倫理學反思不可避免地需要在不同的道德傳統、倫理精神以及倫理學理論之間做出評價和抉擇。我們一向認為，現代西方在醫學哲學及生命倫理學領域處於領先示範的學術地位，可供我們學習和借鑒；但東方在人文醫學傳統及倫理價值資源方面也包含着悠久深厚的靈根植被，也應該得到發掘和培植。的確，中西思想可能各有所長，我們需要學習西方理論思想，但不能一味照搬西方思想。為此，我們提出「建構中國生命倫理學」的號召，倡導與西方學術真誠相對，互通有無，取長補短，在醫學哲學及生命倫理學領域架起一座中西溝通的橋樑。這絕不是在肯定生命倫理學相對主義，更不是說生命倫理學沒有真理，而是強調面對實際問題，從具體的道德傳統、倫理精神以及理論觀點出發，認真分析、評價和探索這些問題的實質特性，提出自己的見解和解決方案，其中當然也包括對於自己所應用的道德傳統、倫理精神以及理論觀點進行切實的反思和重估。我們認為，這可能正是追求生命倫理學真理的適當方法和誠懇態度。為此，本書承繼我們在2017年主編出版的《建構中國生命倫理學：新的探索》的學術立場，基於理論結合實際的原則，特別邀請了兩岸三地的學者撰文，嘗試在大疫當前的艱難時空中探索建構中國生命倫理學的可能取向、意義、方式和內容。具體說來，大家從今次疫情所涉及的基礎倫理、防控倫理、法律倫理、醫療倫理、責任倫理和關懷倫理這六個方面，具體情境出發來從倫理學的角度展開論述，形成了本書的六個部分。

本書內容

　　基礎倫理部分着重倫理學基礎理論及觀點的構建。這次疫情不但向我們提出了挑戰，也為我們提供了機會，鞭策我們深入反思應該訴諸什麼樣的道德哲學、倫理傳統和道德原則來回應疫情所帶來的倫理難題和改善現代社會生活的一般狀況。范瑞平在〈大疫當前：訴諸儒家文明的倫理資源〉一文中以儒家的美德倫理學為基礎，提出了一個大膽倡議：我們需要倫理學範式的轉向，即人類需要轉向和諧主義（而不是科學主義）的發展觀、美德主義（而不是原則主義）的決策觀、家庭主義（而不是契約主義）的天下觀。在他看來，儒家美德倫理學所攜帶的美德、和諧和和平的信息，應該給予人們深遠的啟示，避免這次疫情扭轉健康的全球化發展趨勢，不要使得國際社會進入互相敵對、封閉的惡性競爭時代。郭齊勇在〈重釋「人與天地萬物一體」的生命智慧〉中從人與動物、人與自然的角度審視此次疫情的危機，指出現代科學和技術是一把雙刃劍，它給人類以恩惠，又使人類異化為工具。他論證人類應當善待其他的類存在，如動物、植物，回到中國傳統的人與天地萬物為一體的境界。在〈新冠肺炎病毒疫情中的仁道：從文化與倫理看病毒疫情之啟示〉一文中，李瑞全以儒家的仁道進路來檢討我們與冠狀病毒共存時，如何調整我們的生活與價值，建立生命共同體的觀念，以減輕或免除由此嚴峻疫情所帶來的個人與社會的創傷和後遺症。最後，方旭東在〈後疫時代人工智能應用的倫理思考〉一文的論述超越當下疫情本身，而是從歷史的眼光審視人類的未來的生存，思考現代科技。在他看來，人工智能以及虛擬空間將在後疫時代大行其道，它們將帶來新的倫理問題。他認為，虛擬空間的交往培養不起人際之間的真正信任，儒家的「仁」的價值無比珍視人與人之間的實際交互性，應當喚起我們的重視，用來應付後疫時代將會產生的空虛感。

　　防控倫理部分應對疫情中出現的預防、管控方面的道德困境，尤其是如何處理個人權利與公共安全的平衡問題。自由主義的倫理觀強調人的知情權、自主權和自決權，然而諸如知情、自

主、自願等原則在公眾健康遭到挑戰時勢必會受到一定的限制。張穎在〈瘟疫控制中時的知情同意：原則與情境的博弈〉中指出，儘管自願原則中所強調的基本權利，如當事人的決定是自主的，不受身體約束、心理威脅以及信息操控，但在處理個體行為時，達成自我約束和自發限制是理想的價值選擇，這在疫情防控中尤為重要，這一點在世衛《傳染爆發倫理問題指南》中亦有所反映。〈冠狀病毒病疫情下隔離措施的道德議題的初步哲學探索〉一文解決類似問題，但作者陳成斌不是純粹使用個人權利的進路，而是以阿馬蒂亞・森（Amartya Sen）的後果評價和能力進路作為道德推論和基礎。作者認為，後果評價和能力進路這兩個由森所提出的理念可以把不同的道德理論和傳統與公共衛生議題連繫起來。以上兩篇文章在敍述西方自由主義倫理（如權利原則、傷害原則、效益原則等）之外，也加入對中國傳統倫理思想的反思。〈新冠肺炎疫情防控中的「相稱性原則」解析〉以「相稱性原則」為切入點，說明武漢封城以及中國政府對應傳染病突發所採取的一系列公共政策的合理性以及完善應急法律的必要性。張新慶，王明旭，蔡篤堅認為，「相稱性原則」可以解決個體與群體、個體自由與公共利益之間的矛盾，而且同安身立命、經世濟民的儒家倫理學一脈相承，因後者與效益主義和義務論之二元對立思辨方式有所不同，提倡回歸中庸。〈疫情背景下對待無症狀感染者的道德困境與出路探究〉主要處理在對待無症狀患者時面臨的道德困境，譬如，如何採取相應的措施？如何對所採取的措施進行事實性的描述？所採取的措施會有哪些隱藏的問題？這些問題給我們帶來哪些倫理思考？張言亮指出，中國內地的一些教科書中的道德論述，有些關鍵的論點流於空洞的語言遊戲，無法解決實際問題，需要結合和反思中國倫理傳統做出新的探索。最後，〈死亡率究竟代表什麼？——COVID-19大流行中的統計哲學問題〉涉及防控倫理在死亡統計中的體現。在這次疫情中，統計性科學以及大數據的應用無疑成為疫情防控、乃至公共衛生的重要手段。趙文清通過美國和中國死亡統計的例子，闡述如果我們缺乏對統計科學在哲學上的考量，就有可能只是從一種迷信轉向另一種迷信，即缺乏批判性的反思，其結果是只看見死亡率的表面數字，而沒有理解死

亡率所表示的意義和本質。她認為我們需要回歸儒家傳統所提出的「文以載道」、「文以明道」的觀點來增強對死亡統計學本質的理解。

法律倫理部分的三篇論文都是探討涉及這次疫情的公共衛生倫理中所包含的法律問題。首先，健康卡（健康通行證）在中國內地的廣泛使用，的確對疫情的防控起到有效的作用。但同時也帶來一系列倫理和法律問題，尤其是涉及「隱私權」的解釋和尊重。已有學者將中國現在使用的健康卡和新加坡的TraceTogether比較，發現前者的隱私政策內容含糊，儲存時間也不夠明確。〈疫情下電子健康通行證：隱私、自由與公共健康的平衡〉一文表明，如何在保護隱私與自由同維繫公共健康之間找到平衡點，成為當今公共政策的一個主要問題。電子健康通行碼制度透過智能手機，讓社會成員實名認證，並將自己的出行信息上傳到網絡控制的數據庫系統，系統再根據信息生成屬於個人健康的二維碼。健康碼分為紅、黃、綠三色，其中綠色代表持碼人健康，可以在公共場所正常通行。然而，由於中國使用的健康卡與其他國家開發的類似追蹤程序比較（如美國的蘋果和谷歌公司），信息量大，範圍廣、種類多，引發個人「隱私權」是否能夠得到保護的問題。丁春豔強調，在防控疫情時，尋求隱私、自由與公共健康之間的平衡，與儒家所崇尚的中庸之道是相吻合的。在〈疫情防控視野下的健康權保障研究〉一文中，劉長秋首先界定「健康權」在法律上的含義，然後說明健康權在疫情的特殊情況下會有一個輕重緩急的排序。也就是說，基於抗疫的需要以及保障公共健康的需要，國家在公民健康保障義務上可以有所消減，但這種消減必須滿足特定的條件以及適當性的比例。這類生命法學理念同儒家生命倫理傳統中的尊重生命、人命至上的重要內容是完全契合的。〈疫情下個人數據利用的倫理法律困境及其中國進路初探〉一文同樣涉及風險管控中個人權利的確立問題。王玥、尹潔、曾晨指出，如何在突發公共衛生事件處理中正當、合法且及時有效地進行個人數據的利用，已經成為當今亟待解決的法律和倫理問題。文章就數據的收集、分析、披露、銷毀的程序，説明公民個人數據在公共機構中使

用時可能出現的厲害關係，指出中國政府的有關部門應當重視中國傳統倫理觀對數據利用進行倫理指導的基礎性作用，並需要完善現行的數據利用的法律規範。

　　醫療倫理是醫學—生命倫理學的一個主要部分，這次艱難的疫情過程更加突顯出醫療倫理的指導作用。這一部分的四篇論文都涉及病人治療過程中的倫理難題。首先，當醫療資源短缺時，如何解決分配正義的問題？〈年齡配給的倫理問題：新冠疫情下誰應該得到呼吸機？〉一文正是就這個話題進行倫理論證。在王珏看來，西方倫理學家為年齡配給辯護的三條主要倫理路徑是功利主義、自由主義與社群主義，但它們都具有一定的道德缺陷。她贊同儒家以提升所有人的美德為出發點的道德思路，推崇回饋式而不是接力式的人類代際關係，強調在面對醫療資源稀缺情境時，我們絕不能將限制老人的醫療供給作為一種合理應對手段。按照儒家倫理，她特別指出，在新冠疫情這種公共衛生緊急狀態下，很難設想一種抽象的契約論能夠凝聚起足夠的道德共識，我們需要的是維護社會團結，加強而不是侵蝕我們彼此之間的道德責任感。〈新型冠狀病毒疫情防治中倫理困境分析〉一文的作者黎可盈和嚴金海指出，突發疫情必然導致社會的恐慌情緒，而恐慌情緒又會導致社會不同群體和個人的相互指責與不滿。同時，醫療資源的不足導致分配上的矛盾和衝突。他們認為，在這種情況下，政府需要儒家式的「仁政」，盡量考慮人民的需求，並調節各方面利益的平衡。最後，鄧蕊在〈新冠肺炎防治倫理：整體防控、科學認知與三部六病治療方案〉中提出潛伏期治療和中西醫結合的醫療模式。所謂「三部六病」中醫學說認為，治療新冠肺炎，中醫可以在西醫強大的生物學、影像學的基礎上提供一套有效的、便於操作的治療方案，其特點是分期治療，調動機體的免疫功能。由於中醫提倡「治未病」，在預防瘟疫上當然也可以有所建樹。

　　責任倫理的部分涉及幾方面的責任倫理問題。疫情肆虐，人人自危。誰應該負責、承擔社會的疫情防控？是政府？是社會？還是民眾自身？責任倫理學是以責任概念為主導範疇的倫理學。即使「責任」概念本身不一定是與道德理論的基礎性概念，但責任

倫理學是建立在道德規範基礎上的。例如，醫生是否有犧牲自己去拯救患者的責任？如何區分醫護人員的法律責任與道德責任？這部分中重點探討的倫理學問題包括社會對於限制患者權利的合理補償的責任（見李振良和聶業的〈疫病防治對患者自主權利的限制與合理補償〉），醫療保險在疫情蔓延時的責任（見吳靜嫻和鄭蘭蘭的〈突發公共衛生事件下中國醫療保險新政儒家反思〉），醫院對受試者的保護責任（見劉濤的〈疫情中的生物醫學研究如何保護受試者？儒家倫理的視域〉），公共衛生危機突發時政府的責任（見蔣輝的〈突發公共衛生事件應急處理與行為的抉擇：中國生命倫理學的價值導向〉），以及疫情中社會對於老人的保護責任（見謝文野的〈疫情下不同居住方式的老人的需求與照護〉）。五篇文章的作者都試圖從中國傳統的倫理學思想中尋求與責任有關的理論和實踐資源，而不是僅僅限於責任概念的探討，如責任行動者的能力、責任的因果關係、責任行動歸屬的建構等等。關於醫生對患者的義務，其中包括講真話、尊重隱私、信息保密、徵求干預的同意、回應請求幫助患者做出決定，這些義務即便是在疫情的特殊時期也是應該遵守的基本倫理規範。合理補償的部分包括免費檢測和治療以及對患者的後期追蹤和康復服務。這裏的問題是這些服務是屬於公民的權利（即政府提供）還是透過商業保險制度來得到適當的補償，吳靜嫻和鄭蘭蘭更傾向於中國傳統的行善原則，訴諸儒家生命倫理學的「仁愛」、「公正」、「誠信」和「和諧」四項原則，說明在突發疫情中提供免費治療是一種不可缺少的道德責任。顯然，在中國傳統倫理框架中，責任而不是權利乃是主要的倫理觀念。

　　最後一部分是關懷倫理。這裏的關懷倫理既包括西方 "ethics of care" 的成分，也包括中國道德哲學中的關懷與慈悲。在醫患關係中，我們一方面需要強調醫護人員的仁心仁愛、懸壺濟世的醫德，另一方面也需要重視對於臨床一線醫護人員的保護和關愛。尹梅和金琳雅在〈突發公共衛生事件中醫務人員健康權的保障〉一文中指出，在武漢疫情爆發初期，大多數醫護人員在缺乏標準防護的狀態下工作，造成他們的基本安全需求得不到保障。他們

認為，我們在要求醫護人員治病救人的同時，不能忘記對他們的理解和關愛。當我們為「逆行者」感動落淚之時，不要忘了他們可能有去無回。韓娟、陳琪、馬永慧在〈新冠疫情中老年群體的關懷：孝道倫理的視角〉一文中把討論的中心放在疫情中最為脆弱、最易傷害的群體，即老年人的群體，並以儒家的孝道為原則，闡述在疫情中我們更需要給予他們從身體到精神的特殊關懷。他們認為，隨着社會的老齡化，孝道是關懷倫理在中國文化語境中的具體表現。〈儒家倫理對突發公共衛生事件污名化的反思〉討論這次疫情涉及的一些歧視及污名化現象，賀苗強調在公共衛生問題上，我們需要建立生命共同體的觀念，而不是對某個群體或地區採取歧視的態度。〈「新冠」疫情病逝者遺體處理與告別的生命倫理學關懷〉提出了一個在疫情危機中往往被忽視的議題，即對逝者的臨終關懷。這次疫情來勢兇猛，防疫措施跟不上，造成了在遺體處理與告別過程中的道德危機。白劼和杜焱認為，臨終關懷需要政府、社區的努力，需要家庭的介入，更需要珍視儒家禮儀所體現出的個體維度的情感本質和社會面向的教化意義。最後一篇文章題為〈何以超越「畏死的恐懼」——新冠疫情防控的啟示〉，蔡昱認為，中國現有的制度以及傳統儒家文化都提供了超越死亡恐懼的內在條件和道德資源。文章中的一些觀點或許引發爭議，但蔡昱的確提出了一個重要問題，超越死亡恐懼無疑是在疫情防護中一個非常有意義的課題。可惜的是，本書所結集的論文都沒有提及和探討宗教以及宗教組織在這次疫情生活中所起到的作用，這是一個遺憾。

本書意義

我們期望本書的六個部分（基礎倫理、防控倫理、法律倫理、醫療倫理、責任倫理及關懷倫理）構成了應對新冠病毒疫情的一幅完整的生命倫理學圖景，不但能夠補充生命倫理學的「缺如」，而且能夠為制定正當抗疫政策、健全社會防疫意識、完善醫療衛生體系、增強道德研究以及建構具有中國傳統道德特色的生命倫

理學助一臂之力。當然，本書是否具備這些意義、本書中的25篇論文各自所具有的優略得失，都需要留待讀者的評價和時間的考驗。

但有一點，相信大家都是感同身受的，那就是，這次疫情不僅是對公共健康、醫療體制以及個人生活的挑戰，也是對生命倫理學的挑戰。往近處看，面對親友的患病離去、各地的分割檢疫、經濟的大幅滑坡，社會上出現了困惑和恐慌，不少人產生了焦慮和絕望。無論是現代西方的倫理理論、還是傳統文化的倫理範式，都必須走出象牙之塔，認真回應緊迫的生命倫理問題：我們現在應該做什麼、怎麼做？應該制定什麼樣的政策？應該從事什麼樣的研究？應該應用什麼樣的基礎倫理、責任倫理和關懷倫理？應該建立什麼樣的防控倫理、法律倫理、醫療倫理？這些重大議題，也可能為我們建構中國生命倫理學提供危中之機，成為大疫當前的實際道德論述，而不是在艱難的倫理困境中失言無語。總之，解決疫情需要醫療科技，但不能只靠醫療科技，生命倫理學的探索不可缺如。

往遠處看，生命倫理學需要重新思考有關人類生存的處境以及未來社會的公共衛生和醫療保健問題。特別是，現代主權國家及其科技發展表現出前所未有的強大力量，但也伴隨着無可奈何的脆弱性和無法避免的不確定性，甚至還包含着可怕的風險。如何讓政治和科技正常發展，造福於人，而不是不受道德管控地爭奇鬥狠，甚至走入邪門歪道，給人類帶來滅頂之災，這在很大程度上將取決於人們對於自己的道德傳統、倫理精神和價值取向的反思、修正和維護。事實上，中國傳統倫理具有突出的「進德修業」精神，這種精神不但鼓勵「自強不息」，而且推崇「厚德載物」；也就是說，它不贊成唯我獨尊，壓制別人，消除異己；而是倡導「修文德而來之」，溫良恭儉讓。無論是大國的橫行霸道、資本的壟斷影響、還是科技的專美於世，都是同這種倫理精神的價值取向背道而馳的。「萬物靜觀皆自得，四時嘉興與人同」。建構中國生命倫理學的理想就是探索萬事萬物達到自在、自然、自得、自由的和平健康和和諧境界的學理途徑。是所望焉！

第一章

大疫當前

訴諸儒家文明的倫理資源

范瑞平

香港城市大學人文社會科學學院「生命倫理學及公共政策」講座教授

一、從政治學到倫理學

新冠病毒疫情（Covid-19）發生以來，國際著名政治學家福山（Francis Fukuyama）已發幾篇評論，觀點大同小異。他在最近的一篇文章中指出，隨着我們對於這場疫情愈來愈多的了解，可以斷定它不會馬上結束，可能需要以幾年而不是幾個月來計算它的持續時間。新冠病毒並不像我們原本恐懼的那樣致命，但卻極具傳染力，常常在人群中不知不覺的傳播。伊波拉（Ebola）病毒高度致命但卻不易染上，患者往往在把病毒傳給別人之前就死掉了；新冠病毒則相反，人們對其疏忽大意，使得它在全球範圍內蔓延，造成大量死亡。我們距離宣佈最終戰勝這種疾病的日子遙不可及，各國經濟都可能要試探着緩慢恢復，且被反覆出現的疫情拖累進程。期待經濟出現V型反彈似乎過於樂觀，更可能呈現的將是拖着長長翹尾的L型走勢、或是波動起伏的W型走勢。[1]

---

* 本文主要內容刊於《中外醫學哲學》，2020年，XVIII卷2期，《中外醫學哲學》授權在本書發表。特別感謝下述朋友對本文初稿提出詳盡有益的評論和建議：蔣慶、慈繼偉、唐文明、方旭東、李晨陽、李瑞全、白彤東、張言亮、王玨。

1. Francis Fukuyama. "The Pandemic and Political Order: It Takes a State." *Foreign Affairs*, July/August 2020.

　　在應對疫情方面為什麼有些國家比另一些國家做得更好呢？在福山看來，關鍵的因素不在於政體類型，而在於另外三項因素：國家能力、社會信任和領導水平。如果一個國家擁有富有能力的國家機構、民眾信任和聽從的政府、以及有效的領導人，那麼這個國家的表現就會出色、所受的損失就會有限；相反，如果一個國家政府無能、社會對立、領導疲弱，那麼該國的表現就會較差，國計民生就遭損失。福山對於美國領導人提出尖銳批評：在危機襲來之際，掌舵美國的卻是美國近代史上最無能、最具爭議性的領導人，他判斷對抗和仇視遠比國家團結更契合自己的政治利益，因而利用疫情挑起了爭鬥並加深了社會裂痕。在福山看來，美國在疫情期間表現糟糕的最主要原因就是國家的領袖沒能履行自己的職責。同時，福山對於當前處理疫情較好國家的未來情形也不看好：民眾可以受集體主義的鼓動而做出一時的自我犧牲，但不會永遠保持這種熱情；久拖不決的疫情加上高失業率、漫長的衰退和前所未有的經濟負擔，將不可避免地製造緊張局勢，甚至演變成政治動亂。最後，福山認為，民主體制、資本主義和美國都在過去證明了具有轉變和適應的能力，他希望它們這回還能突施妙計、再次變出令人驚喜的戲法。[2]

　　福山對於這次疫情的分析似乎言之成理，對於未來艱難歲月的預測也算持之有故。但我認為，同他過去的思考一脈相承，他的觀點執着於政治學考慮，缺乏倫理學的觀照。在他看來，人類社會發展的大勢已定，即使還有曲折、迂迴、危機、乃至災難，但價值取向已屬板上釘釘，那就是現代西方的自由民主價值取向及其進一步的展開和全面實現。他認為這一歷史取向不會為非西方文化的倫理精神、道德特徵以及人們的深入反思所轉移。對於美國當前的政治爭鬥和社會分裂，他固然深不以為然，但也主要歸結為領袖的行為不當和無能，絲毫不願觸碰現代西方國家的倫理精神及其問題。

---

2. 同註1。

　　在我看來，中華傳統文化的倫理精神同現代西方文化的倫理精神大異其趣。如果突出其不同特點的話，可以分別標識為儒家的天命美德倫理及其家庭主義與和諧主義的特點，[3]針對現代的世俗原則倫理及其原則主義與自由主義的特點。東亞國家對於這次疫情的應對，至少在疫情明顯出現之後，總體上處理得較之西方國家更好，背後實有不同的倫理精神的反應和支撐。我們不應該完全停留在福山所強調的政治機構的質素和領導人的能力及作風的層面來看問題。離開了倫理精神的比較和分析，我們對於這次危機就難以想得更深、學得更多，也無助於未來的國際合作。說到底，一個社會的倫理價值承諾才是對其現實政治的一種基礎性指導而不是相反。不去進行倫理學的深層探索及對話，政治哲學所達成的一些公共話題以及所謂「公共理性」，不過是一時的、不穩定的過眼雲煙。

　　當然，強調倫理價值探索的必要性並不是排斥或取代其他方面的考慮。人們當然明白，科學、技術、政治、經濟以及其他社會因素在抗疫過程中起着舉足輕重的作用，本文無意否認這一點，不會把一個社會抗疫的成效、結果完全歸功（或歸過）於其文化的倫理特質，儘管它們在深度層次上發揮着作用。同時，當我們把東方的家庭主義、和諧主義與西方的原則主義、自由主義進行比較時，我們絕不意指東方沒有原則、自由，只有家庭、和諧，而西方沒有家庭、和諧，只有原則、自由；而是說，不同的文明倫理都有複雜的結構特徵和微妙的內涵成分，它們之間既有一般概念和生活方式的不同，也有具體觀念和個別做法的相同。對於它們進行適當的表徵和總結無可避免，但應防止過度概括、虛假對比。[4]最後，無人能夠提供一個完美的理性方法來把一種倫理證明為最

---

3. 參閱拙著《當代儒家生命倫理學》。北京大學出版社，2010年。

4. 最近一篇得到廣泛注意的中文論文把希臘文明與中華文明的核心分別概況為「自由優先」與「秩序優先」，我認為這是過度概況、虛假對比，儘管文章對於兩個文明做了不少精彩的論述。其實，自由與秩序屬於內在關聯的概念，不存在沒有秩序的自由，也不存在沒有自由的秩序。真正的對比可能是，希臘人與中華人喜歡不同類型的自由與秩序。參見潘岳，〈「自由優先」還是「秩序優先」——中西方文明根性之比較〉，《文化縱橫》，2020年6月。

終的真理，[5]人們在這方面應該放棄狹隘的理性主義傲慢或科學主義信念，以為自己已經證實了真理。因而，對於不同文化的倫理精神進行比較和反思有助於我們更清楚地看到現代人類社會的特徵、淵源和問題，擴大我們的道德想像力，繼續探索公正適宜的政治制度。

總之，這次大疫情不但給了我們重新思考政治學的機會，也給了我們重新思考倫理學的機會。本文想要大膽提出的是，我們可能需要進行一次倫理學的範式轉換：比較而言，現代西方世俗的原則主義倫理學具有很大問題，儒家文明的美德倫理學包含重要優點。本文試圖闡述為什麼應該主動訴諸儒家文化的倫理資源來思考新冠肺炎疫情所引發的危機以及當今世界所面臨的挑戰。

二、用和諧主義對治科學主義

源遠流長的儒家文明所包含的倫理學是一套和諧主義的美德倫理學。這一文明的核心是一種推崇「德」的倫理天命觀，其清楚闡述可以從孔子常常夢見的周公那裏看到：「天命靡常，惟德是從」。[6]這一文明相信，人性中有「德」（天命有德），它是一種神奇的力量，使人謙卑恭敬，自我約束，從而形成適當的天人關係、人際關係、人物關係。特別是，它能在人們之間喚起心靈感通、相互愛護、相互幫助，而不是動用暴力手段來維護自身的利益、損害他人的福祉。的確，孔子強調明德慎罰，德的力量是仁愛的、和平的力量，以盡可能不使用暴力或武力為高明和妥帖，具有以善待人、以善服人（所謂「任德不任力」，對比於法家的「任力不任德」）、爭得人心的特徵。正如孔子指出，「子為政，焉用殺？」（《論語》

---

5. 我的已故導師恩格爾哈特先生一向論證，理性無法證明真理，無論是宗教、科學、還是倫理學真理。參閱氏著《生命倫理學基礎》，范瑞平譯。北京大學出版社，2006年。

6. 有關文獻汗牛充棟，最近一篇很有見地的論文是趙法生著〈殷周之際的宗教革命與人文精神〉，《文史哲》，2020年3月，63-74頁。

12：19），「為政以德，譬如北辰，居其所而眾星共之」（《論語》2：
1）。雖然這一文明相信人皆有德性，但德性的大小有所不同：「君
子之德風，小人之德草，草上之風必偃」（《論語》12：19）。人不應
做小人，而應學習成為君子；一個人是否君子不在於是否位高權
重，而在於是否德性高尚。德不配位，將生災禍。

人的德性是從哪裏來的？「德」字最初的意思可能是通過舉
行祭祀天帝和祖先的禮儀而獲得的一種力量。[7]孔子和孟子進一
步表明，上天已在每個人的心中注入了一定的德性，所謂「性相近
也」。用孟子的話說，每個人的心中已有以「不忍人之心」為代表
的德性四端（即惻隱之心、羞惡之心、辭讓之心、是非之心），構
成了儒家文明所認知的初心。這種德性初心不是靠原則來展示，
而是通過禮樂行為的學習和實踐來培養和發揮。的確，儒者是在
禮樂實踐中體現諸如仁義禮智信、孝誠忠恕和等具體美德。綜合
起來說，儒家傳統認為德是上天和祖先所獎賞我們的一種善良力
量，它不但存在於人的心裏，而且體現在人的真誠的禮儀行動中，
引致「德」的結果，成就「生生之德」。[8]

在我看來，以「德」為核心的儒家美德倫理學的首要特點是和
諧主義，它所揭示的規律是和諧規律（即共時性規律），屬於完全
不同於科學規律（即因果性規律）的範疇。我們首先需要認識到
這兩種規律之間的不同，然後才能認識到為什麼我們需要利用科
學的知識、但不應該接受科學主義的意識形態。簡言之，從儒家
美德倫理學的觀點出發，我們需要和諧規律和科學規律一道來指
導人生和社會，包括應對此次疫情，不能由後者取代前者。

---

7. 參閱Nivision, D. *The Ways of Confucianism*. Chicago: Open Court, 1996.

8. 強調「禮」的關鍵性作用乃是儒家美德倫理學的一大特點。標榜為西方美德倫理學鼻祖的亞里士
多德倫理學沒有認識到「禮」的重要性，這使得當代哲學家麥金太爾提出當代西方亞里士多德
倫理學者應該向儒家倫理學學習。See A. MacIntyre. "Once more on Confucian and Aristotelian
conceptions of the virtues." *Chinese Philosophy in the Era of Globalization*. Ed. R. Wang. State of New
York University Press, pp. 151–162.

基礎倫理

　　無可否認，西方文明已經發展出強大的科學體系，認識到一系列所謂「客觀的」科學規律，為現代社會帶來了日新月異的技術手段和翻天覆地的生活變化。的確，儘管科學知識依然具有很大的不確定性（見後），但沒有人能夠否認科學規律的理性和成效。同時，我們必須承認，中國傳統文化沒有發展出科學，只有一些有用的技術。這是因為，無論儒家還是其他諸子百家都沒有按照嚴格的演繹邏輯推理得出任何科學理論、也沒有發展出以數學作為各門學科的共同語言。[9]即使我們說中醫是「科學」，那也只能是一門具有不同意思的「科學」。[10]這裏的關鍵與其說是所謂經驗論述、實驗檢驗，還不如說是它們同演繹推理、數學論證的創造性結合。現代中國想要發展科學，必須實實在在地向現代西方文明學習，特別是學習科學的演繹邏輯和數學基礎。

　　然而，學習科學的必要性絕不能證明接受科學主義的正當性。科學主義認為，科學是知識的典範，只有科學方法才是獲得真理的唯一途徑，科學可以並且應該（逐步）取代其他學科（如哲學和倫理學）、或使它們成為「科學的」學科，讓人們「科學地」看待所有的人生和社會問題。儘管這種科學主義意識形態難以成立，但它的影響且深且巨。例如，任何了解當代大學教育情況的人，都可從其學科的設置及其發展前途、經費的不同分配和使用、政策及管理方面的話語權等各個方面把這種影響看得一清二楚。然而，我們必須指出，科學主義同儒家美德倫理學所相信的和諧主義格格不入，因為後者所提供的不是科學的因果性規律，而是非因果的共時性規律。

---

9. 李慎之，〈中國傳統文化中既無民主也無科學〉，見http://www.aisixiang.com/data/6223.html；楊振寧，〈《易經》對中華文化的影響〉，見http://china.caixin.com/2016-05-11/100942176_all.html#page2；吳國盛，《什麼是科學》。廣東人民出版社，2016年。

10. 參閱Ruiping Fan. "Modern Western Science as a Standard for Traditional Chinese Medicine: A Critical Appraisal." *Journal of Law, Medicine & Ethics*, vol. 31, no. 2, Summer 2003, pp. 213–221；Ruiping Fan and Ian Holliday. "Which Medicine? Whose Standard? Critical Reflections on Medical Integration in China." *Journal of Medical Ethics*, vol. 33, no. 8, August 2007, pp. 454–461.

「共時性規律」（synchronicity）的概念是瑞士心理學家榮格（C. G. Jung, 1875-1961）首先提出的：這些規律可以將世界上的現象或事件以非因果性的、但有意義的方式聯繫起來。就處於因果規律中的現象而言，作為「原因」的現象一定出現在作為「結果」的現象之前，因而它們是「歷時性的」。而就處於共時性規律中的現象而言，兩個現象同時出現（但不是巧合、而是有意義的聯繫），是「共時性的」，並無「原因」與「結果」之分。榮格首先利用共時性規律來說明心理現象與身體現象的聯繫，進而將其應用到其他領域。事實上，在榮格看來，共時性現象雖然不像萊布尼茲（Gottfried Wilhelm Leibniz）的「先定和諧」學說所假定的那麼普遍和絕對，但也時常出現在生活的各種境遇和各個角落之中。更重要的是，榮格提出中華文明的核心概念「道」所指的正是萬事萬物之間的非因果性的、有意義的連接，因而可以被適當地理解為共時性規律。在他看來，《易經》就是教導人們如何根據共時性規律來看待事物間的聯繫，並以此指導人們進行適當的決策和行動：《易經》揭示了客觀事物之間的非因果性的相互依賴關係，以及人的主觀心理狀況與客觀事物之間的共時性存在。[11]

我認為，共時性規律可以通過「精氣感應」學說得到清楚的解釋。眾所周知，傳統中華文明認為，「氣」是構成宇宙的基質，是天道的載體，它既不是純物質的，也不是純精神的，而是皆有物質和精神二性。天地萬物皆由氣組成，氣聚則生，氣散則死。「精氣」乃是精良之氣，如同《管子•內業》表明，「凡物之精，此則為生。下生五穀，上為列星。流於天地之間，謂之鬼神；藏於胸中，謂之聖人」。[12]孔子在《論語》中對於「血氣」的論述、孟子對於「浩然之氣」的推崇，都可以看作是對「精氣」在人生中巨大作用的肯定。關鍵一點是，中華文明相信，相同的精氣，即使相隔很遠，也可以形成即時的相互感應和交通（即共時性反應）。所謂「同聲

---

11. 詳細介紹可參閱拙作，"Confucian Harmony as Ritual Synchronicity." *Harmony in Chinese Thought: A Philosophical Introduction*. Ed. Chenyang Li. Rowman & Littlefield, 2021 (forthcoming).

12. 精氣說不僅為儒家所接受和發揮，而且為道家等其他各家所利用和發展，包括《管子》及下文提到的《呂氏春秋》。

相應」、「同類相召」等說法，背後的原理都是相同精氣之間的相互感應（即《易經•繫辭傳》所謂「同氣相求」）。而且，「天地之性人為貴」，人稟精氣較多，因而可以通達萬物；而萬物各得精氣較少，所以只能「同類相召」。不少經典中都提到的所謂人與天地合其德、與日月合其明、與鬼神合其靈、與四時合其序等等，皆可作精氣感應之解。我們可以在董仲舒的《春秋繁露》中看到有關「精氣感應」的精闢論述，也可在《呂氏春秋》中發現親子之間由於精氣相同、雖身處異地但依然彼此感通的故事。《呂氏春秋》還講到君王與百姓之間、人與鬼神之間、以及人與動物之間都有精氣感通。[13]的確，宇宙間一氣流通的感應論可能貫穿於悠久中華文明的哲學論證之中。[14]

人心由精氣構成，人心相通即精氣感應，這可看作天命之德的善良力量的自由顯現，本文將稱作「德性之力」或「仁愛衝動」。值得注意的是，儒家美德倫理學的主要注意力並沒有放在發現「自然存在的」人與天、人與人、以及人與物之間的精氣感應的實例和細節之上。[15]東漢的讖緯之學似有那種意向，但以其牽強附會的特點甚至弄虛作假的行為而很快被儒家主流所摒棄。相反，我認為儒家主流主要將精氣感應作為一種啟發性原理應用在「主動的」禮樂實踐之中，以使「仁愛衝動」在人類社會展開、體現和完成。在我看來，儒家所推崇的禮樂實踐正是共時性現象的最好例證：禮儀參與者的行為並不是歷時性的因果決定，而是共時性的相互感應。芬格瑞特（Herbert Fingarette）曾用簡單的握手之禮來說明這種共時性特徵，儘管他沒有用「共時性」這個詞：你伸出手、我伸出手、我們握在一起，並不是因為你先拉了我或我先拽了你，

---

13. 參閱郜建華、樓宇烈，〈《呂氏春秋》中的「精氣説」〉，《華僑大學學報》（哲學社會科學版），2017年3月，40–53頁。

14. 參閱A. C. Graham. *Yin-Yang and the Nature of Correlative Thinking*. Singapore: Institute of East Asian Philosophies, 1986 ; Jia Jinhua. "From Human-Spirit Resonance to Correlative Modes: The Shaping of Chinese Correlative Thinking." *Philosophy East & West*, vol. 66, no. 2, 2016, pp. 449–474；吳震，〈心學與氣學的思想異動〉，《復旦學報—社會科學版》，2020年，1期；陳來，〈王陽明晚年思想的感應論〉，《深圳社會科學》，2020年，2期。

15. 當代學者自然會想到「精氣感應」與「量子糾纏」的相似性與不同性，本文不做探討。

而是我們自發地、同時地在做動作，並且配合得天衣無縫，像有一種「魔力」存在似的。[16]也就是說，禮儀實踐的這種和諧性不是由於因果作用、機械碰撞、物理規則來造成，也不是因為個人的欲望驅動或利益驅使而產生。其背後的推動力不是物質的蠻力、武力或暴力，而是自由的精神之力或芬格瑞特所說的「魔力」，我認為其實就是孔子所說的「克己復禮」、「仁者愛人」的德性之力，是人們的仁愛之心的共時性衝動和感通。正是禮儀實踐的這種有意義的共時性特徵，使得儒家的禮樂指導顯現為倫理道德的和諧性規律，而不是科學的因果性規律。[17]

　　這種共時性理解把人的禮樂實踐同生產實踐區分了開來。[18]生產實踐是人利用因果性規律來進行的功利性活動，如人要種地生產糧食、造車實施運輸、發電以供通訊等等，為人類帶來生活的好處和便利；而禮樂實踐則是人按照共時性規律進行的精神性活動，如人祭祀上天和祖先以示敬畏、相互施禮以表尊重、舉行儀式以求鄭重等等，體現人的精神、自由和尊嚴，並使人類社會成為一個具有和諧關係的有意義的整體。如果只按因果性規律來理解禮樂活動的話，就會貶低人的精神、自由和尊嚴，把人降低為由那些或明或暗的物質因素所決定的物件，使自由行動的人變成了因果鏈條中的一環，像是被隱藏的扯線所決定的木偶一般。相反，禮儀實踐的本性是自由的。例如，當你看到先拉門進屋的人並沒有把門放開、而是傳遞給下一位、後者接過門來並向前者點頭微笑表示感激時，你不應該把這一禮儀理解為物理學規律所決定的現象，也不應該把它看作人們在做「你有初一我有十五」的利益交換，而是應該把它理解為體現了人與人之間本有的、自由的「仁愛反應」。當然，儒家禮儀並不推崇統一相等的行為，而是更

---

16. 參閱Fingarette, Herbert. *Confucius—The Secular as Sacred*. New York: Harper & Row, 1972, pp. 7-8.

17. 這並不是說禮樂行為不能用歷時性因果規律來解釋，而是說共時性規律能更好地說明它們所體現的倫理精神以及人作為禮樂實踐者的自由本性。這裏可能隱藏着儒家不同於康德理性主義自由觀的一種和諧主義自由觀，雖然本文無法進行深入討論。

18. See Ruiping Fan. "Confucian Ritualization: How and Why?" *Ritual and the Moral Life: Reclaiming the Tradition*. Eds. D. Solomon, PC Lo and R. Fan. Dordrecht: Springer, 2012, pp. 143–158.

基礎倫理

多地尊重人際間的差序格局。例如,當學生用雙手把自己的論文遞給老師時,老師可能只需單手接過並友好示意而已;這絕不表示他們之間的道德不平等,而是表示他們之間的差異和諧性。最後,儒家禮儀的倫理精神不是強求嚴苛或機械的重複性行為,而是嚮往充滿仁愛的創意和創新。例如,一位丈夫的「克己復禮」絕不是一味固守舊習,而是當你太太下班回家時,你無論多麼不情願離開眼前的電腦都要堅持起身來給她一個迎接擁抱。[19]總之,生產實踐帶來利益,禮儀實踐體現和諧,它們雖然常常結合在一起出現,但性質是不同的:前者是科學的,後者是倫理的;前者是因果決定性的,後者是共時感應性的。

我們不能否認科學的偉大成就,但也不能否認科學的不確定性。正如《黑天鵝》的作者塔雷波用大量例證向我們表明的,科學長於解釋、但短於預測,特別是根本無法預測那些影響巨大的黑天鵝事件。[20]例如,今次疫情發生了,科學可以追溯病原,並能很快測出「肇事者」冠狀病毒的分子序列,提出其致病、傳染等一系列科學解釋。儘管塔雷波本人並不認為這次大流行是典型的黑天鵝事件,但也確實沒有哪位科學家能夠預測到它的發生。事實上,世衛在2020年1月23日都未能將疫情宣佈為「國際公共衛生緊急事件」(PHEIC),而是遲了一週才宣佈;甚至對於無病證者是否要戴口罩這個簡單的「預測」問題,很多西方傳染病專家和科學研究者初期都不建議,美國疾控中心也是後來才改變了立場。的確,在世界上科學最發達的美國,截至6月底新冠確診病例已達250萬,死亡人數超過12.5萬——佔全球感染和死亡人數的25%,儘管美國人口僅佔世界總人口的4%多一點。這些,有誰能夠提前做出「科學的」預測呢?而且,不要以為只有社會科學(如經濟學)才難以預測,塔雷波提醒我們自然科學一樣不能預測,因為世界本身就具有根本的、嚴重的、無可救藥的不可預測性。儘管科

---

19. Michael Puet and Christine Gross-Loh, Christine. *The Path: What Chinese Philosophers can Teach Us about the Good Life*. New York: Simon & Schuster, 2016, pp. 43–44.

20. Nassim Nicholas Taleb. *The Black Swan: The Impact of the Highly Improbable*. New York: Random House, 2007.

學理論形成了嚴密的演繹系統因而獲得了對於過去和現在的強大解釋力，但每條科學規律的根底依然逃不脫歸納特徵，所以無法預測和保證未來：事情的過去一千天都是這樣，但明天就可能變樣了。例如，病毒學、流行病學都無法預測Covid-19冠狀病毒將在何時發生突變、如何發生突變、在其分子的何處發生突變，只能去檢測是否已經發生了突變。因而，高明的科學家已經認識到，對付此次疫情，不應該過多強調新奇的高科技（事實上把病人隔離起來這個古老的醫學智慧對這次疫情最管用）；專家不該太牛，通才也很重要（注意公共衛生可能比發現特效藥更有效）。[21]

　　更重要的是，我們除了需要認識到科學的不確定性外，還要認識到科學的極限性：科學所發現的因果規律既是科學的長處，也是它的極限。人需要利用因果規律，但不能被因果性規律鎖住手腳，因為人是自由的主體。只要人想過有意義、有價值的道德生活，就不能把自己看作是由科學因果決定了的物體。也就是說，人不能只做生產實踐，不做禮儀實踐；不能只有歷時性的欲望衝動，沒有共時性的「精氣感應」；不能只做利益－代價計算，不做倫理、審美追求。這裏，我們絕不是說儒家美德倫理學可以做出比科學更好的預測，而是說它要引導我們做出仁愛的、和諧的決定。事實上，倫理學根本不做預測，而是只做決定。這不是倫理學的短處，而是倫理學對人的自由的尊重。科學給人以提示，但不能把人決定。接受科學主義就是把人當作沒有精神、沒有自由的物件；承認儒家美德倫理學的「精氣感應」乃是讓人發揮德性之力，超越因果決定論的藩籬。

　　以這次疫情為例，科學給予我們有用的（但往往是不確定的）提示，但如何完善這類提示，還需要我們依賴仁愛衝動的自由規律來創造性地制定合理的政策和做出道德的決定：適當地規範自己的行為，友好地對待不幸的病人，照顧老人和弱者，關愛醫護人員，以及人性化地告別病逝者。這些，都不能、也不應該由科學規

21.　參閱唐金陵，〈如果只盯着傳染病疫情，我們將失去一個百年不遇的生機〉，瞭望智庫，見https://finance.sina.com.cn/review/jcgc/2020-07-02/doc-iirczymm0091488.shtml。

基礎倫理

律來完全決定。例如，科學提示我們要做檢測、封關、封鎖、限聚等等，但如何做、做到什麼程度，都將取決於我們的倫理探索。科學告訴我們握手可能造成傳染，我們需要做出新的調整：儒家美德倫理學的指導可能是既不要冒險繼續握手，也不要不做任何表示，而是改行拱手禮；科學告知我們戴口罩未必能夠很好保護自己、甚至可能造成一種虛假安全感（如忽視手部衛生等），但能更好地保護他人（特別是密切接觸的家人，因個人可能是無病症攜帶者），因而出於仁心美德，個人就應該決定戴口罩。總之，我們需要超越因果理解的仁愛衝動來創立美好的禮儀行為來維護人的自由。科學不能決定我們怎麼做，也不會讓這個世界不再有問題；科學的迅猛發展不會讓它的不確定性消失，反而可能變得更大。儒家美德倫理學的探索和指導正逢其時，任重而道遠！

三、用美德主義扭轉原則主義

在德性之力的基礎上，儒家美德倫理學主要依賴於禮儀實踐，而不是理論原則/規則[22]來進行指導，它同現代西方各種類型的世俗原則主義倫理學及政治學大異其趣。的確，現代西方的兩大倫理學理論都是以原則為中心的：義務論的道德標準是理性原則（即通過理性直覺及演繹邏輯來證明的普遍原則），功利主義的標準則是功利原則（即所有相關人員的最大快樂、最小痛苦的後果原則）。原則主義倫理學有其標準明確、論證清晰的優點，但相比於儒家美德倫理學，我認為它容易引起兩大問題：理論上的極端主義和實踐上的激進主義。其理論極端主義可分為兩種情況，一是道德歸約主義，即將所有的道德考慮全部歸約為包含一條或幾條原則的一個齊整的、演繹的理論系統，似乎只要理解並按照這一原則系統來行動，人類道德探索就萬事大吉了，剩下的工作只是如何在社會上完全實現這類原則。因此，其理論體系既低

---

22. 原則與規則之間並無絕對區別：原則乃較為一般的規則。

估了人類道德的實踐性（即不可能完全概念化或原則化），也簡化了道德標準的複雜性（即不可能化約為具有高度演繹性的一套原則系統），因而表現出一種過分歸約的極端主義。另一種極端主義是理論教條主義，即把一條原則（或規則）強行應用到不適宜於其應用的領域或情境之中，拒絕例外情況，以顯示其所「應有的」普遍性或普適性。例如，當前西方社會對於平等原則或反對歧視原則的應用，可能就有這種教條主義的情形。

原則主義倫理學的第二大問題是在實踐中容易導致激進主義。原則主義者認為，他們所堅信的原則揭示了全部的道德真理及完美的「科學」理想。他們相信人類都能認識到這類原則的正確性，並有能力遵守它們，因而道德完善和社會理想本來是可以很快實現、甚至一蹴而就的。但當他們發現現實的人類行為同他們的原則有很多不符之處、現存的社會制度及運作方式同他們的理想相距甚遠時，他們就容易產生強烈不滿，形成急切改變一切（即按照他們的原則去做徹底的、根本的社會變革）的態度。這樣一來，他們就會把那些不支持他們的原則或理想的人看作敵人，認為他們阻礙了社會進步，拒絕其不同的看法，反對妥協讓步，摒棄漸進改革，希望不惜代價通過革命手段來畢其功於一役，一舉達到他們的原則要求（例如自由、平等、民主、博愛），實現理想的社會。他們太相信自己的原則的合理性、正當性、完備性、以及最終真理性了，以至於走到「目的證明手段正確」、「為達目的不惜代價」的地步，不管造成多大破壞、傷害多少人，都在所不惜。簡言之，現代原則主義倫理學可能是政治激進主義的始作俑者。這種把不支持自己堅信的「進步」或「公正」原則的人統統看作敵人的勢不兩立的心態、以及要求進行根本性社會變革的急切政治意圖，可能都是來源於對於人性和倫理的原則主義誤會。[23]

---

23. 當代世俗原則主義在形式上似乎具有西方宗教信仰的根源：基督教是以上帝頒發的「十誡」為其倫理學基礎的，猶太教甚至發展出613條之多的明確原則和規則。正如安斯康姆指出，現代世俗原則主義的核心概念「義務」、「應當」等不過是西方「神命倫理學」（divine command ethics）的倖存概念。（參閱G. E. M. Anscombe. "Modern Moral Philosophy." *Philosophy*, vol. 33, no. 124, January 1958）相對比，儒家所信仰的天「不言」，「天命」的內容不是原則、規則，而是美德、卦象、禮樂（見下文）。

基礎倫理

25

　　儒家美德倫理學則是德性禮儀倫理學。它所集中關注的不是建立一套齊整統一的「理性」原則，而是真誠實行一種獨特的人類實踐，用儒家的術語來説就是「禮」或「禮樂」（即一系列具有民間自發性質、自下而上地確立起來的行為模式、風俗習慣、禮儀程式及社會建制）。在民間社會，禮樂實踐不是靠國家機構來強制推行的，而是靠人們的自覺遵守、家庭的言傳身教以及民風民俗和社會輿論的維持。當然，有些禮儀規則成為國家法律（所謂「援禮入法」），但禮儀在本質上不是強制性的。禮儀當然涉及規則和原則，本人曾在以前的著作中做過詳盡分析，説明區分「構成性規則」與「調節性規則」的重要性。[24]也就是説，儒家美德倫理學不是沒有規則或原則；相反，儒家經典陳述了大量的規則或原則，諸如我們耳熟能詳的「己所不欲，勿施於人」、「己欲立而立人，己欲達而達人」等等。但這些原則和規則是從禮樂實踐中歸納出來的，其理論形態不具有道德歸約主義的極端傾向，因為儒家美德倫理學的基礎是「德」，是行善的力量或仁愛的衝動，而不是原則或規則。也就是説，德性之力推動一個人去做道德的事情，它是綜合的、不可分割的；而就道德評價而言，儒家美德倫理學訴諸多重學理標準（包括原則考慮和後果考慮），但不追求抽象的普遍性或普適性，而是強調實踐的時效性、具體情況的特點以及所有相關考慮之間的平衡。加之，儒家的原則（和規則）數目眾多，即使有些原則比其他原則更為重要以及適用更廣，這種倫理學也不能歸約為一條或幾條基礎性原則，因而沒有理論教條主義的傾向。

　　以禮樂為特徵的儒家美德倫理學絕不支持實踐中的激進主義。美德的提升和社會的進步當然不只需要個人「克己復禮」，修身養性，還需要禮樂的發展以及社會制度的改革。但除去極端情況（如所謂「湯武革命，順乎天而應乎人」），儒家並不支持革命，而是支持逐步的、一點一滴的變革。這是因為，儒家美德倫理所追求的人類價值，如「親親、尊尊、賢賢」，「老者安之、少者懷之、

---

24. Ruiping Fan. *Reconstructionist Confucianism: Rethinking Morality after the West.* Springer, 2010.

朋友信之」，孝敬父母，祭祀祖先等等，都需要一系列禮樂實踐來體現，而不能僅僅依靠幾條原則來實現（事實上，你也可以把儒家所推崇的這些人類價值看作德性原則）。禮樂實踐的作用，不僅在於適當的更新和發展，還在於人們的遵守和傳承。在孔子看來，「殷因於夏禮，所損益可知也。周因於殷禮，所損益可知也」（《論語》2：23）。「損益」就是修正增減，不是一概否定、推倒重來。如同一艘行進中的航船，只能不斷修補和完善，不能打爛重建。何況就儒家而言，即使實現了「大同」理想社會，這個社會應該閃耀的依然是「親親、尊尊、賢賢」這些價值（因為它們就是倫理天命論的永恆價值），應該行使的依然是體現「老者安之、少者懷之、朋友信之」的禮儀實踐（因為它們就是那些價值的真實體現）。孝敬父母、祭祀祖先的活動不應隨着社會體制的改變而改變，也不應隨着經濟或科技的發展而拋棄。因為這些價值和實踐反映了儒家文明的自由意志和人性尊嚴，儒家美德倫理學勢必同政治激進主義大異其趣。儒家文明中的人不應該為追求新的「理性」生活或「正義」原則而不擇手段、不計代價。

　這次冠狀病毒肺炎爆發以來的有關群體免疫的爭論，大概可以為當代原則主義倫理學與儒家美德倫理學之間的不同做一例示。爆發初期，有些歐洲國家提出可以採取群體免疫（herd immunity）策略：鑒於大部分人感染症狀輕微，死亡率很低（死亡率高的主要是老人），可以不用嚴防死守的辦法，而是兼顧經濟民生，當人群達到60–70%的感染率並獲得免疫力後，病毒就會自然死亡，因而其他沒有免疫力的個體也會因此受到保護而不被傳染。的確，如果從未有疫苗之前的整個時期（或者雖然已有疫苗，但其可靠性不強、或者副作用較大而使得不少人難以接種的時期）來考慮，群體免疫策略的「科學性」和「合理性」似乎並不比嚴格管控策略差，因為一個國家如果長時間封閉停擺，代價可能更大。假設這種狀況持續幾年時間，那麼採取兩種不同策略的國家各自的死亡總人數就有可能相同：採取群體免疫策略的地方前期死亡人數多（因為前期感染多），而採取嚴格管控策略的地方後期死亡人數多（因為缺乏群體免疫）。

基礎倫理

假設這種情況屬實，那麼按照功利主義倫理學來計算，群體免疫策略可能是更為道德的。雖然兩者的最終死亡人數相同，但採取群體免疫策略的國家可以為人們帶來更多的「功利」：相對更為自由的人群流動、聚會、工作機會、娛樂活動等等。[25]即使按照義務論的原則進行考慮，群體免疫策略也有可能得到辯護。就生命倫理學問題而言，人們常常按照比徹姆和丘卓斯提出的四原則來進行平衡，這些原則可以看作多元義務論原則。[26]簡略說來，尊重自主原則（respect for autonomy）要求尊重相關人士的自主意願，而西方社會中確有很多民眾反對進行嚴格管控；行善原則（beneficence）要求帶來更多的好處，群體免疫策略似乎更勝一籌；無惡原則（nonmalevolence）要求不能有邪惡動機或意向，群體免疫策略的提出似乎並無惡意（並無想要更多老人死亡的邪惡動機）；最後，公正原則（justice）雖然含義複雜，但基本要求是平等待人，群體免疫策略似乎也沒有不平等地對待任何人，包括老人在內（例如，可以告知老人們他們患病後的死亡風險較高，所以他們自己需要格外小心）。

然而，按照儒家美德倫理學來看，群體免疫策略根本無法得到辯護。這是因為，孝是儒家倫理學的一個重要美德，是善待老人的德性力量（即我所謂「仁愛衝動」），要求每個子女孝敬父母長輩、全社會尊重和關懷老人（但這不是一條脫離禮儀情境的教條主義原則）。正如儒家經典《孝經》指出，「天地之性人為貴。人之行，莫大於孝。」該經典還將孝提到「天之經也、地之義也」的天命程度。同時，孔子強調，孩子對於老人必須以禮行孝：「生，事之以禮；死，葬之以禮，祭之以禮」（《論語：2.5》）。現在，冠毒肺炎大疫當前，你對待老人們的「禮」該是什麼呢？你能否這樣對老人們說：「我知道你們感染後病死率較高，但為了全社會的長遠利益，現在還是應該採取群體免疫策略，望你們自己多加小心、

---

25. 不少人把功利主義原則誤解為「最大多數人的最大幸福」，這是不對的；它所要求的其實是「所有相關人士的最大幸福」。功利主義原則要求把每個相關人士的功利都要計算在內，在形式上是完全平等主義的，並沒有排除或歧視任何少數人的功利而不做計算的意思。

26. T. Beauchamp and J. Childress. *Principles of Biomedical Ethics*. 7th ed. Oxford University Press, 2013.

自求多福！何況，即使我們現在採取嚴格管控措施，你們也只是一時較為安全，以後的風險還是很大，現在躲過去了以後也可能躲不過去。」你這樣的說法在儒家美德倫理學看來一定是無情無義、缺德不孝，因為未來的情況並不確定，關鍵是你現在應該如何對待老人：你是否應該為了他們現在的生命安全而實行嚴格管控、犧牲一些自由和利潤呢？從孝的觀點看，你當然應該，因為這是老人們的生命攸關之事。的確，講究孝道的東亞社會不可能採用群體免疫策略。儘管中國政府的總體指導思想早已不是儒家思想，但孝道的影響仍然存在於人們的行為和政策之中。

概況說來，為了有效應對疫情，儒家美德倫理學不反對提出一些一般原則來做指導以及採用一些統一策略。但在這樣做時，必須小心不要落入歸約主義或教條主義的陷阱，更不能去犯激進主義的錯誤。即使不採用群體免疫策略，也有可能在其他方面出現這類問題。關鍵的是，儒家美德倫理學不是現代原則主義倫理學，其核心價值是德性或德性反應，所提的原則及策略不能違反德性，不能損害初心，不能為了經濟利益或政治成就而喪失天良。[27]

四、以家庭主義矯正契約主義

家庭主義是儒家美德倫理學的又一大特色。儒家文明相信，處於家人關係中的生活方式乃是人類生存的正當方式，也是人們藉以實踐禮樂來提升德性力量的必然途徑。事實上，在儒家觀點之下，家庭的實在結構反映了宇宙深層的實在結構，呈現在儒家的有些神秘的《易經》符號系統之中。簡要說來，《易經》採用陰陽二爻、八卦和六十四卦來顯示宇宙的本質結構和變化方式，而

---

27. 本文沒有篇幅討論儒家美德倫理學的弱點，但絕不否認它也有弱點。事實上，孔子和孟子都曾嚴厲批評「鄉愿」——即表面忠厚老實、實際上不能明辨是非、不堅持德性底線、而是隨波逐流的老好人。近代譚嗣同將「鄉愿」的根源歸咎於荀子否定「天命」，引法入儒，一味「工媚」、追隨「制天命而用之」的人類「大盜」、強權，應當引起我們的重視。

家庭正是這些本質結構和變化方式的原典。例如，陰陽二爻代表男女，八卦代表一個完整的家庭秩序，第三十七卦（風火家人）則生動地表達了儒家家庭主義的基本蘊涵：「風自火出，家人」（《象傳》）。其意大體是，「家火」讓一些親密相關的人共同生活在一起，「家風」從他們的共同禮樂實踐中生出，不但維繫着他們生死與共的生活方式，而且將這種方式所體現的美德力量傳播出來，給他人樹立榜樣。從這一卦象，我們彷彿可以看到一幅栩栩如生的人類生命圖景：爐火燃起，溫暖家人，共享熟食，實踐禮樂秩序；炊煙升起，「家風」傳播，影響他人。家人的一項最重要禮儀是祭祀祖先：以畢恭畢敬的儀式將祖先、今人和後代合成一個和諧的生命共同體。[28]

儒家美德倫理學認為家人關係和家庭生活乃是習得和體現儒家之「德」的必要條件：一個人類個體如果完全脫離了家庭存在就將無法獲得這種倫理意義和價值。這並不否認一個從孤兒院或修道院生長起來的人、或一位徹底切斷家庭關係而獻身於另一個組織或事業的人，可以追求和實現其他類型的倫理意義和價值。但在儒家看來，正是家庭（可能只有家庭）才構成了一個獨特的生命利益共同體：如同趙汀陽指出，親子、夫婦之間的幸福是互為條件和互相促進的，家庭的完整性和和諧性是每個成員各自幸福的共同條件。這就是說，典型家庭具有一個完美條件：成員之間不存在利益競爭、更不存在敵對關係。當然，不滿足這種條件的家庭一定有，但屬於異常的、少數的情形；而完全滿足這一條件的非家庭性組織也可能有，但也屬於異常的、少數的情形。因而，在儒家看來，家庭倫理的這種獨特性在於它有強大的親情支撐：「親情是無條件的感情，人類所有其他有條件的情感都基於與親情的距離而確定。……感情親疏的距離正是【儒家】倫理規範的……基礎。」[29]因此，儒家美德倫理學既講普遍之愛

---

28. 認為儒家家庭倫理出於（甚至被決定於）農業社會因而不適用於現代社會的人，其實是自覺或不自覺地陷入經濟決定論的觀點，忽視了人（不論是過去的還是現在的人）的道德主體地位、自由選擇的能力以及倫理價值的作用。

29. 參閱趙汀陽，《天下體系》。江蘇教育出版社，2005年，62–71頁。

的崇高性、也講差等之愛的合理性。簡言之，儒家文明之「德」的倫理意義及其價值與家庭這一獨特的倫理實體具有不可分割的聯繫：不祭祀祖先、不孝敬父母、不友愛兄弟姐妹，在儒家那裏正是典型的「缺德」。

在這種家庭主義倫理的觀照下，儒家文明中的人自然選擇「家庭」而不是「個人」作為政治理解的出發點，必然重視和追求「關係」、「和諧」、「責任」、以及「和平」等系列概念，而不是「權利」、「主權」、「利益」和「征服」等系列概念。[30]既然家庭具有如此獨特的自然完美性（即成員之間沒有利益衝突、更沒有敵對關係），儒家順理成章地想用家庭模式來構建和改善其他的人類組織和機構，諸如社區、國家、乃至整個世界（所謂「天下」），即用家庭倫理關係來影響和塑造其他社會關係。因而，儒家文明形成了家庭主義天下觀，[31]即所謂「家國天下」。這當然不是說其他文明從沒有形成自己的天下觀。而是說，我們可能面對至少兩種十分不同的天下觀：一種是以家庭為出發點的儒家家庭主義天下觀，另一種是不以家庭為出發點的其他類型的天下觀。

家庭主義天下觀把整個世界看作包含眾多小家庭的一個大家庭，因而天下所有的人都是一個大家庭中的親戚，只不過有些人還屬於小家庭中的家人或親人、另一些人則只是大家庭中的近親、遠親、或極遠親。也就是說，在這種觀念之下，即使人們屬於不同國家、沒有發生如何接觸，他們在倫理上仍然屬於親戚關係。當然，處於一個大家庭之中的人無法保持沒有利益競爭的小家庭關係，但他們仍然不是敵對關係。這是因為，敵對、鬥爭、你輸我贏、你死我活等敵對關係違反了家庭的基本性質。以家庭為出發點來看待天下勢必把非敵對關係作為所有世人關係的一個起碼要求，這可能正是家庭主義天下觀不同於其他類型天下觀的最大特色。具體說來，儒家認為人們之間都應該直接地或類比性

---

30. 同上。

31. 北宋張載的《西銘》可能是儒家家庭主義天下觀的一個突出例證。

地進入五倫關係：親子、夫婦、君臣、長幼、朋友。有人認為這五倫關係應該加上公民關係以適應現代社會，但從儒家觀點看，公民關係固然需要，但也不應當完全脫離五倫關係而存在。從傳統看，「國人」關係類似於「朋友」關係，正如師生關係類似於親子關係，同學、同事關係類似於兄弟、姐妹關係一樣。而且，儒家認為「四海之內皆兄弟也」（雖不是小家庭中的兄弟或姐妹），公民關係也不必用來突出人們之間的國際分界。[32]

　　當今最有影響的非儒家式的天下觀可能是契約主義天下觀，它把世界看作由許多獨立自主的個人通過契約來進行合作的場所。[33]個人之間當然也具有儒家所講的家人關係以及五倫關係，但這種天下觀不會強調這些關係的重要性。相反，契約關係被看作是最重要的基礎性人際關係，用以形成和理解其他人際關係。例如，契約主義天下觀可以按照契約關係來理解家人關係。這裏，夫妻關係就是契約關係的典型例證：夫妻關係的性質、特徵、各自的權利和義務、利益的分配、甚至關係的解除等等，均應由雙方接受的契約決定，而不是由儒家式的「天命」所定。[34]特別是，人們通過「合理的」契約來形成和辯護所謂「主權國家」，以便保護每個人的利益和權利，並同其他人形成的「主權國家」相抗衡。也就是說，契約主義天下觀預設了個人之間以及主權國家之間進行利益競爭和鬥爭的自然性乃至普遍性，這就使得世界上的正常人際關係不僅包含朋友，而且包含敵人，整個世界本質上成為一個利益競爭的「叢林」：同敵人談判、爭論、簽署契約也是保護和擴大自己的利益、最終戰勝敵人的一個手段。

---

32. 由於利益衝突的增加，家庭關係投射到政治關係時勢必需要適當的制衡。傳統儒家倫理沒有發展出政治制度的制衡學說，但不會不支持政治制衡。當代儒家學者（如李晨陽、貝淡寧、陳祖為、白彤東）論證賢能與民主之間相互制衡的必要性，還有學者（特別是蔣慶）論證天命信仰與世俗觀點之間相互制衡的重要性，值得留意。

33. 從霍布斯、洛克、盧梭、康德到二十世紀的羅爾斯，契約主義成為西方政治學的一種主要理論進路。

34. 在儒家看來，家人關係的基礎是自然的親情而不是契約，甚至男女結成夫妻也主要不是通過契約，而是通過誓言來實現的——所謂「天作之合」，「通家之好」。

當然，契約主義天下觀並非只講契約關係，家庭主義天下觀也並非反對所有契約。但契約關係與家人關係的確構成了各自天下觀中人際關係的基礎和焦點。的確，契約主義天下觀有兩大問題。一是首先從利益出發來看待人際關係，二是缺乏遵守契約的額外動機──如果違背契約更有助於自己的利益的話，為什麼還要信守契約呢？相比之下，家庭主義天下觀是更理想主義的：家人關係的親情本位能夠體現人的超越個人利益的高貴和尊嚴，不是為利益爭鬥而生存，而是為美德而交往。家庭主義天下觀不否認親戚之間有時也需要訂立契約來合作辦事，而且親情的驅動力有助於各方信守已訂的契約，但契約不是這種關係的基礎，也不是其規範的來源。當然，中國的歷朝歷代政府在國際關係方面究竟是否真的相信、或在多大程度上實踐了家庭主義天下觀，乃是一個不大清楚的問題。更大的問題是，在當代社會，傳統家庭日趨衰落，離婚率暴漲，形形色色的新型「家庭」冒起；同時，主權國家大權獨攬，強調國家利益第一，各自勾心鬥角，爾詐我虞，無所不用其極地擴大自己的利益和地盤；中美兩個大國甚至陷入了所謂「修昔底德陷阱」之中。在這種情況下，談論儒家家庭主義天下觀，認可天下所有人都是親戚不是敵人，是否顯得過分天真不切實際、有點「不知有漢，無論魏晉」的味道呢？

然而，理想主義的魅力不在於它在多大程度上同現實相符，而在於它能否得到人們的內心回應並最終得到大多數人的歡迎。就學術而言，我們需要盡力將儒家家庭主義天下觀的理想講清楚。就實踐而言，任何值得全面追求和實現的理想也都值得部分追求和實現。例如，雖然家庭主義天下觀的理想是建立真正的世界政府，它肯定不同於當代世界中的那些按照契約主義建立起來的國際組織和機構（諸如聯合國和世界衛生組織），但這並不意味着信奉家庭主義天下觀的儒者不應當支援這些組織和機構，也不意味着應當完全按照契約主義天下觀來對待這些組織和機構。以這次疫情為例，世界衛生組織的表現可能有不少不盡人意之處，而且每個國家都在設法利用這一組織來為自己的國家爭取利益（如同一個國家內的家庭也在利用國家機構來為自己的家庭

謀求利益一樣），但家庭主義天下觀認為競爭的手段應該是和平的、良性的，不應該是敵對的、惡性的，即不應該把別的國家當成敵人來對待（如同一個國家內的家庭不應該把其他家庭當成敵人一樣）。病毒不分國界，各個國家應該通過世界衛生組織來尋求共同戰勝病毒的雙贏、多贏、共贏，而不是以鄰為壑、你輸我贏、你死我活。不能認為如果達不到我的最大利益，我就應該撤資，另起爐灶，建立滿足我的最大利益的國際組織。這種做法可能符合契約主義天下觀，但一定不符合家庭主義天下觀，不利於人類同心同德戰勝疫情。

五、小結

大疫當前，本文訴諸儒家美德倫理學的資源，倡導人類進行倫理學的範式轉向：我們需要和諧主義（而不是科學主義）的發展觀、美德主義（而不是原則主義）的決策觀、家庭主義（而不是契約主義）的天下觀。的確，不少人憂慮，這次疫情將會扭轉近些年的全球化發展趨勢，使得國際社會進入互相敵對的、封閉的惡性競爭時代。儒家美德倫理學所攜帶的美德、和諧和和平的信息，應該給予我們深遠的啟示。

第二章

重釋「人與天地萬物為一體」的生命智慧

郭齊勇

武漢大學哲學學院教授

關於新冠病毒疫情發生與發展的科學與人文學的思考，學術界已有不少討論，我這裏不再繼續。在我看來，如果我們認真反思新型冠狀病毒的起因，應該從人與動物、人與自然的關係的高度去思考。因此，本文想討論若干背景問題：人與天地萬物的關係、天人之際、科學與信仰的關係問題等，敬請方家與讀者指正。

一、「天人合一」學說溯源

所謂「天人合一」，今天已被用濫了。常有人籠統地說「天人合一」就是指「人與自然的統一」，這樣說是不準確的。其實，天與人的關係，因對「天」的界定不同，其內涵不同，而有不同。「天」有超越之天（神性意義的終極歸宿）、主宰之天（意志主導）、道德義理之天（道德價值理性）、自然之天（自然變化的過程與規律及其認識）、偶然命運之天等不同內涵。人生存於天地人物我之間，首先生存於天地之間。如果「天」是指的超越之天，那麼「天人合一」是指的人與終極意義的至上天神的統一；如果「天」是指的自然之天，那麼「天人合一」則是指的人與自然的統一。討論此類問題需

注意：（1）古代名詞、範疇的含義不是特別明晰，需隨上下文意去理解，而且有時候一個名詞兼含兩義或多義，如「天」可能既指超越之天，又含有道德之天的意蘊。（2）說天論人，相對相關，相互投射，相互聯繫，而不能孤立地去看待。（3）人的界定也有不同，人是歷史人、社會人、宗教人、意志人、道德人、知性人、自然人等。

理解古代的天人關係，還是要從孔子説起。

人之為人，不能沒有超越的嚮往，即終極的最後的關懷，支撐生命的信仰信念。孔子繼承了三代大傳統的天命觀念，如說：「獲罪於天，無所禱也」（《論語•八佾》，下引《論語》，只注篇名）；「君子有三畏，畏天命，畏大人，畏聖人之言」（《季氏》）。孔子一方面保留了天的神秘性和對於天、天命的信仰、敬畏，另一方面又使每一君子直接地面對天帝，在人生的道路上去「畏天命」進而「知天命」，這就肯定了個人所具有的宗教性的要求。

孔子為什麼要反覆申言對天的信仰和對天命的敬畏呢？在這裏，「天」關涉到人的類本質和類特性，首先是宗教性和道德性。他通過生命的踐履與體驗，來體悟天命與人之自由的關係：「吾十有五而志於學，三十而立，四十而不惑，五十而知天命，六十而耳順，七十而從心所欲不逾矩」（《為政》）。孔子對上古宗教的改造，正是把超越與內在結合起來了。如果說「命」只是外在的命運的話，那麼「天命」常常關係到內在。（需要特別小心的是，《論語》中有的「命」字指的是「天命」，有的「命」字指的是偶然「命運」，有的「命」字兼兩義。）一個能夠駕馭生活、駕馭世間外在力量並全面發展人的內在本性的人，一個積累了一定的生命體驗（例如50歲左右）的人，才能逐漸體悟到天所稟賦給人的性分，直接面對每個人的命運或局限，並對天道、天命和道德人格典範有所敬畏，而又積極地去追求生命的意義和死亡的意義，勇於承擔自己應承擔的一切，包括救民於水火，博施濟眾，修己安人，殺身成仁。這就是「五十而知天命」的意思。這就是終極承擔的生命意識！

　　孔子把對超越之天的敬畏與主體內在的道德律令結合起來，把宗教性轉化為內在的道德性。孟子曾經引述過孔子對《詩經•大雅•烝民》之「天生烝民，有物有則，民之秉彝，好是懿德」的解釋。孔子以此詩為「知『道』」之詩，肯定天賦予了人以善良的天性。天不僅是人的信仰對象，不僅是一切價值的源頭，而且也是人可以上達的境界。人本着自己的天性，在道德實踐的工夫中可以內在地達到這一境界。

　　孔子強調要在人事活動中，特別是道德活動中去體認天命。於此，才能「不怨天，不尤人，下學而上達；知我者其天乎！」（《憲問》）正因為生命有了這一超越的理據，所以儒者才有了積極有為的擔當意識和超越生死的灑脫態度。孔子思想並不是如黑格爾在《哲學史講演錄》中所説，只是一些俗世倫理或常識道德。如上所説，孔子的人性、天命、天道的思想有深刻的哲學形上學與宗教性的終極關懷的內容。

　　孔子、孟子一方面繼承了夏、殷和周初人的宗教神性意義的天道觀，並依據《詩經》、《書經》，發展出個人德性為天所賦，個人「畏天」、「知天」之説，又結合道德、宗教，把天作為道德的超越根據；另一方面，他們均有將「天」視為自然意義的天的看法。

　　戰國末期的荀子繼承了以天為神的傳統，如説「皇天隆物，以示下民」，把「天」、「帝」合稱為「動如天帝」等。荀子也以「誠」説「天」：「天地為大矣，不誠則不能化萬物。」（《荀子•不苟》）他的「君子與天地相參」等思想亦與《中庸》相通。當然，荀子特別着重發展了「天」的自然義和規律義。

　　他提出「天行有常」的命題，指出：「天行有常，不為堯存，不為桀亡。應之以治則吉，應之以亂則凶。」（《荀子•天論》）天道即自然規律，並不與人事相涉，不以人的意志為轉移。

　　他又提出「明於天人之分」的思想，也就是界定好天的職分和人的職分。遵循着「道」，不出偏差，天就不會使人受禍。違背

了自然規律（「道」），任意妄行，天就不會使人吉祥。人事處理不當，即使沒有發生自然災害，人民也要遭殃，因此不可以埋怨上天。懂得區分天與人職分不同的人，就可以叫做「聖人」。

他認為，天和人各有不同的職能，人類的命運在上天，國家的命運在禮制。產生萬物和人類社會的是自然之天，而治理萬物和人類社會的則是有為的人。荀子主張尊重天道，在尊重的前提下，人是有所作為的。

荀子進而提出了「制天命而用之」的思想，指出，與其迷信、思慕、歌頌「天」的權威，等待「天」的恩賜，不如了解自然，掌握規律，使自然得到充分合理的利用。在區分自然與社會、天與人的基礎上，人可以依據自然之天道，去使用、控制、變革自然。顯然，荀子開出了一個新傳統，強調天人的區分，肯定人的主體性和能動性。

漢代董仲舒回到孔子。他指出「天」的多重屬性：自然性，神聖性，道德性。天的自然屬性是一切事物產生和存在的基礎；神聖的主宰性則是天作用的核心特性；而天的主宰性又是以道德化的形式表現出來的。以此為基礎，董仲舒建構起一個包容一切的、龐大雜糅的帶有神秘性的「天」的系統。他把「人副天數」作為天人相與的前提。他講「天人感應」，認為人類社會的治亂興衰的狀況會影響到天道的運行；反過來，天也會通過災異或祥瑞來體現它對人間社會治理情況的評判。這集中體現在董仲舒的「譴告」思想上。他認為，「災」和「異」都不是平白無故出現的，它們是天對人間的警告。

唐代柳宗元、劉禹錫回到荀子。柳宗元繼承了韓愈以自然元氣解釋天的自然哲學傾向，並將自然元氣說貫徹得更加徹底。他進一步分析了「天」與「人」的作用範圍和特點，得出天人「其事各行不相預」的重要結論。他通過將天自然化，使天與人相分，最終將人事成敗的決定權從「天」那裏收回到人類自己的手中，標誌了人類理性之自覺。在與韓、柳等人討論的過程中，劉禹錫對前人有關「天人關係」的理論進行了總結，他更傾向於「天人關係」的自然之說。他進而提出了自己的系統的「天與人交相勝」的天人關

係理論，將荀子以來的自然天論發展到極致，實際上更偏向於「人勝天」的一面。今人很喜歡劉柳，然實際上，劉柳的學說很粗糙。

現代人錢穆重新回到孔子的「天人合一」境界。他說：「人心與生俱來，其大原出自天，故人文修養之終極造詣，則達於天人之合一。」又說：「中國傳統文化，雖是以人文精神為中心，但其終極理想，則尚有一天人合一之境界。」[1]錢穆在綜合中國經學的主要精神時指出：「一是天人合一的觀念，對於宇宙真理與人生真理兩方面一種最高合一的崇高信仰，在五經中最顯著、最重視，而經學成為此一信仰之主要淵源。」[2]

也就是說，人們可以不脫離現實界而達到超越界，現實的人可以變為超越的人，可以擺脫世俗牽累，達到精神的超脫解放。中國傳統認為聖人可以達到這一境界，但聖人也是普通的人，所謂「人人可以為聖人」，是人人都可以通過道德修養而上達於天人合一之境界。要做一個理想的人，一個聖人，就應在人生社會實際中去做。要接受這種人文精神，就必須通曉歷史，又應兼有一種近似宗教的精神，即所謂「天人合一」的信仰。中國傳統文化的終極理想，是使人人通過修養之道，具備諸德，成就理想人格，那麼人類社會也達到大同太平，現實社會亦可以變為超越的理想社會，即所謂天國、理想宇宙。在錢穆那裏，「天人合一」不僅指自然與人文的統一，而且指現世與超世的統一，實然與應然的統一，現實與理想的統一，尤其是超越與內在的統一，對天道天命的虔敬信仰與對現世倫常的積極負責的統一，終極關懷與現實關懷的統一。

他終生堅持儒家的最高信仰和終極理想，直到九六高齡，在臨終前三個月還對「天人合一」這一儒家哲學最高命題「專一玩味」，因自己最終「澈悟」而感到「快慰」。

---

1. 錢穆，《民族與文化》，《錢賓四先生全集》，37卷。台北聯經出版事業有限公司，1998年，48-49頁。

2. 錢穆，《中國學術通義》，《錢賓四先生全集》，37卷。台北聯經出版事業有限公司，1998年，14頁。

二、天人之際是廣義的生態系統

《周易》的「道」具有包容性，綜合了天道、地道、人道三大系統：「《易》之為書也，廣大悉備。有天道焉，有人道焉，有地道焉，兼三才而兩之故六。六者非它也，三才之道也。」（《易傳•繫辭下傳》）這是《周易》的三才系統。

以三才系統為主軸的天人系統是廣義的生態系統，它有如下的維度：第一是人與終極性的天的關係，即人與天命、天道的關係問題，涵蓋了人的終極信仰、信念；第二是人與自然的關係，即人與自然之天，「天」、「地」或「天地」，與自然山水、草木鳥獸的關係問題，也是我們今天所說的人與自然環境的關係問題；第三是人與物的關係問題，與自然物的關係我們已列入前一項，人與物的關係還應包含人與人造物、人造環境的關係，如人所馴化的作為工具的動物，飼養的家禽家畜，栽培的植物及果實，製造的工具、器物及包括衣食住行等人之生存、活動的方式或樣態；第四是人與社會的關係，這包括人與人的各種現實關係和人所處的且無法擺脫的社會習俗、制度、倫理規範、歷史文化傳統等；第五是人的身體與精神世界、內在自我的關係問題，包括身與心的關係、人的意義世界、自我意識、心性情才等。

現代西方哲學中有「他者」的理論，講所謂「終極的他者」、「自然的他者」、「社會文化的他者」等。中國文化中關於人與天地自然萬物和人與社會他人的關係，從沒有孤立隔絕的看法，不把天、地、人、物看作是外在於我的。傳統中國人對「自然」的看法也是如此，即不承認有所謂絕對獨立客觀的自然，人與自然相即不離，你中有我，我中有你。直到距今七十多年前以來，受前蘇聯哲學界的影響，我們的哲學教科書才特別強調自然的客觀獨立性。實際上按中國傳統，離開人的自然，或離開自然的人，都無意義。注意，這不是講不存在，不否定自然及其規律，反予以尊重，而是說不能離開人講天（天地），反之亦然。

　　上面說到古人對天人關係的看法，即使如柳宗元、劉禹錫對天的自然義的偏重和對人力的彰顯，但背景上對神性意義的至上天神的敬畏仍然保留，且對自然神靈仍然是崇拜的。山有山神，樹有樹神，自然神靈遍在。說到人與自然的關係，古人心目中的自然（天地萬物）是有神靈的自然（天地萬物），而今人心目中的自然是人化的自然，人宰制的對象。進一步，說到人物之性，認為人有人性，物有物性，人性物性中有神性。至於人，一方面，人不能沒有終極信念、信仰與歸宿感。另一方面，人只是天地萬物中的一小部分，人與草木鳥獸土地山川是息息相通的，是一個整體。

　　中國傳統強調「天」、「地」、「天地」是萬物之母，一切皆由其「生生」而來。「生生」是「天地」內在的創生力量。古人對生態系統「生生大德」的認識，對「天」（陽）、「地」（陰）「和以化生」的認識，都是很深刻的。生態系統是一個不斷創生的系統，也是一個各類物種和諧共生的生命共同體，這是儒家對「天地」這個大的生態居所的深切感悟。

　　「天人合一」講的天人關係，從生態倫理的角度也可以理解為人與生態系統的關係。在傳統「天人合一」的觀念下，人與自然相互依存、和諧共處，這種對天人關係的認識有「前人類中心主義」的特點，其「天人合一」思想可以為今天的生態倫理和可持續發展提供新的思路。

　　首先，「天人合一」為生態倫理的建立提供了人性反思的途徑。「天人合一」是儒家特有的人性反思方式，它意味着人對天地萬物一體同源的認同，天賦人性意味着人的生而平等（社會平等）；「天命之謂性」，則意味着人與萬物的共存性平等（生態系統的平等），這種平等性要求一種人與萬物之間的倫理關係的建立。

　　其次，「天人合一」為生態倫理建立了價值共識的基礎。儒家生態倫理建立於對人性、物性一體同源的確信，生成萬物的「天地」是價值源頭。「天」代表着應然之理，人是「天地」的傑作，人

能「反身而誠」，就能盡人性、盡物性，就能明白物之為物的物性源於「天地」，人之為人的善性，同樣源於「天地」。後世儒家謂「民，吾同胞；物，吾與也」（張載：《西銘》），「仁者以天地萬物為一體」（《二程遺書》卷二上），都是沿着先秦儒家的理路在這種價值來源的共識之上，儒家生態倫理可以建立範圍天地萬物的生態共同體，將生態系統真正視為人與萬物共生、共存的生命家園。

再次，「天人合一」為樹立人的生態義務、責任奠定了基礎。人對自然資源的取用和動植物有極大不同，人不但要求維護最基本的生存需求，而且還要求創造更好的生存狀態，包括物質的、精神的需求，這既意味着更多的攫取。然而，在生態系統中人的作用是最低微的，其破壞性又是最大的，人該如何去對自己要求一種對生態系統的義務與責任是必須思考的。

從儒家的觀點看，人雖高於萬物，能思及與天地萬物同根同源，進而領會「天人合一」之理，但這絕不是說一個人體悟到這一點就上升到「天」的高度，成了完全意義上的完滿的人性、天理的化身了，相反，他必然更加憂患人在生態系統中的位置及其局限。人雖靈慧，但只是一體萬殊之一殊，人應該深感欲求的放縱對人性完善的損害，在對自然資源的取用方面力求做到有情、有理、有節。「天不生，地不養，君子不以為禮」（《禮記‧禮器》），為滿足人類的一己之私而破壞生態系統的行為，儒家是堅決反對的。

三、從同類生命到不同類的生命

人類應如何對待同類與不同類？對待同類，我們應強調「人類命運共同體」；對待不同類，我們應強調「人與天地萬物為一體」。

當人們超越種族、民族、膚色、地域、語言、文化、宗教、性別、國家、階級、階層的限制，體認到地球上的人類是同呼吸、共

命運的一個整體時，是一個多麼了不起，多麼難得的認識啊！認識到此還不夠，在實際行為上時時處處真正體現出人類命運共同體的意識，更是難上加難了。

這是因為，具體歷史的人總是一定的種族、民族、膚色、地域、語言、文化、宗教、性別、國家、階級、階層的人，有着存在的基本特質、需求和利益，而不同背景、不同群體和個體的人的這些特質、需求和利益，總是有着千差萬別的差異、矛盾、對立，甚至是衝突的，因此常常發生爭鬥，甚至戰爭。

認識、實現人類命運共同體有不同的維度。人類命運共同體的提出，從表層看，是要解決人類群體之間的緊張、衝突，屬於人與人的關係的維度。其實，人類命運共同體的另一重要維度，卻是人與自然的關係問題。因為從深層次看，人類生存於同一個地球，人類賴以生存的地球只有一個！破壞了人與自然的平衡，人類及不同群體的生存就會發生危機與遭遇困境。地球的資源有限，人類不同群體的爭鬥，往往包括着資源的爭奪。

我們的祖先是怎麼認識這個問題的呢？有什麼創造性的看法呢？我們祖宗的智慧，是把人類生命的共同體擴大為人與天地萬物的共同體。這就把人類的生存，與其他類的生存聯繫起來了，把人類共同體在空間上拓展了，在時間上延長了。我們的祖宗意識到，人不是孤零零的存在，人與草木、鳥獸、山水、瓦石同在。

儒家孟子說：「親親而仁民，仁民而愛物」（《孟子·盡心上》）。主張把對親人的愛推己及人，推愛於老百姓，乃至愛萬物萬類。張載講「民吾同胞，物吾與也」（張載：《西銘》），百姓是我同胞，自然萬物都是我們的兄弟。我們愛人類，也愛自然萬物。

道家莊子說：「天地與我並生，而萬物與我為一」（《莊子·齊物論》），人可以提升自己的境界以「與天地精神相往來」。

佛學大師說：「眾生平等」（《妙法蓮華經文句》）。從生命的本質上看，一切生命無二無別。眾生都有佛性，眾生都能成佛。

宋代理學家程顥説：「仁者以天地萬物為一體」（《二程遺書》卷二上）。作為人之仁心仁性，以天地萬物為一體，把愛給予他人和萬物，使愛具有周遍人與萬物的普遍性。這就把孔子的「仁學」推進到一個新的階段。

明代心學家王陽明説過：「大人者，與天地萬物為一體也。夫然後，能以天地萬物為一體。」（《親民堂記》）他又説：「大人者，以天地萬物為一體者也，其視天下猶一家，中國猶一人焉。若夫間形骸而分爾我者，小人矣。大人之能以天地萬物為一體也，非意之也，其心之仁本若是，其與天地萬物而為一也……見鳥獸之哀鳴觳觫，而必有不忍之心焉，是其仁之與鳥獸而為一體也；鳥獸猶有知覺者也，見草木之摧折而必有憫恤之心焉，是其仁之與草木而為一體也；草木猶有生意者也，見瓦石之毀壞而必有顧惜之心焉，是其仁之與瓦石而為一體也。」（《大學問》）

意思是説：有仁德的人見到小孩掉到井裏了，定會產生怵惕（擔驚受怕）惻隱（同情憐憫）之心，這是他的仁德之心與孺子合為一體了。當然，小孩與大人是同類；但人見到不同類的鳥獸的哀鳴觳觫（恐懼顫抖），也會產生不忍之心，這是他的仁德之心與鳥獸合為一體了。當然，鳥獸與人一樣都有知覺；但人見到草木的摧折，必有憫恤（哀憐顧恤）之心，這是他的仁德之心與草木合為一體了。當然，草木猶有生命；但人見到瓦石之毀壞，必有顧惜之心，這是他的仁德之心與瓦石合為一體了。

陽明説：「是其一體之仁也」（《大學問》）。這就是説，不管是有知覺的動物、有生命的植物，還是如瓦石之類的無生命的物體，當它們受到破壞或損害時，每一個人都會從內心產生「不忍人之心」、「憫恤之心」和「顧惜之心」，並把它們視為自己身體的一部分而加以愛護。以此，人所具有的仁愛之心，由「愛人」得以擴展到「愛物」，從而把人與天地萬物有機結合起來。

由於對人與萬物一體同源的體悟，人們才可能對萬物都持有深切的仁愛之心，將整個天地萬物都看作是與自己的生命緊緊相連的，把生態系統真正視為人與萬物共生、共存的生命家園。

儒家對萬物都是關愛的，而且是從其所具的內在價值去確定這種愛的，因為萬物的內在價值都是「天地」所賦予的，與人的內在價值本同出一源。儒家對動物的關懷是從肯定其內在生命價值出發的。依照荀子的論述，以內在價值的高低排列，應該是從無機物到有機物，從植物到動物，從動物再到人。在這個價值序列上，動物離人最近，其所稟有的內在價值應該是在人之外最高的。禽鳥與哺乳動物雖然沒有人那麼高的智慧、情感，但它們也有一定的感知力，對同類有一定的情感認同，這已經遠遠超出於其他物種之上。萬物的內在價值有很大的差異，人對它們的關愛的方式也應該有所不同。

四、回歸到「人與天地萬物為一體」的信仰

反思新型冠狀病毒的起因，我們應從人與動物、人與自然的關係的高度去思考，應當善待其他的類存在，如動物、植物，回到中國傳統的人與天地萬物為一體的境界。

現代科學和技術是一把雙刃劍，它給人類以恩惠，又使人類異化為工具。現代科研成果對人類與地球上的萬物有利有弊。例如，核能開發利用、生物工程，是人類最偉大的科技成就，然有極大風險。

目前的病毒學研究，已經到了構建嵌合病毒，雜交、合成病毒的階段。對於科學研究，我們應持開放的觀點。基因重組能不能簡單認為是在製造災難呢，當然不是。因為科研工作者很可能是在研究病毒如何傳人的途徑，以探索解決的方法。但這裏蘊藏着高風險、大危機，需慎重小心。

人類無節制的開發、索取、佔有、破壞大自然，已引起災難性後果。這就是人類的「文明發展」？第二次工業革命，新能源、新材料、新技術異軍突起，資源糟蹋更加嚴重，大氣污染，二氧化碳和其他工業廢棄物的排放無以復加，臭氧層空洞，海平面上升，生態日益惡化。中國黃土高原水土流失，西北荒漠化，東北濕地退

化,華北土地鹽鹼化,各地旱災與水災頻發。高科技的後果是:土地和水資源被污染、淡水危機,生物多樣性被破壞,生態環境被嚴重破壞,而環境與人的疾病息息相關。人們沒有保護好生態環境,會帶來意想不到的災害 —— 傳染病。果子狸身上的冠狀病毒與引起人類SARS有關,禽流感H5N1病毒爆發,這些病毒都來自動物,而且與環境受破壞、全球暖化及人與動物距離太近的因素有關。那種只顧自身與當代的享受,忽視子孫後代的利益、忽視自然環境的保護、忽視各方面的平衡發展,是一種錯誤的發展觀,現今為止已遭到了世界各國人民的質疑。無知與貪婪帶來可怕的後果。生態惡化,地球萬物發出了痛苦的呻吟。人類要善待我們的朋友,拯救我們共同的家園。

我們常講「人是目的」。人的目的有長久的有直接的,人們總是牽就淺近直截的目的,犧牲深長久遠的目的。從目的與手段的關係來看,科技的發展使人異化,人由目的變成為工具、手段。

反思「人是目的」這個命題,其實也是有問題的,這仍是人類中心主義的。人應珍視動植物乃至天地萬物,人與天地萬物為一體,都是目的。科技發展應有限度,高科技應受到制約,應當受制於「人類命運共同體」和「人與天地萬物一體」,這應是制約的總綱。

人文與科技的關係複雜,應調動人文理性、道德價值來批評、監督高科技的衝動與發展。科技界應有職業道德、科技倫理,受人之底線和人類基本倫理的制約。除了道德審查,更應有國際國內各種嚴格的法律的制約。

關於科技與信仰,我認為,中國的科學家有自己的生活態度與做人原則,基本來自傳統的文化,儒釋道三教。他們用科學的方法做事,以聖賢的榜樣做人。

科學技術尚在發展之中,並無絕對的定論。科學是靠實驗,而信仰靠「體驗」。科學實踐與文化精神在人類文化中擔負着不同的使命,二者相互區別,又相互補充、相互促進。

　　一個優秀的科技工作者，不單單需要技術精良、學問淵博，更需要有良好的道德修養。儒家思想很重要的一個方面就是強調人要常常反省自我，強調修養個人的身心。這對於科技工作者自身的心靈安頓是有積極作用的。科技工作者本身也是普通人，也有精神上的各種問題需要調適、引導。儒家思想中居靜、守仁、行義、主敬等各種修養方式都可資利用轉化，為科技工作者自身精神修養的提升起到積極作用。

　　傳統儒家主張先修身、齊家，才能治國、平天下。科技工作者不僅僅研究技術，而且更多時候是為了人類社會謀福祉、是為了讓人們生活得更好。當科技進步的最終目標放在追求人類共同幸福的情境下，儒家思想對於提升科技工作者素質的積極作用就顯示出來了。科技只有在正確的價值觀引導下，才能被正確發展利用，這點很重要。儒家思想正可以為建立正確價值觀提供豐富的資源。比如孔夫子最重要的理念「仁」，講人要有同情心、有慈悲心、有愛心，要對人對物有真切的關懷與愛護。如果科技工作者建立起這種博愛心胸，那麼科技（項目、功名利祿、金錢）本身並不是目的，而是人類長久幸福憑藉的一種手段，這樣科技才是服務於人類的，而不是放任自流，甚至戕害人本身的。現在的假藥、食品安全的危機，不都是利字當頭、見利忘義的人造成的麼？

　　科學有永恆的局限，永遠被主客觀分立而限制。文化精神、信念信仰是高一層的原理，主觀客觀統一，真善美統一。

　　中國古人有着對天、天地精神的信仰及對天命的敬畏，相信人與天在精神上的契合，由此對天下萬物、有情眾生之內在價值，油然而生出博大的同情心，進而洞見天地同根，萬物一體。儒家立己立人、成己成物、博施濟眾、仁民愛物之仁心，道家強調自然與人是有機的生命統一體，肯定物我之間的同體融合，讚美天籟齊物之寬容，佛家普度眾生、悲憫天下之情懷，都是這種精神的結晶。

　　人的私欲、貪欲膨脹，虐待、虐殺動物，對自然資源的取用毫無節制。應反思人類欲求的放縱對人性完善的損害，在對自然資源的取用方面力求做到有理有節。因此我們必須批判人類中心主

義，重建生命倫理。我們應從天人合一的高度去思考，應當善待其他的類存在，回到中國傳統的人與天地萬物為一體的境界。

第三章

新冠肺炎病毒疫情中的仁道
從文化與倫理看病毒疫情之啟示

李瑞全
台灣中央大學哲學研究所教授

引言：瘟疫下的人間社會

　　瘟疫是那種人類對它完全無知，無法救治，而且以極高的速度鋪天蓋地而來，又極為嚴重且致命的病症。在人類歷史上，瘟疫比戰爭殺死的人超出極多。[1]而且瘟疫不分人種、性別、階級、老幼，都一律殺無赦。而且由於通常在數日間即可以死人無數，而且還在不斷急劇增加中，以至一村一族、一城一鎮寂滅為止。它似乎無所不在，絕大多數的人只能無奈，以至絕望地等待它來到自己身上。因此，能逃避的人即馬上逃避到與世隔絕的城堡，只保護自己和家人。當然這只能是極少數有財有勢的人或家庭才能有可逃的地方，絕大部分的人跟本無路可逃。在大難臨頭之際，為了生存與避禍，人際關係變得極度惡化，人人變成極度的不信任和互相攻擊，以致落井下石，見死不救。許多日常應負責任的人不再負責任，醫師、護理、神職、政府人員等等，都會放棄職守，以各種

　＊　本文原刊登於《中外醫學哲學》，2020年，XVIII卷1期。《中外醫學哲學》已授權本文在此書發表。

　1.　西方歷史上的黑死病是二十世紀的流感，感染與死亡人數都極為龐大。中國歷史上最嚴重的一次「瘟疫」，名為「傷寒」，發生在三國時代，據一估計，當時死亡人數超過一千萬人。

藉口和方式逃避自己應負的專業和專職的責任，甚致攻擊病人、排擠家屬，可謂無能又冷血。面對瘟疫，人類只餘下恐懼：不知如何面對惡疾與死亡。

在不遠之前的一百年前，正當第一次世界大戰之中，同時正有一人類與病毒的巨大戰爭在進行，而這一場戰爭比第一次世界大戰死亡的人更多。這就是從1918年到1920年發生的所謂「西班牙流感」（Spanish Flu）——後來世界衛生組織改名為「1918年流感」（1918 flu pandemic）。這個病毒之所以為人所知是由於在第一次世界大戰時，西班牙並沒有被捲入，因此不像英美等國不准報導，因而當西班牙繼美法德等參戰國發生大流行疫情之後，不幸被傳入而發生大量的感染和死亡，因而被廣泛報導，被訂名為「西班牙流感」，世人以為是由西班牙開始的病毒。目前學界一般認為此病毒可追溯到美國一個小鎮，但也有認為遠在1917年已有中國勞工染疾，傳到西方，云云。由於當時正處於第一次世界大戰，參戰的各國政府無暇也不願正面處理，因此，不但禁止報導，醫療統計數字也不詳，落後國家和地區的疫情更無法統計，都只是事後的估算。一般接受的估計是有五億人受感染，五千萬人死亡，也有認為接近一億人死亡。這一次疫情被埋沒在人禍的大戰之中。

這種巨大的瘟疫，不斷發生在人類歷史中，不分中外，不分地區或人種。而這次新冠病毒疫情最初爆發的地區是在武漢。因此，最初被稱為「武漢病毒」，為了避免產生對地區和當地人的歧視或污衊，後來世界衛生組織正式訂名為"2019-nCoV"，後又更名為"Covid-19"，一般中譯為「新冠病毒」，正規的譯法應是「2019年冠狀病毒」，是人類所確認的第七種冠狀病毒。一如既往，我們對於這一新型病毒一無所知，它在何時何地產生，源頭何來，是出自研究機關的人工產品還是自然的演化等等，實不容易追查出來。這恐怕有待專家們日後去追尋才能知道究竟，但最後可能還是難以了知，也就是不了了之。

這次全球性大流行的新冠病毒疫情，先從武漢爆發，最後由於人傳人的快速發展，一個月後即已漫延到全中國和周邊國家，

做成武漢和受感染的城市和鄉鎮都被封城。但此時病毒已傳到東南亞，韓國、日本等地，也已開始大量的社群感染，而有不得不封國封城的情況。不久之後，病毒更隨國際交通而通過陸路和航空跨過大海，再傳到美國、歐州和中東等地，釀成全球性大流行。目前正慢慢流傳到更遠的南美、非州和印度，以及一些比較落後和與世界交流不多的地區。截至2020年6月底，已有超過1,000萬人感染（確診），50萬人死亡。雖然在亞州、北美和歐州開始減緩，但是，在南美、印度和非州，以及較落後地區，仍然在飆升之中，總體數字仍然在上升，尚未見停止。更由於疫情使各國近半年來封國封城，使世界經濟嚴重衰退，和人民受到隔離限制之苦，各國不得不在疫情稍緩即要逐步解封。但由於第一波的小區感染情況嚴重，病毒的傳播沒法完全斷根，因此必有第二波感染的出現。因而又有解封的城市要再度封閉。這一情況恐怕會是全球不斷重複的現象。是以，「2019冠狀病毒」的疫情最後會如何發展與終結，人類是否能找到疫苗與治療藥物，目前實難以預測。我們可能要與病毒並存，或等待它自然消失，前景實尚未可知。

這一病毒的傳染特性是潛伏期較其他同類的新冠病毒，如SARS或MERS等更長，但殺傷力較輕一些。所以，通常帶原者尚未知自己染病，卻已傳染了不少接觸過的人。因此，當染病的人大量湧現時，它已傳播很廣很遠，實已有更大量的感染者潛伏在小區之中，眼前所見實只是冰山一角。疫情在幾日之間即不斷大爆發，病人更大量地湧現。一時之間，醫護人員和病床藥物，以至保護器具都遠遠不足，刹時即沖垮任何社會的醫療體制，更由於重複感染，釀成大量的人傳人的小區感染。即使以美、德、法等這些具有先進和優良醫藥體制的國家，其醫療物資都遠不足以應付，而只能看着感染與死亡人數不斷攀升，束手無策。除了這一病毒的傳染特性之外，這一病毒的傳播與感染，以至死亡人數，都與地方的文化、宗教和倫理價值的特性有一定的關係。此如，伊朗的傳染突然暴增，南韓的宗教社群的大量感染，因而造成不可控的小區感染，都與當地的宗教的態度有關。西方國家一般認為有病才需要戴口罩，而且認為口罩對防止病毒傳播是無助的，甚至因

而指控帶口罩的亞裔人士為傳播者,而加以攻擊和歧視。而英美等民主國家尊重個人的自由自主權利,政府不能也不願強制人們帶口罩,因此,西方社會絕大多數的人都不帶口罩,讓病毒如入無人之境,數日之間即出現巨量確診。但遭受過新冠病毒肆虐的香港、澳門與台灣人民則多自動帶口罩,而這些地區的專家對近十來各種新的疫症也有相當的了解和應對的經驗,因而對防堵疫情效果極佳,是現在全球少數仍然沒有真正或嚴重小區感染的地方。在疫情之中,不同文化與發展程度的社會卻有多種不同或相反的回應和後果。據一些調查統計,發展中國家由於被限制外出,以至缺少工作而停留在家,據此而會有增加人口生殖的後果,而西方國家的人則多會推遲生育計劃,人口反而會減少。這兩者都會造成對國家人口增減的後果,也會形成日後社會結構,包括人力、經濟與社會制度的改變。

此一疫症所造成的傷害,目前除了西班牙流感之外,在確診和死亡人數上都已超過所有歷史上發生的瘟疫。但由於疫情尚在擴散之中,最後的感染和死亡人數仍然很有可能超越西班牙流感。而此一疫情不但產生嚴重的死亡哀痛的經驗,也已產生許多嚴重的心理與生活的創傷。不少家庭都有親人由於救治失敗,或竟完全沒有藥物與醫護救治而死亡,以至由於要隔離而孤獨去世,親人也無法道別。亞裔人士也由於與初發病情的疫區有關係,在國內外都會受到排擠與歧視。人們在被強制隔離中不但感到恐懼與彷徨,亦變成受困囚牢與無法與人交流以至說話溝通,也無法出外活動和工作,因而增加了許多抑鬱等心理創傷,憤怒挫折的情緒等等。因此,不但病毒使人的身體生理受到嚴重傷害,在疫情之中,以至疫情之後,都有大量的恐懼與死亡、心理與群體、交往與團結的問題,有待我們正面回應和解決。這與每個地區的宗教、倫理與文化傳統都有很密切的關係。

以下,主要由儒家與中國文化傳統的角度來反思和分析此一疫情中所涉及的價值和行動表現,以及傳統的文化與哲學如何能有助我們克服這一疫症所帶來的各方面的負面的影響,以及我們應如何團結,合力以赴,發揮人性人道,共渡此難。

一、新冠病毒疫情之發展與人類新的生活方式

　　這次疫症不但做成嚴重的病情和死亡，而且由於它的尚未確知而又高度感染的傳染性，使我們不能忽視。更由於目前和可見的時日中，我們都不會有確實有效的疫苗和治療藥物，因此，我們必須有長期與此病毒共存的心理預備和安排。由於世界各國都爆發過社群感染，而且病毒仍然在各地傳播，而我們也沒有辦法長期完全關閉邊境而必須解封。因此，跨區跨國的感染在短期內是無法消除的，事實上，第二波的感染實際上也已在美、德、法等國家開始了。由於不能消除第二波，第三波的重複感染，沒有任何小區或國家可以在不用防堵之下重開社會交流的活動。不但個人之社交活動難以避免有感的風險，如在工作場所、營業、商場、餐館或美食廣場交接和吃飯，等等；在國際交流上，許多重要的小交活動難以避免是在人多而密閉的空間中進行，如在飛機、旅館、商業活動中心等高風險場所。如何與此病毒共同生活而避免感染，將是我們未來不短的時間內──也許是長時間之內，我們必須考慮的共存的生活方式。而且，由於我們已現實地生活在一共同的地球村之中，與病毒共存將是人類所必須共同採取的生活方式，否則，一波未平一波又起，人類將無法安穩地生存下去。

　　我們可以分別就個人起居的小區生活與大社會和跨國來往活動來說明其中的問題。在個人起居生活與社群交往方面，由於減少外出，家人自有更多密切接觸的時間，這自是培養親子關係最好的機會。但據外國的一些報導也有因長時間處於一個狹小空間而產生更多的磨擦與衝突，家暴也增加了。如何調整共同生活的節目和心身的安頓，也是需要關注的。這時候，同情共感的互讓互諒與和諧共處，互相支援，應是最能消除因坐困愁城而來的抑悶與挫折感受。如何使居家生活更人性和更有文化意義是未來的健康生活重要的一環。公共團體和政府應贊助和多製作讓人開懷、一家同樂的影視節目，如以戲劇發揚傳統文化的美和價值，以多樣化和有趣的形式推廣防堵疫情的方法，是舒緩人民心智情感、促進社會團結的重要防疫工作和新的生活方式。

　　由於社會的經濟生產和生活不可能長期停頓，如何在疫情尚未完結的時候，重新展開工商業的營運與工作，實是一嚴重的道德兩難的困境。長期缺乏工作與生產，不但各種工商業和社會制度會崩塌，個人和家庭的生活開支短缺，以至生活物品匱乏而又漲價，將使一般人，特別是中低下階層的生活更艱苦和難以為繼，必定產生更多的家庭和社會悲劇。因此，在開封與復工的過程中，不但要繼續做好防疫工作，也要調整生產線和上下班工作的安排，使社會經濟運作可以安全地進行，否則必定引來第二波、第三波的重新感染，又必回復到封廠封城的死巷，傷害更多。此如近日美、德多國的困境。因此，在公共安全與社會經濟生活都必須在合理的風險評估之下，才可以進行開封。此一歷程不是一朝一夕之事，必會是經年累月中的生產與生活方式。在此，守住警慎原則，保持合理的防堵安排，以及「人人為我，我為人人」的仁愛精神，體認和接受各種不方便或困阻，仍然積極地帶口罩、保持社交距離、勤洗手等衛生和防堵工作，是我們不可隨意踰越的共同防線。我們不但要全力配合防疫工作，也互相配合共同做好最有效的生產，避免更多的感染和生命的犧牲，方真能保障社會的物品供應無缺，合理健康的生活才可以持續。否則，瘟疫的傷害只會擴大，人間悲劇難了。

　　綜言之，在當今如此的一個頻繁交流的地球村的共同生活之中，我們不可能苟幸自己的家園免受疫情侵襲。藏在任何角落的病毒都有可能再次引發全球性的流行病出現。任何國家地區或個人都不可能免除此一風險，因此，我們必須把世界每一偏遠地區都視為我們自己家的後園，都是不能忽視的生活共同體的一分子。在真正滅除每一角落的病毒感染之前，我們都不能免於與病毒共存。我們也必須以儒家的「老吾老以及人之老，幼吾幼以及人之幼」的精神，對於落後貧困地區的同胞都要和予以優先的救助，這不但體現我們本有的「仁心」而行，也同時是「助人助己」、「助己助人」的不可分割的團結博愛的精神表現。這是保障我們能與病毒共同生存的最基本的道德原則。

二、在仁愛關係下的公共衛生之基本倫理規範

　　雖然西方倫理學與生命倫理學的基本原則也認同倫理或道德原則是一理性的要求，即具有普遍意義與一視同仁的要求，但基本上仍是以個體為中心，只由個體之權益伸展的方式以建立對他人同等權益的同等重視，但不必是出於親近與親愛的原因。當然，西方人也常會有對他人的無條件的和愛心的救助，無私的奉獻。這自也是西方人特別是在基督教推崇「主內一家」，與佛家之「同體大悲」所常有的表現，確是可以促使我們更進一步表現我們的仁愛於他人。但西方人卻不必認為解除他人的災難是自己的責任。若以儒家的「同情共感」與由此衍生的「仁者與天萬物為一體」的原則，[2]我們是有道德的責任推廣我們的仁心之關懷，由「親親而仁民，仁民而愛物」，發揮和回應我們對其他人的苦難的感通而有的自我要求，或自願自加的義務（如同救助即將掉落深井被淹死的小孩的惻隱之心的呼召），去幫助有需要救助的人。我們在此要進一步深化此一仁愛原則，建立在地球村共同生活中所必須要遵從的公共衛生的倫理原則，真正履行此中的道德責任與義務的要求，方可能免於為疫症所摧殘，而實現我們「養生送死無憾」的願望。

　　由於流行性的疫症之傳染是涉及其他人的安全或傷害的嚴重病症，這是一類公共安全與個人權利和私隱有所衝突的「道德兩難」。在現代社會中，保障個人的自由與權利，以及私隱和公義，都是政治上最重要的法律與道德規範。但我們也知道，在人與人

---

2. 孔子提出「仁」作為人之為人的價值所在，此概念實以人心之「同情共感」的「仁心」表現為核心，詳論請參見李瑞全，《儒家道德規範根源論》。台北：鵝湖出版社，2003年，139–176頁。孟子更提出「不忍人之心」以說明我對他人的苦難所自發的道德義務。宋儒程明道進而提出「仁者與天地萬物為一體」之說，以見「仁道」之涵蓋對一切生物之同情共感而成為一共同生命體的意義，成為儒者的共識。仁心或不忍人之心是指人之道德價值的根源所在，有如康德所提之「自由意志」作為道德法則的根源之說。在生命倫理學中，仁心或不忍人之心涵蓋一般所謂「仁愛原則」與「不傷害原則」。本文在此不能詳論，請參考李瑞全，《儒家生命倫理學》。台北：鵝湖出版社，1999年。

之間的活動中，彼此和所涉及的公共空間的安全，以至人道的要求也是公共生活中重要而必須有的道德規範。這兩者也常發生衝突而有難以解決的取捨。在公共衛生的倫理之中，更常表現為嚴重的道德兩難。在同情共感之下的仁愛原則，使我們不但有理由必須考慮我們的行動對他人的傷害或利益，也是我們守衛個人權利的依據：侵犯一個人的自由自主的權利，是對一個人的嚴重傷害。但個人的權益也必須在其他人具有的同等的權益不被犧牲之下才相對地是神聖不可侵犯的。在其他人可能因為我們的自由權利的行為而受到傷害，公共安全的要求常是受到更多支持的。[3]在儒家的觀點來看，我們對他人不但有公民的義務，而且此中有一人類一體的關係在內，而我們的仁心所要求的並不限於特別關切的家庭關係，反而是要求我們把家庭關係延伸到在同一生活社群中的其他人，救助他人實是我們自然和應有的義務。家人是一體的，但仁心的推擴出去，則宗族是一體的，社會也是一體的，以至天下人類也都是一體的。此即表示在涉及他人的巨大災難性的傷害之中，我們是有互相救助的道德責任的。此中的義務與責任是多重的，具體如何衡斷，自然不是容易確定的事。我們先依不可分割的生命共同體的事實，建立一些可以用來分析此中的兩難和建立的初步義務。

「仁」指表我們對他人的生命之不安不忍的同情共感。仁心的感受固然始於在共同生活中對父母家人所自然而有的一種生命共同體的憂樂與共的一體之感，家人就是一共同的生命體。家人生命如受隔斷割離，我們必有最深的哀傷。儒者最期待的「仁政王道」最基本的是能使人民能「養生送死無憾」。但儒者同時認為這是全社會，全國，以至全天下人，人人都應該得享的天倫之樂。因此，仁心也必一步步推擴開去，涵蓋社會、國家，以至天下

---

3. 在公共安全與個人自由權利的衝突中，如何決此中的道德兩難，在美國有一典型的判例，基本上是支持當事人的行為會危及他人的生命時，公共安全可以壓倒個人的自由權利。詳請參閱*Tarasoff v. Regent of the University of California.* California Supreme Court (17 California Reports, 3rd Series, 425. Decided July 1976) 一案例之主流與非主流法官之申論。此一案例和判詞在多種生命倫理學專書中都有引述，其中一個引述請參考Tom L. Beauchamp and James F. Childress. *Principles of Biomedical Ethics.* 2nd ed. New York: Oxford University Press, 1983, pp. 281–284.

人，所謂「仁以覆天下」的大同世界。而且，仁心不但對同為人類的生命有所感通，對一切生命都有所感通，都會有願其生而不願聞其死，願其全而不願其毀。「仁者與天地萬物為一體」一再指出這種生命感通而有的一體的真實感受。

在面對來勢洶洶而又不知其底細的病毒，不但自己親人會受害，社會整體也不免遭受同樣的傷害，病以至於死。因此，仁心在此必以切身而又審慎恐懼的態度來理解此一病毒和作出最佳的回應，不敢掉以輕心。換言之，在追求「養生送死無憾」而又未知病毒之情況下，我們應「戒慎恐懼」而依「警慎原則」（precautionary principle）或「敬慎原則」[4]而行。因此，為了避免疫情出現不可控的災難，我們每個人都應盡力避免疫情發展到生死抉擇的道德兩難的情況。在此原則之下，我們自己固然應戒慎恐懼來行事，我們也要當事人或政府及早做出完備的預防，此即在公共衛生行動上應有「超前部署」，[5]以預應未來高風險的審慎決策和行事。這一「敬慎原則」在個人和家庭上也是必有的道德守則。面對如此嚴重的疫症，我們不能隨意而為，每個行動都應考慮對防堵疫情的效果。因此，我們應聽從疫情專家的指引，共同合作，全力避免感染。而人傳人的病毒最容易滋長的場所是密閉和親密接觸的地

---

4. Precautionary principle一般譯為「審慎原則」，但此譯混同了principle of prudence，而且減煞了它的道德義務的內涵。作為公共衛生的倫理原則，它也是對我們處理公共衛生事務的一個道德原則，而且其中含有一種警惕危險與謹慎行事的要求。本人之前曾譯之為「警慎原則」，而在儒家的行事中，它更是帶有對不可知命限的「戒慎恐懼」的感受，對無條件的莊嚴的道德命令的「敬畏」（reverence），對生命受傷害與人力時有所窮，而不免面臨生命之死亡，所以名之為「敬慎原則」，或更能表示儒者在此對生命的愛護痛惜與自我的道德要求的意義。

5. 這是台灣在防疫工作中常用的詞語。在武漢傳出新的有感染性的病毒出現之初，國際著名的John Hopkins醫學研究中心曾預測第二個爆發的地區將會是台灣，因為台灣與內地有非常緊密的人流與物流的流通，必定有由多種途徑往來而受到感染。但最後在先進的國家地區之中，台灣卻是唯一幾乎完全沒有受到疫症傷害的地區。台灣在防堵這次新冠病毒之所以如此成功，正是由於主其事的專家真能兢兢業業，做出很多預先的部署，即「超前部署」的防堵工作，使疫情的災難性的爆發不出現，並能維持社會和經濟活動，雖不免有所降低，但仍能持續運轉不息，避免發生許多歐美等醫療體制完善的先進國家出現的大量感染而剎時間使醫藥與醫護人員發生嚴重不足的情況，而要決定如何分配有限的資源和補給，但免不了眾多醫護人員殉職，大量病患沒有醫療藥物可用而坐以待斃的慘劇。尤以老年人在痛苦之中孤獨地離開，不得善終，最使人深感生命之哀痛。台灣的疫情指揮中心預先部署的工作詳情，請參閱Jason Wang. et al. "Response to Covid-19 in Taiwan: Big Data Analytics, New Technology, and Proactive Testing." *JAMA*, vol. 323, no. 14, 3 March 2020, pp. 1341–1342.

方,家庭是一最難以區隔的場所。因此,每個人在日常生活中必須加倍注意防堵的衛生行動,如帶口罩、勤洗手、勤消毒、保持必要的社交距離、減少大小型的聚會等等,不但避免自己感染,也避免因自己感染而使家人受到感染,以至使其他人受到感染。這是「為己為人」的雙重義務。而在初期醫療資源不足,特別是口罩之使用,在疫情尚未大流行之前,不去哄搶和囤積醫療用品以至其他日常生活所需但尚用不到的物品,以免做成惡性的恐慌,徒生社會的爭奪和互相排斥。醫療資源不足時,應就有限的藥物做出合理的有節制的使用,保留資源給更有需要的人,如醫護人員、日常必須上班的職員、進入工廠生產的勞工、在商場的營業員等維持社會日常所需的人去使用,避免他們受到感染,這是共同防堵疫情最重要的一環。這是「敬慎原則」中所含的「人人為我,我為人人」的團結互助的仁愛精神的表現。

進一步來說,仁愛不能止於只求自己,自己的家人,以至自己所在的社群中人之免乎災難即可以停止。仁心之感通,也必延伸到社會、國家,以至全世界。我們不但對於身邊發生的不幸事件會有強烈的感受,對於遠在千里之外的國家人民受到疫症的嚴厲打擊,也有惻隱不安不忍之情,也要求自己能加以援手,減少傷害與傷痛。因此,當我們儲備足夠的醫藥資源之後,我們也要對受到病毒嚴重攻擊的地區的人們,全力支援。正如我們見孺子入於井而感受到要救亡的義務,此時實無分此孺子的美醜、性別、種族階級等等,更不應因政治、宗教之分歧而漠視他人的苦難。救災救難應純然是一「仁以覆天下」之情懷,使天地萬物都能免乎災難的至仁大義的精神。此即表示我們不能藉此災難去謀利,不止是不能去謀私利財富,更不能利用這個機會去操作政治的交易。對於落後貧困的國家,我們更應多加援助,不能只計算政治效益。真正出於人道的救助,才真正是仁義的道德行為,才真能使受助者感動,感受到人間的溫暖和關愛。也許我們的救援或不能使病患避免死亡,但我們盡力救助的努力,對於家屬以及我們自己,也多少減除了一些遺憾。

這是我們從仁心之感通而有的對於疫症的傷害的人道回應和應有的道德行動的基本原則。此一理念可以涵蓋在公共衛生倫理中的各種當機而行的道德原則，如在公共安全與個人自由權利與隱私之間的按比例原則（proportionality）而作的平衡，救助，由此而可引論如何平衡「公共安全」與「個人權利」，如何建立社會的信任，與政策的「公開」、「透明」、「問責」等等，以使全社會能同心合力對付我們的共同敵人，使傷害死亡減到最低。

三、個人與家庭之倫理與公民行動：公與私之防疫倫理

如果以家庭（包含個人）作為一獨立的社會單位與社會整體對於公共衛生倫理之回應方式，其中的道德區別有似個人權利與公共安全的對立。但這兩者實不必是相矛盾的關係。因為，個人或家庭作為私領域的場所，其中所具有的道德的涵義也必定與社會之公領域相接而且重疊而不可分。反之，社會的公共倫理也必須以社會中所有人的權益公平地考慮。個人或家庭沒有完全獨立於社會之外的倫理考慮，社會也沒有獨立於社會中所有的人而有自己的權益。此有如杜威說：「個人是社會中的個人，社會是個人所組成的社會」，社會與個人不可能完全分割。此在涉及社會所有人的病毒疫症中的倫理考量中是最明顯的事實。

我們必須了解瘟疫的嚴重情況是可以快速而幾乎是難以抵擋的傳染。我們固然要自身和家人做到最好的防堵疫症不要被感染的保護自己的工作，但同時也必須要保護其他人也不受到感染。我們不但不能「以鄰為壑」，更要進一步使最迫切需要相關醫療物資的人，如醫護和病人，或具有高風險以至缺乏物資的人，取得必要的醫療物資，所謂「我夠用，你先取」這樣的一種互助互愛的精神，使社會能在和諧和團結之下合作，共同抗疫，方能真正減少傷害和取得最大的成功。這是使災難也可以成為社會最友愛和最有同情共感的世界，也更激勵起每個人的情志和發奮積極的精

神。這是我們在流行病中最重要的共同對抗病毒，不分你我的一體團結精神。

在容易人傳人的疫症中，家人自是最容易和直接被感染的小群體。因此，防堵疫情的第一道防線是在家庭之內。這不止是一般說，「一人生病，一家生病」所表示的家人之間的親密的倫理關係的實情，而是客觀上最難以解脫的共同染上惡疾的情況。所以，在疫症流行中，常常是全家一同染病死亡。整個家族以至村鎮，也常因為是生活共同體，而不免全族與全村鎮全部死亡，以至鄰近村鎮都成為廢墟。因此，在防疫中，必須全家共同努力全力防堵，不能讓病毒有入侵的缺口。這顯示家人之間的一體同仁的關係。因此，在社會整體的防堵工作中，阻斷疫症的傳播，也是從病人的家屬作為最重要的追踪檢測和治療的第一線，如此才能有效地防堵疫情的擴散。[6]

在疫情流行之中，個人在尚未染病之時，家人之互相支持自是最重要的關鍵。在感染之後，維持病人的日常生活所必要的資源，包括生活所需之經費，日常生活的食物、飲食與藥物的提供等都需要家人分工合作來共同分擔。除此之外，疫症的致命性與滔天蓋地而來的難以逃脫的命運，是最讓人產生恐懼而又無奈的處境，家庭的親子關係是最能舒解個人的孤立無援，坐以待斃的抑鬱無助的心靈痛苦。家人的互相支持，使每個人都有為自身與家人而勇於承擔，生命有奮發向上的動力，即使處在絕望的困境中仍然能努力不懈，克服各種困難，是對疫症最強的免疫力。如果在疫情擴大流行之中，家中有人受到感染，或疑有感染的風險，需要隔離和照顧，家人自是最能全心全力提供和分擔社會面臨巨大醫療照護缺口之時的照顧。雖然在家隔離實不容易做到完足，但比諸單獨禁閉式的隔離，家人在心理與生理的支持上仍然是最有力的方式之一。縱使不幸，親人死亡，但病人與家屬在共同努力中

---

6. 台灣防堵疫情之所以成功的一個因素正是開始防堵工作時，即以家庭為第一線的防堵工作而展開，檢測和追踪家人和家人所接觸的其他人，因此，常常能很快而有效地追踪到可能的受感染者，截斷社區感染的出現。

共患難，共同付出，互相支援與慰藉之中分手，死者可以無憾，生者多少也減輕了家人離去的痛苦與遺憾。這種親情倫理的互相支援，是流行疫症中最能使人解慰的重要因素。

在防堵疫情中，家庭也必須得到社會的支持，不但在隔離中需要政府支緩各種生活和醫藥物品，在日常的生活資源上也需要政府全面的保底安排。由於疫情的流行，生活物資的生產會被停止，生活物品的流通會被限制，物品由於短缺而價格狂飆，等等，都必須由政府全面調控，以免人民與病人，以及醫護人員等受到更進一步的挫折與傷害，以至無法生活而挨餓受凍。因此，社會不但在保衛公共安全，也同時要保護每個人與每個家庭的安全，供應必須的醫療與生活物品。而最重要的是，政府要做好疫症的宣傳教育，和使疫情公開，以免民眾因不了解而產生許多不必要和非理性的反應，做成醫療資源的更嚴重的短缺和浪費。其中一個重要的工作是防止病人或家屬，以至第一線的醫護和家人受到排擠和歧視。這時政府與負責和主持防疫工作的第一線的專家如何提供客觀而正確的疫症和疫情消息，如何隔離和治療確診的病人，同時保護病人和家人的隱私，都是防疫能夠成功，減低死亡，讓社會安心的重要因素。防疫的工作必須擺脫政治操作的干擾，使對治疫情的工作在運用專業的知識技能方面達到最佳的效果。否則，不但在疫情開始時會因為受不當的干擾而使防堵疫情的工作被延誤，而在疫情改善時又因政治干涉而作了不適當的解封或放寬防堵工作，形成第二波感染，使疫情回溫而失敗。如此不斷反覆循環，社會與人民實受到更多的傷害。

由於防疫和對治疫症涉及公共安全和個人與病人的權益，一切疫情政策與工作都必須謹守：有效性、合比例原則、必要性、最少干涉性與取得公開的支持。[7]如此才可能得到民眾的認可和主動配合，防堵疫情才可能事半而功倍，以最低的成本而成功。反之，人民因不解或誤解而不願配合，防疫工作必出於強制執行，也

---

7. 參見Tom L. Beauchamp. et al, eds. *Contemporary Issues in Bioethics*. Belmont, CA: Thomson Wadsworth, 2008, pp. 631–640, pp. 635–636.

必產生許多不信任和反對的行為，造成防疫缺口和激發更多的社會對立。因此，在防疫工作上的倫理規範，我們要以民眾的信任和自動自願支持為最重要的原則。最能取信與人民的是，實踐上以救治和保護病人為第一優先原則，使病人和家屬得到最佳的照顧。防疫工作必須由專業醫療專家專責主持，作出符合當前對疫症的了解而進行，拒絕任何政治的干涉。在資源分配上要保持公平合理，同時兼顧仁愛與不傷害則原則，最少地干涉個人與家庭的隱私，爭取人民主動自願配合，防疫方能成功。在公共安全與個人和家庭私隱上要取得適當的平衡，不能無限擴張公共權力的使用，必須依合理的比例原則進行必要的保衛公共安全的政策和行動。

四、地球村中的天下一家、中國一人之防疫工作與 世界永久和平

在全球大流行的疫情中，我們最重要的認知是「病毒是我們共同的敵人」，我們也生活在一個已不能完全分割的「地球村」，全世界已成為生活與生命的共同體。人與人之間，國家與國家之間的差距，實不足以區隔或阻擋病毒之傳播。在此，我們不可以因為不同的文化價值、宗教、意識形態，與各種政治權力與經濟利益影響我們的抗疫的共同責任與工作。我們要了解在完全消滅感染和病毒傳播之前，任何地方的疫情都會影響到我們每一個人的生活與生命安全。一切以謀取自己國家或政黨利益的行動，或利用他人受到疫情傷害而取利的行動，都是有違公義，都是無恥的行為。

在沒有明確證據證明這次病毒的起源是一種惡毒的生物武器計劃而來的，我們沒有需要在現階段針對或指責任何個人或國家。但涉及病毒的起源和已知的相關而重要的知識而為了自己的利益而隱瞞或扭曲，自然對於全球因此而死亡的生命要負道德與刑法的責任。追究此一病毒之根源或來源，主要不在於追究由

此造成的各種傷害，更重要的是阻止瘟疫的再次發生。由之前的多次的疫情經驗，我們都知道此事恐怕難有真正大白於天下的一天。但人類也應由如此一次嚴重的疫情取得教訓，做好各種預防措施，包括國際條約的規範，嚴格取締不當的科學研究實驗，如禁止旨在發展生物武器、隨意製造可能有極度殺傷力的細菌病毒，防止相關的實驗室設備不良與沒有嚴格規範的運作，使具有殺傷力的細菌病毒可以洩漏為患。我們應藉此次病毒大流行，作出認真的檢討，制訂全球研究的規範，高風險的研究計劃應盡量公開和透明，防止產生高風險和不符合道德規範的研究，等等。

這次疫情如此擴散，各國政府自然都有相應的政治責任，因而造成對防控病毒傳播失控和大量無辜生命的死亡，以及國民生活和經濟上的巨大損失，這方面只能由各國人民來評斷和判決。但這次聯合國負責全球疫情工作的WHO實難辭其咎。WHO的負責者明顯地是有私利和受到政治干擾而沒有做出及時的偵查、分析和預警，直至無法控制的全球大流行才撤回原初一直主張病毒的傷害性不嚴重，不需要認真防堵病毒的各種言論，如反對限制旅遊、不主張帶口罩、不必要減少大型聚會等等，誤導了世人，以至疫情一發不可收拾，遺害不知伊於胡底。WHO的建立，和得到世人的支持和信賴，是因為流行病毒的傳播不是單一的一個國家或地區可以完全控制的事，而在現今地球村的情況之下，能為全世界進行預警和提供有效和及時的防控，是需要一全球性的跨國機構來主持，方較為有效。因此，WHO方面的公信力必須重建，使全球對於未來的瘟疫有更好的預防和生命與健康更有保障。健康與疫疾是無分國界之事，各國也應全力支持和不可加以政治干預，否則必被全球人民所唾棄。

我們也必須認知，在防堵疫情和治療病毒的工作和研究，所得的成績並不是個別地區和國家所獨有獨享的。防疫經驗應該由全球共享和促進彼此更良好的互動與合作的事。病毒不分國界，猶如環境污染的傷害不分種族國界，是人類共同的敵人，更應是跨越國家政治利益，共同合作和合力以赴的團結和博愛的基礎。此種成果具有跨國跨種族和文化宗教的共同利益，可以說是聯合

國在推動全球和平合作的最好的一個機制。我們更應藉由健康
與防堵瘟疫的傷害而尋求真誠的合作，真正是愛鄰如己，發揮人
類高貴的仁愛與惻隱之心，為人類永久的和平踏出第一步。

五、反思與病毒共存的生命意義：一些哲學的啟示

　　病毒最不可思議的是：它不是一生命體，但卻具有複製或繁
殖的能力（reproduction）。它似乎只有生命體最重要的兩種基本能
力表現的一種，即只能繁殖而缺乏「生長」（growth）的能力。而它
的要命的負面表現是它由宿主取得繁殖的資源之後會殺害宿主！
所以新冠病毒對宿主來說全然是負面的，且在殺害宿主時使後者
產生莫明的巨大病痛以至於死亡。但這種病毒在殺害宿主時卻也
同時走向自己的消滅！站在人類的角度，我們自然要嚴加防堵和
痛予消滅。但進一步的反思，讓我們意識到病毒與人類起源實有
不可分割的關係！

　　病毒的存在，啟示我們了解的是，物質的東西似乎不純然只
是物理性的東西，即，不只是具有物理科學所確定的各種物理的
能量與能力。在自然科學之中，物理的東西，或確切地說物理的能
量，是被假定為永恆不滅的。而一切轉變只是能量型態的轉換。
如果我們接受宇宙最原始和基本的存在狀態就是如科學家所研
究的原子、電子、粒子、能量等等的物理事物與現象，則這些物理
的東西如何能發展成為有生命的世界，可以攝取周邊的物質和能
源而不斷繁殖，特別是產生有思想意識和價值判斷的生命體，實
是難以理解的。其中一個必須有的關鍵是什麼時候或什麼情況之
下，一堆無生命的物理的東西，會變成可以複製它自己的東西，即
成為一生命體？病毒提供我們一個基本的事實，即，當物理的東
西達到某種結合的組織時，它會變成一種DNA的組合，而且能自
我複製！如果單就組成DNA的成分來說，它們只是一些化學元素，
終究也只是一堆物理的東西而已。但生命的奧妙就是這一堆化學
元素的東西發展出生命！在我們能構想的宇宙發展的歷程中——

暫且只從我們所知的大爆炸的時間開始，它如何在經過億萬年的發展中，發展出如在地球上所見的多樣化的物種和生命，以及最為難解的人類的生命，這是一個科學家所無法說明的現象。[8]在一個意義之下，這是科學所不能說明的問題，因為，科學的預設就是：這些基本的元素都是根據物理定律的因果方式轉變和演化的。其中並無生命的現象或能力在內。如是，我們如果不能滿意於物質只具有物理的能力，而一切生命來自物質的東西，則我們合理的推論是：生命的能力也同時存在這些最原始的物質之中，只是要具有相應的充足條件，這種能力才能發揮出來。生命產生和演進的歷程就是這些物質在各種適合的條件之下一步步展現出它原初所具有的能力。一切生命可以說是如此的一種能力的表現。

原初能複製自己的化學元素的組合應是能永續生長發展的，一步步演化成為單細胞生命，再發展為眾多的物種，否則我們不會有現在那樣多樣化的生命。當然也有可能已有不少有複製能力的元素組合在此過程中出現但卻不能持續複製，因而斷滅。相對於最終能產生可永續的化學元素組合來說，病毒可以說是一種變異。病毒不是生命體，但可以依附在其他生命體的資源上而繁殖，但在這個過程中，它卻同時殺害了它的宿主，因而消滅了自己繼續生長發展的基地和資源，所以，它的複製是不可能永續的。其中一個出路是它能夠寄生在一個它不會感染發病的宿主，而藉由此宿主可以不定期地侵襲人類。另一個出路是經由DNA組合的變異，衍化出那些減低毒性的亞種，使自己能與宿主並存，只是在一些定期的條件出現時，它才會傳染給人類。如感冒在冬天時侵襲人

---

8. 這種怪異的現象或異象（anomaly）在物理科學中也有一些類似的情況。科學界都知道「粒子糾纏」（particle entanglement）的物理現象存在而又是現在物理定律所無法說明的。所謂「粒子糾纏」的現象是指，當一個粒子分成兩半時，它們的「自旋」互相配合為「上旋」與「下旋」，當一者由「上旋」被改變為「下旋」時，另一者即會有相應的改變，即由「下旋」改變為「上旋」。最難解釋的是，當這兩個分開而且相隔很遠的粒子，其中一個的「自旋」改變時，相隔很遠（在光速能及時傳到之距離之外）的另一半即同時改變其「自旋」。參見蘭薩（Robert Lansa）、博曼（Bob Berman），《宇宙從我心中生起》，隋芃譯。台北：地平線文化，2015年，80–86頁。這兩位科學家由此提出意識或心靈作為宇宙最根本的現象的說法。

類呼吸系統，造成大量感染，但受感的人只有部分會死亡，因而成為與人類可以共存的病毒。

病毒這種特性，與人類某些行為極為相似。人類出於原始欲望的渴求滿足，因而以暴力的方式宰控一個地方和地方內的人群。暴君可能在一段時間之內可以為所欲為，但在過度的欲望之下，所控制的群眾會由於死亡或逃走而日益減少，結果不是被敵人消滅，就是被自己統治下的反對者所消滅。如果這種宰制式局面朝向開明方面發展，和日漸減輕暴力的統治，可能會形成可持續的循環，如一治一亂，而走向開明和最後成為真正合理而可續的民主政治的模式，使社群的公共權力的安排可以永續，方可免除由於內部的不平衡和不公義而自我毀滅。

追求長生不老是生命本有的一種自然欲望，可說是古代的智者都在尋求這個答案。東西方各個大教都嘗試給人類一個解答。但病毒給我們的啟示是人類只能在可持續的繁殖與生長中實現生命的無限性。無限性與無限的價值只能在有限的生命中實現。而生命最奇特而又普通的表現，是生命之生生不息。這即是正面的創生原理所在。此即中國傳統所謂天道創生之生生不息之大德。人類也只能在不斷的創生中繁殖，但可持續的繁殖是在有自我約制的條件之下的繁殖，人類欲望過度的發展與滿足的追求，將必引致人類的自我滅亡。環境污染以至地球暖化，可說是人類欲望過度的表現之一所形成的對人類具有滅絕性的後果。在過度的欲望追求之中，人類的生命與生存將受到反噬，如不反省和減低欲望的追求，人類將毀滅於自己的無限欲望之中。這是人類追求權力與宰控的其中一種表現。政治上的權力無限的追求與獨佔，也會毀滅自己，可能同時毀滅全人類！這可說是病毒或流行疫症給我們的教訓與啟示！

第四章

後疫時代與人工智能應用的倫理思考

方旭東
華東師範大學教授

在撰寫本文時，新冠肺炎依然在全球肆虐，筆者的心情是沉重的。作為哲學工作者，在如何有效控制疫情方面，筆者愧無良策可陳。但筆者對疫情始終保持高度關注，願意為疫後重建提供個人的一點微薄的思考。這個思考，當然還是初步的，寫出來，供同道批評討論。筆者首先將提出「後疫時代」這一概念，以充分揭示此次疫情的歷史意義；隨後，嘗試從最近日本疫情「解封」後倡導的新生活方式歸納後疫時代的一個特徵或方向，最後，從長期的角度對此特徵或方向的正負影響加以分析，以評估對於人類究竟是禍是福。

一、後疫時代的到來

2019年12月，中國湖北省武漢市部分醫院陸續發現多例有華南海鮮市場暴露史的不明原因肺炎病例，現已證實，這是2019新型冠狀病毒感染引起的急性呼吸道傳染病（Corona Virus Disease 2019，COVID-19）。2020年初，疫情擴散，在中國其他地區乃至全

球迅速蔓延，到2020年3月11日，世衛組織宣佈，當前新冠肺炎疫情可被稱為全球大流行（pandemic）。[1]

在疫情爆發超過半年之後的今天（2020年6月底），新冠病毒在全球的傳播速度未見減緩，新增病例正以每週約100萬例的增幅快速增加，你來我往，此起彼伏，歐洲的新增病例剛剛放緩，美洲又成為新的疫情中心。[2]

新冠肺炎給人類造成巨大損失。截至北京時間6月29日8時33分，全球新冠確診病例已突破**1,000萬**大關，累計死亡人數超過**50萬**。差不多每18秒就有1個人死於與新冠病毒相關的疾病。[3]

疫情不僅奪去了大量生命，給無數家庭帶來無可挽回的傷害，同時，它也把全球經濟拖進可怕的深淵。截至6月26日，按美元現價計算，全球經濟損失總量約為2.59萬億美元，相當於全球2019年GDP的3.01%。須知，全球第十六大經濟體——印度尼西亞一整年的經濟產值才1.1萬億美元。2019年全球GDP的實際增速僅為2.90%，折合2.49萬億美元。這就意味着，新冠大流行造成的直接經濟損失已經抹去了2019年全年的經濟增長。其中，美洲和歐洲受到的影響尤為嚴重，截至目前，直接損失均為2019年增長的兩倍以上；大洋洲大約為2.2–2.3倍，非洲和亞洲分別為1.0和0.7倍。考慮到亞洲、非洲和美洲很多國家的疫情仍在惡化，這些地區全年的相對經濟損失仍將繼續上升。6月24日，國際貨幣基金組織預測，全球經濟在2020年將出現4.9%的萎縮。新冠疫情造成的相對經濟影響已經接近1918–1920年大流行性流感。[4]

1. 白蓮，〈世衛組織宣佈新冠疫情為全球大流行，古特雷斯呼籲行動〉，《新京報網》，2020年3月12日，見http://www.bjnews.com.cn/world/2020/03/12/702593.html.

2. 〈全球病例突破1,000萬例，新冠疫情將如何終結？〉，《環球科學》，2020年6月29日，09:45:36，見https://tech.sina.cn/2020-06-29/detail-iircuyvk0949820.d.html.

3. 劉丹憶，〈全球新冠死亡病例逾50萬 每18秒就有1人死於相關疾病〉，《中國新聞網》，2020年6月29日，見https://mp.weixin.qq.com/s/-cy1bGy7c8jLJK2ysSPp5g.

4. 徐惠喜，〈全球新冠確診病例超1,000萬 半年經濟損失2.6萬億美元〉，《經濟日報》，2020年6月28日，21:23，見https://www.sohu.com/a/404577634_118392.

更糟糕的是，疫情在一些國家出現反覆，引發第二波流行，而其他地區仍在應對第一波疫情而自顧不暇。比如，中國在2019年底疫情爆發之後，用兩個多月時間就基本控制了疫情，在鄰國猶在水深火熱之際，中國已成為可以投奔的安全地區，然而，6月11日以來，中國首都北京，疫情突然出現反彈。截至6月27日24時，累計報告本地確診病例311例，在院311例，尚在觀察的無症狀感染者26例。[5]

這個情況表明，疫情還是正在進行時（present continuous tense），而非過去時（past tense）。大流行何時結束，尚難預料。最壞的可能是，新冠病毒從此與人類共存，直到人類經過感染獲得自然的免疫能力，或出現另外一種「更強」的病毒將其接替。

這在人類抗擊病疫的歷史上有例可循。如1918–1919年爆發的H1N1流感，在兩年間的三波疫情中，這場大流行（pandemic）感染了5億人，造成5,000萬至1億人死亡。直到自然感染（natural infections）使康復者獲得免疫力，這場大流行才結束。此後，H1N1病毒株（strain）成為地方性的傳染病（endemic），這種傳染病一直以較不嚴重的程度伴隨着人類，並以季節性病毒的形式傳播了40年。1957年，又一次大流行——H2N2病毒才撲滅了1918年的大部分毒株。從本質上講，一種流感病毒會將另一種流感病毒踢走。也就是說，人類努力了幾十年沒有消滅的流感病毒，被另一種流感病毒消滅了。對此，科學家也無法給出很好的解釋。「大自然可以做到，我們卻不能。」紐約市西奈山伊坎醫學院的病毒學家弗洛里安•克拉默（Florian Krammer）說。以史為鑒，很多科學家認為，冠狀病毒和很多病毒一樣將持續存在，只不過不再成為一種席捲全球的瘟疫（The coronavirus, like most viruses, will live on—but not as a planetary plague）。[6]

---

5. 戴軒，〈北京17天累計報告本地確診病例311例〉，《新京報》，2020年6月28日 09:21，見https://baijiahao.baidu.com/s?id=1670703798135327518&wfr=spider&for=pc.

6. Lydia Denworth. "How the COVID-19 Pandemic Could End: Recent epidemics provide clues to ways the current crisis could stop.". *SCIENTIFIC AMERICAN*, 1 June 2020, https://www.scientificamerican.com/article/how-the-covid-19-pandemic-could-end1/.

基礎倫理

如此一來，**所謂後疫時代，就不是疫情結束之後的時代，不是去除了疫情的時代，而是疫情作為一種新常態而存在的時代**。針對疫情而採取的某些非常措施，將演變為一種常規、一種慣習。

這樣，無形之中，以2019新冠肺炎為轉折，人類歷史從此就分成兩段：疫前或前疫時代與疫後或後疫時代。仿照英文用a.m.與p.m.來表示一天的不同時段，也許我們可以把人類歷史分別表示為a.C.（ante-COVID-19）（疫前或前疫時代）與p.C.（post-COVID-19）（疫後或後疫時代）兩大時段。

這個後疫時代（p.C.）可謂「千年未有之變局」，值得我們認真研究。未來人類何去何從？人類能否安然度過此劫？對於即將發生的事，我們是否能夠正確地加以研判，顯然至關重要。需要考慮的是，人類目前採用的應對措施是否會造成某種不可逆的嚴重後果。我們要儘量避免走在錯誤的路上。盲目的樂觀，與無謂的悲觀，都於事無補，我們唯一的憑藉也許就是理性。正是理性，讓我們人類成為地球上唯一能夠自我反省的物種。現在，我們需要反省的是，面對疫情，人類所作的種種努力，尤其是那些目前看上去奏效的應對，從長期的角度看（in the long term），究竟意味着什麼。

二、 後疫時代的人類狀況：以日本疫情解封後新生活方式為視角

據媒體報導，隨着東京、神奈川、埼玉、千葉四都縣組成的「首都圈」以及北海道於2020年5月25日正式宣佈「解封」，日本政府呼籲民眾無事不要外出的「緊急事態」全面解除，日本的疫情防控進入新階段。在疫情防控新階段，日本政府號召國民積極適應新的生活方式，號召企業適應新形勢推出新的經營理念和服務。在5月25日的記者會上，日本首相安倍晉三強調，如果民眾能嚴格踐行這些行為準則，日本就可以回避「最壞的事態」。這是將「新

的生活方式」的重要性提高到了防止日本發生第二波、第三波疫情反彈的高度。[7]

　　這個「新生活方式」的出台，是由主管健康、醫療、育兒、福祉、養老、僱傭、退休金等民生事務的日本厚生勞動省（Ministry of Health, Labour and Welfare）召集的新冠病毒感染症對策專家會議（新型コロナウイルス感染症対策専門家会議）策劃制訂的。

　　為了及時聽取專家意見以便對疫情做出快速與專業的回應，2020年2月19日厚生勞動省召集了專家會議，從那以後，這種會議就不定期地頻繁舉行，到5月29日為止，已舉行12次，即：二月2次（2月19日，2月24日），三月4次（3月2日，3月9日，3月17日，3月19日），四月2次（4月1日，4月22日），五月4次（5月1日，5月4日，5月14日，5月29日）。每次會議，都會形成一個提案（提言），就疫情的形勢以及對策給出具體意見。

　　在4月22日的提案中，就談到為了將人與人的接觸減少八成以上而必須採取儘量減少外出的自我克制（自肅）以及回避「三密（密集、密接、密閉）」原則。在「參考資料1」中，編者用圖文並茂的形式列出了為減少接觸而推薦的10種做法，包括：

> 1. 與親人在線聯繫；2. 選擇人少的時候去超市；3. 選擇空間與人少的地點去公園慢跑；4. 用郵購方式購物；5. 在線酒會；6. 遠程診療，拉開定期受診的間隔；7. 在家對着視頻鍛煉肌肉、做瑜伽；8. 將食物打包回家或叫外賣；9. 在家辦公；10. 與人交談時戴好口罩。[8]

　　5月1日的提案，則明確出現了「為了預防感染擴大而普及新生活方式」（感染拡大を予防する新しい生活様式の普及）這樣的

---

7. 劉戈，〈抗疫新常態下 日本民眾的新生活方式〉，《人民網》，2020年6月2日 09:59，見https://www.sohu.com/a/399168752_120578424.

8. 〈新型コロナウイルス感染症対策専門家会議．「新型コロナウイルス感染症対策の状況分析・提言」〉，2020年4月22日，見https://www.mhlw.go.jp/content/10900000/000624048.pdf.

提法。所謂「新生活方式」，包括：回避「三密」，勤洗手、保持適當的身體距離，以及在工作與職場儘量採取電傳、錯峰上班、電視會議等減少接觸機會的方式。[9]

在5月1日提案的基礎上，5月4日的提案整理出了一個系統的「新生活方式實施細則」（「新しい生活樣式」實踐例），以作為國民日常生活指南。[10]

厚生勞動省最後公佈的正式文件《為適應新冠病毒而制訂的新生活方式實施細則》（新型コロナウイルスを想定した「新しい生活樣式」の實踐例）（以下簡稱《細則》）就是以5月4日提案為底本的，只作了很少的編輯。[11] 以下，我們的分析就以這個版本為準。

首先，《細則》所說的生活方式是廣義的，也包括了工作方式。其次，《細則》的重點是對個人進行行為引導。這當然是因為社會是由個人組成的，而疫情是通過接觸才傳染的，因此，儘量保持個體之間彼此孤立隔離的狀態非常重要。最後，《細則》按照從一般原則到具體情境這樣一種順序進行敍述，因此，在內容上難免有部分交叉或重合之處。

整個生活方式由四大方面總共22條細則構成，四大方面依次是：（一）個人防止感染的基本對策，（二）日常生活的基本生活方式，（三）日常生活的各種場面（諸如購物、娛樂、運動、出行、用餐、聚會等）的生活方式，（四）工作方式。

防止感染的三個基本生活方式是：

---

9. 〈新型コロナウイルス感染症対策専門家会議.「新型コロナウイルス感染症対策の状況分析・提言」〉，2020年5月1日，見https://www.mhlw.go.jp/content/10900000/000627254.pdf.

10. 〈新型コロナウイルス感染症対策専門家会議.「新型コロナウイルス感染症対策の状況分析・提言」〉，2020年5月4日，見https://www.mhlw.go.jp/content/10900000/000629000.pdf.

11. 〈厚生労働省.新型コロナウイルスを想定した「新しい生活様式」の実践例を公表しました〉，見https://www.mhlw.go.jp/stf/seisakunitsuite/bunya/0000121431_newlifestyle.html.

1. 與他人保持一定的身體距離（身体的距離の確保）。
2. 戴口罩。
3. 勤洗手。

　　後兩條沒有什麼歧義，而第一條「與他人保持一定的身體距離」似乎比較抽象，難以把握，為了便於執行，《細則》將其精確到距離單位「米」：與他人的距離最好保持在2米（最低1米）。

　　而從「保持一定的身體距離」這個原則又衍生出一系列建議，除了前面提到的：「三密」回避，又增加了以下內容：可以在室內也可以在室外進行的活動，選擇在室外進行；聊天的時候，盡可能避開面對面說話；排隊付款時，前後留空間；走路交錯時保持距離；唱歌、給人助陣加油時，要保證空間足夠寬敞，或者利用網絡；吃飯時不坐對面，隔壁坐着吃；避免多人數的聚餐。

　　其實，所有這些做法都是為了將人身接觸降低到最低程度。本着這種精神，《細則》不鼓勵任何可能形成人群聚集的行為，所以，不難理解這樣一些建議：探親旅遊要謹慎；除非萬不得已，儘量回避出差；去商場時，一個人或少數同伴，挑選人不多的時間段前往；去公園時，要挑選人不多的時候；跑步，人少時進行；出行儘量徒步或利用自行車，實在需要利用公共交通工具，則儘量避免高峰時段；時差出勤；輪流上班，等等。

　　《細則》一個突出的特點是提倡利用信息技術，下列建議就是明證：適時選用網絡郵購；利用電子支付；在家利用視頻進行肌肉訓練、瑜伽；網絡工作；網絡會議；網絡交換名片，等等。信息技術的利用，實際上就是將很多線下的活動轉移到線上（online）進行。線下活動，無論怎麼刻意保持距離，或通過戴口罩、勤洗手加強防範與清除，都還不能做到「零接觸」。相比之下，線上活動可以實現百分百「零接觸」。因此，線上活動受《細則》青睞，是不言而喻的。

　　必須指出，對於日本政府而言，這種「新生活方式」不是疫情期間的臨時措施，更不是針對「緊急事態」而做的特別對策，毋

寧說，它是解除「緊急事態」之後的常規化管理。之所以將其稱為「生活方式」，是基於它要在很長一段時間發揮作用這一點而言的。這個判斷是新冠病毒感染症對策會議的專家做出的。

最近，醫學專家、專家會議副主席（副座長）尾身茂教授[12] 在接受日本TBS電視台採訪時表示，距新冠疫苗完全開發到正式投入使用，最少需要一年半的時間。在此期間，必須學會與新冠病毒共存，別無選擇。保守的估計，新生活方式最少要延續到那時為止。但尾身茂稱，為健康考慮，建議大家在那之後也一直這樣做。[13]

尾身茂這樣說，雖然多少有些令人沮喪，但他並非危言聳聽。因為，即便大流行結束，並不意味着病毒立刻就會消失，如前所述，禍害人類的H1N1流感，從大流行轉為程度較輕的地方性傳染病，還繼續存在了四十年之久。

在5月底「解封」之後，「新生活方式」已經在日本全國推行，其中，最明顯的表現是企事業單位，出現了疫前不曾見過的各種新「風景」。[14]

公司　疫情期間，日本公司紛紛採取在家遠程辦公的方式。徹底「解封」之後，不少日本企業還繼續保持了在家辦公、在線會議等工作方式。如日立公司宣佈，在家辦公的員工，從6月以後公司每月支付每位員工3,000日元，用於在家裏辦公的必要費用、中途去公司時必須消耗的口罩與消毒液等花費。同時宣佈，從2021年4月開始，每週2-3天，大約一半的員工實行在家辦公。索尼公司從6月1日起，分階段放寬到公司上班的員工比例，但將上班人數

---

12. 尾身茂（Shigeru Omi），出生於1949年6月11日，1978年畢業於日本自治醫科大學，在日本東京都伊豆七島行醫，1991年成為自治醫科大學公眾衛生學教授。2003年對SARS有重大研究與指揮。曾任第六十六屆世界衛生大會（2013年5月20-28日，日內瓦）主席，現任世界衛生組織西太平洋區域總監。在日本抗擊新冠病毒的過程中，他被任命為基本對策諮詢委員會（基本的對處方針等諮問委員會）的會長，厚生勞動省召集的「病毒感染症對策專家會議」的副主席。

13. 王昱，〈日本，與疫共存〉，《齊魯晚報》，2020年5月9日，見https://sjb.qlwb.com.cn/qlwb/content/20200509/ArticelA07002FM.htm.

14. 劉戈，〈抗疫新常態下 日本民眾的新生活方式〉，《人民網》，2020年6月2日，09:59，見https://www.sohu.com/a/399168752_120578424.

控制在20%，第三週以後控制在30%。其他大型企業，諸如松下、KDDI、麒麟等，都宣佈一定比例的員工繼續執行在家辦公的工作方式。

商店　「解封」後，銀座、日本橋商圈等許多商店已重新開始營業。不過，為防止飛沫感染，收銀台前都掛上透明塑膠簾，隔開結帳的顧客與店員。日本星巴克店鋪內，為防止結帳和傳遞咖啡的飛沫接觸，已在收銀台前設置擋板。許多商店的收銀台前，為引導民眾保持社交距離排隊，在地上都張貼指示，教大家怎麼排隊，腳步需按數字或暫停點前進。日本7-11門店均已掛上飛沫隔離塑膠毯，並要求店員必須佩戴口罩營業。

餐飲　遭受疫情打擊最嚴重行業之一的餐飲業，開展外賣是其主要自救方式。「解封」後，由於人們對群體性感染的恐懼心理不可能在短期內消退，因此，餐飲業繼續推出外賣服務。一些外帶熟食便當的店，為減少飛沫傳播的可能，在每道菜前標出手指比數字的圖案，直接用手比劃所要的沙拉和主配菜，通過這種方式讓客人點餐時保持沉默。在主營便當、小菜的「Origin東秀」的自助銷售櫃枱，過去的做法是客人自己用夾子往容器裏夾菜。但從3月上旬開始，店方只出售事先打包好的成品，不再讓顧客動手夾菜。

學校　日本各地的學校在「解封」後陸續開學復課。為落實「解封」後的防控措施，日本文部科學省向各地教育委員會發佈了以「學校的新生活方式」為主題的衛生管理指南，將地區的感染風險分為3個等級，內容涉及保持距離的方法、可開展的教學及社團活動等。尤其針對學生之間的社交距離做了明確規定，被劃分為2、3等級的地區，學生之間的社交距離需達2米，而感染風險為1級的地區不得少於1米，座位也要留出足夠的間隔。為了確保必要的社交距離，如有必要，文部省建議各學校採取分散和錯峰上學。針對具體的上課內容，理科的實驗與觀察、音樂合唱與管樂器演奏、烹調、體育等，如果被學校所在地被劃分為等級3，不建議上這些課。

基礎倫理

總之，與疫前相比，開門的地方不僅在數量與時間上大為縮減，而且，就算開門，與疫前相比，也增加了諸多禁忌與隔擋。這些變化是醒目的，讓人無法忽略。可以想見，這種生活新樣式，會給人在心理上造成一種異樣乃至不適。比如，人與人見面時各自都捂着口罩，講話都隔着1米以上的距離，這樣的見面也許還不如不見；在全程沉默的氣氛中完成點餐，這樣的用餐體驗絕對談不上愉快；學生不能再上他們喜愛的體育與音樂課，這樣的學校生活對他們很難構成一種吸引。

幸虧有網絡，否則，恐怕人就要活活困死在這種變形的壓抑的線下生活了。不可否認，網絡帶給人自由：在家遠程辦公，「我的空間我作主」。雖然足不出戶，但有了網絡，你隨時隨地可以跟親友視頻、語音，「天涯若比鄰」。更不用說，便捷的網購。你只用動動手指，你要的一切自會有人送上門來。線上的世界無比精彩，你可以工作、學習、娛樂、聯誼。而且，更重要的是，你可以自由呼吸，不用戴上讓你難受的口罩。

在抗疫鬥爭中，由於努力，也由於運氣，日本走在很多國家的前面，在他們宣佈徹底「解封」之際，還有很多國家很多人民被疫情弄得焦頭爛額。儘管如此，日本人也沒有掉以輕心，相反，他們制訂了全面而細緻的「新生活方式」，決心「與疫共存」，將防疫意識化為行動，將防感染原則落實到日常生活的各種場面、各個細節。不用特別留意，我們就會發現，日本後疫時代 (p.C.) 的生活方式，人工智能在其中扮演了越來越重要的角色，正是人工智能才使得被病毒限制在各自家裏的活人沒有被自我囚禁，相反，擁有了那麼多的自由與方便。雖然人工智能到底是什麼，現在還無定說。[15] 但是，毫無疑問，沒有人工智能，今天智能手機能做的一切都無法想像；沒有人工智能，我們也不可能實現遠程辦公、教學；沒有人工智能，我們甚至不能成功地叫上一份外賣，並且隨時跟蹤快遞員的位置。正是人工智能，把很多事變得簡單：你只用盯

---

15. 尼克，《人工智能簡史》。北京：人民郵電出版社，2017年，1頁。

着一塊屏幕（或大或小），輸入你的指令，剩下的一切，你就交給機器完成。

三、人工智能不能做什麼？

那麼，人工智能是萬能的嗎？人工智能能做到跟人類一樣好嗎？人工智能會把人類帶向何方？人類會因此異化或退化乃至滅絕嗎？限於篇幅，我們在這裏不可能處理所有這些問題，只想就一點來談，那就是後疫時代人工智能在生活方式中的大量應用，在給人帶來便利的同時也存在一個讓人不易察覺的「天花板」。

如所周知，人工智能技術的運用，使得傳統社會的許多活動能夠成功地轉移到網上完成。「宅」在家裏，你就可以輕鬆地進行購物、辦公、學習、交誼。而疫情加劇了人們對線上方式的依賴。越來越多的線上功能被開發出來。

比如，不能見面茶聚、餐聚，是疫情管控後人們感到苦惱的一件事，尤其對日本的上班族而言，因為下班後與同事一起去酒吧或居酒屋是他們的一項必不可少的社交或團體生活內容。

然而，據路透社5月13日報導，日本社會現在很流行「在線酒會」，即酒友們通過視頻軟體在線上雲乾杯。受疫情影響，無法在居酒屋喝酒聊天，於是上班族們乾脆把酒會轉移到了網上，定期舉辦網上酒會以消除在家的寂寞。日本手遊公司Gree從4月份開始還給所有員工每人每月發放3,000日元的「網絡吃喝補助金」，鼓勵員工在家遠程辦公的同時，要與同事多在網上飲酒聚會，溝通感情，分享信息。另據《日本時報》4月的一篇報導，越來越多的陪酒女郎們也轉行做起了「女主播」，比如Reiko Naka，她每週二週五的晚上10點會在自己的YOUTUBE頻道上開始直播，她讓屏幕前的觀眾們自備酒水，並在直播中回答觀眾的問題，並且介紹了關於日本女招待的內幕故事。她說：「雖然只是在屏幕上，但我希望我們可以通過喝酒來享受在一起的時光。」此外，報導稱，日本還

基礎倫理

興起了很多俱樂部網站，允許顧客自行線上選擇俱樂部裏的女招待進行一對一的在線交談陪酒服務，每小時4,000日元到6,000日元不等，這家網站上還在持續招募18歲以上的線上女招待，這可以讓眾多無酒不歡的日本人們足不出戶也能夠同樣感受到陪酒服務。疫情封鎖期間，日本還走紅了一個線上喝酒的程序應用。據悉，在這款應用裏，用戶不需要下載或註冊，只需要點擊朋友分享的一條鏈接便可以加入和朋友們的遠程虛擬聚餐，一次虛擬聚餐最多可以加入12個人。該程序的創始人表示，自己也沒想到這個程序能迅速走紅：「我希望我們的服務能夠說明到用戶們見到他們想見的人。」而網上酒會的主題也極為豐富，有職場信息互動、興趣交流、情感交流、在線教育等，總之，不受時間、地點限制的網上酒會，交流成本明顯降低，人們可以把更多的時間放在分享信息上。這也引發了人們的擔憂。據悉，隨着日本人民的外出被限制，日本家庭飲酒量劇增。分析指出，這是由於遠程辦公等因素引起需求增加所致。[16]

所以，社交問題難不倒人工智能。以往需要見面做的事，現在可以通過不見面的「見面」——視頻解決。連雲乾杯、線上酒會都出現了，就更不用說一般的視頻聊天、視頻會議、網絡直播了。完全不用擔心，由於長期「宅家」，會造成社交恐懼症、自閉、抑鬱等心理問題。

對此，可能有人依然懷抱疑慮：說到底，這些社交都是虛擬的，終究不真實。長期生活在虛擬世界，對人真的好嗎？不會造成什麼問題嗎？

這種疑慮激發我們思考：與真實相比，虛擬世界究竟缺少什麼？它所缺少的部分對人來說是否非常重要？換言之，真實世界是否存在某種不可替代性？

---

16. 張若怡，〈線上女招待雲陪酒，公司出錢讓你喝！疫情下日本人不忘線上喝酒〉，加拿大必讀，2020年5月13日 18:14，見https://kuaibao.qq.com/s/20200513A0K3B700.

　　且以疫情期間武漢大學開通的「雲賞櫻」為例。每年三月，武漢大學成千上萬株櫻花一齊開放，觀者如雲，成為遠近聞名的一大風景。今年，由於疫情，校園不對公眾開放，為滿足大眾的期待，不辜負良辰美景，武漢大學特別開啟「雲賞櫻」活動，2020年3月16日至25日每天上午10時至下午16時，通過網絡為公眾呈現校園櫻花實景。[17]

　　「雲賞櫻」與身臨其境地現場賞櫻，區別在哪裏呢？可能有這樣一些不同：現場賞櫻，你看到的是櫻花本身，而「雲賞櫻」，你看到的其實是圖像。而且，現場賞櫻，你是**用自己的眼睛去看**，無論是觀看的時間、地點，還是觀看的高度、角度，都是非常個人化的、自由隨意的，而「雲賞櫻」則是一個給定了的視角，是通過他人之眼去看，實際上，所有這些圖像信號，據說都是由一輛5G無人攝像車在武漢大學櫻花大道進行巡遊，實時採集和傳輸直播的。就算攝影車比你本人在現場觀看的取景更全、歷時更久，可能你還是喜歡透過自己的眼睛去看。更不用說，「雲賞櫻」無法帶給你現場賞櫻的那種統覺享受，充其量只不過是視覺的盛宴。比如，「雲賞櫻」不能讓你體會到陽光照在身上的那種和煦感（如果是晴天），春風拂面的那種愜意，紛紛飄零的花瓣落到你頭上、手上的那種無法言傳的觸感，如果是凄風苦雨的天氣，那又別是一番滋味，等等。

　　由此可見，與真實世界相比，虛擬世界差得不是一點點。第一，在目前技術手段的情況下，線上能提供的圖像、聲音信息，只有視覺與聽覺兩個頻道，而嗅覺、味覺、觸覺則付之闕如，與人的現場體驗相比，完全不在一個層次。而且，即便是視覺與聽覺，它還嚴重受制於攝像、錄音器材、傳輸方式以及播放機、顯示器、監視器、信號放大器等因素。再好的相機，它捕獲的圖像，跟我們的肉眼所見，也有很大距離。第二，虛擬世界的另一個問題在於，它受控於虛擬世界的提供者（生產商），其中存在有意與無意的

17.　〈武漢大學開通「雲賞櫻」〉，《中國日報網》，2020年3月17日，15:14，見https://baijiahao.baidu.com/s?id=1661394771917081775&wfr=spider&for=pc.

基礎倫理

選擇。在極端的情況下，虛擬世界可以完全是贋品（fake）。就像聊天軟體剛剛興起時，你很難知道跟你聊天的人的真實身份、真實形象。比爾・蓋茨的名言：「你甚至不知道和你交流的對方，是一條坐在電腦前會敲擊鍵盤的狗。」如今，視頻聊天也不能最終解決真實性問題，如果你相信攝像頭裏的那個人就是他（她）在生活中本來的樣子，那世上就沒有電影這回事了。不要忘記，荷里活的別名就叫作夢工廠。「有圖有真相」，常常是「有圖沒真相」。

但是，可能你會說，現實生活中難道就沒有欺騙？你親眼所見就能保證都是真的？魔術可都是你親眼所見啊。誠然，現實生活中有欺騙，親眼所見並不能保證「眼見為實」。但是，相比線上所見，這種線下面對面，至少不會被各種美顏軟體硬體所誤，至少能了解在天光之下這個人的樣子，畢竟，離開了專業燈光師佈置的攝影棚，沒有多少人自帶閃光。至於說「知人知面不知心」，那已經屬於高級人生課程修習的內容。無論如何，從虛擬世界走到真實世界，這是開啟一份相互信賴的人際關係的基本要求。當然，如果虛擬世界的交流就已經讓你滿足，你大可止步不前。

對長期親密關係的需求，必然驅使人類不會滿足於虛擬世界。但是，對於那種短暫的、「逢場作戲」式的關係，虛擬世界所提供的一切也許就夠了。就好比，你去酒吧跟一個剛認識的人喝一杯酒，你去看一場演出，你與人在線打聯機遊戲。你不關心他（她）的真實，你跟他（她）的真實生活可能永遠沒有交集。甚至，你本來就是因為不堪重負於一種長期、親密關係，而要開啟這樣一種短暫的關係、膚淺的接觸。

但這不正是問題所在嗎？長期生活在這種虛擬世界，讓人無力同時也害怕建立一種長久而親密的關係，這難道不是人際關係的空洞化？而且，對於一種已經存在的長久親密關係，諸如戀人、夫妻、父子、知交，長期只能通過虛擬世界維繫，久而久之，這種關係也必將名存實亡。

想像一下，你的攝像頭24小時打開，直播你的生活，遠在天邊的你的另一半也同樣如此。你們甚至能保持同一生活節奏，你在

這邊舉起酒杯，他在那邊同時舉起酒杯，你們的世界看上去像是緊緊地黏合在一起。然而，事實上，你們的世界隔了巨大的鴻溝，你們並沒有共同生活。因為，共同生活，不是同時在兩個不同的地方舉起酒杯，而是你們能夠碰杯，並能聽到碰杯的聲響、感受到酒杯的一陣微顫，你能把自己精心烤的牛排夾到對方盤子裏，看着他大快朵頤。是的，你們是同步，但你們之間不存在真正的互動，你們想表達彼此的愛意，你們的吻只能落在各自的電腦屏幕（如果你們衝動之下忘了彼此其實是在屏幕裏），你們擁抱的也只能是各自的屏幕，而不是那鮮活的、火熱的、帶着各人特有氣味的身體。最後，你們會發現，信息技術雖然能夠把你們帶到彼此的眼前，但你們中間依舊隔着萬水千山，這種近在眼前卻無從摸索的感覺，會讓你們無比沮喪，被一種強大的虛無感淹沒。

這種虛擬世界的相會就像夢，「夢裏不知身是客，一晌貪歡」，[18]但實際是你一個人在這裏，是你一個人的「獨角戲」。好像跟夢又不同，因為你們似乎真真切切地通了話。但這跟夢又有什麼本質的區別？夢裏也可以交談，甚至還可以擁抱，醒來甚至你還能記得那種實實在在的擁抱感。

多麼奇怪，那個讓你朝思暮想的人離你那麼近，他的樣子那麼清楚，他的聲音也一點沒變，他能聽到你，還能對你的話及時做出回應，但你伸手所及，卻不是活生生的他，而是堅硬的電腦屏幕。如果你用的是投影，那你碰到的就是一束光。總而言之，不是他，不是你要的那個人。

是的，如果你要的是一個活生生的生命，目前的人工智能技術還不能滿足你。也許未來可以。2018年8月，美國明尼蘇達大學利用3D列印設備製出生物工程脊髓，[19]列印一個完整的活人只是時間問題。但是，列印一個活人又如何？新的麻煩會出來：這個人與

---

18. [南唐]李煜，《浪淘沙令·簾外雨潺潺》。

19. 〈美3D列印出生物工程脊髓〉，《科技日報》，2018年8月13日 07:39:58，見http://www.xinhuanet.com/tech/2018-08/13/c_1123258716.htm.

那個身在遙遠地方的人是什麼關係？當那個人透過攝像頭看到你跟這個列印出來的自己（？）在一起做他本來該做的事，他是什麼反應？之後一系列倫理、法律糾紛，不難想像。

3D列印也許可以解決虛擬世界的問題，但它並沒有真正解決你跟天各一方的愛人「可望不可及」的問題。因為，你要的是**那個人**，而不是那個人的複製品。除非，像帕菲特（Derek Parfit, 1942–2017）設想的那樣，當這個複製品列印出來之後，就將那個「原本」消滅。[20] 然而，如此一來，問題變得更加複雜，在道德上必將引起嚴重的錯亂。

人工智能能夠把你想見的人帶到你眼前，但這個「人」只是那個人的「幻影」，一個能實時對話的「幻影」。人工智能甚至能把你想見的人的「替身」或「複製品」帶到你面前，這回你可以觸摸，他實實在在，但他仍然不是你思念的那個人，那個人此時此刻依然在距離你十萬八千里的地方思念着你。

歸根結底，人工智能不能代替你去感受去生活。因為你無可代替，一旦你讓別人代替你感受，代替你生活，就意味着，你已經讓渡出自己，那部分的你已死。

結語

面對新冠病毒，由於「病從觸入」，所有防控措施都是為了達成「不接觸」這個目的，其中，沒有比線上交流更為理想的方式。然而，線上交流無論怎樣先進，它在本質上也未能改變人與人相隔不親的事實。而人與人的相隔不親狀態（也就是通常所說的「宅」）是不符合人性的。如果人工智能的研發是為了更好地實現

---

20. Derek Parfit. *Reasons and Persons*. Oxford University Press, 1984, pp. 199–200.

人性、服務人性，那麼，就不能不承認，人工智能在這方面的表現未能盡如人意。

儒家無比珍視「仁」這種價值，而對於「仁」的理解，人與人之間的交互性是一個重要維度。清代學者阮元（1764-1849）說：

> 春秋時，孔門所謂仁也者，以此一人與彼一人相人偶而盡其敬禮忠恕等事之謂也。相人偶者，謂人之偶之也。凡仁，必於身所行者驗之而始見，亦必有二人而仁乃見。若一人閉戶齋居，瞑目靜坐，雖有德理在心，終不得指為聖門所謂之仁矣。蓋士庶人之仁，見於宗族鄉黨；天子諸侯卿大夫之仁，見於國家臣民，同一相人偶之道，是必人與人相偶而仁乃見也。[21]

按照阮元的理解，一定要有兩個人以上，才談得上仁，一個人閉戶齋居，即使有德行，明事理，也是談不上仁的。就是說，只有在交往活動中，仁這種美德才會顯現。[22]

借助於人工智能，現代人實現了在虛擬空間的交往，這誠然是一大技術進步。然而，如同本文所分析的那樣，虛擬空間的交互具有一種「先天」缺陷，它與現實生活中的交互有着質的不同，它始終不能進入沒有中介的直接交互，無論是深度還是廣度，它都無法與現實生活中的交互相比。虛擬空間的交往，培養不起來真正的信任，一種深深的空虛感始終揮之不去。在這個意義上，它無法完成孝、忠或任何一種基於「仁道」的義務。

---

21. 阮元，《論語論仁論》，《揅經室集》上。北京：中華書局，2006年，176頁。

22. 阮元對「仁」的理解，在儒家關於「仁」的眾多解說中獨樹一幟，當然，這不是說他空無依傍。在筆者看來，對於「仁」的理解並不存在一個標準答案，只要言之成理，就可備一說。關於「仁」字的語義演變，可參看陳來，《仁學本體論》「原仁上第二」、「原仁下第三」。北京：生活・讀書・新知三聯書店，2014年，101–167頁。

第五章

新冠瘟疫蔓延時的「知情同意」
原則與情境的博弈

張穎

香港浸會大學宗教及哲學系系主任

一、前言

2019年12月，一種人類從未遭遇過的新冠病毒肺炎疫情（COVID-19）在全球爆發。此次瘟疫的爆發及影響力遠遠超出2003年的SARS，許多人還沒有意識到危險已在身邊時，死亡已經走向了他們。許多人還在津津樂道於近幾年流行的各種瘟疫大片之時，如韓國的《流感》、美國荷里活的《傳染病》（或譯《全境擴散》）和《隔離區》等等，沒有想到現實中所發生的遠比電影的描述更為驚悚可怕，而且無法判斷這場疫情可以何時結束。在大瘟疫流行之際，人類是如此的脆弱和無奈。2020年1月30日世界衛生組織（WHO）將新冠病毒的爆發列為「國際關注的突發公共衛生事件」（PHEIC）。這一突發瘟疫的襲擊，使得公共衛生以及傳染病處理之倫理議題再一次成為醫學/生命倫理學的重要話題。本文就此次瘟疫的流行，探討中國在對抗疫情過程中所帶出的幾個倫理議題，尤其是如何在傳染病突發的具體情境中把握「知情同意」的倫理原則。文章最後從儒家倫理學的角度闡述如何在東方

---

* 本文的部分內容刊登於《中外醫學哲學》，2020年，XVIII卷1期。《中外醫學哲學》已授權本文在此書發表。

文化的「家長主義式干預」和西方的「個體自主式不干預」中找到合適的平衡點。

根據2014至2016在西非爆發的伊波拉（Ebola）疫情，世衛組織於2016年擬定出《傳染病突發處理倫理議題之指南》（Guidance for managing ethical issues in infectious disease outbreaks）（簡稱《指南》）。[1] 世衛組織就公共衛生以及傳染病處理提出幾個關鍵的倫理原則，即正義原則、行善原則、效用原則、尊重原則、自由原則、互惠原則和團結原則。根據世界衛生組織，這些基本原則應是制定公共衛生政策和瘟疫控制和管理的指導方針。下面列出這些基本原則：

1. 正義（或公義）原則（Justice）

該原則包括兩個層面：程序的爭議和分配的正義。程序正義指制定重要決策的過程應有正當程序（受到影響的人應被告知和得到聆聽的機會）、透明（提供決策過程所依據的相關的信息；這些信息需清晰和準確）、包容性/小區參與（確保所有利益相關方能夠參與決策）、問責制（分配和執行決定的責任）和監督（確保適當的監測和評估機制）。分配的正義強調的是資源分配公平（fairness）和平等（equity），避免歧視或對某一弱勢群體的傷害。

2. 行善原則（Beneficence）

該原則意指在不傷害他人之外，進一步關心並致力提升他人的福祉。就公共衛生政策而言，社會有滿足個人和小區基本需求的義務，特別是人道的需求，譬如營養、住所、身體健康和安全。

---

1. 參見"Guidance for managing ethical issues in infectious disease outbreaks." WHO, 2016. 世界衛生組織另有個培訓手冊，名為 "Ethics in epidemics, emergencies and disasters: Research, surveillance and patient care"《疾病流行、突發事件和災害中的倫理學：研究、檢測和病人》，2015年，中文版本人民衛生出版社於2018年出版。這本手冊與《指南》有相似的內容，亦有對知情同意的論述。

3.　效用原則（Utility）

該原則意指採取的行動是否對錯是以其策略能否促進個人或社群的福祉為準繩。考慮的出發點是效用的最大化和比例性（益處與風險的評估），及效率（達到最大效用但花費最低的費用）。

4.　尊重原則（Respect for Persons）

該原則中「尊重」的概念基於我們對待個體時所依賴的人類共識的人道精神、對人的尊嚴以及天賦人權的認可。尊重原則的核心概念是尊重人的自主權，即允許每個人基於他/她自己的價值觀與偏好做決定。具體的做法包括知情同意，即讓一個身心健全的人可以基於足夠相關的信息，在沒有脅迫或誘導的情況下，授權同意一個行動的過程。對於那些沒有決策能力的人，需要他人負責保護其合法的利益。與此同時，尊重原則包括尊重他人的隱私、要守密，尊重個體的社會、宗教和文化信仰，以及人際關係。值得強調的是，尊重原則的前提是公共衛生執行和研究活動中的透明度和說實話。

5.　自由原則（Liberty）

該原則包括社會、宗教、政治層面的廣泛意義上的自由。譬如行動自由、和平集會與言論自由。這裏的許多自由屬於基本人權，因而受到保護。

6.　互惠原則（Reciprocity）

該原則對於人們所做出的貢獻給予「適當和成比例的回報」。鼓勵互惠的政策有助實現上述的提到的正義原則，因為互惠的政策可以矯正分配過程中的不公平差距，減輕社會面對流行病的重擔。

防控倫理

7. 團結原則（Solidarity）

該原則意指一種社會關係，在此群體、小區、國家或潛在的地球村聯繫在一起。團結原則讓面對共同威脅的集體行動有了正當性。同時，團結原則可以幫助解決少數族群和群體由於遭受歧視而導致權益受損的不平等。

不難看出，上述中的某些原則類似於比徹姆（Tom L. Beauchamp）和丘卓斯（James F. Childress）生命醫學的四個基本原則，如即正義原則、行善原則、尊重原則和自由原則。[2] 在比徹姆和丘卓斯那裏，尊重原則與自由原則合為一體，成為「自主」原則。應當指出的是，世衛組織所提出的這些共識原則面臨着與四原則同樣的挑戰，即如何在具體實踐中，在不同文化中實施這些倫理原則。另外，當這些基本原則本身發生衝突時，我們將如何提供一個決定程序予以回應。譬如上述的正義原則和效益原則存在着明顯的衝突，因為效用的最大化和風險評估有時會犧牲一定程度的正義原則。因此，對於武漢封城、撤僑行動等這樣的決策，如果從效用原則和正義原則不同的視點，會得到不同的價值判斷。再譬如，當醫療資源由於突發疫情而匱乏時，如何把握分配機制？誰應優先獲得醫療服務？哪個更重要：是數量還是質量？是救年輕人，還是老年人或弱勢群體？不同原則的運用，會帶來不同政策的實施。當然，世衛組織也意識到這個問題，所以在實踐（practical application）的部分，所以提出「要平衡相互競爭的原則」（WHO, 2016: 9）。在談到疫情中資源分配的議題上，我們看到平衡效用和平等的政策，前者力爭達到最大效用但花費最低的費用，後者考慮如何平等分攤效益和負擔。其中也涉及到「公平」的定義。世衛指南提出，在某些特殊的情境下，把資源分配給社會弱勢群體更能彰顯公平的道德準則（WHO 2016: 21）。

---

2. 參見比徹姆（Tom L. Beauchamp）和丘卓斯（James F. Childress）合著的《生命醫療倫理學原則》（*Principles of Biomedical Ethics*）。比徹姆和丘卓斯在書中所明確提出的道德四大原則，即尊重自主原則（respect for autonomy）、不傷害原則（non-maleficence）、行善原則（beneficence）和公正原則（justice）。

另外，世衛組織在幾大原則的基礎上輔以若干低一層次的道德規範，如知情同意、誠實、守密、私隱、保護弱勢等，用以分析和判斷生命倫理學所要面臨的具體議題和案例。其中知情同意是本文試圖重點探討的課題，因為這個原則常常在瘟疫管理時有意或無意地被忽視，由此帶來醫學/生命倫理的危機。我們要問：瘟疫蔓延時，你我該有多少人權？[3]

二、知情同意與自主權

知情同意（informed consent）在醫學倫理學中意指患者在醫療過程中的知情權和決定權。這裏，「同意」是指「患者對所受一醫療干預的自主授權」。且「同意」一詞意謂着接受或拒絕治療。「同意」有三要素：告知（disclosure）、能力（capacity）以及自願（voluntariness）。顯然，在臨床醫患關係上，知情同意涵蓋個體自主性（autonomy）和個體權利（rights）。就自主性而言，患者的決定是建立在理性的基礎上，是自願而非強迫；就權利而言，它包括被告知或知情權和決定權。在此之外，還要考慮患者是否具備足夠的理解和判斷能力。

個體自主性是知情同意重要組成部分。「自主性」包含多重含義，如自由權、自由意志、自主行為、自我主宰、自我管轄等。這一來自西方的哲學思想逐漸被運用在醫學/生命倫理學中。此後中文世界也接受了這個概念，如1996年，中國內地出版了《病人的權利》一書；2019年台灣出台了《病人自主權利法》，顯示「自主性」已在非西方世界被接納。[4] 儘管如此，「自主性」或「自主權」在中國文化語境中還是有文化衝突的。如個體與群體（包括家庭）的關係、理性與情感的關係、權利和義務的關係。

---

3. 參見翁詩鑽，〈瘟疫蔓延時，你我該有多少人權？〉，《關鍵評論》，2016年4月11日。

4. 有關病人權利的歷史文獻，可參見1947年的 The Nuremberg Code（《紐倫堡公約》）和1964年的 The Declaration of Helsinki（《赫爾辛基宣言》）。

更為困難的是，在突發的公共衛生危機之時，政府如何把握知情同意的原則呢？那些部分屬於允許告知 (permission to disclose) 的範疇？此次新型冠狀病毒的席捲全球，對人類健康構成重大威脅，需要對其採取緊急處理和控制。新型冠狀病毒的特點是傳播速度快，無有效的對症藥方或疫苗，對某些患者病毒是致命的。在一般情況下，我們還可以爭論解決道德爭端的權威是否只能來自參與者的同意 (consensus)，並以此達到道德共同體之可能，或者依賴某種道德話語為我們找到共識提供一個底線語法 (the minimum grammar)。[5] 然而，這一切能否運用與對大瘟疫的控制與管理上？世衛組織的《指南》涉及到知情同意的內容。譬如，尊重原則中包含當事人在沒有脅迫或誘導的情況下，授權同意一個行動的過程；自由原則中涵蓋了對個體自主權的保護。另外，《指南》要求有關公共政策的決策者和執行者需要透明度與真實性。但儘管如此，知情同意無論是理論還是實踐皆缺乏對細節問題的探討，譬如哪些屬於告知的範疇？如何界定疫情受害者/或潛在受害者的能力？控制疫情傳播是否可以依賴自願原則？

其實，即便是在平時的臨床醫患關係上知情同意，也不是一個簡單的道德和法律問題。由於文化傳統的不同，可以「告知」的內容或許不同。如中國《執業醫師法》(1998年) 第 26 條規定：「醫師應當如實向患者或者其家屬介紹病情，但應注意避免對患者產生不利後果。」這裏的「告知」考慮到患者的心理素質和接受能力。儘管如此，我們不能否認個人自由和權利是知情同意重要的組成部分，這一點在新冠病毒的臨床治療中更為重要，受試個體需要「告知」和「同意」，不能說反正沒有其他有效藥物，給患者吃什麼都行。醫護人員必須將藥物的風險提供給受試者。按照《紐倫堡法案》，知情同意意味着受試者了解相關的內容，並做出明智的判斷。這一點在病毒實驗研究時至關重要。

---

5. 底線語法 (The minimum grammar) 的概念來自恩格爾哈特 (H. Tristram Engelhardt) *The Foundations of Bioethics* 一書，意指可以超越宗教、文化的人類共識。

　　那麼，政府面對突發的疫情要不要毫無保留的提供相關的信息呢？英國政府所宣佈的「集體免疫」（herd immunity或community immunity）或許是最直白的告知，但同時引發很多人的恐慌和以及道德上的質疑。首先，人們質疑政府主動「放棄」，是否是一種逃避責任的表現；其次，我們如何相信一般人的自我管控「能力」。這兩種質疑在「大家長主義」或「國家的父權式干預」的文化生態中尤為突出。西方極端的自由主義堅持，「大家長主義」時常會忽視個體「自願」的價值。他們認為，即便是對那些被感染的人群，也要尊重他們的意願，而不是個人的意志被政府的「強制」取而代之。但堅持「大家長主義」的人則認為，在大疫當前之際，由政府主導的防疫措施是促進個人和社群的福祉的最為有效的方式。而且，「大家長主義」也符合世衛所倡導的效用原則。

　　在全球抗疫期間，筆者一位居住在美國加州矽谷的朋友來信告知他們也有可能「封城」了，並寄來一份當地聖馬刁縣（San Mateo County）準備建立瘟疫避難所（自我隔離或社交距離）的通知書和詳盡清單，裏面告知政府抗瘟措施的方案以及可能出現的問題，充分體現政府的告知義務。[6] 通告中有FAQ（常問問題）環節，詳盡告知所有受到影響的人可能會遇到的種種問題（見附錄）。譬如，可以自由行動的範圍，民眾允許參加哪些活動，哪些公共交通工具可以使用？如何孩子照料孩子和老人，醫療服務的現狀如何，食物遞送規則須知等等。必須指出的是，在一個民主的政體下，政府像武漢那樣的強制隔離是很難做到的。從聖馬刁縣的公告，我們可以看到當地政府基本遵循知情同意原則，其中「告知」和「自願」是關鍵的策略。所謂的「封」還是基於自願隔離的基礎上。然而，我們必須指出，聖馬刁縣畢竟是個小地方，人口數量與武漢這樣的大型城市沒有可比之處。

　　世衛組織在《疾病流行、突發事件和災害中的倫理學》手冊中有一章節討論公共利益與個體自主權的關係，其中有這樣一段

6.　"San Mateo County Health Shelter in Place Order (FAQs)." https://www.smcgov.org/shelter-place-faqs. Accessed 25 April 2020.

話：「根據疾病的不同，保護更大的時候利益（如預防流行病）所需的公共衛生可包括檢測、通報（包括公共衛生機構）、強制檢測和（或）治療、隔離和（或）檢疫。這些措施每一項都干涉基本人權和自由。……干涉個體的自由權有時對保護他人或社會帶來更大的利益是必要的」。[7] 也就是說，為了控制流行病的公共利益，諸如隱私，遷徙自由權等個人權利是可以被干預的。這裏的理由是效用原則，即整體後果對整個社會有好處。[8] 顯然，按照這個思路，個體自主權不是絕對的，因此，為了應對公共衛生的突發，公共利益可以超越其他的權利。也就是說，集體目標與效益可以取代自由主義的權利。然而，對社會或公共利益威脅多大才可以犧牲個人自由和權利呢？即便個人自由和權利必須受到限制，是否也要提供一定程度的知情同意呢？

美國政治哲學家杜爾金（Dworkin, Ronald）顯然反對這樣的效益主義的看法，雖然他也不一定贊成自主權是絕對的，但他堅持權利是政治哲學中「王牌」，以此抵抗把大多數人的最大利益作為正當化的理由。[9] 杜爾金強調，權利必須被認真對待，這一觀點成為他的一本書的名字，*Taking Rights Seriously*（《權利必須被認真對待》）。值得注意的是，杜爾金不只要求政府認真對待權利，更要求權利的擁有者，即每一個公民擔負起相同的責任。也就是，權利包涵義務。任何的政治，或公共政策都涵蓋了一種「政治道德的詮釋事業」（the enterprise of interpreting political morality）。但對於權利的擁有者來講，參與這項事業既是權利也是責任。在杜爾

---

7. 〈疾病流行、突發事件和災害中的倫理學〉，115頁。

8. 根據中國《突發公共衛生事件應急條例》第二條、第三條的有關規定，「突發事件發生後，國務院設立全國突發事件應急處理指揮部，由國務院有關部門和軍隊有關部門組成，國務院主管領導人擔任總指揮，負責對全國突發事件應急處理的統一領導、統一指揮。國務院衛生行政主管部門和其他有關部門，在各自的職責範圍內做好突發事件應急處理的有關工作。」見中國政府網站：http://www.gov.cn/zwgk/2005-05/20/content_145.htm（2020年3月25日訪問）。

9. 參見Dworkin, Ronald的*Taking Rights Seriously*一書（London and New York: Bloomsbury, 1997）。杜爾金認為權利作為王牌（right as trump）極為重要，特別是面對效益主義的挑戰。作為自由思想的捍衛者，杜爾堅持個體自主，個體權利的立場。但與哈特所代表的英美法律實證主義（legal positivism）的傳統不同，他更強調自然法中的「應然」以及權利中的義務。

金看來，權利亦是一種道德權利（moral rights），但這種權利也可以讓他阻止別人對他行為的干涉和限制。[10]

　　我們看一下武漢的例子。由於武漢封城來的太突然，當地政府沒有足夠的時間提供市民知情同意的機會和機制。封城前500萬人的逃城之旅純屬無奈，並非真正意義上的自主權的行使。在此之前，也不存在政府作為決策者和執行者對疫情信息的透明性，武漢民眾所接受的一切都是被動和強制的。「自願」原則中所強調的基本權利，如當事人的決定是自主的，不受身體約束（force）、心理威脅（coercion）以及信息操控（manipulation），然而武漢無論在封城前還是武漢封城後都沒有能夠做到這些倫理的考慮。同時，由於知情同意的缺失，導致一系列原本可以避免的悲劇：從早期疫情的失控到實施強制隔離中所產生的種種人道災難。另外，由於知情同意的不在場，也引發各種利益集團的衝突，以及利益分配的不公。人們指責官僚體制在該做的事情上不作為，而不該插手的地方施暴干預。其背後是一系列醫學倫理學的危機：健康家長主義（health paternalism）、傷害原則（harm principle）以及社會正義（social justice）。

三、疫情中的干預

　　然而，我們在得出政府漠視民眾權利的結論之前，必須承認新冠病毒是突發公共衛生事件，也必須承認瘟疫控制下知情同意的複雜層面。[11]首先，即便是個服務型的政府，讓他尊重每位元服務對象的自決權是不實際的，因為這裏的知情同意不僅僅是一對一，而是一個決策或行為針對許多人的狀況。因此，除了政府與個體之間，還有個體與個體的關係問題。由於瘟疫影響的範圍，也

---

10. 有關這一觀點的詳盡論述，可參見Dworkin, Ronald所寫的 "Rights as Trump" 一文，收入*Theories of Rights*一書，由Waldron, Jeremy編著（Oxford: Oxford University Press, 1984）。

11. 這裏並沒有要為當地政府官員隱瞞疫情，沒有適時公佈信息並展開抗疫行動做保護。

防控倫理

會產生群體、小區、國家以及國與國之間的利害衝突。此外，一般
意義上的知情同意是書面的，具有法律的意義。而疫情中政府與
民眾間的知情同意有時更是象徵性的，不具有實際的法律約束。
在理想的狀態下，「自願」依然是個體最好的選擇。英國法理學家
哈特（H. L. A. Hart）認為，在處理個體行為時，達成自我約束（self-
discipline）和自發限制（voluntary restraint）是理想的價值選擇。[12]

　　由於特殊的情境，瘟疫蔓延時期的知情同意反映的是公共衛
生中所產生的一個道德困境，這就是公共健康安全與個體自由及
權益的衝突（public safety vs. civil liberties）。醫學史上著名的「傷寒
瑪麗」（Typhoid Mary）是一個典型的例子。由於對傷寒瘟疫的恐
懼，當局將瑪麗，一位沒有任何犯罪前科的人，在一個孤島上被
隔離26年，直至死亡，其原因是瑪麗是位無症狀傷寒病菌的攜帶
者。[13] 在這個案例中，瑪麗的應有的自由和權利因公共健康安全
的理由被犧牲掉了。這裏我們看到的是被今天的世衛組織所批評
的對患者或弱勢群體的污名與偏見（stigma and discrimination; WHO
2016: 18）。當然，「傷寒瑪麗」的例子也可以用另一套倫理原則，
即彌爾（John Stuart Mill）的「傷害原則」（harm principle），根據這一
原則，政府可以干預個人行為的唯一目的，就是防止其行為對別人
造成傷害。彌爾認為，「只有在阻止一個人傷害其他人的目的下，
才能正當的阻止其他文明社會成員的自由意圖。」，「任何人的行
為當中，只有涉及他人的部分才須對社會負起責任。在只和他自己
有關的部分，他的獨立性在權利上是絕對的。」[14] 也就是說，當健
康問題從個人轉向公共、由個體變成公眾時，就會產生沖公共安
全與個體自由的衝突。

---

12. 參見H. L. A. Hart. *Law Liberty, and Morality*. Oxford: Oxford University Press, 1963, p. 58。這裏，哈特探
　　討法律與道德的關係，即如何看待以德入法還是以法固德的問題。這一探討對自主性的界定也非
　　常重要。

13. 有關「傷寒瑪麗」的故事，可參見美國作家芭托蕾蒂（Susan Campbell Bartoletti）所寫的*Terrible
　　Typhoid Mary: A True Story of the Deadliest Cook in America* 一書。中文譯本是《致命廚娘：不要叫我
　　傷寒瑪麗》。源流出版，2016年。

14. 參見John Stuart Mill. *On Liberty*. Harmondsworth: Penguin, 1974, pp. 68–70。

　　當武漢封城鎖區產生公共衛生與個體自由（或某個群體）的衝突時，我們的問題是：政府如何干涉？可不可以犧牲少數來造福大眾？政府如何看待個體的自律能力？按照世衛的說法，「家長式統治可以被定義為為了自身利益而強迫他人做事。這在健康倫理學通常是有道德問題的。然而，至於公共衛生，通常可能需要強制措施才會讓他人或社會更多受益，而這些措施也可能是被強制的個體受益（儘管他們自身的利益並是採取這種強制措施的主要動力）。」[15] 如果政府宣佈疫情為戰爭，那麼民眾在攻防戰中，只能聽政府的命令。

　　其實，這個倫理問題是公共健康倫理（public health ethics）一直有爭議的議題。即便是彌爾的「傷害原則」在提出干預個體自由的同時，也指出，「只有在自我保護的目的下，個人或群體才能對其他人類的自由行為做出干涉。」，畢竟「傷害原則」所要維繫的是「不干預原則」（non-interference）以及「限制政府權力」（the limitation of state power）。[16] 因此「傷害原則」看似明晰，但在實際運用上，會發現其概念的界定並不十分清楚，如何採取適當限制人身自由的限度也是模糊的。倘若一個受到完備保障的權利擁有者，由於其道德質量的缺陷，只顧慮個人利益而不考慮他人的福祉（如一位明知自己已是冠狀肺炎患者患者，卻不顧他人的安全，在人群中任意遊蕩），就會產生個體自由與群體利益的衝突。而「傷寒瑪麗」是個相反的例子，當權者打着公共利益的幌子，完全剝奪了一個人的自由和尊嚴。在不同的情況下，當權者或公共衛生官員應該按照具體情況來決定是否採取干預措施控制患者，如強制隔離。中國在這次全國疫情行動中，我們看到各個小區諮詢的防範疫情中起到一定積極的作用。雖然會出現傷害個體尊嚴的極端個例，但總體上看，政府的嚴控措施對防疫的效率是明顯

15.　〈疾病流行、突發事件和災害中的倫理學〉，117頁。

16.　這種自由主義的觀點往往是建立持國家中立（state neutrality）的政治主張之下。但這一思想近年也受到挑戰，如當代自由主義者例如瑞茲（Joseph Raz）、蓋爾史東（William Galstone）、麥西度（Stephen Macedo）等學者指出，一個健全的自由主義政治體制必須以自由主義式德性（liberal virtues）為基礎。參見許國賢〈德性、干預與個人自由〉，《政治科學論叢》，2004年6月，20期，1–28頁。

的。靠政府的能力實現對他人的不傷害原則,在特殊時期會比只靠個人的理性或道德抉擇會更加有效。

由此反觀,西方社會在強調個人主義的脈絡下,造就了生命倫理學長期以來偏重「個體」的傾向。針對這種現象,西方的「社群主義」(communitarianism)思想家以及美德論(virtue ethics)的倫理學家都對自由主義孤立的「原子式個體」(atomistic individuals)所反思和審視。他們認為自由主義錯誤地將「個人觀」與「群體觀」對立,導致對「社群之善」、「社會合作之美德」以及「共同體意識」的忽視。顯然,社群主義重視共善和共享價值,認為社會需要的是個體與群體的平衡。社群主義的代表思想家有泰勒(Charles Taylor)、麥金泰爾(Alasdair Macintyre)、沃爾澤(Michael Walzer)、桑德爾(Michael Sandel)和愛茲安尼(Amitai Etzioni)。雖然西方對「社群主義」並沒有明確的定義,上述代表人物的觀點各有特色(有的偏重宗教、有的偏重世俗),但在對極端個人主義的質疑上,他們的意見是類似的。[17] 譬如,桑德爾在《民主的不滿:美國在尋求一種公共哲學》一書中,對自由主義所強調的「無拘無束的自我觀」(unencumbered self)給予批評,認為這種自我觀是對共善(common good)和普遍福祉(general welfare)的否定。[18] 美國另一位提倡社群主義的社會學家貝拉(Robert N. Bellah)在論桑德爾對自由主義的批評時,用「道德資源」和「公共資源」的概念,說明個體為什麼要受公共法令的束縛。[19] 就公共衛生領域而言,我們在執行知情同意的原則的同時,必須考慮共善和共享價值,以防止個人權利的濫用。[20]

---

17. 社群主義對自由主義的批評主要有三:(1)個人原子主義的自我觀;(2)脫離傳統和社群的道德預設和抽象原則;(3)國家在道德判斷上的中立原則。

18. 參見Michael Sandel. *Democracy's Discontent: America in Search of a Public Philosophy.* New York: The Belknap Press, 1998.

19. 參見Robert N. Bellah. et al. *The Good Society.* New York: Vintage Book, 1991, p. 10.

20. 參見*Public Health Ethics: Theory, Policy, and Practice.* Oxford: Oxford University Press, 2006,由Ronald Bayer等編輯。書中幾位學者都認為,「群體觀」比「個人觀」更適用於公衛領域,並列出四個限制個體自由的道德理由,即家長主義、效用、公平性及社群價值,以及其背後不同的責任觀。

四、尋求平衡點

如果我們承認知情同意作為倫理原則存在着自身的局限，並且知情同意在瘟疫蔓延時期更需要給予特殊的考慮，那麼我們就不能回避像「一個負責人的政府應該如何運作？」這樣的問題，特別是在瘟疫挑戰這個太特殊階段。筆者認為，我們在尊重知情同意中的個體權利的同時，也要重視中國的傳統道德價值及對社群歷史和文化的尊重。譬如，我們應如何看待被自由主義稱之為的「國家家長主義的干預」？

由於社群主義關係個人利益與群體利益的關係問題，這與儒家思想以及整個中國文化傳統有相似的考慮，而麥金泰對「美德」的強調更是與儒家的倫理思想有相似之處。首先，儒家倫理注視人倫關係，認為道德身份及行為都蘊涵在與他人發生關係的社群之中。麥金泰提出「活傳統」的敍述方式對某一種文化道德形成的影響，儒家思想的傳播及效應正是這種敍述方式的實例。換言之，儒家的倫理規範不是抽象地爭論個體利益和群體利益孰重孰輕，而是要看具體的情境和具體的倫理關係。首先，儒家中的個體不是一個抽離具體情境的「我」，而是處於「活傳統」的一部分。也就是説，儒家認為，我們每一個個體並不是孤零零地生活在這個世界上的，而是都有其生存的倫理環境，而這個環境也是我們進行道德實踐的場。其次，儒家重視個體的道德修養，即「修身」的過程對「自我」的認知和超越。儒家的理想是在成就他人的自我實現的同時，達到自身的自我實現。故有「夫仁者，己欲立而立人，己欲達而達人」（論語•雍也）的説法。因此，儒者首先考慮的是「我能為他人做什麼？」而非「我的權利是什麼？」再之，有關政治參與，儒家參與的政治場所不是建立在國家與個體、公與私的對立上，這種對立在自由主義的政治框架中顯而易見。儒家則是把社會看成是家庭的延伸，每個人是「信用小區的群體」（fiduciary community）中一分子，個人的社會責任和利益都是透過社群來體現的。在這種模式中，「權利優先」（primacy of right）顯然不是儒家政治和倫理的語言。在這點上，儒家更傾向於社群

主義的道德觀，認為「善」（good）比「權利」（right）更為重要。另外，儒家倫理儘量避免帶有普遍主義預設或道德原則（譬如「仁」的定義），而是主張在具體的情境中尋求正確的答案和追求至善理想。至於儒家中類似「民胞物與」或「天人合一」的說法，似乎是為了為倫理道德的合法性找到一個形而上的理論基礎，以此避免情境主義或敍事倫理所引發的道德相對主義。

回到「家長式管制」或「大家長主義」這個問題上，英文中國有paternalism或parentalism，意指是一種管理的行為或模式。如某個人、組織或國家作為領導，試圖為一些人或群體設定行為規範，以求「社群之善」或「社群福祉的最大化」。現代自由主義政治哲學往往把「大家長主義」妖魔化，把它看作父權、專制、蠻不講理的象徵。這種詮釋從自由主義角度來看是有道理的，家長主義意味着有機會強制干預個體的自由選擇，而這種干預被看作是違背現代政治倫理。但家長主義的前提主要有兩個：一是出於為對方着想；二是不相信對方可以做出理性的、正確的決定。尤其是第二點，它與上述所述的「傷害原則」有關。譬如政府某些強制性的法律章程，像行車時司機和乘客必須配戴安全帶，或禁止市民服用違禁藥物等。西方經濟學和政治學有一個所謂的「助推理論」（nudge theory），即用非強制的手段，透過「選擇設置」（choice architecture），引導個體為自身做出最大利益的自由選擇。[21] 但這種方式成功率並不高。[22] 另外，多數自由主義者認為，這是打着自由的幌子實行對個體的操控。

由於家長主義帶有「強制」的特性，所以有時會把家長主義等同於「威權主義」（authoritarianism），即要求民眾對其權威要絕對的服從。雖然兩者都存在限制他人自由，但家長主義的動機往往並不是維繫自身的權威，而是出於一種關懷他人的責任，也就是

---

21. Richard H. Thaler, Cass R. Sunstein. *Nudge: Improving Decisions About Health, Wealth, and Happiness.* New Haven: Yale University Press, 2008.

22. 這種方式亦稱為「自由主義式家長主義」（Libertarian Paternalism），試圖在家長制與個體自由中走中間路線。

儒家「善政」的思想。在儒家宗法體制中，「家長」的權威除了長幼有序之外，主要是靠道德基礎維繫的。在儒家看來，要求絕對的主權獨立的自治（sovereign self-rule）是將社會具體中的個體與其他人對立起來，把自主權或自我決定視為優先價值。這種自我觀與儒家的「關係中的自我」是矛盾的。另外，儒家思想中不排除「權威」概念，這與儒家的禮儀與秩序有關，並在其基礎上承認權威的正當性。這種權威思想與現代政治的民主或權力制衡有所不同，更近乎於精英治國的理念。當代儒家提出「溫和的權威主義」（soft authoritarianism），即所謂的「新加坡模式」，實際上是尋求一個中間路線，類似西方「自由主義式家長主義」的折中原則。[23]

筆者認為，「溫和的權威主義」或者說「溫和的家長主義」在瘟疫控制之時是有正面意義的。因為畢竟這裏涉及到公共衛生、公共利益，需要政府一定程度的干預。像武漢封城，沒有政府的權威干預，單靠個體的自主權和自由選擇，顯然是不可能的。在這一點上，儒家的家長主義管控並沒有違背世衛公共衛生條例以及傳染病突發處理倫理議題之指南。當然，一些具體的操作可以借鑒當今知情同意上「家庭公決模式」，在這個議題上，自由主義的知情同意與儒家的「關係中的人」之間做了適當的調和。

總之，此次新型冠狀病毒的席捲全球，再次向我們提出醫學／生命倫理學的種種挑戰。我們在抵抗病毒的同時，也需反思我們在倫理思考以及公共政策上的盲點。從文化的角度，我們需要重新審視如何在東方文化的「家長主義式干預」和西方的「個體自主式不干預」中找到合適的平衡點。

---

23. 有關「溫和的權威主義」，參見劉述先，〈儒家思想與未來思想的相干性〉，《二十一世紀評論》，1993年，12號20期，11–15頁。

參考書目

翁詩鑽，〈瘟疫蔓延時，你我該有多少人權？〉（"How Much Rights Do You Have during the Crisis of Pandemics?"），《關鍵評論》（*Crucial Review*），2016年。

許國賢，〈德性、干預與個人自由〉（"Virtue, Interference, and Individual Freedom"），《政治科學論叢》（*Political Science*），2004年6月，20期。

劉述先，〈儒家思想與未來思想的相干性〉，《二十一世紀評論》，1993年，12號 20期，11–15頁。

Bartoletti, Susan Campbell. *Terrible Typhoid Mary: A True Story of the Deadliest Cook in America.*

Bayer, Ronald, et al. eds. *Public Health Ethics: Theory, Policy, and Practice.* Oxford: Oxford University Press, 2006.

Beauchamp, Tom L. and James F. Childress. *Principles of Biomedical Ethics.* Oxford: Oxford University Press.

Bellah, Robert N. et al. *The Good Society.* New York: Vintage Book, 1991.

Dworkin, Ronald. *Taking Rights Seriously.* London and New York: Bloomsbury, 1997.

Dworkin, Ronald. "Rights as Trump." *Theories of Rights.* Edited by Waldron, Jeremy. Oxford: Oxford University Press, 1984.

Hart, L. A. *Law Liberty, and Morality.* Oxford: Oxford University Press, 1963.

Mill, John Stuart. *On Liberty.* Harmondsworth: Penguin, 1974.

Sandel, Michael. *Democracy's Discontent: America in Search of a Public Philosophy.* New York: The Belknap Press, 1998.

Thaler, Richard H. and Cass R. Sunstein, *Nudge: Improving Decisions About Health, Wealth, and Happiness.* New Haven: Yale University Press, 2008.

WHO，名為 "Ethics in epidemics, emergencies and disasters: Research, surveillance and patient care"（〈疾病流行、突發事件和災害中的倫理學：研究、檢測和病人〉）。北京：人民衛生出版社，2018年。

WHO. "Guidance for managing ethical issues in infectious disease outbreaks." Geneva, 2016.

第六章

COVID-19全球疫情下隔離措施的道德議題的初步哲學探索

陳成斌

香港浸會大學宗教及哲學系助理教授

一、隔離措施的道德議題

　　2019冠狀病毒病（Coronavirus disease 2019，簡稱COVID-19）持續全球大流行，對全球影響深遠，它甚至可能是自1918年H1N1流感大流行而來，對世界公共衛生最為嚴重威脅的一種呼吸道病毒。各國由2020年開始便忙於應對此病毒帶來的禍害，而應對的方法，又會涉及到其流行的趨勢，以及對每個人健康的影響。特別是現時並沒有COVID-19疫苗的情況下，非藥物干預措施（Non-Pharmaceutical Interventions，簡稱NPIs）的成效便在現階段至為重要。這些措施旨在減低人群的接觸，從而減少病毒的傳播。然而，這些措施單獨實施起來一定成效有限，需要多種干預結合才能有效果，而多少市民願意配合這些措施，也是當中至為關鍵的元素。

　　這些措施可以大約分為兩種基本策略，首先是緩解（Mitigation）的策略，另外則是抑制（Suppression）的策略。緩解策略不能阻止病毒的傳播，但可以減慢，免得醫療需求在短時間內大幅提高，使得社會的醫療系統不勝負荷。當然，緩解策略也同時會把醫療資源傾向保護那些老弱和已經患有嚴重疾病的人，免得這群最有可能出事的人被受這種病毒感染。至於抑制策略，

＊　本文原刊登於《中外醫學哲學》，2020年，XVIII卷1期。《中外醫學哲學》已授權本文在此書發表。

是要扭轉疫情的增長，令得社會減少病例並且儘量維持在低水平。這些策略，落實執行時通常都涉及不同程度的隔離措施，例如進行檢測後，把病例居家隔離及其家庭成員的居家觀察，結合整體人口的社會隔離，例如關閉中小學和大學、不准許食肆、娛樂場所、甚至一些商場營業和進行各式活動等（以下把這些措施間稱為「隔離措施」）。這些措施既可以減少高峰期的醫療需求和減低死亡人數，亦可以拖延時間，讓各國有更多機會成功研製疫苗。如果完全沒有這些干預和介入措施，推測情況可以壞至在短期內會有70億人受感染和4,000萬人因此死亡。[1]由此可見，這些措施對是人類面對今次疫情的必要公共衛生手段。

然而，同樣無可否認的是，這些措施有不少副作用和後遺症，而且成效能維持多久也是疑問。例如有英國研究在2020年3月時指出緩解策略雖然可以使高峰期的醫療需求的壓力減少三分之二，死亡人數減半，但還是可以導致數十萬人死亡。[2]至於抑制策略，如果疫苗太遲出現，便可能很難長期維持，畢竟這些措施對社會、經濟、民生、甚至人身自由等等影響甚大。然而，如果一旦放寬了措施，病毒的傳播又可能會迅速反彈，結果可能是全球要不斷在張弛之間擺盪，形成惡性循環，使得這些措施能否長期有效，實在令不少人產生疑問。這些措施導致社會要付出的社會和經濟成本，則更是無法計算了。這也導致了世界各地貧富懸殊和資源分配不均的問題，顯得更為迫切而嚴重。

以上這些問題，不少都是醫學、公共衛生、社會科學等的問題，但當中有一些卻是倫理學的問題，或者至少倫理學和哲學可以參與其中的。當中特別以（1）隔離措施成效的兩難，與及（2）疫情與隔離措施導致的經濟不平等問題，最為與哲學和倫理學息息相關。我們到底應以怎樣的哲學與倫理思維去處理這兩大問題

---

1. P Walker et al. "The Global Impact of Covid-19 and Strategies for Mitigation and Suppression." Imperial College London, https://doi.org/10.25561/77735.

2. N Ferguson et al. "Impact of Non-Pharmaceutical Interventions (Npis) to Reduce Covid-19 Mortality and Healthcare Demand." Imperial College London, https://doi.org/10.25561/77482.

呢？如此複雜的題目，不可能以一篇文章的篇幅去完全解答所有問題，但至少，在以下的章節裏，筆者會嘗試提出一些框架和方向，作為初步的哲學探索，好讓我們現在和將來面對以上提到的兩個問題時，可以如何由各地的宗教與社會道德理論與傳統，特別是儒家思想，去思考如何解答COVID-19全球疫情下隔離措施的各種道德問題。

二、疫苗與群體免疫的道德議題

要理解隔離措施的各種倫理議題，其實可以先由疫苗（Vaccine）與群體免疫（Herd Immunity）的道德議題說起。首先，我們要留意到，現在的隔離措施，其目的不完全在於消滅病毒，而是拖延群眾感染病毒的時間，避免一次過太多人感染。而最終的目的，是希望能有足夠的時間研發出疫苗，並且同時社會內有足夠的人口對病毒有抗體（不論是因為疫苗還是因為自然產生抗體）。由此可見，隔離措施的最終目的，還是與群體免疫有關。因此，我們不妨由疫苗和群體免疫的倫理議題開始我們的討論，再以此而去思考隔離措施的倫理問題。首先，我們應該用什麼道德原則的框架呢？在此，我們可以借用Gopal Sreenivasan的論證，去解釋為何衛生道德權利（Moral Rights to Health）不足以作為這樣的道德原則的框架，然後再由當中的不足思考可以用什麼其他的道德理論作為處理這些道德議題的方向和框架。[3]

Sreenivasan本身並非反對道德權利的重要性。相反，他是道德權利的擁護者。但亦因此，他在與Johnathan Wolff[4]辯論衛生人權（Human Rights to Health）時，明確反對將衛生人權視為道德權利。這既與道德權利的特性有關，亦與衛生或健康的特性有關。道德

3. Gopal Sreenivasan. "A Human Right to Health? Some Inconclusive Scepticism." *Proceedings of the Aristotelian Society,* supplementary vol. 86, no. 1, 2012.

4. Jonathan Wolff. "The Demands of the Human Right to Health." Ibid.

防控倫理

權利的部分,大約就是說,當一位權利擁有者(Right-Holder)擁有一項事物x為權利時,其他的行動者(Agents)就有責任去確保權利的擁有者擁有x。然而,不少學者,例如Sreenivasan,都會堅持道德權利當中的權利擁有者、行動者、和責任都要有明確的界定和標準(有些人是同時要求三者,有些則只要求其中一兩項);然後x就是變量,指向不同事物,看看什麼事物能符合這些高要求的界定和標準。一般來說,在這種理解下的道德權利,都是屬於廣義的義務論進路(Deontological Approach),亦即是義務式或絕對式的道德權利(Absolute Moral Rights),有絕對的標準和嚴格的約束(Constraints)。在這樣高要求的標準和約束下,只有很少事物可以通過重重檢驗而成為道德權利;有些道德哲學家甚至認為根本沒有這樣的權利。衛生固然很重要,卻無法滿足三者的要求,特別是到底有責任的行動者是誰,而要負的責任又只是不完全責任(Imperfect Obligations)的話,這樣衛生是難以成為道德權利的。[5]

　　除了從道德權利的特性着手外,我們也不妨從群體免疫作為公共衛生一環的特性入手,而這會與本文的討論有更深的關係。[6]群體免疫都有着一些公共物品(Public Goods)的特質,例如「非競爭性」(Non-rival)、「非排他性」(Non-excludability)、和「不可分割性」(Indivisibility)等。這裏說的非競爭性,是指該物品即使被一人享用了,也不會減少另一些人享用的機會。非排他性,是指不會排除其他人使用的權利。而不可分割性,則是指每個人享用此物品時都是享用此物品的全部而非部分。群體免疫就是有着這些特性。[7]群體免疫作為公共物品的話,會讓我們發現,即使真的有衛生的道德權利,亦不足以支持政府有道德責任令得社會有足夠的

5. Gopal Sreenivasan. "A Human Right to Health? Some Inconclusive Scepticism." Ibid.: 243–50; Onora O' Neill. "The Dark Side of Human Rights." *International Affairs,* vol. 81, no. 2, 2005.

6. Angus Dawson. "Herd Protection as a Public Good: vaccination and Our Obligations to Others." *Ethics, Prevention, and Public Health*. Ed. Angus Dawson and Marcel Verweij. Oxford: Oxford University Press, 2007; Kevin M. Malone and Alan R. Hinman. "Vaccination Mandates: The Public Health Imperative and Individual Rights." *Law in Public Health Practice*. Ed. Richard A. Goodman, et al. Oxford: Oxford University Press, 2007.

7. Sreenivasan. "A Human Right to Health? Some Inconclusive Scepticism." p. 255.

人口有免疫能力。這不代表這種道德責任不重要，只是當道德權利作為義務式的權利時，便不足以支持這樣的道德責任。因此，重要的是我們應該需要道德權利以外的道德原則和框架去支持這種責任，而非因此而斷定群體免疫不重要，或者群體免疫的道德責任不重要。[8]

此外，儘管Sreenivasan並沒有直接提出以下的想法，但筆者認為，只要我們有清楚的原則和框架去支援群體免疫的道德基礎，那麼即使在這樣的理論當中，仍然容許衛生權利作為要求式的權利（Claim Rights），亦即有些行動者有相關推廣和保障衛生的責任，其實並無不可。重點是要先弄清楚那個道德的大原則和框架，而道德權利並非當中唯一或最重要的基礎，而只是當中的一部分。由此路進，應該可以處理得到群體免疫的道德議題。

以上是對群體免疫的初步討論。既然隔離措施本身就有着和群體免疫一樣作為公共物品的特性，而且又與疫苗一樣是達至群體免疫這目的的手段，那麼我們可以在這角度下把它們放在一起討論。也就是說，衛生的道德權利同樣不足以作為支持隔離措施的道德原則的框架和基礎，而需要另外的道德理論去支持。那麼，我們接下來需要討論的，就是什麼樣的道德理論，或者至少是擁有什麼道德特性的理論，才足以成為基礎。

這裏說的道德理論，既可以是例如效益主義、康德倫理學、德性倫理學這些在道德哲學中常常提到的哲學理論，也可以指一些宗教或社會內的道德倫理傳統，例如基督教、佛教、儒家等等。這些哲學理論或者道德傳統都在世界不同的地方有着悠久的歷史和豐富的道德資源，若然能好好運用的話，當能為我們提供很多有用的觀點；而在討論不同社會文化時，有些理論和傳統更是不能忽略的，例如在東亞社會，儒家對生物倫理學（Bioethics）

---

8. Ibid., 254–59.

和醫學倫理學（Medical Ethics）的應用就是一個很好的例子。[9]然而，由道德理論或傳統去到一些實質的公共衛生議題（例如隔離措施、疫苗、群體免疫等的道德議題），中間其實還需要補上各種道德推理、論證、價值、和信息焦點（Information Focus）等等，不然恐怕是無法把道德理論和傳統直接應用到那些公共衛生議題的。

　　當然，這麼大的題目，並非三言兩語可以說清。由於篇幅所限，所以本文只會集中討論兩類重要的理念，是在討論如何應用道德理論或傳統去處理隔離措施的道德議題時不可或缺的。這兩類特性，一類是「後果式評價」（Consequential Evaluation），另一類則是「能力的進路」（Capability Approach）。兩者都是由1998年諾貝爾經濟學獎得主阿馬蒂亞・森（Amartya Sen）提出的。以下先介紹這兩種特性，然後再論證如何以此上接不同道德理論或傳統，下接指導當前的隔離措施的道德議題的方向。

三、後果式評價

　　森是百科全書式的學者，在不同的課題上都有着豐碩的研究成果。儘管與他其他著名的研究（例如饑荒與發展）相比，他的後果評價研究沒有那麼廣為人知，但其實他大部分的研究題目（包括下一節談論的能力進路）都可以與他的後果評價研究有關。[10]要討論後果評價，就要談談森的研究與後果論（Consequentialism）甚至效益主義（Utilitarianism）的分別。

---

9. Ruiping Fan, ed. *Confucian Bioethics*. Dordrecht: Kluwer Academic Publishers, 1999; *Reconstructionist Confucianism: Rethinking Morality after the West*. Dordrecht, Netherlands: Springer, 2010.

10. 有趣的是，儘管森寫了大量與後果評價有關的文章，但他在西方並沒有一本以此為主題的專著或者文集。反而在中國曾經出版了一本文集，收錄了他在這方面的研究文章的中文翻譯本。請參閱阿馬蒂亞・森，《後果評價與實踐理性》，應奇譯。北京：東方出版社，2006年。

　　上一節提到，諸如群體免疫的公共衛生問題很難用道德權利的框架來處理。對道德哲學稍有認識的人，自然會想到道德理論的另一流派，就是後果論，亦即是以世界情狀（States of Affair，即世界上所有人和事的狀態）的好壞作為判斷對錯的唯一標準的理論。在眾多後果論當中，又以效益主義為當中的佼佼者。效益主義欲以一簡單的公式去囊括所有的道德判斷，野心不可謂不大，然而也導致了很多的問題。[11]簡單來說，如果以效益主義來處理隔離措施的倫理議題，就算可以解決當中部分的問題，也只會帶來更多無法解決的難題，因此未必可取。

　　然而，森提議的後果評價，卻不完全是效益主義，亦不是上述定義下的後果論。後果評價基本上不是整全的道德理論（Comprehensive Moral Theory），而是一種道德推論或者實踐理性。[12]這種推論要求的，是在做道德推理或實踐理性時，不可能忽略世界情狀後果的好壞來評估對錯，而且每個人亦要為自己的選擇所帶來的後果負責。因此，後果評價並不完全是後果論，或者頂多只能算是弱版的後果論，因為後果評價並沒有要求把世界情狀的好壞視為對錯的唯一標準，而只是要求不能忽略評估後果的好壞。[13]

　　當我們把後果評價與效益主義相比時，也會發現後果評價是與效益主義兼容的，但不完全等同。森把效益主義分為三部分，而後果評價只是當中的一部分。除了後果評價外，效益主義還另外加入了「福利主義」（Welfarism）和「總和排序」（Sum Ranking）兩部分。所謂的福利主義，是指「關於各種備選事態相對善性的

---

11. J. J. C. Smart and Bernard Williams. *Utilitarianism: For and Against*. Ed. Bernard Williams. Cambridge: Cambridge University Press, 1973; Bernard Williams and Amartya Sen, eds. *Utilitarianism and Beyond*. Cambridge: Cambridge University Press, 1982; Samuel Scheffler, ed. *Consequentialism and Its Critics*. Oxford: Oxford University Press, 1988; *The Rejection of Consequentialism: A Philosophical Investigation of the Considerations Underlying Rival Moral Conceptions*. Ed. Press Oxford University. Rev. ed. ed. Oxford: Oxford University Press, 1994.

12. Amartya Sen. "Consequential Evaluation and Practical Reason." *Journal of Philosophy*, vol. 97, no. 9, 2000.

13. Ibid., 477–78.477–78.

防控倫理

判斷只能根據這些事態各自的個人效用總和，並且必須是該總和的遞增函數」，而總和排序則是「一種效用總和至少與另一種同樣地善，當且僅當，前者至少與後者同樣地大」。[14]簡單來說，福利主義已包括了我們平常聽到的經典效益主義內的享樂主義（Hedonism）傳統，亦即務求把幸福最大化；而總和排序則把視每個個體均等，並且以把每個個體的幸福加起來的方式計算總值。森認為，反對者對效益主義的主要挑戰，其實都集中在福利主義與總和排序之上。然而，後果評價本身卻不一定要與此兩者掛勾。如果撇除了這兩種要求，後果評價與效益主義相比起來，其實是可以海闊天空，有無限的可能。

例如上一節提到的（義務論式）的道德權利要求太嚴格，是絕對的約束，令得很多重要的價值（例如公共衛生）都不能成為嚴格意義下的道德權利。效益主義者處理此問題的方法是把道德權利完全工具化，只把道德權利視之為促進幸福的工具，但這樣的處理方法嚴重弱化了道德權利的重要性。森則走中間道路，以後果評價為推理的基礎，認為可以把一些道德權利視為幸福之外的重要價值（亦即可以帶來好的後果），而這樣直接把道德權利視為好的後果，就可以避免了把權利工具化的問題。另外，因為這樣的道德權利還是在後果評價的系統內，要與其他的後果比較，不一定是絕對的約束，這樣的權利，便可以納入諸如教育或衛生（健康）等價值。[15]

誠然，這樣的系統是有利亦有弊的。其缺點亦是因為包容性太大，變得猶如什麼都可以當成是良好的後果，這樣的話便會流於道德虛無或者相對主義。一些哲學家就曾指出這個缺點，例如

---

14. 阿馬蒂亞・森，《後果評價與實踐理性》。原文為："Welfarism: The judgment of the relative goodness of alternative states of affairs must be based exclusively on, and taken as an increasing function of, the respective collections of individual utilities in these states." "Sum-ranking: One collection of individual utilities is at least as good as another if and only if it has at least as large a sum total." Amartya Sen. "Utilitarianism and Welfarism." *Journal of Philosophy*, vol. 76, no. 9, 1979, p. 468.

15. Amartya Sen. "Rights and Agency." *Philosophy & Public Affairs,* vol. 11, no. 1, 1982; Sen. "Consequential Evaluation and Practical Reason." pp. 492–98.

Judith Thomson在與Martha Nussbaum討論後果評估時便指出效益主義反而有明確的道德價值（幸福感）去判斷好壞，但後果評估卻似乎內容空洞，說了等於沒說。[16]

然而，正如上面所說，後果評價本身只是道德推理的方法，不是整全的道德理論。要知道後果是好是壞，就需要和其他的道德理論和傳統「合作」。也就是說，這種推理方式的優點是可以容納很多不同的道德價值與理論，例如後果評價不僅可以嵌入後果論或者效益主義成為當中的一部分，亦可以嵌入某些版本的義務論，也就是任何不排斥要考慮後果，但不用以此為唯一判斷標準的義務論；這基本上就等於與絕大部分版本的義務論相容，只會與例如羅伯特・諾齊克（Robert Nozick）的「基於（權利）約束的義務論」（Constraint-Based Deontology，這是森的描述）不兼容。[17]有些學者亦認為，即使如康德的道德哲學，也一樣可以從後果式的思維入手的。[18]

後果評價也可以與不少宗教及社會的道德傳統兼容。就以在東亞地區特別重要的儒家為例子；儒家本身已有着很豐富的形而上學、後設倫理學、規範倫理學、應用倫理學等的基礎及資源。在儒家內部的討論當中，有不少論證都可以與廣義的後果思維有關。過去的朱陳之辯，令到當今有學者認為儒家當中有一支可算是後果式甚至效益式的儒家（Utilitarian Confucianism）；[19]也有人討論例如早期儒者或者孟子的思想與後果論的關係，[20]又或者是儒

---

16. Judith Jarvis Thomson. *Goodness & Advice*. Ed. Amy Gutmann, *Goodness and Advice*. Princeton: Princeton University Press, 2001; Martha Nussbaum. "Comment." *Goodness and Advice*. Ed. Amy Gutmann. Princeton, N.J.: Princeton University Press, 2001. Ed.

17. Robert Nozick. *Anarchy, State, and Utopia*. New York: Basic Books, Inc., 1974; Sen. "Rights and Agency."; "Consequential Evaluation and Practical Reason."

18. David Cummiskey. *Kantian Consequentialism*. Oxford University Press, 1996.

19. Hoyt Cleveland Tillman. *Utilitarian Confucianism: Ch'En Liang's Challenge to Chu Hsi*. Cambridge, Mass.: Council on East Asian Studies, Harvard University, 1982.

20. Manyul Im. "Mencius as Consequentialist." *Ethics in Early China: An Anthology*. Ed. Chris Fraser, Dan Robins, and Timothy O'Leary. Hong Kong: Hong Kong University Press, 2011; Yunping Wang. "Are Early Confucians Consequentialists?" *Asian Philosophy,* vol. 15, no. 1, 2005.

家當中的德性與後果的關係等。[21]誠然，整體上儒家思想很難被視為後果論，上述的研究也有不少爭議，引來不少人辯論。[22]總的來說，儘管儒家本身不是後果論的一支，但這不代表不能把後果評價嵌入當中，甚至令兩者兼容。至少，對後果評價這種道德推理來說，實在沒有理由抗拒好像儒家思想那樣的道德傳統。

這樣與大部分的道德理論與傳統兼容的特性，可說是後果評估的其中一項優點，亦有助我們在推理當中進一步斷定後果的好壞。當然，如果我們想要把公共衛生或者隔離措施當中的價值視為良好的後果，似乎除了基於後果評價外，還有更多的細節需要交待。下一節討論的能力進路正是為此而設。

四、能力進路

能力進路可算是森對哲學的貢獻當中最為人所知的一個進路。能力進路由森所開創和提出，但經過這數十年來的發展，已經被不少其他人豐富了當中的兼容，而且和森原初提出的版本頗有不同。例如上一節提到的Nussbaum亦是能力進路的另一奠基人，她由亞里士多德的哲學發展能力進路，並提出十種不同的中心能力（Central Capabilities），和森的想法有些差異。[23]然而，因為篇幅關係，這裏我只會主要討論森的版本；其他人對能力進路的貢獻則只會在有需要的時候才會提及。

---

21. Philip Ivanhoe. "Character Consequentialism: An Early Confucian Contribution to Contemporary Ethical Theory." *Journal of Religious Ethics,* vol. 19, no. 1, 1991; Joshua Anderson. "Character Consequentialism: Confucianism, Buddhism, and Mill." *Journal of Indian Philosophy and Religion* vol. 16, 2011.

22. Damien Keown. "Karma, Character, and Consequentialism." *Journal of Religious Ethics*, vol. 24, no. 2, 1996; Paul D'Ambrosio. "The Value of Falsity in the Mencius: Early Confucianism Is Not Consequentialism." *International Communication of Chinese Culture,* vol. 2, no. 2, 2015.

23. Martha Nussbaum. "Nature, Functioning and Capability: Aristotle on Political Distribution." *Oxford Studies in Ancient Philosophy,* supplementary vol.6, 1988; *Women and Human Development.* Cambridge: Cambridge University Press, 2000; *Creating Capabilities: The Human Development Approach.* Cambridge, MA: Belknap Press of Harvard University Press, 2011.

首先，我們要留意的是，這裏說的「能力」（Capability）是一個技術詞語，與日常的理解稍為不同。能力進路裏所講的能力，是指人類有自由去實踐各樣的功能（Functioning）。如森所言，「採取這個詞是為了表示個人能夠做或成為的事物的不同組合——他或她能夠獲得的各種『功能』」。[24]森之所以要提出這個技術性的概念，並非純粹無中生有，而是最初是要修正和改善約翰・羅爾斯（John Rawls）在《正義論》（*A Theory of Justice*）裏面提出的「基本物品」（Primary Goods），但及後發現「能力」本身就可以是道德及政治哲學的實質理論裏面的很好的價值和信息焦點（Information Focus）。一邊廂，效益主義用主觀的幸福感（或類似的對「效用」的解釋，例如福利）作為信息焦點去判斷對錯，另一邊廂，亦有不少理論（例如經濟學）會用到客觀的資源、收入甚至財富作為信息焦點去做總體的計算與衡量。與效益進路或資源進路不同的是，能力進路要在中間取得平衡，並且以自由作為基礎，讓每個人有自由去選擇如何實踐不同的功能。[25]

森最初提出能力進路，就是為了回應「什麼的平等」（Equality of What）的問題，而答案就是能力。[26]除了平等問題外，能力進路也與很多不同的道德哲學議題相關，諸如權利、人權、公義等等。[27]另外，能力進路也是森談論人類發展（Human Development）的基礎。一般而言，人們對發展的理解，直覺會是關於經濟發展。經濟增長固然是提高人類生活質量的重要元素，但人類發展似乎

---

24. 阿馬蒂亞・森，《後果評價與實踐理性》，227頁。

25. Amartya Sen. *The Idea of Justice*. Cambridge, Mass.: Belknap Press of Harvard University Press, 2009, pp. 231–35.

26. "Equality of What?" *Tanner Lectures on Human Values*. Ed. Sterling McMurrin. Cambridge: Cambridge University Press, 1980; *Commodities and Capabilities*. Amsterdam: Amsterdam University Press, 1985; *Inequality Reexamined*. Cambridge, MA: Harvard University Press, 1992; "Capability and Well-Being." *The Quality of Life*. Ed. Martha Nussbaum and Amartya Sen. Oxford: Oxford University Press, 1993.

27. Amartya Sen. "Rights and Capabilities." *Resources, Values, and Development*. Blackwell, 1984; "Elements of a Theory of Human Rights." *Philosophy and Public Affairs,* vol. 32, no. 4, 2004; "Human Rights and Capabilities." *Journal of Human Development,* vol. 6, no. 2, 2005; "What Do We Want from a Theory of Justice?" *Journal of Philosophy*, vol. 103, no. 5, 2006; Sen. *The Idea of Justice*.

亦應包含一些經濟增長以外的概念。例如現時聯合國使用的「人類發展指數」（Human Development Index），除了計算人均國民總收入外，亦會同時計算受教育年限與出生時的預期平均壽命，也就是用上經濟、教育、與衛生三組指標去計算社會的發展指數。聯合國的這個指數，背後的指導思想正是能力進路，而森也是這個指數其中一位創立者。由此可見，能力進路可以在眾多不同的道德與政治哲學議題上作出重要的貢獻。

筆者要在這裏談到能力進路，背後是有兩個原因的。首先，能力進路明顯地是可以應用在公共衛生議題之中。除了森外，不少同意能力進路的學者，都有嘗試用不同的方法連結能力進路與公共衛生議題。例如Jennifer Ruger借用了Nussbaum與亞里士多德談功能與能力的角度來討論公共衛生與社會公義；[28]Sridhar Venkatapuram則論證健康是後設的能力（Meta-Capability），並以此來討論公共衛生的公義。[29]總而言之，能力進路與衛生或健康的議題息息相關，自然是在討論疫情是不可或缺的學問。另一個討論能力進路的原因是，雖然能力進路內有不少人都有討論公共衛生議題，但他們都鮮有用到後果評價的進路。儘管森是能力進路的奠基者，而在能力進路陣營內的學者都是言必及森，但用後果評價的方向來處理能力的學者卻不算太多，至少不是能力進路陣營內的主流。或者可以說，把兩者結合，正是森的哲學比較獨特的地方，值得向大家說明和推薦。

雖然與後果評價比較起來，能力進路並不是那麼明顯地可以與不同的道德理論與傳統兼容，但事實上能力進路的彈性和可塑性也是很大的。Ingrid Robeyns就認為，能力「進路」（Approach）與能力「理論」（Theory）不同；後者才是獨具一幟的完備理論，

---

28. Jennifer Prah Ruger. *Health and Social Justice*. Oxford: Oxford University Press, 2010.

29. Sridhar Venkatapuram. *Health Justice: An Argument from the Capabilities Approach*. Cambridge: Polity, 2011.

但進路則可以容納不同版本的理論和傳統。[30]Nussbaum早期會用到亞里士多德的哲學去建立能力進路，後期則多用羅爾斯的政治自由主義，[31]這些都與森的後果式評價的能力進路有些分別。而Mozaffar Qizilbash則討論了不同版本的後果論如何能與能力進路兼容，認為森的後果評價不夠徹底地實踐後果論，所以他論證如何能建立「能力式的後果論」（Capability Consequentialism）。[32]

　　至於與儒家思想的關係，現時較少學者從儒家的角度討論能力進路，但在能力進路的一方，第一代的學者如森和Nussbaum等人在討論人類發展的時候也有談論過不同文化的重要性。森更曾引用過孔子和毛澤東來支持他的想法。[33]Nussbaum早期的能力進路建基於亞里士多德的學説，而比較亞里士多德與儒家則是比較哲學內的顯學（下一節會談到更多），有興趣的學者可以由此路進以研究能力進路。[34]而近年來也開始多了學者在能力進路與人類發展的陣營內引進東亞的觀點。[35]在這個角度而言，至少能力進路本身並不排斥其他道德理論和傳統，可以在一定程度上，特別是要在應用到某些道德議題時，作為有用的理念來處理相關議題。

30. Ingrid Robeyns. "Capabilitarianism." *Journal of Human Development and Capabilities*, vol. 17, no. 3, 2016; *Wellbeing, Freedom and Social Justice: The Capability Approach Re-Examined*. Cambridge, UK: Open Book Publishers, 2017.

31. Nussbaum. "Nature, Functioning and Capability: Aristotle on Political Distribution."; Martha Nussbaum. *Frontiers of Justice: Disability, Nationality, Species Membership*. Cambridge, MA: Belknap Press of Harvard University Press, 2006; John Rawls. *Political Liberalism*. Columbia University Press, 1993.

32. Mozaffar Qizilbash. "Amartya Sen's Capability Approach: Insightful Sketch or Distorted Picture?" *The Capability Approach: Concepts, Measures and Applications*. Ed. Flavio Comim, Mozaffar Qizilbash, and Sabina Alkire. Cambridge: Cambridge University Press, 2008.

33. Amartya Sen. *Development as Freedom*. New York: Knopf, 1999.

34. Nussbaum. "Nature, Functioning and Capability: Aristotle on Political Distribution."; Jiyuan Yu. *The Ethics of Confucius and Aristotle: Mirrors of Virtue*. New York: Routledge, 2007.

35. Benedict S. B. Chan. "A Preliminary Consequential Evaluation of the Roles of Cultures in Human Rights Debates." *Filosofia Theoretica: Journal of African Philosophy, Culture and Religions*, vol. 8, no. 1, 2019; "Are International Human Rights Universal? – East-West Philosophical Debates on Human Rights to Liberty and Health." *Metaphysics of Human Rights 1948-2018: On the Occasion of the 70th Anniversary of the Udhr*. Ed. Luca Di Donato and Elisa Grimi. Malaga, Spain: Vernon Press, 2019; "East Asia: Challenges to Political Rights." *Routledge Handbook of Development Ethics*. Ed. Jay Drydyk and Lori Keleher. New York: Routledge, 2019; Jay Drydyk and Lori Keleher, eds. *Routledge Handbook of Development Ethics*. New York: Routledge, 2019.

防控倫理

五、實踐理性的應用：從儒家到隔離政策的道德議題

筆者在第一節時曾提及，隔離措施至少有兩個道德上的難題，分別是（1）隔離措施成效的兩難，還有就是（2）疫情與隔離措施導致的經濟不平等問題。現在走筆至此，我們已知道隔離措施或許可以一如疫苗那樣放到群體免疫的道德討論當中，而我們又可以用後果評價與能力進路協作不同的道德與社會哲學理論傳統的框架去處理問題。當然，此篇文章只是初步的哲學探索，不可能為這些問題提供很細緻的答案。事實上，要為這些問題提供答案，應該不只是哲學或倫理學的事，而是跨學科的研究。然而，這裏還是可以提供一些道德思考方向，讓我們在進行跨學科研究時有較清楚的哲學指引。以下筆者會以一些由儒家思想而來的重要價值為例子，闡釋如何處理隔離政策的道德議題。

這裏要由儒家提倡的一些德性（Virtue）説起。談到德性，很自然會想到德性倫理學（Virtue Ethics）。1958年「現代新儒家」發表了《為中國文化敬告世界人士宣言》，而同年G. E. M. Anscombe亦提倡重新審視和發揚德性倫理學。[36]近年有不少學者以此為各自的出發點，去比較儒家與德性倫理學；另外亦有學者比較先秦儒家與古希臘的哲學（如上一節提到的余紀元），又或者是直接討論一些德性的概念，甚至認為由此路進，儒家可以在全世界成為廿一世紀德性倫理學甚至是倫理學的主流。[37]

篇幅所限，筆者無法在此全面討論以上不同的想法。而事實上，討論德性，也不一定要由德性倫理學入手，畢竟德性本身的重

---

36. G. E. M. Anscombe. "Modern Moral Philosophy." *Philosophy*, vol. 33, no. 124, 1958; Carson Chang et al. "A Manifesto on the Reappraisal of Chinese Culture." *Essays on Chinese Philosophy and Culture*. Ed. Chun-i T'Ang. Taiwan: Student Book Co., Ltd, 1958.

37. Stephen C. Angle and Michael A. Slote, eds. *Virtue Ethics and Confucianism*. New York: Routledge, 2013; Jiyuan Yu. "Virtue: Confucius and Aristotle." *Philosophy East and West*, vol. 48, no. 2, 1998; Yu. *The Ethics of Confucius and Aristotle: Mirrors of Virtue*; Bryan Van Norden. *Virtue Ethics and Consequentialism in Early Chinese Philosophy*. Cambridge: Cambridge University Press, 2007; Michael Slote. "The Philosophical Reset Button: A Manifesto." Dao, vol. 14, no. 1, 2015.

要性，也是跨越不同的道德理論及傳統的，例如J.S. Mill也有討論德性並非只是達至幸福或快樂的手段，而是幸福當中的一部分，以此來把德性融入效益主義之中。[38]與其讓我們在這裏比較儒家和德性倫理學 (甚至效益主義) 這麼龐大的題目，倒不如集中討論儒家的德性，再與其他道德理論傳統當中的德性一併討論。

我們可以由《論語•述而》的「志於道、據於德、依於仁，游於藝。」說起。根據余紀元的講法，孔子的目標就是尋求「道」，也要培養「德」。[39]這種「道」，是形而上或本體的道，也是終極目標；而「德」則是德性。另外，人的德就是仁；一個有德之人也是一個仁者。[40]從這樣的理解出發，可以把儒家的「道——德」的框架與古希臘哲學的「幸福（Eudemonia）——德性」框架比較，[41]亦可以在人性問題上把儒家談的「性」與亞里士多德的「功能」比較。而在談論人性的問題上，便應該要加入孟子的「性善論」以補充孔子的講法。[42]這裏不得不提《孟子•公孫醜上》談到的一段重要思想：

孟子曰：「人皆有不忍人之心。先王有不忍人之心，斯有不忍人之政矣。以不忍人之心，行不忍人之政，治天下可運之掌上。所以謂人皆有不忍人之心者，今人乍見孺子將入於井，皆有怵惕惻隱之心。非所以內交於孺子之父母也，非所以要譽於鄉黨朋友也，非惡其聲而然也。由是觀之，無惻隱之心，非人也；無羞惡之心，非人也；無辭讓之心，非人也；無是非之心，非人也。惻隱之心，仁之端也；羞惡之心，義之端也；辭讓之心，禮之端也；是非之心，智之端也。人之有是四端也，猶其有四體也。有是四端而自謂不能者，自賊者也；謂其君不能者，賊其君者也。凡有四端於我者，知皆擴

---

38. John Stuart Mill. *Utilitarianism*. 1863. Chapter 4. https://en.wikisource.org/wiki/Utilitarianism.

39. 余紀元，《德性之鏡：孔子與亞里士多德的倫理學》，林航譯。北京：中國人民大學出版社，2009年，47頁。

40. Ibid., 53.

41. Ibid., 41–89.

42. Ibid., 90–129.

而充之矣,若火之始然,泉之始達。苟能充之,足以保四海;苟不充之,不足以事父母。」

孟子以見孺子入井而有側隱之心或不忍人之心去談四端與仁義禮智的關係,是孟子其中一段最著名的講法,亦把儒家性善論由人性到德性的看法很清楚的表達了出來。這是任何談論和比較儒家的德性與其他思想時不可忽略的道理。

對於這些比較哲學的做法,有些學者會持有異議,例如MacIntyre就認為儒家與古希臘思想各自有不同的傳統,兩者是不可通約的(Incommensurable)。[43]誠然,如儒家思想這樣有着悠久歷史傳統的思想,當中一定有其獨特性,是很難約化或抽離脈絡,當成是其他道德理論(如德性倫理學)的一部分。然而,這是否代表這就是不可通約的,卻頗有爭議。而就這裏的討論來説,更重要的問題是,就算真的是不可通約,也不代表當中的價值是不可比較的(Incomparable)。在我們當前是面對疫情,要制定公共衛生政策;我們不可能把整套道德理論或者傳統放入去,那麼要拿取當中什麼的價值來制定政策,便很值得思考。特別用到後果評價與能力進路,就是當中很重要的道德推理過程。技術上,後果評價其實是容許不完整的排序(Incompleteness of Ranking),因此是可以在特定情況下比較不可通約的選項。[44]在這情況下,儒家思想提倡的德性,會是這個道德推理裏面很重要的價值。

首先,對於隔離措施的成效的兩難的問題,我們可以循以下的方向去思考。不少隔離措施都是為了推遲和抑制病毒的傳播,實在是無可厚非並且無可奈何之舉。這是與疫苗和群體免疫的情況相類。不過,太久的隔離措施,固然會令到所有人都很不方便,

---

43. Alasdair Macintyre. "Incommensurability, Truth, and the Conversation between Confucians and Aristotelians About the Virtues." *Culture and Modernity: East-West Philosophic Perspectives*. Ed. Eliot Deutsch. Honolulu: University of Hawaii Press, 1991.

44. 這涉及到後果評價只要求最大化(Maximization)而非最優化(Optimization)這技術上的分別。對於這分別的詳細討論,和比較不可通約的選項的問題,可參考Amartya Sen. "Maximization and the Act of Choice." *Econometrica*, vol. 65, no. 4, 1997; Sen. "Consequential Evaluation and Practical Reason."; Nussbaum. "Comment."

影響大家的身心健康，亦令得社會停擺，代價十分之大。在這樣的兩難裏，我們不能簡單地說隔離措施本質上就是違反了個人的權利或者如政治哲學家以賽亞•柏林（Isaiah Berlin）所說的消極的自由，[45]因為在疫情之下，病毒某程度上也是在侵害我們的自由，至少是我們積極的自由，而這些問題是消極自由或者義務論式的道德權利所無法涵蓋的。在這問題上，我們不妨用到後果評價，而當中要評估的後果則是能力。事實上，森自己也認為他談到的能力是與積極自由息息相關。[46]以能力作為信息焦點和評價後果好壞的標準，審慎評估各種措施對能力會有什麼影響。比方說，居家限制會怎樣影響我們各種能力呢？這會限制了我們移動和社交的能力，但換來避免了染病的話喪失了的各種能力，甚至生命（其實生存或生命在技術上也算是一種能力）。當然，如果隔離太久和程度太強，也有可能會得不償失的。這些都要很仔細和審慎的評估。而其中可以用到的道德價值，可以是應該如何在可能範圍內儘量減少大家受到的傷害。

　　由此路進，我們便可以加入不同的道德與政治理論傳統，將之應用在現實情況中。所謂要減少傷害，並非只是享樂主義或效益主義者的專利（當然他們也很強調要減少大家的傷害）。例如基督教內提到的好撒瑪利亞人的故事，近年便被一些學者引申論證為減少大家的傷害亦為我們的基本道德責任，並以此來討論一些道德議題。[47]在東亞社會，儒家思想還是有着很重要的位置。在考慮這些問題時，便可以同時考慮到在儒家社會裏，儒家思想會怎樣影響到我們思考隔離措施的兩難。而在減少大家傷害的方面，上面提過孟子說的惻隱之心或不忍人之心，絕對是這種減少傷害的思想的道德基礎，而且背後包含的訊息甚為豐富，由上面

45. Isaiah Berlin. "Two Concepts of Liberty." *The Proper Study of Mankind: An Anthology of Essays.* New York: Farrar, Straus and Giroux, 1969.

46. Sen. "Rights and Agency." pp. 38–39.

47. Candice Delmas. "Samaritanism and Civil Disobedience." *Res Publica*, vol. 20, no. 3, 2014; Christopher H. Wellman. "Samaritanism and the Duty to Obey the Law." *Is There a Duty to Obey the Law?* Ed. Christopher H. Wellman and A. John Simmons. Cambridge: Cambridge University Press, 2005.

防控倫理

提及的形而上的「道與德」的框架（不只是道德，而是形上的道，還有人的德性），到每個人的仁心，不僅豐富了積極自由的內容，更讓人們明白為何要儘量避免和減少大家的傷害。簡而言之，儒家在惻隱之心到四端的講法，不只是豐富了自身德性仁心的內容，也可以為減低傷害的道德原則與後果提供基礎，完善了我們在這方面的道德推理。

至於隔離措施的第二個道德難題，亦即因為疫情和隔離措施而導致的不平等問題，推理上也是要用到後果評估與能力進路的，亦由此可以把儒家的德性包括入來。首先，正如上兩節提及的，所謂的不平等，實質的資源（如財富）分配不均固然是大問題，但始終財富資源等等只是工具；真正的根本問題，是因為資源匱乏會影響人類的能力與發展，帶來不良的後果。事實上，針對COVID-19疫情的不平等問題，森也在一些報紙評論中明確呼籲各國要小心處理。[48] 由於能力進路本身就是以處理不平等問題起家的，而後果評價也是森的能力進路的重要一環，以此來處理疫情下的隔離措施所導致的不平等問題，似乎是很合理的方向。

另外，這樣的道德推理，也不能忽略了各種上文提及過的道德與政治的理論與傳統，例如儒家思想，可以與後果評價及能力進路合併在一起去處理問題。首先，其實資源不平等的問題，也可以與上述提到的減少傷害的道德責任延伸開去，例如彼得・辛格便以此來論證大家對全球貧富不均有着道德責任。[49] 而在儒家內，例如《論語・季氏》便有「不患寡而患不均」的想法。由《禮記・禮運》對大同與小康的描述，到《孟子・滕文公上》所談到的井田制：「方里而井，井九百畝，其中為公田。八家皆私百畝，同養公田。公事畢，然後敢治私事，所以別野人也」，皆可見儒家對資源

---

48. Amartya Sen. "A Better Society Can Emerge from the Lockdowns." *Financial Times*, 2020; "Overcoming a Pandemic May Look Like Fighting a War, but the Real Need Is Far from That." *The Indian Express*, 2020.

49. Peter Singer. "Famine, Affluence, and Morality." *Philosophy & Public Affairs*, vol. 1, no. 3, 1972.

分配的不平等其實也有很豐富的討論，背後也是基於仁義等德性的。要談論經濟不平等，便不能忽略儒家這方面的思想。

由於本文旨在建立一套道德推理的框架去回應疫情的問題，所以不少討論政策的細節只能在此從略。然而，在本文結束之前，理應回應幾點可能的質疑，以說服讀者為何要用到這樣的哲學去處理疫情下隔離政策的道德議題。

首先，很可能有人會質疑，如此談論儒家的德性思想，會否變成好像只在抽取有用的部分，破壞了儒家的整全性和主體性？由這角度去看，甚至可以質疑，這樣的框架會破壞了各種道德理論與傳統，好像雜家那樣取百家之長，但沒有了內部思想的統一性。要回應這個質疑，我們必須理解，正如本文早前所說的，後果評價和能力進路並非整全的學說，只是實踐理性的道德推理方法，本身和各種道德理論和傳統並沒有衝突。事實上，這些推理方法當中也沒有太多的道德價值觀和內容，需要各種理論和傳統來填補當中的空隙。可以說，後果評價和能力進路只是用來成就各種理論和傳統如何可以應用到公共政策，並不會破壞例如儒家思想的主體性和整全性。

如此，另一些人可能又會質疑，既然我們還是需要儒家的主體性和整全性，那麼為什麼我們要花那麼多時間討論後果評價和能力進路，去建立那樣的一個實踐理性的框架，而不是直接把整套儒家應用在疫情的公共衛生政策之上呢？然而，我們要明白的是，好像隔離政策那樣的公共衛生議題，是跨學科的題目，道德理論和傳統雖然可以在制定政策當中佔有一席之地，但很難直接把整套思想應用到疫情問題之中，至少必須經過一些轉化才成。這也是後果評價和能力進路的好處，既可以保存儒家思想的主體性和整全性的同時，亦可以把當中有關的部分轉化出來，與其他學科整合。

這樣的進路，另一好處是可以避免了很多在比較哲學當中的爭議，例如比較儒家與古希臘思想、效益主義等的異同、甚至誰

優誰劣等。當我們只是要以後果評價和能力進路來考慮時，不少價值都可以在不同的道德理論中找到一些共識。例如上面提及的「減少傷害」這種道德價值，既是良好的後果，各種理論和傳統亦有其獨特的原因證成（Justify）此價值，例如我們可以用儒家的性善論和惻隱之心去解釋為何我們應該儘量減少對別人的傷害。這樣既保存了儒家的獨特性，但同時提供一個應用到疫情問題的道德推理的框架，可說是後果評價和能力進路的優勢。

總結來說，在COVID-19疫情下的隔離措施，會帶來至少兩個道德哲學的問題。儘管本文的目的不在解決這些問題，但至少討論了可以用什麼道德哲學的框架來處理，也就是我們可以視之為與疫苗一樣的群體免疫情況，然後以森的後果評價與能力進路去處理相關的議題。在這樣的框架裏，例如儒家的惻隱之心和各種仁德，還有不患寡而患不均等思想，都可以成為討論政策當中的重要道德基礎和價值。也就是說，這套框架上可以與不同的宗教及社會道德理論或傳統（如儒家）掛勾下，可以應用到不同的地方的疫情之中，去解決各種問題。因此，我們值得對此深思，在儒家思想和如此的實踐理性的框架的基礎上，繼續去探索當中的哲學意義。

第七章
新冠肺炎疫情防控中的「相稱性原則」解析

張新慶
北京協和醫學院人文和社會科學學院教授

王明旭
西安交通大學醫學部公共衛生學院教授

蔡篤堅
台灣屏東基督教醫院講座教授

　　二十一世紀以來，非典、甲型H1N1流感、伊波拉病毒病等重大傳染病疫情爆發，給疫區人民的身體健康和生命安全帶來嚴重威脅。國際社會在疫情防控方面積累了豐富的經驗，也有慘痛的教訓。[1][2]以往的流感大流行具有跨越國界性和不確定性，也引發了不同於一般公共衛生實踐的特殊倫理問題，需要借助新的倫理學理論和原則來分析和解決。[3][4]結合2009年在中國發生的禽流感疫情應對，張新慶分析了公共衛生倫理學中的相稱性原則及其產生

* 本文得到版權允許修改自下列論文：張新慶、王明旭、蔡篤堅，〈新冠肺炎疫情防控中的「相稱性原則」解析〉，《中國醫學倫理學》，2020年，33卷2期，261–267頁。

1. Kombe F, Folayan MO, Ambe J, et.al. "Taking the bull by the horns: Ethical considerations in the design and implementation of an Ebola virus therapy trial." *Soc Sci Med*, vol. 148, 2016, pp. 163–170.

2. Aarons D. "Addressing the challenge for expedient ethical review of research in disasters and disease outbreaks." *Bioethics*, vol. 33, no. 3, 2019, pp. 343–346.

3. Bernheim RG. "Public health ethics: the voices of practitioners." *J Law Med Ethics*, supplementary vol. 31, no. 4, 2003, pp. 104–109.

4. Callahan D, Jennings B. "Ethics and public health: forging a strong relationship." *Am J Public Health*, vol. 92, no. 2, 2009, pp. 169–176.

的必要性、含義和構成要素，並分析相稱性原則在突發公共衛生事件（如甲型H1N1流感）中的應用。[5]在反思西非伊波拉疫情基礎上，世界衛生組織（WHO）於2016年發佈了「傳染病爆發時期應對倫理問題的指導準則」。同樣，面對新冠肺炎疫情這一新中國成立以來傳播速度最快、感染範圍最廣、防控難度最大的重大突發公共衛生事件，中國採取的聯防聯控、群防群控、源頭防控、綜合治理等一系列強有力防控措施取得了實效，但同時限制出行、居家隔離、停工停產停學也對廣大城鄉居民的生活、生產、學習和出行帶來了不便，為此就需要堅持相稱性原則。

一、突發性公共衛生事件應對的合比例性要求

1. 武漢封城能得到倫理辯護

湖北武漢市於2019年12月8日收治首例新冠病毒肺炎患者，12月30日武漢市衛健委通報了27例不明原因肺炎疫情，並初步認定是病毒性肺炎。2020年1月3日武漢疫情緊急，並表現為多點爆發的勢頭。這種新型冠狀病毒主要是經呼吸道飛沫、密切接觸等方式傳播。一般情況下，普通民眾只要不聚會，主動避免坐封閉的交通工具，不人為製造疫區，疫情擴散乃至於致命的風險就會大大降低。隨着疫情的防控形勢日趨嚴峻，武漢市新冠病毒肺炎疫情防控指揮部不得不作出一個前所未有的決定：自2020年1月23日10時起，武漢市城市公交、地鐵、輪渡、長途客運暫停運營；無特殊原因，市民不要離開武漢，機場、火車站離漢通道暫時關閉。

伴隨湖北疫區城市相繼封城，針對政府應急機制和信息披露的熱議不絕於耳，在這些討論中不乏對政府未及時披露信息的批

---

5. 張新慶，〈突發公共衛生事件中的「相稱性原則」探討〉，《昆明理工大學學報（社會科學版）》，2011年，11卷1期，1–5頁。

124

評，也有人抱怨政府在萬家團圓的春節期間宣佈封城對群眾生活帶來的極大不便。確實，封城會限制公共交通工具運行，居民出門要帶佩戴口罩，疑似病例要被隔離，而確診病例要接受隔離治療，這都會限制疫區民眾的行動自由和自主選擇權。假如武漢不實施隔離措施的話，更多的人可能會感染新冠病毒，甚至因出現嚴重症狀而使生命受到威脅，喪失行動自由，甚至引發更大的人道主義災難乃至全球公共衛生危機。

按常理，政府採取的突發性公共衛生事件一級回應是可以得到廣大人民群眾的理解和支持的。即便這樣，非常時期採取的強制性干預措施因顯著影響到人們的日常生活、工作、學業和社會交往，難免會讓一些公眾感到不適、恐慌、反感或抗爭。這也就意味着，面對呼嘯而來的新冠肺炎流行，緊急應對措施也要充分考慮到民眾的訴求，採取適度的干預手段。這些需要在極短時間內做出的應急回應是一項艱難的決定。其中的難點是：在做好新冠肺炎防控和盡可能減輕對普通民眾生活生產影響之間，如何審時度勢地把握好「度」？不僅在實操層面不容易，而且需要在倫理上得到辯護。

從本次武漢封城的動機和取得成效進行分析。由於措施實施的目的是為了最大限度地保護公民的生命安全和健康利益，也是防控新冠肺炎疫情快速蔓延的難得的有效選擇。儘管對居民的出行、就醫、購物都帶來了極大的不便，政府相應地採取了一系列有效措施，以解決居民存在的實際問題。與保障民眾生命安全的重大取捨比較，該不得已而為之的舉措得到更多武漢居民的認同與自覺遵守。武漢封城為打贏武漢保衛戰、湖北保衛戰及全國新冠肺炎疫情的有效控制奠定了堅實的基礎。武漢封城不僅為全球抗擊新冠肺炎疫情提供了寶貴的經驗，而且更重要的為全球抗擊新冠肺炎疫情爭取了寶貴的時間。隨着新冠病毒全球大流行，截至2020年3月份以來，全球數十個國家實施了「封城」措施，禁止民眾在非必要情況下外出，數十億人口受影響。基於上述的分析，武漢封城得到倫理辯護。

防控倫理

2. 司法領域的合比例思想

司法領域中的比例原則是指：國家只能選擇那些對私人利益損害最小的手段以達到其合法目的。按此原則，國家在運用公權力時會採取不同的手段，但這些手段之間要進行衡量，以使將對私人的權益影響降到最低。比例原則的思想淵源可以追溯到古巴比倫的《漢謨拉比法典》、《舊約》中的《摩西律法》，中國古代的「罰當其罪」或者「過猶不及」也表達了近似的思想。二十世紀五十年代，聯邦德國聯邦憲法法院對「藥房案」作出了一項標誌性判決，在其憲法意義上提出了比例原則：以個人的自由權全面拘束政府權力（包括立法權）的要求。二十世紀六十年代以來，伴隨着個人自由權觀念的增強，合比例性思想逐步體現在世界各國的刑法、行政法、憲法等之中。[6]

合比例思想可解析出針對目的與手段間之關係的適當性、針對諸多手段間選擇的必要性，以及針對自由權法益與公益間之關係的法益相稱性等三種要求。適當性要求公權力行為的手段須有正當性或妥當性，能夠實現所追求的合法目的；必要性要求公權力行為者所運用的手段是必要的，此手段造成的損害還應當是最小的；法益相稱性要求公權力行為的手段所增進的公共利益與其所造成的損害應該合比例。[7]

美國《公共衛生服務法》（1994）賦予了衛生與公共服務部頒佈和實施傳染病防治規定的權力，對於衛康隔離和檢疫命令者，應受到處罰或監禁；而在具體的執行層面，《州公共衛生緊急權力示範法》（2002）規定，只有法院授權下行政機構才有權實施強制隔離等措施。在中國，全國人大常委會頒佈的《中華人民共和國突發事件應對法》在第十一條專門完整地闡述了比例原則：有關人民政府及相關部門採取的應對突發事件的措施，應當與突

---

6. 蔡宏偉，〈作為限制公權力濫用的比例原則〉，《法制與社會發展》，2019年，150卷6期，127–143頁。

7. Aharon Barak. *Proportionality: Constitutional Rights and Their Limitations.* Cambridge University Press, 2012, p. 245.

發事件可能造成的社會危害的性質、程度和範圍相適應；有多種措施可供選擇的，應當選擇有利於最大程度地保護公民、法人和其他組織權益的措施。在國家緊急應對突發事件程序中，政府及相關部門需要果斷採取必要的干預措施，但非常手段可能會出現「用力過猛」的情形。因此，為了防止突發事件緊急應對中的行政權力違法、誤用或濫用問題，在立法和執法上要充分考慮到各個利益相關者的訴求和切實利益，實現社會利益最大化。

3. 突發公共衛生事件應急回應遵循比例原則

在突發公共衛生事件發生時，個人和家庭的應對措施是有限的；單個醫生或醫療機構的收治能力和保護措施也是有限的。這就需要在短時間內動員疫情防控所需醫務人員、醫療儀器設備及生活物質，綜合施策、聯防聯控，才能有效阻擊疫情蔓延的態勢。在這種情況下，為了保護國家利益和公民的整體利益，行政機關勢必會擴大行政應急處置權力範圍。國家及地方相關政府部門行使緊急權力，以便盡最大可能的減少對生命安全的影響、財產損失及其他社會危害。

需要強調的是，單純靠強制性權力無法強化全社會對突發性公共衛生事件的有效應對。Gray等人在SARS爆發的國際應對中的經驗和教訓後佐證了上述觀點。[8] 尊重個人自主權、在政府和社區之間建立同舟共濟、相互信任的友善關係，才能以更小的社會成本實現疫情防控的目標。而且，行使應急權的可預計的後果是對公民人身權和財產權進行克減。依照合比例性思想，在啟動和實施突發公共衛生事件一級回應過程中，應該平衡行政應急權與公民權利的利益關係，對行政應急權的適用來最大限度地降低對公民權益的干擾和影響。為此，多數國家均通過立法來授權政府採取強制性措施，以便把對公共健康造成的損失降到最低。這

8. Gray B, Brunton C, Barnett P. "The Law Reform (Epidemic Preparedness) Bill—a proper response to the pandemic threat?" *N Z Med J.* vol. 119, no. 1240, 2006, p. U2124.

些法案通常會兼顧國家強制力、必要性、有效性、相稱性和公平等原則。

在中國，針對突發性公共衛生事件應對的法律主要是全國人大常委會頒佈的《中華人民共和國突發事件應對法》（2007）和《中華人民共和國傳染病防治法》（2013修訂），而這兩部法律均在不同層面表述了比例原則。例如，為了控制傳染病的流行，國務院及衛生行政部門、各級政府均被賦予相應的防控職責、權利和責任。《中華人民共和國傳染病防治法》第三十九條規定了政府應當立即組織力量，切斷傳染病的傳播途徑，必要時可限制或者停止人群聚集活動，停工、停業、停課，封閉可能造成傳染病擴散的場所。第十二條規定了疾病防控和醫療機構若違法實施行政管理或防控措施，侵犯個人合法權益的，個人可依法申請行政覆議或提起訴訟。中國2013年修訂的傳染病防治法詳細規定了政府部門在疫情防控中公權力的使用及責任，也論及了合比例性要求。

二、疫情防控中相稱性原則的含義和要求

1. 倫理學語境中的相稱性原則

面對突發公共衛生事件，依照法律上的比例原則思想開展的疫情防控措施效果往往是好的，在理論上也能得到倫理上的辯護。如果說，法律約束是最低限度的道德約束的話，我們也可以從倫理學視角審視一下上述合比例思想，尤其是法學語境中的三項合比例性要求。首先，我們將要論證一下，在倫理學語境下「比例原則」的確切含義，從而引出替代性的「相稱性原則」這個表述。如上所述，司法語境下的比例原則可以概括為如下三點：在涉及個人或群體權利的公權力（立法、司法或行政行為）時，一是目的要合法，二是手段是必要的且造成的損害最低，三是獲得的公共利益與造成的損失應當符合比例。前兩點的含義是不言而喻的，而第三點才最能反映了法律上合比例思想的要義。

　　我們可以用倫理學語言重新概述一下上述合比例思想：即使出於公共利益的考慮而限制或干預個人權利時，也必須把對公民權利的克減限定在最小範圍內，而且受影響的公民個人應該得到必要的國家賠償與補償。因公共健康的需要，國家可以對個體進行干預，但這種針對個體的干預是有限度的，是需要根據專業社群的共識，尤其不可因為保護公共利益而過度侵犯個人的自主性，獲得的公共利益與造成的損失要合比例或者具相稱性。可見，採用「相稱性原則」這種提法更能夠體現倫理學的關注要點。

　　在突發性公共衛生事件一級回應過程中，需要給予政府部門較大的自由裁量權，但同時要防止任何形式的專斷和濫用權力，防範國家行使權力的行為對個人權利與自由構成剝奪、限制、侵害。然而，為了公眾健康利益而行使了國家公權力，不可避免地會侵犯到個人利益，此時的公共衛生事件應急回應措施依然能夠得到倫理辯護的理由是：僅當所採取的公共衛生公權力是有效的而這種對個人的侵犯是必要的和合理的，並力求這種侵犯的性質最輕化、程度最小化、時間最短化。相反，那些以保護公眾健康名義而採取無效的、不必要的侵犯個人利益的干預措施，得不到倫理辯護。例如，公佈個人的隱私信息，僅當在沒有其他可以用來保護公眾健康、傷害程度更小的方法情況下才能實施。[9]

　　需要指出的是，倫理學上的相稱性原則因涉及利弊的權衡也內含較大倫理爭議。孤立地強調公共利益和損失之間是否符合比例，隱含着巨大的隱患。如按效用論的利弊權衡規則，公共利益無疑總是遠大於某一個人私利的，從而會得出為了公共利益而犧牲個人或少數人的利益而採取的強制性措施都是天然合理的結論，但由此就難免滑向「多數人對少數人的暴政」；另外，效用論難以在數量上給出精確的利與害的權衡，這是這個倫理學說在理論上和實踐中均無法回避的困境。更為重要的是，判斷某種強制

9.　Singer, P. A. et al. "Ethics and SARS: Lessons from Toronto." *BMJ*, vol. 327, 2003, pp. 1342–1343.

防控倫理

干預措施合不合比例，還要衡量其對承受對象之利與害比值的大小，由此會陷入新的困局。此外，突發公共衛生事件應急回應中的目的和手段並不一定滿足個人的價值需求，如：個人的自主性、幸福、誠信等。為了防控新冠肺炎疫情爆發，在疫情防控中所追求的群體健康目與所使用的措施對個人權利的侵害成比例。個人的權利必須要與他對社會的義務和責任相平衡。個人權利既不能離開他所在的社群自發地實現，也不會自動導致公共利益的實現。[10]

新冠肺炎疫情防控要遵循緊急避險原則，即：採取措施對個體權益相關的一些權利限制，以換取更多人生命健康。這與功利論倡導「絕大多數人的最大利益」原則有一定的契合度。不過，功利論思想有犧牲個人利益的傾向，導致不履行知情同意就對確診病例和疑似病例的數據共享，有意無意洩露個人隱私，對個體行為無原則地限制。以儒家為中心的美德論，既要注重個人利益，又要注重集體利益，強調個體利益與集體利益的內在統一。對新冠肺炎患者或疑似病例的隔離或及時接受治療，保護了本人的利益，也會減少家人受新冠病毒感染的機率，維護了家庭的利益；對少數社會成員的行為限制，減緩疫情蔓延的速度，從而保護全體社會成員的生命健康，體現了同舟共濟，守望相助的人道主義思想。因此，儒家的美德論在一定意義上也體現了相稱性原則的內在要求。

2. 相稱性原則體現了儒家美德論的價值

新冠肺炎疫情防控要遵循緊急避險原則，即：採取措施對特定個體乃至於群體權益相關的權利限制，以求得合適的應變之道，確保不同層次的公眾、群體、家庭，以及個體的安全。然而，也在尋求恰如其分的個人、家庭來自於群體規約時，強制隔離等限制自由的行動也引發了「何謂恰如其分」的多層次倫理兩難爭議，

---

10. 俞可平，《社群主義》。北京：中國社會科學出版社，1998年，4頁。

於此中國安身立命的儒家倫理期待與西方主要國家依據效益主義和講究德行義務論之二元對立思辨方式有所不同，就其實儒家思想為實學，乃經世濟民之學，以兼容並蓄萬物各盡其性分之仁義思想為基礎，故沒有單就德行乃至與世隔絕之弊，也無偏限功利思維而企圖犧牲少數人來成就多數人的法西斯迷思。以此環顧新冠肺炎疫情，這是在生態演變所導致巨變世局的後果，而中國傳統哲學根本在於易經，變化是常態，萬物各有其性分。孟子在《孟子•盡心上》第一章主張：為人性可以由心去體會、認知，指出「盡其心者，知其性也；知其性，則知天矣。」重塑儒家思想與反思西方中心主義具有群己責任之人權思想扣連的基礎，因此以人性為依歸。《易經•繫辭下》第九章天地人三才之道，呼應《中庸》第二十二章：「能盡人之性，則能盡物之性；能盡物之性，則可以贊天地之化育；可以贊天地之化育，則可以與天地參矣。」以此思想回歸中庸，則是更為宏觀知天命的根本。

　　因此，依據儒家思想報國淑世的具體實現，是在變動的環境中以仁為出發點尋找人我足以相互扶持的常態，了解所需要幫扶或是悲憫對象的處境，依據具體的證據而非無知的恐慌，來尋找危亂之時針對個人、家庭、群體，來自於社會整體的安身立命之道。因此，具有實學性質的儒家生命倫理學是必然會復合相稱性原則的，因為此原則是儒家生命倫理大道中，依仁求義過程中需要因地制宜的道術或是方案，愛有等差，相稱性原則也在受到病毒威脅的大環境中呈現親疏有別的多元性，尤其者病毒首先對家庭造成嚴重的威脅，而後才是社區和醫療機構的醫護人員，因此應用精準的數據來做必要的隔離和疫情防控，必須建立在非常清楚的證據基礎之上，任何管制措施都必須做到對當事人有益而不傷害的基本原則，則是人的體現，呼應《孟子•公孫醜上》中倡導的「行一不義、殺一不辜，而的天下，皆不為也。」

　　而以此為基礎，擴大應用相稱性原則的應用由個人，延伸家庭，衍生的親密或是社群關係，而後思考不同的機構行號來自於整體社會，甚至整個城市如何在差異化管理的前提下，扶危救傷克服新冠病毒帶來的公共衛生緊急狀態，並促進社群來自於城市

內部的相互支持，這才是真正遵循相稱性原則的儒家倫理實現，也才能成就公義的社會，如《禮記•曲禮上》：「道德仁義，非禮不成」因此《禮記•禮運》表明：「夫禮，先王以承天之道，以治人之情。」這次新冠防控，我們有4.2萬來自全國的醫療經營團隊馳援武漢已經崩潰的醫療體系，雷火神山醫院協助重度新冠肺炎患者救治，方艙醫院協助需觀察隔離的輕症患者，迅速恢復了武漢暨外圍地區的醫療體系機能，是個在群體國家及區域治理層次上相稱性原則是示範新的應用，也是仁愛思想的徹底展現，可是在武漢和外圍城市的內部治理，封城是否有足夠的證據支持，還是部分因無知和恐懼就在沒有清楚證據的前提下，就做了無分個別來自於更細緻小區差異的決定，是有反省空間的。而對新冠肺炎患者或疑似病例的隔離或及時接受治療，保護了本人的利益，也會減少家人受新冠病毒感染的機率，維護了家庭的利益；對少數社會成員的行為限制，減緩疫情蔓延的速度，從而保護全體社會成員的生命健康，體現了同舟共濟，守望相助的人道主義思想。因此，相稱性原則在一定意義上也體現了儒家的美德論的價值。

3. 疫情防控措施中遵循相稱性原則的具體要求

管控新冠肺炎疫情的擴散要早發現、早評估、早預警、早準備、早處置；而防控病毒傳染要：早預警、早預防、早發現、早隔離、早診斷、早治療。這些突發公共衛生事件緊急應對措施要遵循相稱性原則提出的基本要求。

第一，防控措施要行之有效。新冠肺炎疫情防控中的干預措施包括非醫療的和醫療的兩類。非醫療措施主要是隔離。限制個人自由的干預措施確實對控制病毒的傳播是有效的。採取強有力的隔離措施是防止新型冠狀病毒飛沫傳播最便捷、最有效的方法，而在控制愛滋病傳播方面，這種隔離措施會是無效的，因為它是通過血液、性交和母嬰垂直途徑傳播。同樣，隔離對於疑似病人和輕症病人的防治也是有效的，不僅會治療症狀，加強體內抗病能力，還能防止再次感染病毒而加重病情。在醫療干預

方面，儘管尚無新冠肺炎特效藥，但中國醫療界不斷完善診療方案，堅持中西醫結合，探索老藥新用，這些對較快速的臨床應對策略效果顯著。2020年2月24日，中國－世衛組織聯合專家考察組在北京召開發佈會，外方組長布魯斯•艾爾沃德稱：過去兩週內新增確診病例下降了80%，中國所採取的策略改變了新增確診病例快速攀升的曲線。事實證明中國的方法是有效的。反觀韓國在新冠肺炎疫情初期的隔離措施不力，而使得患病人數數日內陡然增多，政府遭到不少民眾的批評。

第二，防控措施干預應該是必要的，且對個體權益的損害是最小限度的。針對新冠肺炎疑似病人和確診患者的隔離收治是必要的。國家派出4.2萬醫護人員馳援湖北醫療隊，並快速籌建收治輕症新冠肺炎患者的方艙醫院，以及專門收治重症患者的火神山醫院和雷神山醫院也是必要的。因為只有這樣才能做到應收盡收、應治盡治，與時間賽跑，盡可能地挽救更多的生命。但是，至少在疫情爆發初期，有的地方公權力部門或個體在公佈疑似病例或確診病例信息時，不恰當地公開了這些人的姓名、身份證號碼、電話號碼，侵犯了個人隱私，但在防止疫情擴散方面沒有大的幫助。這就是沒有選擇對個人權利侵害最輕的方式。[11]在採取隔離措施時對個人自由的限制應最小化。非疫區城鎮小區採取嚴格管理人員進出的措施是必要的，但居民即便佩戴口罩也只能兩天能有一次機會出入小區的做法顯得過於嚴苛。類似地，應收盡收、應治盡治是必要的，但不論病情輕重都湧入三甲醫院的ICU病房或火神山醫院，也是沒有必要的。這種不分級收治的做法會使得部分重症患者得不到及時救助。因此，公權力對個人權利限制目的與限制所造成個人的損失之間要進行價值或利益衡量。

第三，防控措施的公共收益應與造成的損失相稱。相稱性原則要求在干預不足和干預過度之間尋求平衡。如果一項政策措施

---

11. R. Marti. "Law as a tool in promoting and protecting public health: Always in our best interests?" *Public Health*, vol. 121, no. 11, 2007, pp. 846–853.

干預不足，就達不到預期的目的，如果一項政策措施干預過度，則不恰當地限制了個人自由、自主性和其他權利。[12]在緊急應對中採取的隔離措施的範圍和強度要與新型冠狀病毒傳播的速度和引起疾病的嚴重程度相稱或成比。在非典期間，政府採取社區隔離、隔離治療、禁止公共集會等舉措，而禽流感則採取自願居家隔離一週的方法。此次新冠肺炎疫情期間，國家採取封城、隔離治療、禁止公共集會、鼓勵居家隔離14天等措施。這些不同的隔離措施都是與不同類型的疫情的特點相稱性的。社區隔離、居家隔離後，要防止不當的信息揭露和措施對部分人群和一些地區產生負面影響；另外，隔離時間應合理，確定帶口罩的適當時機和場合；政府權威部門要及時揭露訊息，給大眾以足夠的導引，避免社會恐慌，促進公民自律和互助。類似地，隨着新增確診病例數量和疑似病例數量的持續降低，各省份也要動態調整突發公共衛生事件相應的級別，積極穩妥地推進復工、復產。

三、疫情防控中遵循相稱性原則的難點

1. 疫情應對不當和干預措施過度之間

歷史經驗表明：在疫情爆發之初，有些國家政府及民眾的認識不足，國家的宣傳、隔離、救治等應對措施相對滯後，從而表現為應急措施不足，無法控制疫情蔓延的態勢，增加人民群眾以及醫護人員的生命危險和財產損失。1793年美國費城的黃熱病爆發、2014年西非的伊波拉疫情，以及2020年新冠肺炎疫情，都有醫務人員自願冒着巨大風險在疫區照護患者，甚至犧牲個人生命。隨着疫情逐漸得到控制，本應降低回應級別而有的政府相關部門沒有調整，從而表現為干預過度。這就有可能違背相稱性原則，並會導致不良的社會後果。

---

12. David B. Resnik, "Proportionality in Public Health Regulation: The Case of Dietary Supplement." *Food Ethics*, vol. 2, no. 1, 2018, pp. 1–16.

2. 把握不好抗疫輿論報導的尺度和真實性，會加劇社會心理恐慌

如果採取各類媒體鋪天蓋地地報導，渲染出一種極度緊張的社會氛圍，會造成大眾恐慌，加重民眾心理和抗疫負擔。美國一些政客其外交場合或社交媒體帳號上公然發文將新冠病毒稱作「武漢病毒」或「中國冠狀病毒」，這是對中國疫情防控的污名化，徒然增加了美國民眾對新冠肺炎流行的恐慌。實際上，新型冠狀病毒傳染病只是眾多引發全球恐慌的傳染病之一，此前包括SARS、MERS、寨卡和伊波拉等也都引起全球性恐慌。並非所有傳染病都很恐怖，只要預防得當仍可以正常生活和工作。過度擔憂、害怕和恐慌反而可能會帶來精神和身體雙重打擊。確診的輕重症患者會有恐慌、不安、孤獨、無助、抑鬱、憤怒、緊張等複雜心態，居家隔離的疑似病例也可能有被他人疏遠躲避的壓力、委屈、羞恥感。與患者密切接觸者也有躲避、不安、焦慮等負面情緒，甚至拒絕自我防護，或不願意居家觀察等。

3. 公權力部門採集個人信息與保護個人隱私之間張力

在疫情爆發期間所採取的非常規手段可以理解，也有法可依，社會公眾應給予配合。出於公共健康安全考慮，政府及相關部門會對個人的行為進行限制，以保證每個社會成員及家人和社區健康，這是可以得到倫理辯護的。掌握公權力的人一旦有洩露行為，要追究其法律責任。為了防控需要應及時公佈患者部分個人資料，但這樣就增加了洩露個人隱私的可能性，當這兩種義務衝突時，政府、媒體和當事人該如何選擇？為了公共健康利益，政府可以限制個人的自由選擇權和隱私權，但政府相關部門或媒體不應該曝光與防控無關的個人信息。個人信息應由政府授權權威媒體發佈，不得隨意散播；未經本人同意，不得故意洩露其個人信息，以免侵犯個人隱私權。

防控倫理

4. 疫情防控與生活生產活動之間的動態平衡

除了隔離限制個人之外，面對大規模傳染病流行的公權力行使，要建立全面社會治理的機制。中國對大城市居民小區實施了嚴格的封閉管理，很多地方不鼓勵在外員工大規模返回工作崗位，取得了顯著的效果。在全國疫情趨於穩定的情況下，各地逐漸推進復產、復工和復學。在復工、復產過程中出現了輸入性或聚集性新冠肺炎感染時，該地區及其他省份就會小心從事。此外，防疫期間中國大中小學普遍實施了「停課不停學」，嚴格疫情防控措施與學生恢復上課之間建立了一種「應急式」的平衡。不過，在邊遠貧困的地區和家庭因缺少相應的上網條件和硬體設施，也為上網課承受着不能承受之重。隨着新冠肺炎疫情趨於緩和，具備條件的地區的高三和初三同學率先得到開學。擺在地方政府面前的主要挑戰是在持續嚴厲的防疫措施和實施恢復生產生活之間保持平衡。

四、合理運用相稱性原則的對策建議

1. 發揮相稱性原則在突發公共衛生事件應急回應中的指導作用

在抗擊新發傳染病過程中，中國從科學研究、疾病救治、流行病學等方面做出了卓有成效疫情防控工作。然而，正如上文描述的那樣，由於干預不當會引發隱私洩露、社會生產生活受阻、社會恐慌和歧視等後果。分析和解決這些突發公共衛生事件的應急回應引發問題，不僅需要國家政策法規、應急管理舉措和心理干預，還需要特定的倫理指導。公共衛生倫理原則，作為評價公共衛生行動的框架，是以人群為基礎和以倫理學理論為指南，為解決公共衛生倫理問題提供解決辦法或倫理辯護的工具，[13]

---

13. 張琳、李國紅、鄭志傑，〈公共衛生倫理學簡論〉，《生命科學》，2012年，24卷11期，1344–1350頁。

Thompson等人歸納了如下的倫理價值：提供醫療救助的職責、公正、個人自由、隱私保護、相稱性原則、避免公眾受傷害、互惠、團結、管理等，並借此確立了一個流感大流行防控的倫理決策框架。[14]這些從公共衛生實踐的經驗教訓中總結出的倫理原則，應該納入應對疫情的行動中，發揮對突發公共衛生事件應急管理的倫理指導作用。

2.　以相稱性原則為切入點，完善中國應急管理法律

在發生突發公共衛生事件時，行使行政應急性權力必須符合比例原則。在《中華人民共和國突發事件應對法》中，雖然有對比例原則進行規定，但是這種規定較為抽象也較為簡單，這是突發事件應對法的法律不完備之處。[15]因此，必須在《突發事件應對法》中明確最低限度的公民基本權利，即政府在任何突發事件中都不得突破的公民權利界限，尤其應當在憲法中對此予以明確。可以採用「憲法保留模式+法律保留模式」雙重保護人權的立法模式，在突發事件應急法律中對人權的限制進行法律保留。憲法中增加有關最基本人權不可克減原則的規定，使得緊急狀態下的緊急處置權和公民權利之間維繫必要的平衡，使政府的緊急處置權始終置於正當的範圍以內，以防止對公民基本權利造成超過必要限度的危害。

3.　處理好疫情報告制度、信息發佈制度和保護個人隱私之間的關係

新冠肺炎被確定為乙類傳染病甲類管理。按照相關法律規定，相關公權力部門有權公佈此類突發性事件的相關信息。國家強制實施的對新冠肺炎疫情報告制度和信息發佈制度，但這些包

---

14. Alison K Thompson, Karen Faith, Jennifer L Gibson, et al. "Pandemic influenza preparedness: an ethical framework to guide decision-making." *BMC Med Ethics*, no. 7, 2006, p. 12.

15. 徐青松，《突發公共衛生事件中行政應急性權力研究》。重慶：重慶醫科大學，2008年。

含了大量個人信息的不當公開勢必會侵犯個體的隱私權。在儘量不洩露個人隱私的前提下，逐步公佈確診病例在發病期間曾活動過的小區或場所，便於公眾了解確診患者發病期間活動軌跡，有針對性的做好疫情防控。但是，只能公佈確診感染者居住和活動的小區或村莊，不能公佈其姓名全稱、職業、文化程度、個人健康情況、具體門牌號碼、家庭狀況等。為了突發性公共衛生事件防控的需要、為了公眾健康的目的而採取的信息發佈措施，盡可能減少對感染者個人和家庭的負面影響，禁止感染者個人和家庭的污名化。新冠肺炎疫情防控可能對個人某些權利與自由構成限制、侵害時，在充分討論制定必要的規則，再由行政機關依照法定許可權與程序，在法律規則約束下行使權力。唯有堅持信息的透明性才能取得民眾的合作，防止恐慌情緒蔓延。

總之，面對新冠病毒疫情，我們在尚無疫苗和有針對性藥物的情況下，採取一系列限制出行、自我隔離等應急措施是必要的，能夠得到倫理學辯護。在個人權利逐漸受到重視的今天和未來，在突發事件的應急處理中，採取適當的影響個人權利的措施也是可以得到辯護的，因為權利的實現不是絕對的，在特殊情況下應該適當讓渡。在公權力為了保障更多的個人權益和公共權益的實現而行使時，讓渡個人權利是能夠得到法律支援和倫理辯護的，在行使的同時應該堅持倫理學的相稱性原則，盡可能的將對個人權利的影響降到最低，實現公共權益的最大化。這一原則是理論層面的建議，需要在具體的法律法規體系建設、突發事件應對、公民權利保障等方面具體落實。

第八章

疫情背景下對待無症狀感染者的道德困境與出路探究

張言亮
蘭州大學哲學社會學院教授

一、問題與背景

這次出現的新型冠狀病毒對於人們生活的各個方面都產生了非常深遠的影響。我們在網絡上會看到各種鋪天蓋地的關於新冠病毒之後世界發展局勢的預測。從全球化的終結，經濟的衰退，世界大國之間的戰爭，世界格局的各種變化到人群的分裂，病毒感染者與正常人之間的戰爭等等。不管怎麼說，這場突然降臨的疫情不僅給整個世界的人們帶來了諸多的挑戰，而且也改變了人們的交往模式和生活模式。

在這場正在發生的疫情中，出現了很多值得思考的問題。很多科學家和人文社會科學工作者已經從各個不同的角度對於這次疫情進行了各種各樣的反思和探索。筆者將思考的重心放在如何對待無症狀感染者的道德困境方面。之所以選擇這個題目作為研究的對象主要基於以下三個原因的考慮：

第一、新冠病毒研究專家已經提出現在要特別重視無症狀感染者所帶來的問題。不管是鍾南山院士，李蘭娟院士還是張文宏主任，他們都在不同場合多次提到要特別重視無症狀感染者的問

* 本文原刊登於《中外醫學哲學》，2020年，XVIII卷1期。《中外醫學哲學》已授權本文在此書發表。

題。[1]很多官方媒體也對無症狀感染者進行了問題透視。[2]很多專家學者都已經意識到這一點：在中國疫情基本得到控制的情況下，無症狀感染者的問題將是這次疫情中最需要關注的問題之一。

第二、無症狀感染者很有可能會在將來成為社會上很大規模的群體。2020年3月13日，英國政府首席科學顧問帕特里克·瓦蘭斯表示，將需要大約60%的英國人口感染新冠病毒以獲得「群體免疫力」。他還稱，新冠肺炎很可能「年復一年」捲土重來。[3]自從英國認真提出群體免疫這樣的做法之後，我們看到，歐美國家在很大程度上已經認可了群體免疫這樣的做法。群體免疫這樣的做法在讓大部分人獲得對於病毒免疫的同時，也會產生很多無症狀感染者。雖然對病毒具有免疫的群體和無症狀感染者並不完全是一回事，但是這兩者應該有很多交集。如果這樣做的結果導致無症狀感染者成為社會上很大規模的群體，那麼，我們採取什麼樣的措施去對待這些無症狀感染者不僅是一個行政問題也是一個非常嚴重的道德問題。

第三、如何處理大規模的無症狀感染者讓科學家和人文社會工作者面臨很多的困境。就現在掌握的信息來看，從2020年4月1日開始，中國就開始公佈無症狀感染者的數量了。[4]但是，就全球來說，究竟有多少無症狀感染者現在還不得而知。就拿現在疫情最為嚴重的美國來說，我們會看到不同的統計數據。比如，有報

---

1. 關於鍾南山院士、李蘭娟院士、張文宏主任等抗疫英雄對於無症狀感染者重視的言論和報導在網絡上有很多相關報導。比如來自騰訊新聞在3月29日的報導，〈新冠病毒太狡猾！鍾南山、張文宏強調，現在要特別關注無症狀感染者！〉，見https://xw.qq.com/cmsid/20200329A0ITTS00

2. 例如，《新華網》在2020年4月12日以〈新冠病毒無症狀感染者焦點問題透視〉為題的報導。在這篇報導中，主要就以下四個焦點問題進行了詳細的回答：第一，無症狀感染者傳染性如何；第二，無症狀感染者會不會引起疫情反彈；第三，如何排查和管控無症狀感染者；第四，公眾應該如何看待，怎樣防護。見http://www.xinhuanet.com/2020-04/12/c_1125845106.htm

3. 參見《中國新聞網》的報導，〈英國首席科學顧問：期待人群產生「群體免疫」〉，見http://www.chinanews.com/gj/2020/03-14/9124954.shtml

4. 參見《環球時報》的報導，〈數量公開！全國無症狀感染者開始通報〉。在這一通報中，無症狀感染者在2020年4月1日的具體數字是1,541例。見https://baijiahao.baidu.com/s?id=1662673246653090581&wfr=spider&for=pc

導聲稱，美國無症狀感染者的數量是有症狀感染者數量的7.25倍。[5]根據《歐洲時報網》2020年5月23日的一份報導，美國35%的病例為無症狀感染者。[6]不管是哪一個數據，我們都可以看出無症狀感染者的比例是非常巨大的。在中國，限制無症狀感染者的人身自由有可能會得到很多人的理解，但是，在歐美國家，面對如此規模的無症狀感染者，如果我們想要採取一些措施來限制他們的人身自由，這個估計是非常困難的一件事情。我們也很難證明對這樣大規模的人群採取限制人身自由的政策在道德上是可以辯護的。畢竟，在歐美國家，他們將個人自由看作是神聖不可侵犯的事情。

我們到底該怎麼樣去對待無症狀感染者，這是一個非常棘手的難題。不僅各國政府非常頭疼，對於倫理學家來說，這也是一個非常具有挑戰性的道德難題。在互聯網上面，關於如何對待無症狀感染者已經有很多人進行了各種各樣的討論。在2020年6月14日，當筆者以無症狀感染者為關鍵字在中國期刊網上面檢索的時候，已經能夠檢索到20篇左右的中文文獻。當然，直接探討新冠病毒中的無症狀感染者的並不多。在探討新冠病毒中的無症狀感染者的文章中，大部分研究都是從醫學的角度對於無症狀感染者進行的一些描述。到目前為止，還沒有在期刊網上檢索到倫理學家就新型冠狀病毒中的無症狀感染帶來的道德困境進行的探討。對於無症狀感染者所引起的道德難題應該已經引起了很多學者的思考，但是，因為寫作和發表週期的緣故，筆者估計現在還很難找到在學術刊物上對這個問題比較嚴肅的討論。

筆者嘗試着在這篇文章中就無症狀感染者所引起的道德難題和道德困境進行一些思考，希望能夠有效地回應由無症狀感染者所帶來的一些道德難題。首先，筆者將界定什麼是無症狀感染

---

5. 參見《財經》特派記者金焱發自華盛頓的報導，〈美國抽樣調查研究表明：無症狀感染者數量是有症狀患者的7.25倍〉，見https://baijiahao.baidu.com/s?id=1664011573267949026&wfr=spider&for=pc

6. 參見《歐洲時報網》的報導，〈美國確診超159萬，35%的病例為無症狀感染者〉，見http://www.oushinet.com/international/guojinews/20200523/351128.html

者,以及當前在對待無症狀感染者方面所採取的政策和措施。其次,筆者將分析當前在對待無症狀感染者的政策方面可能帶來的倫理困境。第三,筆者嘗試着分析我們應該以怎樣的方式來對待無症狀感染者。最後,筆者將總結在這篇文章中所做的工作。

二、無症狀感染者及其應對措施

中國政府很早就注意到無症狀感染者的重要性,在文章的第一部分中筆者對於這一點已經有所提及。為了更好地應對無症狀感染者所帶來的問題,中國政府在《中國政府網》上面對一些關於無症狀感染者相關的問題給出了權威的答案。我們簡單看看這些權威回答的內容。首先,國家衛健委對於無症狀感染者是這樣界定的:新冠病毒無症狀感染者(以下簡稱無症狀感染者)是指無相關臨床症狀,如發熱、咳嗽、咽痛等可自我感知或可臨床識別的症狀與體徵,但呼吸道等標本新冠病毒病原學檢測陽性者。[7]國家衛生健康委將無症狀感染者分為兩種情形:一是感染者核酸檢測陽性,經過14天潛伏期的觀察,均無任何可自我感知或可臨床識別的症狀與體徵,始終為無症狀感染狀態;二是感染者核酸檢測陽性,採樣時無任何可自我感知或可臨床識別的症狀與體徵,但隨後出現某種臨床表現,即處於潛伏期的「無症狀感染」狀態。[8]對於無症狀感染者,目前的中國政府還是持一種嚴格管控的態度。我們在網絡上可以看到很多這方面的報導。例如,2020年4月16日在《中國政府網》上面有一篇報導,標題為:〈國務院聯防

---

7. 參見《中國政府網》的報導,〈關於無症狀感染者,這些疑問有權威回應〉。在這篇報導中,對於下面這些問題都進行了權威的回應:什麼是無症狀感染者?無症狀感染者有哪些情況?無症狀感染者通過什麼途徑發現?中國發現多少例無症狀感染者?無症狀感染者有傳染性嗎?無症狀感染者為什麼很難發現?對於無症狀感染者怎麼防控?發現無症狀感染者該怎麼辦?無症狀感染者需要隔離多久?下一步如何做好無症狀感染者防控處理?見http://www.gov.cn/xinwen/2020-03/31/content_5497664.htm

8. 同上,參見《中國政府網》2020年3月31日的報導。

聯控機制新聞發佈會：對無症狀感染者嚴格醫學管控〉。[9]在這篇報導提到：「國家衛健委疾控局一級巡視員賀青華4月15日在國務院聯防聯控機制新聞發佈會上介紹，無症狀感染者應當集中醫學觀察14天，在14天隔離期滿後，經過2次核酸檢測都為陰性才能解除集中醫學觀察。對解除集中醫學觀察的無症狀感染者應當繼續進行14天的醫學觀察、隨訪」。[10]在這篇報導中，我們可以發現在中國目前對於無症狀感染者仍然以嚴格的醫學管控為主。

在歐美國家，他們也意識到無症狀感染者所帶來的嚴峻形勢。南都記者毛淑傑在〈歐美研究：無症狀感染者比例高於預期，公共衛生干預政策需要調整〉的報導中，通過對於歐美一些媒體公開報導的解讀，向我們揭示出歐美國家已經意識到無症狀感染者的比例已經很高了，他們需要調整公共衛生政策來解決這一問題。[11]當然，在歐美國家，他們對於無症狀感染者相對來說並沒有嚴格採取醫學限制的措施。在《澎湃新聞》網上有一篇相關報導指出：美國擬放寬限制，有感染者接觸史但無症狀者或可復工。按照這篇新聞報導的說法，美國疾病控制與預防中心對於無症狀感染者的要求主要是自我隔離，現在他們計劃改變這一政策，允許他們重返工作崗位。[12]就拿美國來說，他們並沒有專門的網站或者機構來統計無症狀感染者，他們大部分都是採取抽樣的方法來進行估計，這樣就很難得到準確的數字。美國各個州對於無症狀感染者所採取的措施也不太一樣。筆者專門詢問了一位在愛荷華大學訪學的中國學者，這位中國學者告訴筆者：「愛荷華大學醫院是給他們一些抗病毒的普通藥物，然後讓他們回家呆著」。最近在美國有一位叫弗洛伊德的黑人在被白人員警「跪殺」

9. 參見《中國政府網》2020年4月16日的報導，〈國務院聯防聯控機制新聞發佈會：對無症狀感染者嚴格醫學管控〉，見http://www.gov.cn/xinwen/2020-04/16/content_5502886.htm

10. 參見《中國政府網》2020年4月16日的報導，〈國務院聯防聯控機制新聞發佈會：對無症狀感染者嚴格醫學管控〉，見http://www.gov.cn/xinwen/2020-04/16/content_5502886.htm

11. 參見毛淑傑，〈歐美研究：無症狀感染者比例高於預期，公共衛生干預正常需要調整〉，見https://www.sohu.com/a/389668889_161795?_f=index_pagerecom_20

12. 參見南博一在《澎湃新聞網》上的文章，〈美媒：美國擬放寬限制，有感染者接觸史但無症狀者或可復工〉，見http://m.thepaper.cn/newsDetail_forward_6873905_1

防控倫理

後引起了全球範圍內的多起抗議運動。弗洛伊德在死後的屍檢中竟然被查出攜帶新冠病毒。[13]由這樣一個特殊案例也可以看出，美國政府對於無症狀感染者並沒有採取太多有效的措施。

從上面關於國外媒體中對於無症狀感染者的報導我們可以看出，雖然歐美國家也意識到無症狀感染者的問題，但是，他們所採取的政策和措施跟國內還是有所不同。歐美國家對於無症狀感染者並沒有採取嚴格限制的做法。歐美國家與中國在對待無症狀感染者方面所採取的不同的措施背後有很多原因。其中有一個非常重要的原因是中國和歐美國家在對待個人自由權利方面有着不同的文化。

在中國的香港地區，目前政府部門並沒有對無症狀感染者採取任何有效的措施。目前香港地區採取強制隔離措施的主要針對三種人：第一，被診斷為新冠病毒感染者的人；第二，密切接觸新冠病毒感染者的人；第三，在過去14天裏面抵達香港的香港居民。當然，對於那些懷疑自己感染新冠病毒的人，他們可以到醫院進行快速檢測。[14]

通過對於什麼是無症狀感染者的界定以及當前各國政府對於無症狀感染者所採取的措施，我們看到：各國政府對於無症狀感染者所採取的方式並不相同。中國政府是目前世界各國中對無症狀感染者採取措施最為嚴格的。歐美國家以及世界上的其他國家和地區並沒有針對無症狀感染者採取非常嚴格的措施。下面，筆者將簡單分析一下當前對待無症狀感染者所導致的一些道德困境。

---

13. 參見《觀察者》網2020年6月4日的報導，〈官方屍檢報告全文公開，美國被殺黑人男子感染新冠病毒〉，見https://www.guancha.cn/internation/2020_06_04_552897.shtml
14. 感謝范瑞平教授提供的關於香港政府對無症狀感染者所採取政策的信息。具體的信息來源如下：https://www.news.gov.hk/chi/2020/05/20200513/20200513_174214_856.html

三、對待無症狀感染者的道德困境

對於大部分中國人來説，我們在處理新型冠狀病毒方面所採取的一系列措施是非常有效的，我們在對待無症狀感染者方面所採取的各項措施也是非常有效的。特別是在看到新型冠狀病毒在國外流行起來的時候，國內的很多媒體都在宣傳讓國外「抄作業」，也就是按照中國所採取的各種措施來對待新型冠狀病毒。在網絡上，後來還出現很多網友比較不同國家在處理新型冠狀病毒方面所採取政策的優劣。然後，大部分國家並沒有完全採取中國所採取的各項政策。在如何對待無症狀感染者方面，中國和歐美國家所採取的策略也有很多的差異。在這裏，筆者並不想去比較國外和國內在對待無症狀感染者所採取措施的差異，而是想反思各國對待無症狀感染者的這種做法會導致一些什麼樣的道德困境。

筆者在這裏所説的道德困境主要是指行為者根據現有的道德規範對於做出的行為進行道德評價的時候會出現一些困境。對於倫理學來説，倫理學研究的一個核心問題就是對於行為的正當性找到充分的理由。但是，現在在面臨一些具體行為的時候，我們發現給這一行為的正當性尋找理由的時候遇到了麻煩。中國人民大學的曹剛教授在《道德難題與程序正義》一書中，曾經對什麼是道德難題做過一個簡單的界定。按照曹剛教授的説法，「道德難題是行為主體依據現有的道德規範，難以做出善惡或正當與否的道德判斷和選擇的困境」。[15]曹剛教授在界定完什麼是「道德難題」後進一步對於「道德難題」的出現給出了三個條件：第一，必須存在道德選擇的多種可能性；第二，必須有具體情境的出現；第三，選擇主體要有意志自由。[16]筆者在文章中提到的道德難題跟曹剛教授所提到的道德困境有些類似的地方，但是，筆者在談道德難題的時候並沒有完全符合曹剛教授所提到的這三個條

---

15. 曹剛，《道德難題與程序正義》。北京：北京大學出版社，2011年，52頁。

16. 曹剛，《道德難題與程序正義》。北京：北京大學出版社，2011年，52–53頁。

件。嚴格來說，只滿足於曹剛教授所說的前兩個條件。筆者所談論的主要是當前各國政府在處理無症狀感染者所面臨的一些道德難題。政府並不是某一個人，很多時候我們很難說政府要有自由意志。一般我們所說的自由意志問題主要是針對個人的。

在我們談論各國政府在處理無症狀感染者所採取措施面臨道德困境的時候，我們首先需要界定當前我們如何對行為進行道德評價。為什麼要首先把這個問題說清楚呢？是因為在當下中國人的生活中，大部分人並不是非常清楚如何進行系統的道德評價，大部分在進行道德評價的過程中有可能會引用不同的道德文化資源。作為中國人，過去中國傳統的道德文化會對我們的道德判斷有影響；作為生活在新時代的中國人，國家一直以來用馬克思主義的思想資源來塑造的道德文化對我們的道德判斷影響深遠；作為生活在全球化時代的中國人，現代西方社會一些成熟的道德文化也會對我們的道德判斷有影響。不僅古今中西中好的道德文化資源會影響我們的道德判斷，一些不好的道德文化資源也會影響我們的道德判斷。如果從西方的道德資源來評價我們的做法，我相信他們一定會從人權，對人的自由的尊重等各種角度來批評中國的做法。所以，在當下中國的語境中，談論道德判斷其實是一件相當困難的事情。為了能夠讓我們的討論進展下去，筆者在這裏所說的道德判斷主要是以官方倫理學教科書中所認同的道德評價方式為主。

下面，我們簡單看看現在官方認可的《倫理學》教科書到底是如何進行道德評價的。首先，教科書強調：「善惡標準是評價人們道德行為和事件的最一般標準，但是善惡標準又必須與生產力標準和歷史標準，乃至終極價值目標有機地統一起來」。[17]也就是說，一方面我們要用善惡標準去進行道德評價，但是同時，在如何確定善惡的問題上，我們必須考慮到生產力標準，歷史標準和終極價值標準。教科書同時強調「善惡標準既具有相對性，又具

---

17. 《倫理學》編寫組，《倫理學》。北京：高等教育出版社，人民出版社，2012年，259頁。

有絕對性,是相對性與絕對性的統一」。[18]這又從另一個角度告訴大家,我們今天所使用的道德評價標準是有局限性的。我們在進行道德評價的時候要意識到善惡評價標準是「歷史的、發展的、變化的」。教科書最終提出了一條相對客觀的標準:「看一個行為是否善或惡,在當時的時代中無法判斷時,要從最終意義上來看是否符合社會歷史發展的必然性。在最終的意義上,只有符合歷史必然性,同社會發展的方向或趨勢相一致的行為,才是善的行為,否則就是惡的或偽善的行為。道德評價的客觀標準就是行為對社會的發展是否具有促進作用。凡是符合歷史發展的必然性,促進社會進步的行為就是善的,反之就是惡的」。[19]從這一標準我們可以明確看出,教科書是將道德評價的標準跟是否促進社會發展與進步聯繫在一起。當然,社會具體的發展與進步有的時候並不容易看出來。特別是在一個具體的時代當中,筆者相信,大部分決策者都不會想着跟社會發展的必然規律相對抗。我們很多時候都是自認為我們在按照歷史發展的必然性做決策。這些行為或決策是否在最終符合社會發展的必然性很多時候是需要歷史來檢測的。再給出這樣一個相對來說具體的標準之後,教科書又從可以操作的具體的層面給出道德評價的依據問題。教科書認為,「關於道德評價的根據問題,有動機論與效果論之爭」。[20]從這句話中,我們可以看出,教科書主要從動機論與效果論的角度來概括歷史上的道德評價問題。在分析了動機論和效果論各自的缺陷之後,教科書強調要將動機論和效果論辯證統一地結合起來以評價道德行為。在講到如何將動機和效果進行辯證結合的時候,教科書引用了一段毛澤東的著名話語:「唯心論者是強調動機否認效果的,機械唯物論者是強調效果否認動機的,我們和這兩者相反,我們是辯證唯物主義的動機和效果的統一論者。為大眾的動機和被大眾歡迎的效果,是分不開的,必須使二者統一起來。為個人的和狹隘集團的動機是不好的,有為大眾的動機但無被大

18. 《倫理學》編寫組,《倫理學》。北京:高等教育出版社,人民出版社,2012年,259頁。

19. 《倫理學》編寫組,《倫理學》。北京:高等教育出版社,人民出版社,2012年,259頁。

20. 《倫理學》編寫組,《倫理學》。北京:高等教育出版社,人民出版社,2012年,260頁。

防控倫理

眾歡迎、對大眾有益的效果，也是不好的。」[21]當然，將動機和效果能夠辯證地結合起來進行道德評價在很多時候都是大家期望的情況，在現實的生活中，我們經常會遇到「好心辦壞事」這種動機和效果衝突的情況。對於這種衝突的情況，教科書也進行了分析，指出之所以會出現這種矛盾主要是因為「由主觀預期效果到客觀實際效果的轉化是一個複雜的過程，某些不以人的意志為轉移的客觀因素阻礙了動機的實現，是不應完全由主體承擔道德責任的。」[22]從這段話中，我們可以看出，在進行道德評價的時候，動機在很大程度上具有優先性。只要動機沒有問題，暫時出現一些超出預料範圍的後果是可以被接受的。

通過對於官方倫理學關於道德評價以及道德評價依據的梳理，我們可以暫時明確道德評價的主要標準以及主要依據。現在，我們將這樣的評價標準和評價依據用於各國政府在處理無症狀感染者所採取的措施這一具體的場景中，看看各國政府的這一做法面臨的道德困境主要體現在哪些方面。

第一、從道德評價標準的角度來說，我們其實不太容易確認哪種做法是符合歷史發展必然性的。中國現在所採取的措施是想著儘量將病毒給消滅掉，西方國家所採取的措施更多的是希望能夠跟病毒和平共處。為了消滅病毒，我們採取了最為嚴格的管控措施。但是，如果病毒註定是沒有辦法消滅的，那麼我們現在採取非常嚴格的防控手段很有可能錯過了形成免疫力的機會。在2020年2月19日的《新聞1+1》中，白岩松連線呼吸與危重症呼吸科專家、中國工程院副院長、中國醫學科學院院長王辰院士，為聽眾進行了疫情分析。在問道這次的新冠病毒是否會跟人類和諧相處時，王辰院士給出了相對肯定的回答。[23]不過，隨後中央電視台在2月27日對鍾南山院士的採訪中，鍾南山院士給出了跟王辰院士

21. 毛澤東，《毛澤東選集・第三卷》。北京：人民出版社，1991年，868頁。

22. 《倫理學》編寫組，《倫理學》。北京：高等教育出版社，人民出版社，2012年，262頁。

23. 參見央視新聞2020年2月20日的報導，〈是否存在與新冠病毒長期共存的可能？專家：可能性完全存在〉，見http://news.cctv.com/2020/02/20/ARTIdwrjKeW0hcJa21gYoc6P200220.shtml

不太相同的觀點和看法。[24]在這一採訪中，鍾南山院士明確強調，我們對於新冠病毒的了解還是非常初步的。對於歐美國家來說，他們現在對於無症狀感染者缺乏必要的控制措施，他們對於國民採取的限制措施不夠嚴格，導致現在歐美國家成為新冠病毒流行最為嚴重的國家和地區之一。新冠病毒的流行，不僅給歐美國家帶來了很多人道主義的災難，也給他們國家經濟的發展和政治的穩定帶來了諸多衝擊和不確定性。

第二、從動機和效果的角度來說，我們其實不太容易判斷這種做法一定會帶來預期的效果。毫無疑問，筆者相信，中國政府所採取的對待無症狀感染者的各項措施絕對是出於好的動機，中國政府也希望能夠早日將新冠病毒控制住，早日擺脫新冠病毒的影響。但是，這種做法在效果上是否能夠達到預期，這個還要交由科學和歷史來進行檢驗。從當前來看，新型冠狀病毒在中國已經基本上被控制了，但是新型冠狀病毒已經在全世界範圍內流行起來。新冠病毒在世界範圍內的流行給整個世界帶來了非常大的壓力和挑戰。甚至很多國家妖魔化中國，將這次的新冠病毒跟中國聯繫起來，給中國在整個世界範圍內的外交活動帶來了很多的挑戰。中國現在已經深深地捲入了全球化的浪潮之中，我們沒有辦法完全跟世界隔離。在全球的疫情面前，哪一個國家都無法置身事外。病毒沒有種族也沒有國界，整個人類現在已經是命運共同體。儘早形成對於新冠病毒的抗體很有可能才是最為重要的一種做法。無症狀感染者是否有助於讓普通人得到新冠病毒的抗體現在應該還沒有定論。如果無症狀感染者有助於實現普通人得到新冠病毒的抗體，那麼我們現在對於無症狀感染者實行的嚴格醫學管控有可能在長遠效果上對我們是不利的。當然，如果無症狀感染者無助於普通人得到新冠病毒的抗體，那麼我們對於無症狀感染者的管控從有助於國家繁榮穩定的角度來說是可行的。當然，我們在對那些無症狀感染者進行嚴格醫學限制的時候，最好採取

---

24. 參見央視網2020年2月27日的報導，〈新冠肺炎會像流感一樣長期存在嗎？鍾南山這樣說〉，見http://news.cctv.com/2020/02/27/ARTIdmRO0ywMHvsv8ZQMh1NG200227.shtml

一些人道主義的措施。比如：以更為體面的方式限制他們的人身自由，對於他們的經濟損失進行一定的補償，對他們的人格保持必要的尊重，不能因為他們攜帶病毒就對他們進行歧視等等。

對於歐美國家來說，他們採取一種比較放任的政策來對待無症狀感染者。雖然有他們的理由，但是，我們也看到了，歐美國家已經為此付出了非常大的代價。從效果的角度來說，歐美國家目前太過於放任的做法對於他們國家的人民生命權是不夠重視的。根據《新華網》2020年6月26日的報導〈美疾控中心：美新冠實際感染人數可能超2,000萬〉，「美國疾病控制和預防中心主任羅伯特•雷德菲爾德在6月25日表示，根據抗體檢測結果估計，美國新冠病毒實際感染人數可能超過2,000萬人」。[25]這個數據還是相當讓人震驚的。《人民網》在2020年6月27日的一份報告〈美國連續三天刷新確診增長記錄 彭斯：一半新增是年輕人是好消息〉中指出：「據美國約翰•霍普金斯大學發佈的全球新冠肺炎數據實時統計系統，截至美國東部時間6月26日晚10點33分，全美共報告新冠肺炎確診2,467,404例，死亡125,039例」。[26]當然，這僅僅是官方公佈的數據，美國確診人數很有可能是官方公佈數據的10倍左右。

從上面關於道德評價的標準和道德評價的依據這兩個角度，我們可以看出來，各國政府對待無症狀感染者的一些做法確實會陷入道德困境當中。那麼，到底該如何才能走出這些道德困境呢？

四、如何走出對待無症狀感染者的道德困境

通過對於筆者在第三部分的敘述，我們可以看出，各國政府在對無症狀感染者所採取的措施方面主要的困境在於：我們不

---

25. 參見譚晶晶在《新華網》的報導，〈美疾控中心：美新冠實際感染人數可能超2000萬〉，見http://www.xinhuanet.com/world/2020-06/26/c_1126162884.htm

26. 參見《人民網》報導，〈美國連續三天刷新確診增長記錄 彭斯：一半新增是年輕人是好消息〉，見http://m.people.cn/n4/2020/0627/c57-14081431.html

太清楚完全限制無症狀感染者這樣的做法是否會帶來預期的結果。在衡量結果方面，我們可能會面臨一些困難，而這樣的困難主要是因為我們現在對於新型冠狀病毒缺乏必要的了解所導致的。所以，為了走出對待無症狀感染者的道德困境，筆者認為，我們可以從如下幾個方面來進行一些嘗試。

首先，我們要儘快對於無症狀感染者有更為科學的了解。通過對於無症狀感染者的研究，了解他們是否會將病毒傳播到其他人身上，了解病毒對他們的生活造成的影響。如果無症狀感染者不會將新冠病毒傳染給其他人，那麼我們也就不需要對於無症狀感染者進行嚴格的醫學管控了。這樣我們也就不會有面對無症狀感染者的各種道德難題和道德困境了。最近中國政府為了重啟武漢，對武漢人民全部進行新冠病毒核酸檢測。自從2020年5月14日開始，武漢在全市範圍內開展全員新冠病毒核酸篩查「十天大會戰」。在這一次對武漢上千萬人民進行的核酸篩查過程中，我們只發現了300位無症狀感染者。這個數字跟武漢上千萬人來說是微不足道的。而且，按照最新的關於這次篩查的報導，我們發現這些無症狀感染者的感染能力是非常微不足道的。汪詰在澎湃新聞2020年5月27日的一份報導〈長期無症狀感染者的感染能力終於水落石出〉中提到：「在截止到2020年5月24日，武漢城市中大約還有不到115個長期無症狀感染者在自由活動，這個數量每天都在減少。而武漢在過去的這50天中，幾乎沒有本地新增確診人數，這已經很好地說明，長期無症狀感染者的傳染力現在已經幾乎為零，不足為懼。大家懸着的一顆心，可以放下了」。[27]如果這一條報導是真的，也就意味着長期無症狀感染者是幾乎沒有感染能力的，那麼我們就不需要特別關注無症狀感染者了。這樣關於如何對待無症狀感染者所帶來的各種道德困境也就不存在了。然而，我們對於無症狀感染者的政策並沒有因為這條新聞而改變。現在對於無症狀感染者，中國政府仍然採取嚴格醫學隔離的政策。

---

27. 參見汪詰在澎湃新聞2020年5月27日的報導，〈長期無症狀感染者的感染能力終於水落石出〉，見 https://www.thepaper.cn/newsDetail_forward_7569817

防控倫理

從新型冠狀病毒爆發到現在已經過去半年多的時間了，我們需要了解嚴格控制無症狀感染者是否是最為科學的策略。如果並不是最為科學的策略，我們是否需要調整一下我們現在的做法。筆者相信，當英國的科學家們提出「群體免疫」這一政策的時候，他們應該也是以一種非常認真的態度對待這一突發事件的。從當下來看，西方國家為「群體免疫」付出了很多的代價，但是，從長遠來看呢？我們今天的很多做法仍然有待於歷史的檢驗。

其次、禁止對於無症狀感染者的歧視和侮辱。在這次新冠病毒爆發之後，我們經常看到各種對於感染者的歧視和侮辱現象。在新冠病毒剛剛爆發的時候，經常在國內媒體上會看到有些國外的普通人對於華人的歧視和侮辱。在國內，我們也經常在媒體上看到對於湖北人的歧視和侮辱。甚至在湖北解封之後，我們還在媒體上看到跟湖北接壤的一些地方不讓湖北人出來的報導。甚至有些跟病毒感染者接觸的醫生和護士都受到很多歧視，更不用説那些病毒感染者了。對於無症狀感染者來説，我們希望他們不要受到侮辱和歧視。我們不能因為他們感染了病毒就不把他們當正常人對待。

第三、以更為人道的方式隔離無症狀感染者。在現有的條件下，我們仍然對無症狀感染者採取醫學隔離的政策。在這樣做的過程當中，希望政府能夠以更為人道的方式來對待這些無症狀感染者。在這場抗疫戰爭中，那些跟病毒打交道的醫生和護士是非常值得我們尊敬的。但是，那些被隔離的人，不管是新冠病毒確診者還是無症狀感染者，他們也為了使病毒不繼續擴散而做出了非常大的犧牲。所以，筆者建議，在對他們進行隔離的時候，不僅給他們提供有尊嚴的生活條件，確保他們過上體面的生活，而且也能夠對他們的犧牲給出必要的補償。

最後、以中庸之道來對待無症狀感染者。因為現在對於無症狀感染者了解的有限性以及對於這次新冠病毒了解的有效性，無論我們採用什麼樣的政策來對待無症狀感染者都會面臨很多道德困境。中國的傳統文化和亞里士多德的美德倫理學傳統給人們

如何去生活和行動曾經提供了一種非常好的指南，即按照中庸或中道來做事。中庸首先出自《論語・雍也》：「中庸之為德也，其至亦乎」。中庸之德要求在做事的時候不要走極端。這個要求跟亞里士多德在《尼各馬可倫理學》中的要求非常相似。亞里士多德在闡述德性定義的時候，曾經將德性與適度聯繫在一起。在亞里士多德看來，人在做事的時候，有三種狀態，即過度，不及和適度。德性總是跟適度相關的。他說道：「所以德性是一種選擇的品質，存在於相對於我們的適度當中」。[28]我們在對待無症狀感染者的時候，儘量也以中庸或中道的方式來處理很多事情，不要過於極端。具體落實到對待無症狀感染者這個問題上，我們不能像歐美國家那樣，對於無症狀感染者採取放任的做法。中國政府在對待無症狀感染者採取嚴格控制的時候，也要儘量溫和一些，讓那些無症狀感染者體會到國家的關愛與幫助。

結語

突然到來的這次疫情不僅打亂了普通人的生活節奏，而且也給整個世界帶來了更多的不確定性。這次百年不遇的疫情必將在各個方面給人們帶來深遠的影響。對於這次疫情中出現的各種各樣的問題，作為一位普通的倫理學從業者，筆者覺得也有必要對於疫情中出現的各種各樣的跟倫理學相關的問題進行一些思考和回應。

在這篇文章中，筆者主要對於各國政府對於無症狀感染者所採取的措施可能面臨的一些道德困境進行了思考。筆者首先交代了選擇這樣一個問題進行思考的理由。其次，筆者對於什麼是無症狀感染者以及中國政府和歐美政府對於無症狀感染者所採取的措施進行了事實性的描述。第三，在第二部分事實描述的基礎

---

28. ［古希臘］亞里士多德，《尼各馬可倫理學》，廖申白譯。北京：商務印書館，2003年，47–48頁。

防控倫理

上，筆者從官方倫理學教科書關於道德評價的角度指出了這些措施可能面臨的一些道德困境。這種道德困境主要體現在兩個方面：一是體現在道德評價標準方面；二是體現在道德評價依據方面。在文章的第四部分，筆者嘗試着探索走出這些道德困境的有效途徑。筆者主要找到了四條有效途徑：首先、我們要儘快對於無症狀感染者有更為科學的了解。其次、禁止對於無症狀感染者的歧視和侮辱。第三、以更為人道的方式隔離無症狀感染者。最後、以中庸之道來對待無症狀感染者。

當然，我們對於這場來勢洶洶的新型冠狀病毒還缺乏足夠的了解，我們所採取的很多措施都必須建立在對於這一病毒科學了解的基礎之上。倫理學的研究也必須要以對事實的了解為準繩。不尊重基本事實的倫理學是很難站得住腳的。在寫作這篇文章的過程中，人們對於新冠病毒和無症狀感染者的認知也在不斷深化和不斷變化。隨着我們對於新冠病毒和無症狀感染者有了更為可靠的認識，筆者相信我們也能夠找到更為有效的措施來面對這次疫情給我們帶來的困難和挑戰。整個人類也是在不斷戰勝各種問題與挑戰的過程中不斷走向繁榮。希望這次疫情的出現不會讓人類走向衰落，而是給人類提供了一次成長的契機。

第九章
死亡率究竟代表了什麼？
COVID-19大流行中的若干統計哲學問題

趙文清
美國惠特曼大學哲學系助理教授

一、介紹

　　自COVID-19成為人類歷史上罕見的大流行，公共衛生首次在全球層面上對各國政府的社會決策產生了根本性、決定性影響。從武漢封城到美國的社會經濟全面關閉，這些在正常時期幾乎是無法想像的極端措施，均是以公共衛生為考量而展開的。在這個過程之中，不少人認為科學（science），特別是統計性科學（statistical science）[1]應該成為公共衛生決策的絕對指導。然而，公共衛生從本質上來說就具有「公共屬性」，是一個將個體、社區、群體、社會在縱向上以防治疾病聯繫起來的一種組織行為。這也就意味着，如果我們要將統計性科學作為公共衛生的指導，那麼統計性科學就需要能夠在一定程度上貫穿個體、社區、群體、社會的多個垂直層面的決策。在最低限度上，如果某個統計數據在社會性政策上起着指導作用，那麼理性的個體也應當可以借由對這個數據的認知而產生相應的決策和行動。

---

1. 筆者這裏試圖區分統計學和統計性科學，前者是指作為一種學科的統計學，後者是指應用統計學作為研究方法的其他學科，如本文中提到的流行病學對死亡率的研究。

　　與此同時，有很多人認為哲學無法有效地參與基於大數據的公共衛生決策，或者只能從道德的角度提供一些抽象性的論證。下文中，筆者將以COVID-19的死亡率為例，詳述哲學作為一個研究事物抽象本質的學科，可以讓我們更好的認識和理解統計性科學在公共衛生中的應有地位，特別是針對個體做出符合公共決策的判斷。本文使用的例子主要來自美國和中國，試圖展現哲學思考的缺乏是一個全球性的，而非文化性或者地域性的問題。

二、死亡率的常見統計方法

　　在COVID-19的公共衛生決策和組織過程中，死亡率是一個重要的影響因素。在很大程度上，全球社會之所以需要對COVID-19採取如此嚴厲的措施，不惜在很大程度上犧牲生產力和其他發展，就是因為COVID-19作為一種傳播率極高的病毒同時也有較高的致死率。相比起季節性流感，COVID-19如果不是因為其較高的致死性，也不會令全球社會如臨大敵。可見，死亡率是影響COVID-19公共衛生認知和決策的一個重要因素。

　　死亡率（death rate）是一個非常粗疏的概念，筆者認為至少有以下兩種不同類型的死亡率概念參與了我們的認知和決策：

1. 案例死亡率 (Case Fatality)

　　案例死亡率顯示的是死於COVID-19的總案例數和總確診案例數之比。根據約翰・霍普金斯（Johns Hopkins University）發佈的信息，美國的COVID-19案例死亡率約為4.8%。相形之下，中國的案例死亡率約為5.5%，而法國、意大利以及英國等發達歐洲國家的案例死亡率均超過14%。[2]大部分媒體和政府通告中顯示的死亡率，

---

2. 見https://coronavirus.jhu.edu/data/mortality（2020年6月28日訪問）。

實際上是指這個案例死亡率。例如，美國總統特朗普在他6月25日的推文中提到，「……死亡人數（死亡率）在大幅下降。」[3] 根據中國疾病防治控制中心發佈的早期COVID-19研究表示，「2019-nCoV感染引起嚴重的呼吸系統疾病，類似於嚴重的急性呼吸系統綜合症冠狀病毒，並與入ICU和高死亡率相關。」這裏的「高死亡率」指的也是案例死亡率。目前COVID-19的案例死亡率呈現出如下明顯的特徵：60歲以上的老年人遠較年輕人的案例死亡率高，同時有特定基礎疾病者的案例死亡率高於健康人群。在全球範圍內，兒童的案例死亡率都非常的低。

值得留意的是，作為一個公共衛生中的群體性統計概念，各個國家乃至地區對COVID-19的檢測條例和確診條例都不盡相同。檢測條例和確診條例是兩個不同的概念：檢測條例是指疑似病例獲得核酸檢測的條例。疫情爆發高峰期，美國洛杉磯等地曾經因為核酸測試的缺乏而僅僅在檢測會改變病患療法的時候進行檢測，大量疑似病例均被告知自行在家隔離。可想而知，疑似病例是否能得到檢測在某種程度上取決於檢測能力是否已經達到極限。在檢測能力達到極限的情況下，確診病例無法反映真實的感染人數。隨着核酸試劑和檢測條例的提升，現在中美兩國已經基本上實現了疑似病例和密切接觸者可以在第一時間獲得檢測，然而兩國均未能夠實現全民檢測。可見，檢測條例在很大程度上受到該國或者地區的設備、人員、運輸以及實驗室能力的限制。

確診條例一般是指將疑似病例確認為COVID-19的條例。中美兩國的社區診斷均以核酸檢測為基礎，然而將病例確認為COVID-19並錄入成為案例的要求卻並不一致。例如，根據2020年1月28日發佈的《新型冠狀病毒的肺炎病例監測方案（第三版）》，如果新冠病毒核酸檢查呈陽性，但沒有臨床症狀，不納入確診病例中，而是以「檢測陽性」進行登記和隔離。[4]相反，美國各個地方

3.　見https://twitter.com/realDonaldTrump/status/1276184906159271937（2020年6月28日訪問）。

4.　見http://www.nhc.gov.cn/xcs/zhengcwj/202001/470b128513fe46f086d79667db9f76a5/files/8faa1b85841f42e8a0febbea3d8b9cb2.pdf（2020年6月20日訪問）。

目前普遍採用核酸測試單次呈陽性作為確診條例。確診條例的不同會在很大程度上影響各個地區和國家的案例數。那麼各個國家的確診條例為什麼會有如此大的區別呢？如果我們排除政府刻意控制每日新增案例數量的情況，一個合理的推測是基於核酸測試有多麼準確。這其中我們需要考慮測試的敏感度（sensitivity）：當受試者攜帶病毒時，檢測出陽性的機率，也即是真陽性率。同時，也需要考慮測試的甄別度（specificity）：當受試者沒有感染病毒時，檢測出陰性的機率，也即是真陰率。從實驗科學的角度，假陰性是一個無法避免的情況。關鍵問題在於，在大規模的群體檢測的背景下，核酸測試的假陰性率有多少。例如，一份五月份來自約翰霍普金斯團隊的研究就指出，RT-PCR核酸檢測的假陰性率高達20%，很大程度上取決於受試者被測試的日期，早期感染者很難被核酸測試所偵測。[5] 我們必須認識到敏感度和甄別度是一對反相關聯的概念，也就是說高敏感度往往意味着低的甄別度。歸根究底，核酸測試到底有多大的真陽性率（predictive positive value）在很大程度上會受到受試的人群中的感染率的高低的影響。這一點對於案例死亡率的哲學本質有重要影響，筆者在第三節中會進一步加以解釋。

2. 感染死亡率（Infection Fatality Rate）

感染死亡率是流行病學上另一個常見的對死亡率的統計方法。感染死亡率是指有多少感染病毒的人會死於病毒。對於COVID-19這樣的病毒，我們已經知道有許多的患者是無症狀的攜帶者，這些患者往往可以自癒而並沒有接受檢測。同時因為測試能力的限制，有許多輕症患者也沒有接受檢測。同時，雖然我們有理由相信我們對於死於COVID-19的案例數有一個比較好的掌握，我們也不能排除許多COVID患者在家死亡而沒有被登記的情況。正因為統計所有感染者和死亡者的準確數量在美國或者中國

---

5. 見https://www.acpjournals.org/doi/10.7326/M20-1495（2020年6月25日訪問）。

這樣幅員遼闊的國家幾乎是不可能的，感染死亡率實際上是對真實情況的一種類比和推測。目前來說，感染死亡率的模型的建立往往是基於自然實驗或者人群抗體調查。自然實驗數據是通過觀察病毒在某些特定條例下的傳播和死亡，人群抗體調查則是通過調查一定人群中的抗體比例來推測總感染人數。目前通過各種方式模擬出的感染死亡率大約都在0.5%–1%之間。[6]

　　由此可見，感染死亡率是一個基於對現有的小範圍的情況的觀察來對更廣大的人群的感染情況進行的預測。也就是說感染死亡率實際上是一個理論（或者理論值）。一般來說，感染死亡率的準確性主要受以下三方面的影響：（1）小範圍情況的調查準確度；（2）小範圍情況的普適性；以及（3）在更長的時間跨度上該統計的預測性。例如，抗體測試在很大程度上被視為調查人群中的感染數量的指標，然而抗體測試本身的準確度卻存在很大缺陷。因此，基於抗體測試的流行病學調查也往往存在準確度的問題。然而更重要的問題在於，現今全社會依然處於COVID-19大爆發當中，針對COVID-19的醫療技術和政策措施在持續進步，而病毒也有進一步變異的可能性。在這種情況下，一個給定的感染死亡率的預測能力也可能會隨着時間而不斷變化的。一個在t1時間被視為有預測能力的感染死亡率，在t2時間可能就會完全喪失預測能力。

三、理性個體應該如何看待「死亡率」？

　　在上文中，筆者描述了COVID-19大流行中主要的兩個跟死亡率概念：案例死亡率以及感染死亡率。在公共動員和傳播中，我們大部分接觸到的死亡率都是案例死亡率。如果一個人登錄各大門戶網站發佈的COVID-19動態，那麼他會看到美國的案例死亡率大約為4.8%，中國的案例死亡率約為5.5%，而法國、意大利以及英國

6.　見https://www.nature.com/articles/d41586-020-01738-2（2020年6月20日訪問）。

等發達歐洲國家的案例死亡率均超過14%。同時，由於COVID-19的特殊性（存在大量無症狀攜帶者），公共衛生以及流行病專家們往往會引用感染死亡率。例如，美國的公共衛生專家安東尼·福西就曾多次指出，「COVID-19的死亡率是1%。」在這裏他引用的實際上是感染死亡率。

在公共衛生對大流行的應對過程中，個體會大量接觸到這兩種不同的「死亡率」。首先需要清楚的是，案例死亡率和感染死亡率有着完全不同的內涵。感染死亡率是基於某個範圍內的感染量和死亡數的調查，從而對COVID-19的整體感染致死影響的推測和估計。感染死亡率實際上是根據某個小範圍的事實而對整體情況進行的類比。案例死亡率則是一個基於每天的客觀觀測而變化的參數，這個參數的分子和分母的選取受到各種檢測條件和人為因素的限制。

那麼理性的個體應該要如何認知這兩種死亡率呢？筆者在下文提出的觀點是基於理性人的假設，也就是個體會基於理性做出符合自己利益的選擇，並不涉及實際上公共動員中的實際情況。實際上，無論是案例死亡率還是感染死亡率，都不應該直接作為理性個體行動的標準。通過以上的分析，我們已經清楚了解了案例死亡率和感染死亡率代表的是什麼，前者是確診人群中死於COVID-19的比率，後者是對人群中有多少比率的感染者會死於COVID-19的預測。這兩個統計數據都不等於某個特定個體（「我」）會死於COVID-19的機率。某個特定個體會死於COVID-19的機率是某一個特定事例發生的機率，這取決於一系列屬於個體的非抽象條例。感染死亡率為1%並不意味着「我」死於COVID-19的機率為1%，案例感染率也是同理。也就是說，如果理性個體對這兩個數據代表着什麼有一個基本的認知，那麼就會發現這兩個數據對於他的決策和行為不應該有直接影響。

同時，因為媒體和政府對這兩個數據的內涵的報導不全面，很多人實際上對這兩個數據有着極端錯誤的認識。一個很常見的

錯誤就是認為案例死亡率（或者感染死亡率）意味着「我」有多大機率會死於COVID-19。然而，按照這種錯誤的認知，個體實際上有充足的理由無視COVID-19的危險，繼而罔顧「禁聚令」和「口罩令」等公共衛生政策。因為，無論是1%還是4.5%都是數學上的極小概率事例。同時，如果要謹慎遵循「禁聚令」又需要有極大的心理成本。在避免一個極小概率事例發生需要很高成本的情況下，即使該極小概率事例的後果非常嚴重，理性人也有足夠的理由不去避免這例事。同時，大部分人在看到死亡率是4.5%時會誤以為這意味着比死亡率1%更大的風險，從而行為更加謹慎。然而，我們已經討論過了，案例死亡率和感染死亡率實際上都跟特定個體（「我」）死於COVID-19的機率沒有直接關係。

另一個可能的錯誤認知就是將「死亡率」看作風險的絕對指標。實際上，案例死亡率的計算方式決定了，當每日檢測數量和確診人數大幅提升，而每日新增死亡人數並沒有同比增長時，案例死亡率會呈現下降的趨勢。也就是說，當一個地區的感染率大幅提高，人們面對更高的感染風險時，案例死亡率反而會表現出一個下降的趨勢。在這裏就需要進一步考慮感染率上升對死亡數的滯後性影響，也就是說大規模的感染並不會馬上導致大規模的死亡，而通常需要在醫院資源消耗殆盡的時候，才會看到死亡數的增量迅速上升。也就是說，4.5%的案例死亡率有可能意味着比5%死亡率更高的死亡風險。

這裏可以得到的一個小結論：在公共動員的過程中，我們需要正確地傳達「死亡率」的內涵和外延，而不是籠統地將案例死亡率和感染死亡率統稱死亡率。同時，我們應該讓個體正確地認識到這兩個統計數據都不代表某個特定個體（「我」）面對的COVID-19風險。

四、從發現死亡率到創造死亡率：死亡率與個體行動 的哲學關聯

在第一部分中，筆者提到公共衛生牽涉到自個體、群體、社會的垂直領域的策劃和行動。如果市面上流行的兩種「死亡率」的統計方式，都無法預測某個特定個體的死亡機率和風險。那麼是否表示用來在社會層面上指導政策制定的「死亡率」，本質上無法與理性個體的決策和行為相連接呢？筆者認為我們需要進一步深入探究統計性的公共衛生科學的本質。

首先，我們必須明確如下分析：COVID-19這樣正在爆發中的流行病學研究，其研究對象是病毒和人類社會正在進行中的互動，其本質是一種社會科學（social science），而不是自然科學（science）。以化學研究為例，我們對某個化學物質的性質的了解，並不會影響到該化學物質的性質。例如，我們對半衰率的理論認識，無論正確還是錯誤都不會影響到某化學物質的半衰率事實上是多少。然而，社會科學有可能對其研究和觀察的對象發生影響。按照亞歷山大·羅森堡（Alexander Rosenberg）的理解，社會科學的研究對象在分類上都屬於意象性的（intentional typology）。[7]這在很大程度上影響了社會科學的預測性。例如，經濟行為往往對於經濟學的發現十分敏感。無論是個體還是群體都可以通過對經濟學理論的認知來改變自己的經濟行為。假設行為經濟學發現了將商品標價為0.99能吸引更多人購買，如果足夠多的人認識到了這個認知陷阱從而加以避免，那麼0.99對客戶的吸引力就會減小甚至完全失效，那麼0.99法則也就無法繼續預測客戶行為。從這一個角度上來説，社會科學並不是像自然科學一樣是在發現世界的客觀規律。社會科學通過對事實的「發現」而參與了對事實的「改變」和「創造」。

---

7. Alexander Rosenberg. *Sociobiology and the Preemption of Social Science*. John Hopkins University Press, 2019.

正在爆發中的COVID-19的死亡率到底是多少？這個問題並不同於對某些已經結束了的流行病的死亡率統計。已經結束的流行病的研究對象是一個存在於過去的事例，一個不會因為其研究而發生變化的事物。因此，對非典或者黑死病的死亡率統計更接近於自然科學。然而，對於正在爆發中的COVID-19，我們對死亡率的統計性觀測和研究實際上極有可能會改變從個體、群體到社會的公共衛生的行動，從而對COVID-19的死亡率造成根本性的影響。如果統計研究顯示COVID-19的感染死亡率實際上遠低於預期，那麼可能會導致各個政府和社會放鬆對社會的管制（例如，取消隔離艙，全面復工等）。然而，任何正在爆發的疾病是不是會大量致死的，實際上都跟該社會針對這個疾病的醫療和社會條例有很大關係。如果管制放鬆了之後，人們開始大規模的迅速感染，從而導致醫院擁堵，沒有足夠的醫護人員和設備，那麼感染死亡率就會開始上升。在這個過程中，人們通過自己的意向性認知在不停地發現和改變關於死亡率的「真相」。只有在意識到個體可以通過參與公共衛生來改變COVID-19對群體的死亡影響的時候，個體才能夠與死亡率等社會層面上的統計性數據發生真誠的、正確的聯繫。

從這個角度上來說，如果統計性科學要在COVID-19大流行的公共衛生活動中，真正起到其在個體、群體、社會的垂直空間中的統一作用。我們實際上需要更多的對統計哲學的思考來作為認識的伴侶。只有在認識到COVID-19死亡率的本質是個體可以參與發現和創造的動態的時候，理性個體才能夠真正受到「死亡率」的正確驅動來行動。如果缺乏對統計哲學的認識，那麼死亡率要麼是一個與理性個體行為完全無關的數據，要麼在被誤讀之後反而會成為個體不遵守公共衛生指引的重要原因。

五、總結：統計之道

在這個全球化和數據化的時代，如果我們需要真正認識和利用「數據」，實際上還是需要哲學的思維資源。然而，哲學的思維

防控倫理

資源從何而來呢？從根本上來說，我們需要從思想史中去尋找。在中國思想史，特別是儒家思想史中，周敦頤於《通書•文辭》中提出「文以載道」，柳宗元在《答韋中立論師道書》中提出「文以明道」。這裏的「文」原指文學寫作，但也可泛指一切的認知和理論行為。這裏的「道」即使不作儒家傳統上的天理之解，也可以理解為是一種可以被認知的事物的本質。在這種背景下，對事物的研究實際上必須承載着一種對事物本質的理解，或者按照柳宗元的理解，讓我們更接近對事物本質的理解。在儒家的語境中，道包含着一種人與事物的反身聯繫的屬性，也就是說個體的認知和行動才是對「道」（事物的本質）的根本彰顯。個體對事物的本質性的理解，以及個體與群體的聯繫，在這個以功能性、預測性為目的的時代，往往是被輕視的。然而，輕視統計性科學背後的「道」，反而使得我們無法自發地、真誠地和統計數據產生聯繫。如果個體和統計數據之間的聯繫最終只是一個從上至下的外在過程，那麼人類社會最終會面臨被數據所籠罩和異化的結局。

現代公共衛生的認知和決策已經轉移到了以統計性科學為基礎的範式（paradigm）。本文描述的COVID-19的死亡率的例子，最終是希望試圖說明對統計性科學的本質性理解的重要性。如果缺乏對統計科學的哲學的、本質的理解，那麼我們實際上只是從一種迷信轉移到了另一種迷信的範式。所謂的「迷信」的定義是在對某事物的本質不進行反思的情況下，全面信任某事物對我們行為的指導。例如，一般認為這廟宇裏進行求籤是一種迷信行為，因為求籤者並不對求籤和運氣之間的聯繫機制進行反思，但對所求到的籤可以反映運氣而深信不疑。同時，求籤者往往依賴廟公等具有權威性的人物對籤的內容的分析。在COVID-19的應對過程中，個體、群體、社會都被要求（或者自願）接受統計性科學以及統計數字對行為的指導，然而卻又缺乏對於統計數字的本質的反思和認識，依賴於某些特定領域的專家在大眾媒體上對這些數據做出解釋和分析。這個過程恰恰就好似求籤一樣，充分反映了一種對統計數字的迷信。按照儒家思想，統計數據實際上屬於某一種的器，一種人造的、有某些使用目的的工具。作為個體我們

不應該被器所統治、沉迷於器，然而也不應該脫離工具來進行玄思。如何能夠正確的以統計性科學來連接和溝通公共衛生中的垂直範疇，實際上離不開哲學的深入參與。

在這個大數據的時代，社會上普遍存在着一種「重理輕文」的迷思，然而缺乏哲學思維的統計性科學要麼與我們的行為毫無關係，要麼會將我們指去錯誤的方向。然而，相信COVID-19的死亡率的例子已經提示我們，我們應該回到哲學史中去尋找屬於一個文化內在的思維資源，並用這些資源來照亮我們的前進方向。

第十章

疫情下的電子健康碼制度
隱私、自由與公共健康的平衡

丁春豔

香港城市大學法律學院副院長

一、導論

　　自2019年12月，新型冠狀病毒感染的肺炎（簡稱「新冠肺炎」）疫情在武漢爆發。疫情隨後蔓延到全國及全球，至今仍未受控。為了控制疫情，中國政府採取了多項應對措施，其中包括電子健康碼制度。2002年2月7日，杭州「余杭區綠碼」率先誕生。2月9日，騰訊公司在深圳推出「防疫健康碼」。在之後的兩個月內，全國各省市陸續推出各種名目的健康碼多達近百種。[1]健康碼成為新冠肺炎疫情防控期間民眾出行必需的「電子健康通行證」。

　　無論是中國政府還是民眾，幾乎都以正面的態度來看待、認可疫情下的電子健康碼制度。然而西方社會卻普遍認為，中國式的電子健康碼制度極度侵害用戶的自由、隱私等權益，即使能夠達到有效追蹤新冠肺炎患者的效果，西方國家亦無法複製該項制度。[2]值得思考的是，難道電子健康碼制度在中國的廣泛推行就意

---

1. 〈亮「碼」通行「健康碼」有助提升社會治理能力〉，《科技日報》，2020年4月8日，見http://www.xinhuanet.com/tech/2020-04/08/c_1125825475.htm (2020年6月15日訪問)。

2. 〈中國推廣健康碼監控疫情和民眾〉，《紐約時報中文網》，2020年3月3日，見https://cn.nytimes.com/china/20200303/china-coronavirus-surveillance/ (2020年6月15日訪問)。

味着該項制度並不存在任何倫理和法律上的隱憂嗎？在倫理上，保護個人隱私和自由出於尊重人格尊嚴，而維護公共健康是尊重和珍惜生命的體現；如何在保護公民的隱私與自由和維護公共健康之間作出平衡呢？疫情過後，電子健康碼制度又何去何從呢？

正如聯合國教科文組織在《就新冠肺炎的聲明：從全球角度的倫理考量（Statement on COVID-19: Ethical Considerations from a Global Perspective）》中所強調的：「移動電話、社交媒體和人工智能等數碼技術使得對疾病傳播和人類行為的監控、預測和影響得以實現，從而在應對疫情大流行中發揮重要的作用。極為重要的是，要確保與使用這些技術相關的倫理、社會和政治問題已被充分考慮並妥善處理。任何情況下，人權都應被尊重，隱私和自由所包含的價值應當被審慎地與健康與安全所包含的價值予以平衡。」[3] 因此，本文從倫理與法律的角度討論在中國尚未被釐清的、因電子健康碼制度帶來的隱私、自由與公共健康之平衡的問題。

本文共包含五個部分。在導論後，文章概述疫情下中國實施的電子健康碼制度的功能和特徵。然後，文章探討該項制度對公民隱私權益的侵蝕與威脅以及如何平衡公民隱私與公共健康這兩項競爭性的利益，接着再討論電子健康碼制度對公民自由權益的限制以及如何在公民自由與公共健康之間作出權衡。文章的結語部分思考疫情結束後電子健康碼制度的去向和政府的責任。

二、疫情下電子健康通行碼制度的功能與特徵

為回應中央政府提出的「堅持疫情防控和復工復產兩手抓、同步走」的政策，地方政府必須在允許人口流動和聚集的情況下

---

3. "Statement on COVID-19: Ethical Considerations from a Global Perspective." UNESCO, https://unesdoc.unesco.org/ark:/48223/pf0000373115 (2020年6月15日訪問)。

及時、有效地追蹤新冠肺炎患者的接觸者。由此，電子健康碼制度應運而生。例如，杭州市政府計劃於2020年2月10日實行有序復工，並於2月7日晚上9點半，在杭州市「企業員工健康碼」數字平台正式發佈並上線運行「余杭綠碼」。[4]

　　健康碼的使用借助搭載於智能手機客戶端的程式（例如微信、支付寶），連接到健康碼的特定程式[5]，後者要求個人進行實名認證[5]並填報健康信息、出行信息等，待信息上傳後，系統會生成專屬於個人的健康二維碼。健康碼分為紅、黃或綠三色：綠碼代表持碼人健康、可正常通行（即綠碼是民眾的「電子健康通行證」）；而黃碼代表持碼人具有中等健康風險，紅碼代表持碼人具有高等健康風險。對中高風險的具體解釋，因地而異。以廣東省為例，中風險人員是指「來自疫情中風險地區的人員；有發熱、乾咳、氣促等呼吸道症狀的人員；實施居家觀察未滿14天的治癒出院確診病人；解除醫學隔離未滿14天的無症狀感染者」，而高風險人員則指「來自疫情防控重點地區和高風險地區的人員；確診病人；疑似病人；正在實施集中隔離醫學觀察的無症狀感染者；正在實施集中或居家隔離醫學觀察的緊密接觸者」。[6]當民眾使用交通工具、進入公共場所、商業場所或工作場所時，需要出示綠碼，否則會被拒絕使用交通工具或被拒絕進入相應場所。同時，駐紮各場所的疫情防控人員會為民眾即時測量體溫，並要求民眾掃描該場所碼（經掃碼後系統將定位實時傳送到後台）並出示個人健康碼。或者，疫情防控人員會通過掃描民眾出示的健康碼來核查後者的身份及健康信息。政府則「利用彙聚的衛生健康、工信、交通運輸、海關、移民管理、民航、鐵路等方面數據」，[7]通過大數據的技術，分析用戶的個人健康風險。基於個人填報的信

4. 史晨、馬亮，〈協同治理、技術創新與智慧防疫——基於「健康碼」的案例研究〉，《黨政研究》，2020年4月22日網絡首發論文。

5. 有些地區（例如上海、廣州）的健康碼系統甚至要求人臉識別。

6. 《廣東省廠礦、機關、企事業單位復工復產新冠肺炎防控工作指引（第二版）》，2020年3月1日，見 http://wsjkw.gd.gov.cn/xxgzbdfk/fkzs/content/post_2912015.html (2020年6月15日訪問)。

7. 〈國家政務服務平台「防疫健康信息碼服務說明」〉，見http://gjzwfw.www.gov.cn/col/col641/index.html (2020年6月15日訪問)。

法律倫理

息及後台彙集的大數據分析，若用戶的健康風險等級發生變動，其個人健康碼即實時轉變顏色。

就疫情防控，電子健康碼制度實際上發揮着「追蹤」和「隔離」的雙重功能。第一，在疫情大流行時期，該項制度便於在人口流動的情況下大範圍、快速及時地追蹤新冠肺炎患者之緊密接觸者。具體而言，各地的衛生與健康委員會一旦掌握新的確診和疑似病例，通過後台大數據的分析，就能鎖定這些新症在潛伏期內的移動範圍，並確定與其密切接觸的人群範圍。若屬於該密切接觸人群範圍的用戶，其個人健康碼就會自動轉為中高風險的黃碼或紅碼。第二，電子健康碼制度便於對屬於中高健康風險的用戶進行隔離。一方面，後台會將用戶健康風險等級變動的信息分享給相關的政府部門、其生活的社區及其僱主。那些負責、監督隔離工作的機構及工作人員在得知信息後就可以要求特定用戶進行居家隔離、集中隔離或醫學隔離。另一方面，個人健康碼轉為黃碼或紅碼的用戶，即使出行，也無法使用交通工具或進入公共、商業及工作場所，以阻斷新冠肺炎的傳播。

事實上，其他國家（例如新加坡、澳洲、法國、德國、英國）和科技巨頭企業（例如蘋果和谷歌公司）也開發了用於追蹤新冠肺炎患者之緊密接觸者的程式，但各自採用的方法有所不同。[8]相比之下，中國的電子健康碼制度具有如下四個顯著特徵。第一，在該項制度下，客戶端所收集的個人信息包括身份、健康、定位、行程等信息。無論與蘋果和谷歌公司所開發的方案中收集客戶端的密鑰代碼（key code）相比，還是與英國政府開發的方案收集客戶與他人的接觸信息相比，電子健康碼制度所收集的個人信息數量更多、範圍更廣、種類更多。第二，該項制度通過「客戶端－後台－客戶端」的路徑，採用了「中央化（centralized）」模式集中收集、處理和傳輸信息。從客戶端將個人身份、健康、定位、行程等信息上報

---

8. "NHS Rejects Apple-Google Coronavirus App Plan." BBC News, 27 April 2020, https://www.bbc.com/news/technology-52441428. Accessed 15 June 2020.

給後台，並與其他各種來源的信息彙集後通過大數據分析來判定特定個體的健康風險等級，再由後台自動發送給客戶端，並分享給相關的政府部門、其所在社區的疫情防控部門及其他獲授權的信息使用者。即使各地僅負責運行本地區的電子健康碼制度，其後台所收集、處理、分析的內容已經涉及龐大繁雜的海量個人信息。如果要達到各地電子健康碼互認的功能，需要各地政府彼此共享信息資源，[9]此種情形下，系統後台所儲存、管理、處理、傳輸的個人信息則更為龐雜。第三，個人電子健康碼是一個二維碼。技術上，包含着大量個人信息之網頁的鏈接或者與數據庫相連的服務訪問接口被加密後編碼在二維碼之中。雖然只有經授權的疫情防控人員方可通過掃碼用戶的個人健康碼訪問到該用戶的個人信息，但是這依然存在未經授權的掃碼風險，從而令用戶面臨個人信息被洩露及被不當使用的風險。相比之下，國外開發的程式，除了用來確認客戶端身份的動態密鑰代碼之外，均避免傳輸帶有或能直接訪問到任何個人信息的編碼。第四，在電子健康碼制度下，系統根據後台分析的個人健康風險等級自動地變更個人健康碼的顏色。一旦出現黃碼或紅碼，用戶的出行、使用交通工具、進入公共、商業或工作場所均受到限制。而國外開發的程式僅對客戶端提供「可能受到感染」的警示（即提醒曾與其接觸的人士已被確診感染新冠肺炎）但並不限制其行動自由，所以與電子健康碼制度有着本質差別。可見，中國的電子健康碼制度嚴重侵入用戶的隱私、極大限制其自由，且依賴於政府已經掌握的用戶健康、身份、通信、交通等海量個人信息進行大數據分析。而在信息的儲存、管理、使用、傳輸等環節，也存在着個人信息被洩露、被偷竊、被濫用的數據安全隱患。正因如此，西方國家對中國式電子健康碼制度表現出極大的顧慮與抗拒。

---

9. 〈多地實現防疫健康碼互通互認 專家提醒：嚴防健康碼數據洩露或被濫用〉，《法制日報》，2020年3月18日，見http://www.xinhuanet.com/politics/2020-03/18/c_1125727318.htm (2020年6月15日訪問)。

三、隱私與公共健康的平衡

公民的信息隱私權不僅是一項民事權利，而且還是一項受憲法所保障的基本權利。換言之，除了平等民事主體（例如公民、僱主、電信公司、科技公司等）之間應當彼此尊重隱私權之外，國家及其機構（例如各級政府、公立醫院、公安部門等）同樣負有尊重公民隱私的義務。後者的義務包含兩個層面：一是不侵害公民隱私的消極義務；二是保障公民隱私的積極義務。在電子健康碼制度下，政府是收集、處理、傳輸、使用個人信息的主體，而醫療機構、社區、集中隔離場所、僱主、疫情防控人員等是眾多獲授權的信息使用者。該項制度涉及的個人信息，絕大多數屬於個人的敏感信息（例如身份、健康、定位、行程及通訊信息等）。無論是否確診感染新冠肺炎，市民的個人敏感信息都一律被收集到後台的數據庫中。由於不使用健康碼的民眾幾乎寸步難行，因此電子健康碼系統所收集的個人信息基本上覆蓋到各地區的所有人口。可見，疫情下的電子健康碼制度已經完全超越了《傳染病防治法》第12條項下公民應接受疾病預防控制機構、醫療機構有關傳染病的調查並如實提供有關情況的規定。儘管電子健康碼制度的推出和運行是為了疫情防控，但是正如聯合國教科文組織所提醒的，公民的隱私權益在任何情形下都不容忽視，達到隱私與公共健康之間的平衡更是政府不可推卸的責任。

1. 個人信息隱私保護的現行法律

中國法律明確對個人信息隱私的保護始於2009年的《刑法第七修正案》，其增定了「侵犯公民個人信息罪」。[10]之後，2012年的《全國人民代表大會常務委員會關於加強網絡信息保護的決定》第一條規定：「國家保護能夠識別公民個人身份和涉及公民個人隱私的電子信息。任何組織和個人不得竊取或者以其他非法方式

---

10. 2017年，最高人民法院和最高人民檢察院通過了《關於辦理侵犯公民個人信息刑事案件適用法律若干問題的解釋》對侵權公民個人信息罪的具體操作規則進行了細化。

獲取公民個人電子信息，不得出售或者非法向他人提供公民個人電子信息。」

2013年，工業和信息化部頒佈了《電信和互聯網用戶個人信息保護規定》。該法第4條將「個人信息」定義為「用戶姓名、出生日期、身份證件號碼、住址、電話號碼、帳號和密碼等能夠單獨或者與其他信息結合識別用戶的信息以及用戶使用服務的時間、地點等信息」，並提供了保護個人信息的一般規則。首先，該法第5條要求電信業務經營者和互聯網信息服務提供者在收集、使用用戶個人信息時應當遵循合法、正當、必要的原則。其次，該法第9條要求採集、使用客戶個人信息時，應當明確告知其收集、使用信息的目的、方式和範圍，查詢、更正信息的渠道以及拒絕提供信息的後果等事項，並經用戶同意後方可收集、使用其個人信息。再次，該法第10條要求在收集、使用客戶個人信息過程中，應當嚴格保密，不得洩露、篡改或者毀損，不得出售或者非法向他人提供。最後，該法第6條、第13條和第14條要求電信業務經營者和互聯網信息服務提供者應當對客戶的個人信息安全負責，防止其洩露、毀損、篡改或者丟失；如果發生上述情形，應當立即採取補救措施。2017年，國家互聯網信息辦公室制定《兒童個人信息網絡保護規定》，明確監護人在保護兒童個人信息中的權利和作用。

2017年頒佈的《民法總則》首次在民法上對個人信息作出明確規定。[11]該法第111條規定，「自然人的個人信息受法律保護。任何組織和個人需要獲取他人個人信息的，應當依法取得並確保信息安全，不得非法收集、使用、加工、傳輸他人個人信息，不得非法買賣、提供或者公開他人個人信息。」而2020年5月全國人大通過的《民法典》加大了對個人信息保護的力度，在「人格權編」單設一章「隱私權和個人信息保護」。《民法典》第1034條定義了「個人信息」；第1035條規定了個人信息的處理應當遵循合法、正當、必要原則，須獲得信息主體的同意，公開處理信息的規則，並

---

11. 2014年的《最高人民法院關於審理利用信息網絡侵害人身權益民事糾紛案件適用法律若干問題的規定》第12條曾籠統提及網絡侵犯個人信息的侵權行為。

明示處理信息的目的、方式和範圍。第1036條規定了信息處理者的免責事由；第1037條明確個人信息主體的參與權利；第1038條規定了信息處理者的安全保障義務。最後，第1039條明確了國家機關、承擔行政職能的法定機構及其工作人員對公民個人信息的保密義務。

在個人數據安全方面，全國人大常委會於2016年頒佈了《網絡安全法》。2020年4月，國家互聯網信息辦公室、國家發展和改革委員會、工業和信息化部、公安部、國家安全部等12個部門聯合公佈了《網絡安全審查辦法》。

雖然近十年來中國法律對公民個人信息隱私的重視逐漸加強，在民事、行政、刑事法律上均作出保護，但是現行法對個人信息隱私的保護仍有完善的空間。首先，現行法尚未建立一個完整的個人信息的法律保護框架，相關的規則都零散於不同的法律、法規、規章和司法解釋。雖然現行法將個人信息保護提升到《民法典》的高度，但如果與經濟合作和發展組織（OECD）2013年更新的個人數據保護八項原則（即收集限制原則、數據質量原則、明確目的原則、限制使用原則、安全保障原則、公開原則、個人參與原則和責任原則）相比，《民法典》僅提到了信息收集階段告知及徵得同意的要求、安全保障原則、公開原則、信息主體參與原則、卻未能確立數據質量原則、限制使用原則、責任原則。若與歐盟的《通用數據保護條例（General Data Protection Regulation）》的七項原則（即合法公平透明原則、目的限制原則、數據最小化原則、準確原則、儲存限制原則、完整性和保密原則和責任原則）相比，現行法尚未確立數據最小化原則和儲存限制原則。其次，現行法的規定基本停留於原則的陳述，欠缺細化的具有操作性的法律規則。以信息主體參與權為例，其如何行使查閱或複製個人信息的權利、如何請求更正或刪除個人信息、能否及時收到其個人信息被侵害的通知（data breach notification）、信息處理者相應地負有哪些義務和職責，信息主體的權利未能實現時如何獲得救濟等等問題，均語焉不詳。操作性規則的缺失將導致個人信息保護在實踐中難以被真正落實。再次，現行法未能建立一個專門的公權力機

構或執法機構（類似香港的個人資料私隱專員公署）來執行個人
信息保護的法律，全面負責個人信息隱私保護。在實踐中，缺少對
信息處理者的行為是否合規的監管。此外，如果出現信息處理者
違法或侵權行為，受害人只能依賴民事訴訟或刑事訴訟等高成本
的救濟方式，而缺少向專門機構進行投訴、請求其行使公權力以
快速有效糾正信息處理者之違法或侵權行為的救濟途徑。

2. 電子健康碼制度下的隱私和公共健康的平衡

在新冠肺炎疫情之下，基於公共健康的理由，地方政府紛紛
推出並運行電子健康碼制度。然而，現行法卻沒有規定如何在個
人信息隱私保護和公共利益（例如公共健康）之間取得平衡。2014
年《最高人民法院關於審理利用信息網絡侵害人身權益民事糾
紛案件適用法律若干問題的規定》第12條第1款第2項曾籠統地提
到，網絡用戶或者網絡服務提供者「為促進社會公共利益且在必
要範圍內」在網絡公開個人信息，無需承擔侵權責任。而《民法
典》第1036條第3款也規定，「為維護公共利益或者該自然人合法
權益」未經信息主體同意而處理個人信息，可予免責。然而，這些
條款僅確立民法上的免責事由，卻未能像歐盟《通用數據保護條
例》第9條那樣強調，即使基於公共利益處理個人信息，仍然需要
尊重信息主體的權利、遵循比例原則、並採取適當且具體的措施
來保障信息主體的基本權利。法律未能強調個人信息隱私保護和
公共利益的平衡，容易讓信息處理者和使用者產生在公共利益免
責事由發生時既可無限度限制個人信息隱私權的誤解。

中央網絡安全和信息化委員會辦公室於2020年2月4日頒佈
《關於做好個人信息保護利用大數據支撐聯防聯控工作的通
知》，提及在疫情聯防聯控過程中對個人信息的保護，須遵循信
息收集使用的自願原則、最小範圍原則、有限使用原則、安全保障
原則。而3月2日民政部辦公廳、中央網信辦秘書局、工業和信息化
部辦公廳、國家衛生健康委辦公廳聯合印發的《新冠肺炎疫情社
區防控工作信息化建設和應用指引》亦再次強調個人信息隱私的

保護:「社區防控信息化產品(服務)因疫情防控工作要求,需要收集社區居民信息的,應向社區居民明確提示並取得同意,明確用於此次疫情防控,對於用於其他目的的,必須重新徵得社區居民本人同意。」上述兩份文件雖然重申個人信息隱私保護的若干基本原則,但就疫情下如何具體平衡隱私和公共健康,均未作規定。

相比之下,歐盟在2020年4月17日為成員國制定了《協助應對新冠肺炎疫情的應用程式與數據保護的指引》(*Guidance on Apps Supporting the Fight against COVID 19 Pandemic in Relation to Data Protection*),就用於抗疫、涉及到個人數據的應用程式的開發使用,明確了七項先決條件。第一,各國的國家衛生行政管理部門是應用程式之用戶的個人數據控制者(data controller),對執行歐盟個人數據保護規則承擔責任。第二,應用程式的用戶對其個人數據享有完全的控制權,對是否安裝程式或者啟用某項功能享有決定權,經用戶同意方可分享、使用其接觸信息。第三,有限度使用個人信息,程式的設計應遵循信息最小化原則,只能加工處理與公共健康目的相關和有用的個人信息,且不宜使用用戶的個人定位信息。第四,以公共健康的需求為限,嚴格限制個人信息的儲存時間。第五,就信息安全,用戶的個人信息應儲存於其個人裝置並且予以加密保護。第六,應確保所加工處理之個人信息的準確性,藍牙等技術可用於提供準確的、用戶與他人的接觸信息。第七,各國負責信息保護的機構應參與並審查應用程式的開發。

中國疫情下運行的電子健康碼制度對公民隱私權益的侵蝕與威脅主要體現在四個方面。首先,雖然《關於做好個人信息保護利用大數據支撐聯防聯控工作的通知》和《新冠肺炎疫情社區防控工作信息化建設和應用指引》這兩份文件均提及了個人信息收集使用的自願原則,但是在實踐中,這項原則卻有名無實。其原因在於,如果民眾拒絕填報健康信息、出行信息等個人信息則無法生成專屬於個人的健康二維碼,而沒有健康碼,則意味着其無法使用交通工具、進入公共、商業或工作場所,或者從事其他重要的活動。例如,按照深圳市教育局規定,所有參加2020年深圳中考的

考生，考前14天均須申報健康碼，否則將不予發放准考證，不得參加考試。[12]可見，民眾是否提供個人信息以申請健康碼，理論上雖有拒絕之權利，實踐中卻無行使該權利之條件。換言之，疫情下的電子健康碼制度間接實行的是強制民眾提供個人信息，從而剝奪了自願原則所賦予公民的對個人信息的自主權。實踐中，電子健康碼系統所收集的個人信息基本上覆蓋到各地區的所有人口，而並非僅限於確診感染新冠肺炎或為疑似者、緊密接觸者的信息主體。顯然，這有悖於與《關於做好個人信息保護利用大數據支撐聯防聯控工作的通知》所規定的「堅持最小範圍原則，收集對象原則上限於確診者、疑似者、緊密接觸者等重點人群」的要求。

　　其二，疫情下運行的電子健康碼制度要求用戶提供的個人信息包括身份、健康、定位、行程等信息，同時結合系統後台彙聚的衛生健康、工信、交通運輸、海關、移民管理、民航、鐵路等健康、接觸、定位等數據，全面地分析和判定用戶的個人健康風險等級。如果按照《關於做好個人信息保護利用大數據支撐聯防聯控工作的通知》所確定的有限使用原則，電子健康碼制度收集的個人信息應當以特定的公共健康目的為限，且只能加工處理與該目的相關和有用的個人信息。例如，如果以疫情預警為主要目的，那麼應用程式所收集和加工處理的個人信息應當以用戶與他人的接觸信息為限。此外，在收集、使用相關信息的時候，宜用以最小程度侵犯個人信息隱私權的方式進行。正因如此，歐盟《協助應對新冠肺炎疫情的應用程式與數據保護的指引》認為不宜使用個人的定位信息，而建議採用更小侵犯性的藍牙追蹤技術。[13]雖然，中國疫情下運行的電子健康碼制度同樣發揮着追蹤新冠肺炎確診者、疑似者或緊密接觸者的功能，但是其所收集的信息遠遠多於用戶與他人的接觸信息，且廣泛收集使用用戶的定位信息。因此，實際運行的電子健康碼制度採用了「寧濫勿缺」的做法，這與

---

12. 〈深圳中考中招政策公佈：7月20–21日考試〉，《南方都市報》，2020年5月23日，見http://news.stnn.cc/fzsjxw/2020/0523/750113.shtml (2020年6月15日訪問)。

13. 〈「中心化」還是「去中心化」？──藍牙接觸跟蹤技術的路徑選擇〉，騰訊研究院，見https://www.tisi.org/14308 (2020年6月15日訪問)。

《關於做好個人信息保護利用大數據支撐聯防聯控工作的通知》所要求的「有限使用原則」是背道而馳的。此外，電子健康碼制度下所收集的信息以公共健康的名義供第三方分享和使用時，是否遵循「有限使用原則」，則不得而知。

其三，中國疫情下運行的電子健康碼制度未能明確誰是用戶個人信息的數據控制者，誰應當對個人信息隱私保護承擔法律上的責任。由於該制度所涉及的信息種類廣泛（包括身份、健康、定位、交通、通信等個人信息），因此涉及多個政府部門（包括衛生健康、公安、海關、公交、民航、鐵路、工信等部門）。而為了實現各地電子健康碼互認的功能，各地政府還需彼此共享信息資源時，更要牽涉跨地域的政府部門。當承擔個人數據保護責任的數據控制者不明確時，個人信息隱私的隱患可能無法被及時防範、發現或處理。如果電子健康碼制度下所收集使用的個人信息出現錯誤、被洩露、被竊取或被濫用的情形，用戶亦都無從得知應當向哪個機構進行投訴、尋求救濟。例如，某些用戶的健康碼因為其電信運營商中國移動公司的錯誤定位信息而由綠轉紅，被迫在酒店強制隔離14天，而且要自行承擔相關隔離費用。雖然該用戶曾尋求市長熱線和支付寶客服反映問題，但依然未能解決。[14]此外，電子健康碼制度的用戶對其個人信息是如何被加工處理、被分享給誰使用、以何種具體的公共健康目的（雖然籠統地規定了「疫情防控和防治」為目的）被使用、該信息將被儲存多長時間等，亦不清楚。這些問題說明該項制度未能符合現行法確立的公開原則。

最後，疫情下運行的電子健康碼在保障信息安全和信息準確性方面存在欠缺。歐盟《協助應對新冠肺炎疫情的應用程式與數據保護的指引》規定，個人信息僅儲存於其個人裝置，只能進行用戶本地匹配計算，而不宜通過中央服務器集中進行；同時對個人信息通過層層加密和高頻率更新密鑰，以確保用戶身份的保密

14. 〈健康碼背後隱憂：用戶因中國移動錯誤定位被隔離〉，《界面新聞》，2020年3月12日，見https://finance.sina.com.cn/chanjing/gsnews/2020-03-13/doc-iimxyqvz9892557.shtml（2020年6月15日訪問）。

性。儘管《關於做好個人信息保護利用大數據支撐聯防聯控工作的通知》也規定了「安全保障原則」和要求對個人信息進行脫敏處理，但是在實踐中，電子健康碼制度不僅將所收集的用戶個人信息儲存於中央服務器，並彙集其他來源的健康、交通和移動信息通過中央服務器集中加工處理，並且缺少對用戶身份信息作妥善的加密保護。而且，經授權的疫情防控人員可以通過掃描用戶個人健康二維碼的方式訪問到其個人信息，如果相關人員擅自將該信息儲存或者健康二維碼被未經授權的人掃碼，將產生用戶個人信息被洩露及被不當使用的風險。此外，電子健康碼制度要求用戶自行提供信息，部分用戶提供的信息未必準確（例如惡意虛報自己感染新冠肺炎[15]），而後台彙集的海量個人信息有時也可能出現錯誤。因為由此分析判定的用戶健康風險等級將嚴重影響到用戶的出行、生活、學習和工作，所以如何發現並修正錯誤信息、如何及時更新信息，成為確保信息準確性的重要環節。在前文所提及的例子中，由於中國移動公司的錯誤定位信息導致用戶的健康碼由綠轉紅且投訴無門，既可顯示健康碼制度下如何確保信息準確性亦至關重要。

　　綜上所述，中國疫情下運行的電子健康碼制度雖以公共健康的名義收集、使用和處理用戶的個人信息，但是在平衡公民隱私與公共健康這兩項競爭性的利益時，未能在最大程度上遵循個人信息隱私保護的自願原則、最小範圍原則、有限使用原則、透明性原則、安全保障原則、及信息準確性原則。具體而言，現行的電子健康碼制度可作如下改善。首先，應當明確特定的公共健康目的（即追蹤新冠肺炎確診者、疑似者或緊密接觸者），並以此目的為限來收集、處理、分享、使用用戶與他人的接觸信息，並對用戶的身份信息進行加密保護。其次，只有當發現新冠肺炎確診者或疑似者時，健康碼系統方對其緊密接觸者發送疫情預警信息，對確

---

15. 〈男子謊稱感染新冠肺炎到處咳嗽傳人　被判刑8個月〉，《新京報》，2020年3月10日，見http://www.bjnews.com.cn/feature/2020/03/10/701841.html（2020年6月15日訪問）；〈情侶吵架女子報警謊稱男友感染新冠肺炎已被處理〉，《中國新聞網》，2020年3月24日，見http://www.chinanews.com/sh/2020/03-24/9136196.shtml（2020年6月15日訪問）。

診者、疑似者及緊密接觸者相應地提升健康風險等級。再次，電子健康碼制度應當明確哪個政府機構是對個人信息隱私保護承擔責任的數據控制者，並且建立提高信息安全和準確性的技術和步驟，亦提供給用戶以報告或要求修正錯誤信息的便捷渠道。最後，當無需實現特定的公共健康目的時，電子健康碼制度應當停止運行，而其所收集、儲存的個人信息也應及時銷毀。

四、自由與公共健康的平衡

不同與國外使用的用於追蹤新冠肺炎患者之緊密接觸者的程式僅具疫情預警功能，中國運行的電子健康碼制度還發揮着「隔離」功能，因為綠碼是民眾的「電子健康通行證」，而黃碼或紅碼則意味着持碼人的人身自由受限，並需要接受特定的隔離措施。可見，疫情下的電子健康碼制度同時涉及如何平衡公民自由和公共健康的問題。

1. 保護人身自由的現行法律

人身自由是一項憲法權利，也是一項基本的民事權利。《憲法》第37條規定，「中華人民共和國公民的人身自由不受侵犯。任何公民，非經人民檢察院批准或者決定或者人民法院決定，並由公安機關執行，不受逮捕。禁止非法拘禁和以其他方法非法剝奪或者限制公民的人身自由，禁止非法搜查公民的身體」。而剛剛頒佈的《民法典》第109條規定，自然人的人身自由受法律保護。而侵害人身自由的行為須承擔相應的侵權責任。當然，公民的人身自由權並非絕對。基於公共利益的考量，該項權利在特定情況下可能受到限制甚至剝奪。例如，根據《傳染病防治法》第39條，醫療機構發現甲類傳染病的確診者、疑似者及密切接觸者，應對其進行隔離治療或醫學觀察；拒絕隔離治療或者隔離期未滿擅自脫離隔離治療的，可以由公安機關協助醫療機構採取強制隔離治療措施。

　　因公共健康而限制公民自由的美國早期案例以*Jacobson v. Massachusetts*[16]最為著名。在該案中，法院以「社會契約理論」（social compact theory）為論證基礎，允許國家基於公共衛生和安全的需要對公民個人自由作出限制。與此同時，法院也肯定了「有限政府理論」（limited government theory），認為國家的公共衛生權力須受制於如下五項原則：即必要性原則（necessity）、合理方式原則（reasonable means）、比例原則（proportionality）、避免傷害原則（harm avoidance）、公平原則（fairness）。[17]就如何平衡公共利益和公民權利，現代憲法理論又發展出三項原則，要求國家於行使公共衛生權力時需予遵循：正當程序（due process）（包含實體要素和程序要素）、平等保護（equal protection）、憲法審查標準（levels of constitutional review）。[18]儘管中國憲法理論中欠缺相關的討論，但上述域外原則對疫情下如何權衡自由與公共健康有着借鑒意義。

2. 電子健康碼制度下的自由與公共健康的平衡

　　中國疫情下的電子健康碼制度通過後台對所彙集數據的分析，來判定用戶的健康風險等級並確定其健康二維碼的顏色，而持黃碼或紅碼的用戶即屬中高健康風險，其人身自由則受到限制，甚至需要被強制隔離。然而電子健康碼制度下，國家基於公共健康的理由對公民人身自由的限制與剝奪是否恰當，值得商榷。

　　首先，與必要性原則、正當程序的實體要素、憲法審查標準相關，政府通過電子健康碼制度來限制公民人身自由時必須具備正當性。由於人身自由是受憲法保障的公民基本權利，對其作出限制應遵循最嚴格的憲法審查標準，即「嚴格審查」（Strict scrutiny）標準：具體而言，限制公民人身自由所基於的公共利益必須是緊

---

16. *Jacobson v. Massachusetts* 197 U.S. 11 (1905).

17. Lawrence Gostin and Lindsay Wiley. *Public Health Law: Power, Duty, Restrict.* 3rd ed. Berkeley, Los Angeles, London: University of California Press, 2016, pp. 125–126.

18. 同上，pp. 132–138；pp. 147–149.

迫和重要的；為實現該公共利益有必要限制該權利（即必要性）；不限制該權利就無法實現該項公共利益（即最小侵害性）。新冠肺炎疫情下，對確診者、疑似者及密切接觸者的追蹤和隔離是一項合法、緊迫且重要的公共利益，對保護公共健康至關重要。為此限制確診者、疑似者及密切接觸者的人身自由具有必要性，且不予限制就無法實現保護公共健康之公共利益。因此，疫情之下政府限制甚至剝奪上述人員的人身自由具有正當性。

儘管如此，需要進一步思考是，電子健康碼制度是如何定義確診者、疑似者及密切接觸者，如何定義中高健康風險從而轉換健康碼的顏色。醫學上，根據國家衛生健康委員會（衛健委）發佈的《新型冠狀病毒肺炎診療方案（試行第六版）》，確診病例需有病原學證據陽性結果。疑似病例有兩項標準：一是「有流行病學史中的任何一條，且符合臨床表現中任意兩條（發熱和/或呼吸道症狀；具有上述肺炎影像學特徵；發病早期白細胞總數正常或降低，淋巴細胞計數減少）；二是「無明確流行病學史的，且符合上述臨床表現中的三條。根據衛健委《新型冠狀病毒肺炎防控方案（第五版）》，密切接觸者是從疑似病例和確診病例症狀出現前兩天開始，或無症狀感染者標本採樣前兩天開始，未採取有效防護與其有近距離接觸（1米內）的人員。

然而，電子健康碼制度下對中高健康風險的判定卻採用了另一套標準。以廣東省為例，中風險人員是指「來自疫情中風險地區的人員；有發熱，乾咳、氣促等呼吸道症狀的人員；實施居家觀察未滿14天的治癒出院確診病人；解除醫學隔離未滿14天的無症狀感染者」。高風險人員則指「來自疫情防控重點地區和高風險地區的人員；確診病人；疑似病人；正在實施集中隔離醫學觀察的無症狀感染者；正在實施集中或居家隔離醫學觀察的緊密接觸者」。與醫學上的判定標準相比，電子健康碼制度所採納的標準影響到更大範圍、更多數量的民眾。例如，自二月底起，各地政府為防控疫情相繼實施了「疫情風險等級分區分級」制度，區分高

風險、中風險和低風險地區。[19]來自疫情中高風險的人員,其健康碼一律轉變為黃色或紅色,哪怕並不屬於醫學上的確診者、疑似者或密切接觸者。即使在廣東省,疫情風險等級的分區分級已經細化到區縣,[20]這依然導致大量的民眾僅僅因為生活、工作或途經中高風險地區而受到人身自由的限制。就臨床表現特徵,若「有發熱,乾咳、氣促等呼吸道症狀」的人員,僅此一項特徵即可被判定為中等健康風險,其人身自由從而受限。此外,「實施居家觀察未滿14天的治癒出院確診病人;解除醫學隔離未滿14天的無症狀感染者」這項標準使得確診者的人身自由須多受14天的限制。由此可見,疫情下的電子健康碼限制甚至剝奪了大量並不屬於確診者、疑似者或密切接觸者的民眾,導致其接受強制隔離並自付費用,這樣的做法再次體現政府「寧濫勿缺」的思維,明顯欠缺正當性。

其次,與合理方式原則、比例原則、避免傷害原則、正當程序的程序要素相關,政府通過電子健康碼制度來限制公民人身自由的方式和程度必須合理,且要為權利受限的公民提供公平的程序(例如通知、申述、及時反饋等)以保障其權利。電子健康碼制度下,除禁止出行外,持黃碼者須實施7天內集中或居家隔離,連續申報健康打卡超過7天正常後才轉為綠碼,而持紅碼者須實施14天的集中或居家隔離,連續申報健康打卡才轉為綠碼。[21]而對持湖北健康碼之黃碼和紅碼的人員,廣東省還一律要求其接受集中醫學觀察14天,並進行兩次核酸檢測。[22]儘管限制新冠肺炎確診者、疑似者及密切接觸者出行、使用交通工具、進入公共、商業或

---

19. 〈分區分級後,各地疫情防控將有這些變化!〉,《中國政府網》,2020年2月25日,見http://www.gov.cn/fuwu/2020-02/25/content_5483225.htm (2020年6月15日訪問)。

20. 〈省疫情風險等級分區分級名單公佈 南山區為疫情低風險地區〉,《深圳政府在線》,2020年3月17日,見http://www.sz.gov.cn/cn/xxgk/zfxxgj/gqdt/content/post_6965540.html (2020年6月15日訪問)。

21. 〈多地實現防疫健康碼互通互認 專家提醒:嚴防健康碼數據洩露或被濫用〉,《法制日報》,2020年3月18日,見http://www.xinhuanet.com/politics/2020-03/18/c_1125727318.htm (2020年6月15日訪問)。

22. 〈廣東省政府新聞辦疫情防控第五十二場新聞發佈會〉,《南方網》,2020年4月11日,見http://wsjkw.gd.gov.cn/zwyw_xwfbh/content/post_2970506.html (2020年6月15日訪問)。

工作場所等，符合疫情防控的目的，然而對不屬於上述三類人員之市民的人身自由作出相同的限制，既缺乏正當性，也不符合比例原則。基於疫情防控的需要，政府應當對可能感染新冠肺炎的群體（包括來自中高風險地區的民眾，「有發熱，乾咳、氣促等呼吸道症狀」的民眾、治癒出院確診病人、以及解除醫學隔離的無症狀感染者）進行核酸檢測，以篩查出確診者、疑似者及密切接觸者，同時放行不屬於此三類人員的市民以切實保障其人身自由。

此外，在電子健康碼制度的運行過程中，出現少數市民惡意虛報自己感染新冠肺炎的事件，而後台彙集的海量個人信息也難免出現錯誤，此時將導致大量無辜民眾被錯誤地限制人身自由。如前文所述，疫情下的電子健康碼制度未能明確誰是數據控制者，未能向用戶提供申訴、投訴及及時修正信息的有效途徑。用戶因健康碼錯誤地轉變為黃碼或紅碼而人身自由受限並遭受經濟損失時，也無法得到賠償。這一點即不符合正當程序所要求的程序保障，亦有悖於避免傷害原則。

再次，與公平原則和平等保護相關，政府運行電子健康碼制度時應給予公民平等保護的權利。由於電子健康碼的申請和使用必須借助手機等移動通訊設備。如果老人、兒童、殘障人士等特殊群體沒有相關通訊設備或者沒有能力進行相關操作，就可能無法獲得個人健康碼，從而無法正常出行、使用交通工具、進入公共場所、商業場所等。各地政府對此有着不同的做法。例如，杭州市運行的電子健康碼制度允許公民為家人代理申請健康碼，被代辦人可以憑市民卡在不同場所驗碼通行。[23]但是山東省運行的電子健康碼制度則沒有開通類似的代辦功能，老人和兒童需要到社區（村）防控小組審核申領紙質健康卡。[24]此外，目前各地政府各自運行本地的電子健康碼制度，在收集信息的範圍、健康風險等

---

23. 〈杭州健康碼可為老人小孩代辦申領 實現人群全覆蓋〉，《新華網》，2020年3月22日，見http://www.xinhuanet.com/local/2020-03/22/c_1125751260.htm (2020年6月15日訪問)。

24. 〈沒有手機的老年人和孩子怎麼填健康碼〉，《半島網》，2020年3月24日，見http://news.bandao.cn/a/356874.html (2020年6月15日訪問)。

級評定的標準、人身自由受限的程度方面都存在差異。這可能導致，在甲地持綠碼的用戶到達乙地時則被視為中高健康風險者。可見，就如何給公民提供平等機會和保護方面，電子健康碼制度亦存在缺欠。

綜上所述，疫情下運行的電子健康碼制度基於維護公共健康這項公共利益，限制甚至剝奪持黃碼和紅碼用戶的人身自由。但在平衡公民的自由和公共健康這兩項競爭性的利益時，該項制度未能遵循必要性原則、合理方式原則、比例原則、正當程序保障原則、避免傷害原則、以及平等保護原則。為了更好地權衡公民的自由和公共健康，電子健康碼制度可從如下幾個方面予以改善。第一，採用醫學上的標準來判定用戶的中高健康風險，將人身自由受限的公民限定於新冠肺炎確診者、疑似者及密切接觸者。第二，政府對其他可能感染新冠肺炎的群體及時進行核酸測試，避免對不屬於上述三類人員之公民的人身自由予以限制。第三，電子健康碼制度下，應當明確誰是數據控制者，並向用戶提供申訴、投訴、修正信息、經濟賠償等程序保障。第四，各地運行的電子健康碼制度應當就收集信息的範圍、健康風險等級評定的標準、人身自由受限的程度等方面統一標準，並考慮老人、兒童、殘障人士等特殊群體的困難和利益，為其提供替代電子健康碼的便捷方案。

五、結語：電子健康碼該何去何從

儒家認為「天地有好生之德」，個體和社會均需珍惜生命，維持家庭和社會生生不息。面對疫情，維護公共健康與儒家尊重和珍惜生命的理念是一致的。但與此同時，儒家也強調追求生命之精神不朽，強調生命質量，甚至為成仁取義不惜放棄生命。[25]雖然尊重個體生命的人格尊嚴、保護其隱私和自由的理念，並非源於

---

25. 張豔青，〈生命境界與超越：儒家生命觀研究〉，《首都師範大學學報（社會科學版）》，2010年，194卷3期，49頁。

傳統儒家文化，而是近代移植西方倫理和法律文化的結果，但是這些域外理念已經被現代社會與法律所接受，並寫入彙集社會基本行為規範的《民法典》，也在傳統儒家文化基礎上豐富了「生命質量」的內涵，構成中國生命倫理學的重要內容。因此，國家在治理社會時需兼顧生命存續與生命質量兩種價值，把握此消彼長之分寸，以達成兩者和諧的平衡。而在防控疫情時，尋求隱私、自由與公共健康之平衡，與儒家所崇尚的中庸之道亦相吻合。

疫情下的電子健康碼制度為維護公共健康所發揮的作用毋庸置疑。但與此同時，公民的個人信息隱私權和人身自由權也因該項制度而受到侵蝕和限制。當新冠肺炎疫情受控時，該項制度的必要性即不復存在，其對公民隱私和自由的限制也喪失了正當性。換言之，如果防控疫情、維護公共健康的需求消失，那麼電子健康碼制度應當即時停止運行，取消對公民人身自由的限制，且之前其所收集、儲存的個人信息也應予銷毀。

隨着中國內地疫情緩和，少數城市對電子健康碼的使用範圍和執行強度都有所放緩。但是，更多的聲音是在討論如何升級電子健康碼制度。例如，通過多碼合併、擴展功能，將健康碼升級為一碼通，以覆蓋醫療、教育、政務服務、交通出行、社會保障、公用事業和金融服務等更多領域。[26]雖然對信息科技和大數據的利用符合社會發展的趨勢，然而不應忽視科技應用可能侵害公民基本權利的客觀風險。如何在保障權利的前提下發揮科技的效用是無法回避的倫理和法律問題。如本文所分析，疫情下運行的電子健康碼制度在平衡公民的隱私和自由利益與公共健康利益上，存在諸多缺陷和隱患。這些問題，不應該因為電子健康碼制度對疫情防控有着積極作用而被掩蓋或淡化。而運行和控制該項制度的政府應當以負責任的態度正視並解決這些問題，尤其當其有意繼續推廣該項信息科技的應用範圍時。

---

26. 〈健康碼未來將走向何方？〉，《澎湃新聞》，2020年4月24日，見https://www.thepaper.cn/newsDetail_forward_7117399 (2020年6月15日訪問)。

　　將於2021年1月1日生效的《民法典》第1039條特別規定了國家機關、承擔行政職能的法定機構及其工作人員的保密義務，但卻未提及其對公民個人信息的保護義務。由於中國政府掌握包括身份、健康、交通、通信、金融、教育、社保等海量的公民個人信息，作為信息控制者和處理者，其應如何切實承擔並履行保護公民個人信息隱私的責任，即是一項緊迫且重要的法律、社會及政治議題。

第十一章
疫情防控視野下的公民健康權保障研究

劉長秋

上海社會科學院法學研究所生命法研究中心主任

伴隨着生命倫理學在世界範圍內的發展，有否必要構建中國生命倫理學以及如何構建中國生命倫理學的問題成為中國倫理學界日益關注的重要話題。中國生命倫理學的構建需要直面其構建的必要性與可行性問題，更需要反思和應對產生於中國生命健康保障語境下的各種具體直觀的倫理困惑。而新冠肺炎疫情引發的諸多問題就在其中。新型冠狀病毒肺炎疫情的爆發帶來了眾多倫理與法律問題，引發了國內外學界的廣泛反思。疫情期間，為了抗擊疫情的需要，很多地方的醫療衛生資源都進行了重新調配，大量醫務人員被選調到湖北支援抗疫，而本地的醫療衛生資源也基本都被集中到了防疫抗疫領域。在這種背景下，多數醫療衛生機構都取消了普通的診療服務，使得普通公民健康權的實現受到了極大影響，由此引發了筆者對公民健康權保障問題的思考。健康權是一項怎麼樣的權利，政府在實現公民健康權方面的義務有無限度，在疫情防控的情勢下，則這一限度止於何處？作為健康權研究所必須直面的基本問題，這些顯然都有必要被納入理論研究的視野之中，以便為中國公民健康權的更有效保障提供理論支撐，並為中國生命倫理學的構建提供相應支持。基於此，本文擬就疫情防控視野下的公民健康權保障問題淺加探討。

一、作為權利的健康權及其在法律中的確立

在涉及人格的諸多權利中，健康權是最受關注且爭議最多的一項權利。健康作為人們「體格、精神與社會之完全健康狀態」，[1]是每個人最根本的利益、最強烈的需求，與人的幸福指數關係最為密切。[2]沒有健康，人生命的存在會飽受痛苦甚至根本無法存在，而人們的生活也就難言幸福。健康權是人們追求和維護健康狀態的權利。健康權是以對健康的追求和維護為邏輯起點的，而健康的概念存在很大的不確定性，不同學者或學派往往有着不同的界定。《呂氏春秋》認為：「凡人三百六十節，九竅五臟六腑，肌膚欲其比也，血脈欲其通也，筋骨欲其固也，心態欲其和也，精氣欲其行也。若此，則病無所居，而惡無所由生矣。」[3]換言之，健康就是指人的機體處於「比、通、固、定、和、行」的平衡狀態。有學者認為，健康是指人的整個機體及其肢體、器官或其他組織的完整和人身各個器官乃至整個身體功能的健全。[4]有學者則認為，健康是任何有生命物質得以維持其生命存在的重要指標，自由生物體的組織器官的結構功能處於正常的生理狀態，才能謂之健康。[5]還有學者則認為，健康「是生命的一種和諧狀態，個體的身心、個體與外界所達到的一種協調愉悅狀態。」[6]《世界衛生組織法》序言中關於健康的定義則是：健康不僅是疾病或羸弱之消除，而是體格、精神與社會之完全健康狀態。就此而言，健康顯然包含了三重含義：其一是無病無災；其二是身心健康；其三是精神愉悦。然而，這一健康的概念顯然超出了基本醫療服務所應當對應的健康概念，是一種較高水平的健康概念。

---

1. 參見《世界衛生組織法·序言》。

2. 黃清華，〈建設健康中國須準確理解健康權〉，《群言》，2016年，11期，17-20頁。

3. 《呂氏春秋·達鬱篇》。

4. 鄭立、王作堂主編，《民法學》。北京：北京大學出版社，1995年，589頁。

5. 劉鑫，《醫事法學》。北京：中國人民大學出版社，2015年，63頁。

6. 劉俊香、陰津華，〈正義論視域下的我國基本醫療服務改革〉，《哲學分析》，2013年，4期，108-115頁。

　　由於健康概念的複雜性，健康權的概念十分廣泛，內涵豐富。[7] 有學者認為，健康權是每一個自然人都具有獲得身體和心理不受侵害，在其生活環境中「享有可能獲得的最高標準的健康」的權利，健康權是每一個人生來就有的、不可剝奪的、基礎性的權利。[8] 有學者認為，健康權是公民所享有的憲法或公法意義上的醫療保障請求權。[9] 而也有學者則認為，健康權是指自然人以其機體生理機能正常運作和功能完善發揮，並以其維持人體生命活動的利益為內容的人格權。[10] 筆者以為，以上學者對健康權的界定都能夠從某個側面反映健康權的一些特徵，但又往往未能抓住健康權的本質。實際上，作為現代法理學中的核心概念，權利是一個表徵利益與自由的範疇，任何權利的實質都是對特定利益或自由的追求和確認，代表權利人獲得特定利益與自由的資格和可能。健康權作為一種權利，顯然也對應着相應的資格和可能，具體而言，它對應着人們對於特定健康利益的資格和可能。以此為基點，筆者特將健康權作如下界定，即所謂健康權，就是個人依法或者依理享有的、要求享有一定衛生保健與衛生條件以謀求獲得並保持自身健康的資格。作為權利人享有的一種資格，健康權可以從倫理與法律兩個層面加以解讀。從倫理上來說，健康權解決的是權利人謀求獲得並保持自身健康的正當性與合理性問題；而從法律上來說，健康權解決的則是權利人謀求獲得並保持自身健康的可行性與合法性問題。

　　健康權的概念至少應當包含健康照護與衛生條件這樣兩個基本領域，前者包括醫藥保健、衛生保健預防、母嬰保健、家庭節育服務、精神保健等，而後者則包括清潔用水、營養膳食、充分衛生設施、環境衛生、職業衛生以及與健康相關的信息等。換言之，人

7. 鮑冠一、劉鑫，〈公民健康權保護立法研究（上）──以〈基本醫療衛生與健康促進法（草案）〉為樣本〉，《中國衛生法制》，2018年，3期，7-13頁。

8. 湯嘯天，〈人民健康權的實現與全生命週期健康保障（上）〉，《醫學與法學》，2017年，4期，1-8頁。

9. 參見李廣德，〈健康作為權利的法理展開〉，《法制與社會發展》，2019年，3期，23-28頁。

10. 王利明主編，《中國民法典草案建議稿及說明》，北京：中國法制出版社，2004年，329頁。

們要實現自身的健康權，真正達到健康的狀態，必須要享受必要的健康照護以及具備必要的衛生條件，而且，還必須要確保自身健康的狀態不受侵犯。站在法治的視角上，健康權存在的價值和意義就在於賦予人們享受必要的健康照護以及具備必要的衛生條件並確保其不受侵犯的資格。

　　就其在法律中的確立來看，健康權作為一種權利，經歷了一個從無到有、從國際法宣示到國內法保障的發展過程。從歷史上來看，儘管健康對於人而言至關重要，但作為一項權利的健康權之興起卻是二戰以後的事情。[11] 二戰之前，作為一項權利的健康權並未以一種獨立權利的形式出現在國際法以及各國國內法之中。直到二戰後，在經歷了戰爭以及法西斯國家對人們生命健康的蹂躪和踐踏之後，才在聯合國和世界衛生組織的推動下，逐步建立起了一套完整的以聯合國公約為基礎的健康權規範體系。在公約的示範作用之下，各國紛紛將健康權納入本國憲法或者法律之中。[12] 1946年，聯合國專門成立了世界衛生組織，在《世界衛生組織組織法》序言中將健康定義為「不僅是疾病或羸弱之消除，而是體格、精神與社會之完全健康狀態」，並且首次明確提出「享受最高而能獲致之健康標準，為人人基本權利之一。」這成為健康權的最初法律來源。之後，1948年的《世界人權宣言》重申了健康權，即「人人有權享受為維持他本人和家屬的健康和福利所需的生活水準，包括食物、衣着、住房、醫療和必要的社會服務。」[13] 儘管該宣言不具法律約束力，「但包含了反映依國際習慣法被認為是具有約束力的義務之規範和原則」。[14] 在此基礎上，1966年的《經濟、社會和文化權利國際公約》第12條規定，人人享有能達到的最高體質和心理健康的標準是一項基本人權。

---

11. See Tobin J. *The Right to Health in International Law*. Oxford University Press, 2012, p. 6.

12. 王晨光、饒浩，〈國際法中健康權的產生、內涵及實施機制〉，《比較法研究》，2019年，3期，21–36頁。

13. 參見《世界人權宣言》第25條第1款。

14. Myongsei Sohn. "Globalization of Public Health Law and Ethics." *Asia Pacific Journal of Public Health*, vol. 24, no. 5, 2012, pp. 851–855.

之後，健康權在很多國際公約中獲得進一步承認，並開始向群體化、具體化方向發展，《消除對婦女一切形式歧視公約》（1979）、《兒童權利公約》（1989）、《世界衛生組織煙草控制框架公約》（2003）、《殘疾人權利公約》（2006）等都含有健康權的相關規定，並都要求締約國根據婦女、兒童、殘疾人等特定人群的健康狀況，提供必要的健康保障服務；而包括《歐洲社會憲章》、《歐洲人權公約》、《美洲人權公約任擇議定書》、《非洲人權憲章》等一些區域性文件也都規定有關健康權條款。健康權作為一項人權在國際上獲得了普遍承認。

　　在中國，作為「母法」的《憲法》並沒有明確規定健康權，但其對第45條第1款規定的「中華人民共和國公民在年老、疾病或者喪失勞動能力的情況下，有從國家和社會獲得物質幫助的權利。國家發展為公民享受這些權利所需要的社會保險、社會救濟和醫療衛生事業」顯然內含了對公民健康權的關照。這為中國公民健康權的享有和行使提供了重要依據。而《基本醫療衛生與健康促進法》則明確規定了健康權，該法第4條第1款以及第5條第1款分別規定「國家和社會尊重、保護公民的健康權」、「公民依法享有從國家和社會獲得基本醫療衛生服務的權利」，成為中國公法領域首部明確規定健康權的法律。此外，包括《疫苗管理法》、《藥品管理法》、《執業醫師法》以及《獻血法》、《人體器官移植條例》等顯然也都是立法對健康權保護的具體化。不僅如此，中國《民法典》也明確規定，「自然人享有健康權。自然人的身心健康受法律保護。任何組織或者個人不得侵害他人的健康權」，「自然人的生命權、身體權、健康權受到侵害或者處於其他危難情形的，負有法定救助義務的組織或者個人應當及時施救」，[15] 從私法的角度對公民健康權作出了明確規定。概言之，健康權作為一項公民權利的地位在中國法律中是被認可的。中國公民依法享有健康權，享有要求國家提供基本健康照護和衛生條件的資格。這一權利受到法律的明確保護。

---

15. 參見《中華人民共和國民法典》第1004條、第1005條。

二、公民健康權的國家保障義務及其底線

在中國，尊重生命、人命至上、重生惡死一直是儒家生命倫理的重要內容，也是構建當代中國生命倫理學所必須借鑒的寶貴倫理思想。這與當代生命倫理學乃至生命法學崇尚生命健康保障的理念是完全契合的。邏輯上，健康是人們追求幸福和美好生活的基礎，而健康權則是承認和維護人們追求健康資格與自由的保障。「健康權是人格尊嚴最核心的要素和前提，擁有一個健康的體魄和心理是人擁有尊嚴的最起碼的標誌」，[16] 擁有健康權並借助健康權實現自身健康狀態，是人們內在的需求。從國家法的角度來説，對作為權利之健康在國家層面的承認，確立了國家在確保其管轄範圍內的每個人獲得醫療保健和健康的先決條件方面的首要和最終責任。[17] 就此而言，健康權在中國法律中的確立至少表明了作為公民「守夜人」的政府在公民健康方面具有加以保障的責任和義務。

就倫理與法律解決問題的面向和重點而言上，倫理主要是解決問題應當與不應當的問題，亦即問題的正當性與合理性，法律則重在解決問題的能與不能的問題，也就是合法性與可行性的問題。而合法性與可行性問題的解決往往需要首先建立在對問題的合理性與正當性之判斷上，因為只有應當被解決的問題才具備被解決的必要性，也才具備被納入能不能解決所應當討論的範疇之中，並進而考慮其解決的可行性。所以，倫理與法律儘管存在着極為明顯的區別，但在現實世界中其實並非涇渭分明、截然相分，相反，二者存在着極為密切的聯繫，相互影響，相互支撐。倫理是法律的基礎，而法律則是倫理的保障。很多時候，倫理會與法律交織在一起，法律成為倫理考量的一個重要組成部分，而倫理則成為法律判斷的一個基點。很多倫理問題本身也是法律問題，或者

---

16. 李廣德，〈公民健康權實證化的困境與出路〉，《雲南社會科學》，2019年，6期，112–119頁。

17. Alexiadou, E. *The Right to Health: A Human Rights Perspective with A Case Study on Greece.* University Studio Press, 2016, p. 3.

最終會上升到需要法律來加以解決的層面。公民健康權保障的問題就在其中。健康權作為人們依法享有的、實現並保持自身健康狀態的一種資格，首先需要在倫理上具有正當性，這是法律要求國家承擔保障義務的倫理基礎；換言之，只有國家對公民健康的實現負有倫理義務，公民才具有要求國家保障其健康的資格。不僅如此，國家對公民健康權保障義務的邊界也取決於國家對公民健康所應當負的倫理義務之程度。就此而言，作為相關國際法明確規定的人人享有的一項基本人權，健康權的法理實際上立基於倫理之上，對健康權的諸多法律判斷顯然需要建立在對其倫理分析的基礎之上。

就其正當性而言，健康作為人們追求幸福的前提，是人類的本性需求、基本需要。作為存在於人性的本質之中的基本需要，健康是全人類都需要和渴望的，也是不可缺少的；非但如此，健康也是決定勞動者勞動能力的重要因素，是國家推動社會生產力發展的必然要求。國家是公民權利的代言人，是自由的具有道德的人自願同意的人的產物。人們「基於自我保全的激情」將相互的恐懼聯結成一個國家，[18] 為了避免自然狀態的不便，人們根據協定組成政府並將自己的一部分權利轉交給政府，讓政府保障人民的安全。在霍布斯、洛克以及盧梭看來，人民之所以訂立社會契約組成國家是為了應對那些單靠個人力量無法應對的來自自然和社會的危險。從這一點看，國家的設立不是目的，而是保障人民實現自己權利的手段。[19] 換言之，國家先天地具有保護公民、幫助其實現自身權利的倫理義務。健康作為人生存所必然享有的一項基本需求，理應被作為一項權利來加以尊重，並獲得國家的保護。也就是說，健康作為一種權利具有獲得尊重和保護的正當性乃至必要性。當然，這並不意味着具有正當性的健康權就應當被毫無底線的加以保護。因為具有正當性只是解決了健康權應當被保障的倫

---

18. 參見[英]霍布斯，《論公民》，應星、馮克利譯。貴陽：貴州人民出版社，2003年，59頁。

19. 廖豔，〈論自然災害下健康權的法律保障〉，《政法論叢》，2014年，1期，91–97頁。

法
律
倫
理

理基礎問題，至於在多大程度上獲得保障則還需要看國家作為健康權保障的義務主體所能夠提供的倫理高限問題，亦即國家有多大能力和條件來保護公民的健康權！

　　作為以健康這一概念作為邏輯基點的一項基本人權，健康權在內容上具有很大的「彈性」。聯合國《經濟、社會和文化權利國際公約》第12條第1款規定：人人有權享有能達到的最高的體質和心理健康的標準。但很顯然，這種措辭範式——正如有學者所指出的——在學術上被稱為「天花板」標準，而不是底線標準。[20] 在國際人權法的學理上，通常將保障健康權的過程描述為「漸進實現」的過程。這就是說，各國根據自己的國情、經濟發展和社會進步的情況以及醫療條件和能力等開展工作，不是一蹴而就的，也不是一勞永逸的，而是需要長期的、堅持不懈的努力。[21] 原因在於，健康權的內容和保障水平要受到諸多因素的制約，國家應當承擔的義務也是與該國的經濟水平、公共資源分配狀況密切相關的。國家為個人提供的衛生保健和醫療福利只能在社會資源所許可的合理範圍之內。如果脫離一國的社會現實情況，將健康權的內容設定過廣、保護標準設定過高，則會造成對健康權尊重、保護和實現的目標落空，這反而是對健康權的不尊重。[22] 誠如有學者指出的，公民健康權的確立並不意味着國家和社會對於所有疾病防治都能夠無限制地提供和承擔，還需要在綜合考慮國力和醫學發展水平的基礎上，通過法定程序，形成社會共識，建立切實可行的醫保制度和醫療服務制度，為公眾提供基本醫療衛生服務和其他各種類型的醫療衛生服務。[23]「健康權是一個持續的過程，需要積極主動和積極努力，以確保在目前情況下提出盡可能好的條件。」[24] 換言之，作為一種具有相對較大

---

20. 柳華文，〈在迎戰疫情中保障公民健康權〉，《群言》，2020年，3期，18–19頁。

21. 柳華文，〈在迎戰疫情中保障公民健康權〉，《群言》，2020年，3期，18–19頁。

22. 伍瑾，〈憲法權利視角下健康權的尊重、保護和實現〉，《中國衛生法制》，2016年，3期，18–23頁。

23. 王晨光，〈什麼是公民健康權〉，《健康報》，2020年1月2日，6頁。

24. Myongsei Sohn. "Globalization of Public Health Law and Ethics." *Asia Pacific Journal of Public Health*, vol.24, no.5, 2012, pp.851–855.

「彈性」的權利，健康權的保護應當是一個不斷發展的過程，隨着社會環境的改善以及社會財富的積累，健康權的內容也應得到不斷的充實和豐富。[25]

　　正是由於健康權自身的「彈性」，很多國家都沒有在憲法中明確規定健康權，而是在一般法律中或通過司法判例來維護其公民的健康權。例如，作為主導國際人權公約起草的重要國家，美國在其聯邦憲法中就沒有承認健康權的地位，儘管在一些州的憲法中規定了健康權。美國聯邦憲法甚至沒有在衛生保健上宣佈任何一項明確的權利，衛生或醫療保健的詞彙也沒有出現在憲法的任何地方；而最高法院也沒有將憲法解釋為那些無法承受的人在衛生保健服務權利的保障。然而，最高法院認為在一些特定情況下（如為了保障服刑者利益的情況下）政府有義務提供醫療保健。[26] 而為了符合國際法，以便從內容到精神上都遵守《世界人權宣言》與《公民社會、經濟和文化權利公約》，衛生保健權在美國已經作為一項法定權利而存在，被已經遠遠開通了保健通道的國內立法所界定和表達。[27] 德國也沒有將健康權寫入《德國基本法》中，制憲議會在討論到健康權時認為健康權的表達和後果過於不清晰和不確定，而且很可能導致建立類似於英國的國家健康體系。儘管這並沒有妨礙健康權在德國成為一項憲法保障的基本權利。[28] 中國憲法中顯然也沒有明確規定健康權的概念，而只是規定「國家發展醫療衛生事業，發展現代醫藥和中國傳統醫藥，鼓勵和支持農村集體經濟組織、國家企業事業組織和街道組織舉辦各種醫療衛生設施，開展群眾性的衛生活動，保護人

25. 鮑冠一、劉鑫，〈公民健康權保護立法研究（上）──以〈基本醫療衛生與健康促進法（草案）〉為樣本〉，《中國衛生法制》，2018年，3期，7-13頁。

26. Kathleen S. Swendiman. "Health Care: Constitutional Rights and Legislative Powers." *Health Care in the United States: Development and Considerations*. Ed. Leone Giangiulio. Nova Science Publishers Inc., vol. 1, 2013, pp. 17-19.

27. Benjamin Mason Meier. "US Efforts to Realize the Right to Health through the Patient Protection and Affordable Care Act." *Human Rights Law Review*, vol. 13, no. 1, 2013, pp. 167-190.

28. 張冬陽，〈健康權的權利體系和限制──兼評〈基本醫療衛生與健康促進法（草案）〉〉，《人權》，2019年，5期，58-75頁。

法律倫理

民健康」、「國家尊重和保障人權」。[29] 而健康權在以上國家憲法中之所以未被明確規定為一項權利，其根本原因就在於立法者其實亦察覺到健康權邊界的模糊性及在憲法中明確規定該權利所可能帶來的保障義務會過於絕對化的問題。這從某個側面表明，健康權的國家保障義務並不是絕對的，而是具有相應底線的。健康權的特點決定了其國家保障只能是建立在一定底線之上的彈性保障。

國家對於公民健康權保障的法律限度需要建立在對其倫理義務的分析之上。從倫理上來說，政府作為公民的「守夜人」，有責任確保公民享有和實現健康權，但其前提顯然是政府有能力和條件確保公民享有和實現其健康需求，而不能遊離於國家自身的保障能力以及所能夠提供的條件之外。因為遊離於國家自身保障能力和條件之外的健康權保障只是「無根之木，無源之水」，對公民而言是「空頭支票」，無法持續。立足於構建中國生命倫理學的角度來加以分析，中國生命倫理學的構建需要而且離不開傳統倫理思想的滋養，而從中國傳統倫理的角度來看，健康權作為政府努力予以保障的一項公民基本權利，其政府保障義務也非絕對的、毫無限制的。相反，中國傳統倫理中一直都主張「盡心力而為之」，[30] 但更須「量力而行之」。[31] 而「盡力而為」但「量力而行」思想具體到政府保障公民健康權的義務方面，顯然是不主張政府義務絕對論。就此而言，人人有權享有的所謂「最高的體質和心理健康標準」並不是全球的標準或者某一地域的標準，而是當事人所生活的地域範圍內和經濟條件「能夠達到」的標準；[32] 亦即國家所能夠提供的現實標準。對於公民健康權來說，國家應當以為公民提供力所能及的醫療服務和公共衛生服務為其保障義務的底線，在滿足此底線的基礎上，再依據自身能力和條件所能達到

---

29. 參見《中華人民共和國憲法》第21條第1款、第33條第3款。

30. 《孟子·梁惠王上》。

31. 《左傳·隱公十一年》。

32. 湯嘯天主編，《學生健康權的實現研究》。上海：上海人民出版社，2011年，23頁。

的實際狀況決定是否提供能夠更高水平之保障以及所提供的更高水平之保障的範圍和限度。

三、疫情防控中的公民健康權及其保障

疫情防控過程中，不少地方醫療機構為了防範疫情的需要，取消了正常門診，很多醫療服務如常規健康檢查、器官移植、人類輔助生殖、醫學整形等，甚至更為常規的疫苗接種、膽結石治療等也都在一些地方被臨時取消。考慮到醫院屬於人群相對密集而更具感染可能性的現實、醫療衛生資源比較緊張而需要確保相對有限的資源被投入到更具緊迫性的防疫抗疫之需要等現實因素，其中的有些做法是具有正當性與合理性的。因為在疫情肆虐的情勢下，個人健康的保障有賴於疫情形勢的控制，疫情的惡化會極大地衝擊社會秩序乃至國家安全，直接影響公民健康權賴以存在的基礎。集中力量抗擊疫情不僅是儘快恢復社會秩序的需要，也是保障所有人生命健康的需要。但另一方面，這種「一刀切」式的做法顯然也存在違反公民健康權的國家保障義務之虞。疫情防控中，公民健康權之克減（亦即公民健康權國家保障義務的削減）不應是隨意的，而應當把握一定的原則和限度。

就其構成而言，健康權實際上包含着健康防禦權與健康受益權兩個方面的內容。前者是指權利人要求相關義務主體不損害自己健康的權利；而後者則是權利人要求相關義務主體提供相應的措施和保障的權利，亦即要求他人積極作為以幫助自己實現健康的權利。健康防禦權與健康受益權共同構成健康權的兩項基本權能，但其在公民健康權保障方面發揮的作用並不相同，而國家對待這兩項權能的態度也往往存在很大差異。具體而言：健康受益權是健康權中相對高層次的權能，它所對應的是國家發展醫療衛生事業、體育事業、促進經濟社會發展和提供各種層次的衛生服務以為公民提供實現自身健康狀態的義務。而健康概念自身的「彈性」使得政府在公民健康受益權保障方面的責任和義務可以

提得很高，也可以維持在中線上，甚至還可以被限定在底線上。而健康防禦權則是健康權的基礎與核心，也是健康權作為一項權利得以存在和發揮作用的保證。國家應當首先與之保持距離，儘量不予干預，尊重公民的健康狀態和選擇，相信人民可以憑借自己的能力獲得最大程度的健康。[33]

在疫情防控的情勢下，基於抗擊疫情的需要，亦即保障公共健康的需要，國家在公民健康權保障義務上可以有所削減。但這種削減必須滿足特定的條件，即符合必要性、適當性和比例原則的要求。具體而言：這種削減必須為抗擊疫情所必須，具備倫理必要性乃至現實必要性；削減的範圍應當適當，僅應削減公民健康權中的健康受益權而不得侵犯公民的健康防禦權，公民健康權國家保障的底線義務亦不得削減；而且，必須符合比例原則，削減國家保障公民健康權義務所維護和保障的利益應大於削減國家保障公民健康權義務所犧牲的利益。基於此，筆者以為，在疫情防控中，作為維繫公民健康權底線的基本醫療服務必須得到完全的尊重和保障，不能因為防疫抗疫而有所削減。理論上，健康權的實現受制於多重因素，作為「創造保證人人在患病時能得到醫療照顧的條件」之基礎的基本醫療服務便在其中。健康與基本醫療是分不開的。[34]「基本醫療服務的目的是使任何公民都能夠享受到基本的醫療服務，即不論性別、職業、年齡和地域等不同，每個人都享有在選擇基本藥物，選擇適合技術，依照有序診療程序供給的急慢性疾病的診斷、醫治和康復等醫療服務。」[35] 基本醫療服務的實質是健康服務，它所關注是公民的最低標準的健康權，因此，基本醫療服務能夠確保公民獲得維持其自身生命健康所必須的醫療衛生條件，是保障和實現公民健康權必不可少的前

33. 張冬陽，〈健康權的權利體系和限制 —— 兼評〈基本醫療衛生與健康促進法（草案）〉〉，《人權》，2019年，5期，58–75頁。

34. 季麗新，〈公平視角下加拿大醫療衛生政策剖析〉，《山東社會科學》，2012年，11期，77–81頁。

35. 許中緣、翁雯，〈論基本醫療服務權的救濟〉，《蘇州大學學報（哲學社會科學版）》，2016年，2期，91–98頁。

提。而使其國民獲得能夠維持其生存與發展所必需的基本醫療服務則是政府應當肩負的基本倫理義務，也是政府依據國際法應當承擔的基本責任。

　　總而言之，在疫情防控中，有些醫療服務，如捐精、凍卵等人類輔助生殖診療服務、護膚、紋眉、變性、鑲牙、洗牙、戒煙、養生保健、臨床營養、骨密度測定、減肥等相對高端和隸屬消費性的醫療服務而非維繫生命健康所必須的基本醫療服務，可以游離於國家對公民健康權保障的底線範圍之外，從而令國家在保障公民的上述健康需求方面的義務有所削減，以便國家集中相對有效的醫療衛生資源應對疫情。而這也更有助於保障公共健康，從而確保個人健康權更具有實現的基礎。但對於疫苗接種、應急護理、血液透析、心臟搭橋、闌尾切除、康復治療、安寧緩和治療以及與防疫並無衝突或衝突不大的醫療服務等基本醫療層面的診療服務則必須獲得保障，否則，公民依法享有的健康權就會有名無實，形同虛設。

法律倫理

第十二章

疫情下個人數據利用的倫理法律困境及其中國進路初探

鑒於域外模式的比較評價

王玥
西安交通大學法學院副教授

尹潔
西安交通大學法學院研究生

曾晨
西安交通大學法學院本科生

2019年12月以來，COVID-19開始在中國爆發。一方面，通過有效利用大數據對人口流動軌跡進行排查分析來應對此次突發疫情成為了全國範圍內疫情感知與預測的重要手段，對疫情防控工作起到重要支撐作用。在2020年6月北京新一輪疫情中，國家衛健委專家在接受採訪中指出了大數據在疫情防控中的重要作用，通過迅速追蹤與檢測風險人群，進行流行病學調查，使得北京能夠在24小時內溯源病毒的關聯地，進而儘快對確診病例進行有針對性的治療，有效地減少了本次北京的重型和危重型病例，並在18日控制住疫情，[1] 這都與公民個人數據的快速精準利用密不可分。另一方面，一些地區出現了確診或疑似患者、密切接觸者等

---

1. 根據2020年6月20日線上召開的COVID-19免疫調節治療高峰論壇上北京大學第一醫院感染疾病科主任王貴強的分析，「北京這次疫情危重患者2例、重症患者11例，要遠遠低於最初武漢的數字，這和早期診斷有直接的關係」。而此前的6月18日下午，在北京市召開的第125場疫情防控新聞發佈會上，中國疾控中心流行病學首席專家吳尊友明確地表示：「北京疫情已經控制住了。」

人員的身份證件號碼、電話號碼、家庭住址等個人信息洩露的情況，[2] 給相關人員的生活造成了不同程度的困擾。此外，還有部分人對疫情結束後為防疫所用的個人信息的處置和後續利用充滿擔憂。[3] 由此可見，如何在類似COVID-19的突發公共事件處置中正當、合法且及時有效地進行個人數據利用，已經成為了當前亟待解決的焦點問題。

一、疫情下中國個人數據利用的倫理法律困境剖析

按照數據本身的生命週期，個人數據利用有數據收集、數據分析、數據披露和數據銷毀四個環節，而在疫情之下，數據生命週期中的每個環節，都存在各種不同類型的倫理和法律問題。

1. 數據收集

在數據收集方面，公共機構和私營部門都會出於業務、職責和法定義務的需要收集公民的個人信息。在疫情之下，公共機構數據收集的來源可以分為以下兩個類型：(1) 公共機構依職權收集的公民身份信息、健康信息和其他個人信息。疾控機構等組織原本就有對於法定傳染病、不明原因的突發傳染病等進行信息收集的職責；(2) 從私營機構獲取的與其業務相關的公民個人數據，如通信公司、金融機構、互聯網企業等各級各類企事業單位，其中電信企業的通信信息、交通運輸行業的企事業單位的火車票/機票/汽車票等行程信息、酒店的住宿信息、金融機構的交易/支付信息、地圖和網約車行業的行車/導航記錄信息、電商行業的收貨地址信息等，都是相關性較高的由私營機構收集和控制的公民

---

2. 朱寧寧，〈疫情信息公佈應依法進行 —— 傳染病防治法解讀〉，《法制日報》，2020年2月12日，見 http://epaper.legaldaily.com.cn/fzrb/content/20200212/Articel02004GN.htm（2020年6月24日最後訪問）。

3. 〈擔心個人信息泄露？「疫後退出機制」更讓人放心〉，《騰訊網》，見 https://new.qq.com/rain/a/20200521A0E1UK00（2020年6月24日最後訪問）。

個人數據。由於中國移動互聯網普及率和使用率較高，依託手機通信及其他相關應用服務的企業所提供的涉及公民行蹤軌跡等信息，對於精準定位和追蹤風險人群具有重要作用。而私營機構的這些個人數據則是因為業務需要且經過數據主體同意或者出於其他合法性基礎而收集。依照法律和倫理的相關規則，收集的機構應該本着最小必要原則進行數據收集，且承擔數據保護的義務和責任，未經數據主體的同意或者是法律的授權，不得向其他機構提供其個人數據。可見，這與對抗疫情所需要的快速準確的數據收集存在着有待調和的矛盾。

2. 數據分析

隨着大數據[4]時代的到來，公共機構收集公民個人數據的渠道豐富、手段快捷且成本低廉，政府能夠獲取到的公民個人數據範圍大且內容全面，配合強大的數據分析技術，公民個人數據之間的關聯性極易被發現並通過再識別技術等手段回溯公民身份。這一現狀下，一方面可以幫助公共機構更為精準有效地履行其國家安全與社會治理的基本職能。另一方面則使公民隱私遭受極高的被侵害風險。大數據昭示了由技術利用所產生的數據聚集和膨脹效應，使數據類型和數據結構由簡單的數據集發展為海量數據，再發展為包含複雜數據結構的大數據。通過數據收集、分析與挖掘，數據的控制者和處理者表現出的數據整合與控制力已經遠超以往，而一旦發生隱私侵害等問題，後果也較為嚴重。因此，在數據分析中較難把握隱私的保護尺度。

---

4. 對於大數據，尚無公認的定義，麥肯錫在其2011年發佈的報告《大數據：下一個創新、競爭和生產力的前沿》中指出，「大數據」是指其大小超出了典型數據庫軟體的採集、儲存、管理和分析等能力的數據集。這裏存在兩方面內涵：一是符合大數據標準的數據集大小是變化的，會隨着時間推移、技術進步而增長；二是不同部門符合大數據標準的數據集大小會存在差別。目前，大數據的一般範圍是從幾個TB到數個PB（數千TB）。IBM認為大數據伴隨着數字處理和社交媒體等隨時產生，且這些數據很難用結構化的行列表來加以描述，它們具有「4V」特徵，即容量（Volume）巨大、種類（Variety）眾多、速度（Velocity）飛快和價值（Value）密度低。 因此，本文當中的大數據，是基於海量的、形式多樣的數據集群，借助雲計算等的數據處理與應用手段，經有效收集、處理、分析等過程形成的一種數據資源和信息資產，其基本價值在於對於海量的數據進行收集和挖掘。

3. 數據披露

在使用個人數據進行防疫的過程中，對於確診患者和密切接觸者的披露也是重要的環節。一方面，如果信息披露不充分，如只披露確診患者和密切接觸者的人數而不公佈其住址、行蹤軌跡等信息，就可能造成更多的交叉感染。另一方面，如果披露的信息過於詳細，如「武漢返鄉人員名單」之類的信息在互聯網中被大肆傳播，涉及大量敏感信息，嚴重侵害當事人的隱私，給當事人的生活帶來了極大的不便，這些信息甚至有可能被用於實施詐騙等其他犯罪行為，威脅當事人的財產和人身安全。[5]而中國《傳染病防治法》雖然規定了傳染病爆發、流行時，國務院衛生行政部門負責向社會公佈傳染病疫情信息，並可以授權省、自治區、直轄市人民政府衛生行政部門向社會及時、準確地公佈本行政區域的傳染病疫情信息。但是，對於涉及公民個人信息的披露程度和方式，卻沒有進一步的規定，這也造成了中國各地在新冠疫情以來公佈疫情信息、追蹤確診患者與密切接觸者時，採取的措施各有不同，披露的詳細程度參差不齊。而隨着疫情發展，中國各地政府發佈的疫情信息逐漸豐富和細緻，從最初的基本統計數據擴展到確診患者曾乘坐的交通工具、去過的活動場所（精確到具體時間）、住過的酒店、接觸史、就診醫院等。因此，數據披露中公眾的知情權與公民的個人隱私保護較難平衡。

---

5. 隱私護衛隊，被罵「武漢毒人」、「要求公開全家信息」超7,000武漢公民信息洩露之後：一張「武漢回晉人員名單」的圖片在微信中大量傳播。經查，網民張某、王某、段某、樊某於1月25日先後在微信群中轉發關於「武漢回晉人員名單」的圖片，散佈公民個人信息，對涉疫情人員造成負面影響。臨汾市洪洞縣公安局依法對該4名人員予以行政處罰。此外，還有多地流出武漢返鄉人員數據表，在微信群中傳播。例如「武漢回寧都人員數據表」，涉及四、五百人的個人信息，類型包括身份證號碼、電話號碼，具體家庭住址，列車信息等內容；「省廳推送武漢回青（青島）人員信息表」，涉及2020年1月6日至21日武漢來青島市人員（鐵路、民航），共有2,257條個人信息，類型包括身份證號、手機號、戶籍地詳址、戶籍地派出所、返程方式、車次班次等信息；「在武漢逗留的湖南常德市臨澧縣全部人員表」，涉及2,110條個人信息，類型包括身份證號、姓名、性別、出生日期、民族、現住址和電話號碼等信息，其中最小的人員今年才7歲。

4.　數據銷毀

儘管本次COVID-19十分嚴重，但它的嚴格防控不應當是一個長期行為，那麼，對於因疫情防控而收集的公民個人數據，在使用目的已經達成之後需要進行妥善處理。有些國家和地區在新冠相關數據保護指南中明確指出，疫情期間收集的數據，除非是用於嚴格控制的研究，或者有額外的用戶知情同意，否則這些數據不能以任何形式進行不合理的使用。然而，2020年5月22日，杭州市衛健委在疫情下開發的「健康碼」基礎上提出「一碼知健」的思路，計劃通過對個人病例、體檢、生活方式的數據分析，區分個體和群體健康碼不同顏色，同時針對運動步數、飲酒情況、吸煙情況、睡眠質量等數據，進行健康打分。[6]雖然杭州市衛健委四天後就公開宣佈，「漸變色」健康碼目前沒有上線計劃，[7]但是其中對疫情期間所採集的個人信息地銷毀和繼續利用所引發的爭議是值得關注的。

在倫理層面，疫情下個人數據利用的困境主要來自個人尊嚴與社會公共利益的衝突。作為基本權利的公民個人信息和隱私屬於特定個人的組成部分，因而該信息關係到特定個人作為「主體」（subject）的尊嚴與自由，不能像對待客體（object）那樣隨意對待和處置。正是出於個人信息這一特殊性，個人信息的處理中受保護的首要利益是個人的人格尊嚴和自由，[8]而這一「每個人應當被獨立、平等、有尊嚴地對待」的價值觀則被具體地表述為尊重個人自治（根據自己的價值觀和信仰進行生活規劃）、尊重隱私（進入他人的私人領域）與尊重機密性（不洩露專業知識）。其中，個人自治是指「對人的行為能力（成熟的或未成熟的）的一種複雜假設，該能力確保人可以發展並且按照高層次的行動規劃，

---

6. 〈集眾力 匯眾智 市衛健委全力深化杭州健康碼常態化應用〉，見http://wsjkw.hangzhou.gov.cn/art/2020/5/23/art_1229008589_47531065.html（2020年6月24日最後訪問）。

7. 張劉濤，〈杭州市衛健委回應「漸變色健康碼」：僅為設想，暫無上線計劃〉，澎湃新聞，2020年5月27日，見https://www.thepaper.cn/newsDetail_forward_7579606（2020年6月24日最後訪問）。

8. 張新寶，〈從隱私到個人信息：利益再衡量的理論與制度安排〉，《中國法學》，2015年，3期，38–59頁。

即嚴以律己的目標，來選擇自己的人生及生活方式。」[9] 在實踐層面，「個人自治」的原則可以通過個人知情同意的規則得到保護，而隱私和數據保護則是通過具體的數據保護規則與程序來實現的。然而，疫情之下，為了防疫工作的快速精準開展（維護社會公共利益之必須），需要突破個人知情同意以及既存的隱私和數據保護規則來實現信息的快速收集、共享、分析與披露。兩者之間的矛盾衝突十分正面且尖銳。

在法律層面，儘管中國《網絡安全法》、《傳染病防治法》等法律和相關倫理規範對公共衛生等突發事件發生時政府機關等公共機構的個人信息利用和公民個人數據保護做出了原則性規定，但是，對如何正當、合理且合法地收集和利用公民個人信息，以及在信息利用過程中如何進行共享與披露，都沒有給出正面的、明白的規則和具有可實施性的操作指南。特別是，不同於商業機構和其他公益機構對公民個人數據的收集與利用，公共機構一方面具有收集和正當有效利用公民個人數據並進行社會公共管理的固有職責，另一方面還需要承擔維護公民個人數據安全保障、保護公民合法權益的職責。

因此，在疫情下，如何處理防疫所必要的公民個人數據能夠使公共機構之間、公共機構與私營部門之間合法、正當且及時地共享個人數據，如何平衡數據分析的精準性和公民的隱私等基本權益保障，如何平衡防疫的效率需求與知情同意原則落實之間的矛盾、如何進行防疫相關個人數據的後續處理等方面的問題，是存在諸多倫理法律困境的。

---

9. Richards, D. A. J. "Rights and Autonomy." J. Christman. *The Inner Citadel: Essays on individual autonomy.* Oxford: Oxford University Press, 1989, p. 205.

二、域外疫情下個人數據利用與保護的態勢分析

2020年3月，COVID-19肺炎疫情蔓延至全球。為了有效應對和控制疫情，包括位置信息、健康信息在內的個人敏感信息被允許收集和處理——甚至是在同意豁免的情況下——引起了廣泛的隱私擔憂。在應對COVID-19的過程中，各國數據監管機構收到了來自各方關於如何合法使用、收集個人數據的大量質詢問題。為了明確並回應相關質詢，各國的數據保護機構相繼發佈了COVID-19期間的個人數據保護指導意見和聲明。其中主要的個人數據保護規則要點如下：

1. 歐盟主要成員國疫情期間的個人數據保護規則

歐盟是目前全球數據保護規則較為完備的地區。2018年歐盟《通用數據保護條例》（以下簡稱GDPR）正式開始實施，這一條例對個人數據保護進行了系統性的規定，賦予了數據主體六項基本權利，[10]規定了數據控制者和處理者的主要義務及違反相關義務的巨額罰款，且GDPR不需要再轉化為成員國國內法，可直接適用於每一個歐盟成員國，全面加大了歐盟的個人數據保護力度。從2020年2月中旬歐盟防疫形勢嚴峻以來，歐盟數據保護委員會和各成員國的數據保護機構相繼發佈了COVID-19期間的個人數據保護指導意見和聲明，其具體規則要點表述如下（見表12.1）。

---

10. 數據主體的六項基本權利：數據訪問權、更正權、被遺忘權、限制處理權、可攜權和拒絕權。

表12.1　歐盟及其成員國關於應對COVID-19期間的個人數據保護指導意見和
聲明要點匯總表

機構	發佈時間	個人數據保護規則要點
歐盟數據保護委員會	2020.3.16[11]	<ul><li>疫情期間對個人數據的收集和使用應當遵守包括GDPR在內的數據保護規則。</li><li>數據保護規則（例如GDPR）並不妨礙針對COVID-19而採取的措施。但是即使在這些特殊情況下，數據控制者也要合法處理個人數據，確保數據主體的數據安全。</li><li>GDPR規定了適用於COVID-19情況下處理個人數據的相關規則，提供了個人數據收集和處理的法律依據（GDPR第6和第9條），使僱主和公共衛生部門可以在出現流行病等情況下處理個人數據，而無需徵得數據主體的同意。</li><li>對於移動位置數據等電子通信數據，仍然需要適用其他規則。如在實施《電子隱私指令》的國家範圍內，只有在匿名化或獲得個人同意的情況下，運營商才能使用位置數據。公共機構應首先以匿名方式處理位置數據作為目標，當不可能只處理匿名數據時，《電子隱私指令》第15條使成員國能夠採取立法措施，以保護國家安全和公共安全。</li></ul>

（表12.1，下頁續）

---

11. "Statement by the EDPB Chair on the processing of personal data in the context of the COVID-19 outbreak." https://edpb.europa.eu/news/news/2020/statement-edpb-chair-processing-personal-data-context-covid-19-outbreak_hu. Accessed 24 June 2020.

機構	發佈時間	個人數據保護規則要點
意大利數據 保護局	2020.3.2[12]	• 若任何人最近14天在流行病風險地區以及最新監管規定所確定的城市中逗留過，必須通知地區衛生部門。該機構將負責進行必要的檢查，包括特殊的隔離措施。 • 僱主必須避免以系統和普遍的方式提前收集信息。 • 員工有義務將工作場所健康和安全的任何危險告知僱主。
芬蘭數據 保護局	2020.3.12[13]	• 如果某個僱員被診斷出患有COVID-19，僱主有義務對僱員的健康數據保密，一般不得公佈其姓名，但可以將感染或潛在感染的一般信息告知其他員工，指示他們居家工作。 • 如有必要，用人單位可以告知第三方，但不能公開員工的姓名。
奧地利數據 保護局	2020.3.17[14]	• 為了預防風險，僱主還可以要求並臨時存儲員工的私人手機號碼，以便可以向他們發出關於公司或當局的短信警告。 • 根據GDPR第5條第1款之目的限制原則，健康數據禁止用於預防保健，病毒遏制和治療之外的目的。在流行病結束時，必須刪除不再需要的數據（例如員工的私人聯繫方式）。

（表12.1，下頁續）

12. "Coronavirus: Garante Privacy, no a iniziative "fai da te" nella raccolta dei dati. Soggetti pubblici e privati devono attenersi alle indicazioni del Ministero della salute e delle istituzioni competenti." https://www.garanteprivacy.it/web/guest/home/docweb/-/docweb-display/docweb/9282117#1. Accessed 24 June 2020.

13. "Tietosuoja ja koronaviruksen leviämisen hillitseminen." https://tietosuoja.fi/artikkeli/-/asset_publisher/tietosuoja-ja-koronaviruksen-leviamisen-hillitseminen?_101_INSTANCE_ajcbJYZLUABn_languageId=en_US. Accessed 24 June 2020.

14. https://www.data-protection-authority.gv.at/. Accessed 24 June 2020.

法
律
倫
理

機構	發佈時間	個人數據保護規則要點
英國信息專員辦公室	2020.3.27[15]	• 不會處罰未在一個月內或在複雜情況下三個月內對數據主體請求作出回應的企業（雖然不會延長法定時限）。 • 僱主有義務保護員工的健康安全，但並不意味着僱主可以無限制地收集員工信息。僱主只能收集必須的個人信息，並提供適當的保障措施。 • 在疫情防控背景下，僱主只能將收集的個人信息用於：1.評估個人感染病毒的風險；2.提供與風險相稱的措施。 • 僱主在下列情況下可以收集個人信息：1.出現COVID-19症狀；2.確認員工前往特定國家旅行；3.表明該員工可能與訪問過某個國家的人員有過任何密切接觸；或出現COVID-19症狀。 • 健康數據是一類特殊的個人數據。為了快速處理這些數據（這可能意味着沒有數據主體的同意），僱主需要在GDPR下確定最合適的條件。 • 必須確保數據主體收到詳細說明他們的數據將如何使用的隱私通知。 • 僱主應該讓員工了解所在組織的情況。但是，GDPR可能不會在任何情況下都允許僱主披露員工姓名及提供超過防疫必要的信息。如果有必要透露確診僱員的姓名（例如，在預防性情況下），應事先通知有關僱員，並保護他們的尊嚴和數據完整性。 • 如果是受《2018年數據保護法》約束的企業，在處理與COVID-19相關的健康信息時，除了滿足GDPR的要求外，還需要確定處理特殊類別個人數據的條件。例如，在未經同意的情況下處理個人數據時，還需要根據要求制定政策文件。此政策文件必須包含處理數據的相關條件、數據控制者如何滿足處理數據的合法基礎，以及保留和刪除策略的特定詳細信息。

---

15. "Coronavirus (COVID-19): advice for Tier 2, 4 and 5 sponsors." https://www.gov.uk/guidance/coronavirus-covid-19-advice-for-tier-2-4-and-5-sponsors. Accessed 24 June 2020.

2. 美國疫情期間的個人健康信息保護規則

　　美國對個人數據的保護並不是通過單一規則來實現的，主要是通過發佈系統性規定和針對性立法相結合的方式進行保護，而其中與此次疫情最為相關的個人健康信息的保護主要通過《健康保險流通與責任法》[16]（HIPAA）進行規範。HIPAA中關於健康信息的使用與共享，一般而言，需要經過個人的授權或許可，但公共衛生當局和其他負責確保公共衛生與安全的人員出於合法要求、保護國家公共健康等重要目的，為執行公共衛生任務所必要的健康信息時可在個人未授權的情況下獲取這些受保護的健康信息。之後衛生和公共服務部又以行政命令的形式發佈了HIPAA隱私規則，[17]目的是在保護個人可識別的健康信息隱私安全與因公共利益等需要而對健康信息進行合法使用與披露之間取得平衡。隨着2020年2月之後美國新冠疫情的日益嚴峻，為防控疫情需要，負責執行HIPAA法案的美國衛生和公共服務部（HHS）民權辦公室（OCR）相繼發佈了應對COVID-19的個人健康數據的使用指南與公報，其具體規則要點表述如下（見表12.2）。

---

16. HIPAA法案通過於1996年，以改革醫療保險市場和簡化醫療保健管理流程為起點來處理重大醫療保健問題，其中便包括了涉及患者隱私的診療記錄等信息。參閱Debra Lynn Banks. "The Health Insurance Portability and Accountability Act: Does It Live Up to the Promise?" *Journal of Medical Systems*, vol.30, no.1, 2006.

17. 該隱私規則制定了保護個人健康信息的標準，要求對診療等醫療信息採取適當保護措施，設置了未經患者授權使用和披露信息的條件，賦予了患者對其健康信息的權利，包括檢查和獲得自己健康記錄的副本以及要求更正的權利等，以此來保護個人健康信息的隱私。參閱"HIPAA Privacy Rule." https://www.hhs.gov/hipaa/for-professionals/privacy/index.html#:~:text=The%20HIPAA%20Privacy%20Rule.%20The%20HIPAA%20Privacy%20Rule,providers%20that%20conduct%20certain%20health%20care%20transactions%20electronically. Accessed 24 June 2020.

表12.2　美國應對COVID-19的個人健康信息的使用指南與公報要點匯總表

機構	發佈時間	個人健康信息保護規則要點
美國衛生和公共服務部（HHS）民權辦公室（OCR）	2020.2[18]	• HIPAA隱私規則以保護患者健康信息的隱私為目的，但在確保治療患者、保護國家公共健康和其他關鍵目的需要時，仍可以適當使用和披露信息。 • 向公共機構，如疾病預防控制中心（CDC）、醫療保險和醫療補助服務中心（CMS）或州一級衛生部門等，可未經授權披露COVID-19患者的健康信息，上述機構根據法律授權收集、接受此類信息來預防或控制疾病傳播。 • 對家人、朋友和其他參與護理的人員應進行健康信息披露，必要時應向警察、媒體，公眾披露信息。但此類信息必須直接與其病史相關，且要符合患者的最大利益。 • 應遵從衛生機構專業人員的專業判斷，為防止或減輕對個體或公眾健康與安全存在迫在眉睫的威脅時，應該及時披露COVID-19患者的健康信息，而向媒體或公眾披露該信息時應去標識化。 • 雖因控制和預防COVID-19而披露個人健康信息，但也要實施合理的保障措施，遵守信息披露最低限度的原則，謀求疫情防控與個人信息保護的平衡。
	2020.3.15[19]	• 對某些隱私條款進行有限的豁免，以幫助改善在COVID-19爆發期間對患者的護理。同時，對患者的權利也進行了限縮，包括：患者請求隱私限制的權利，要求保密通信的權利，並且規定以上豁免適用於公共衛生緊急聲明中確定的緊急區域或已制定災難協議的醫院，並要求實施災難協議至多72小時或發佈聲明終止時需繼續遵守隱私規則。

（表12.2，下頁續）

18. "HIPAA Privacy and Novel Coronavirus." https://www.hhs.gov/sites/default/files/february-2020-hipaa-and-novel-coronavirus.pdf. Accessed 24 June 2020.

19. "Limited Waiver of HIPAA Sanctions and Penalties During a Nationwide Public Health Emergency." https://www.hhs.gov/sites/default/files/hipaa-and-covid-19-limited-hipaa-waiver-bulletin-508.pdf. Accessed 24 June 2020.

機構	發佈時間	個人健康信息保護規則要點
	2020.3.20[20]	• 在COVID-19造成全國性公共衛生緊急情況之下，OCR不對違反HIPAA法案利用通信技術提供善意遠程醫療服務的行為進行處罰。 • 使用遠程醫療服務但在傳輸過程中截獲電子保護的健康信息，OCR不會對提供善意遠程醫療服務的主體進行罰款。在公共衛生緊急情況下，鼓勵尋求最安全的方式進行醫療服務，但為提供最方便與及時的醫療護理而使用了不太安全的產品也不會進行處罰。
	2020.3.24[21]	• 在需要治療、法律要求、急救人員可能面臨感染風險、為防止或減輕嚴重和迫在眉睫的威脅而必須披露時，即使未經HIPAA的授權，也應向執法人員、醫護人員、其他急救人員和公共衛生機構披露其健康信息，以便採取額外預防措施或使用個人防護設備，但仍應遵守信息披露的合理必要且最低限度的原則。
	2020.4.2[22]	• OCR不會對違反HIPAA隱私規則的醫療服務提供者或其業務夥伴實施處罰，允許業務夥伴也共享有關的健康數據，以便CDC、CMS和地方衛生部門快速獲取與COVID-19相關的健康數據，加強與公共衛生和監督機構的合作與信息的交換。

（表12.2，下頁續）

20. "FAQs on Telehealth and HIPAA during the COVID-19 nationwide public health emergency." https://www.hhs.gov/sites/default/files/telehealth-faqs-508.pdf. Accessed 24 June 2020.

21. "COVID-19 and HIPAA: Disclosuresto law enforcement, paramedics, otherfirstresponders and public health authorities." https://www.hhs.gov/sites/default/files/covid-19-hipaa-and-first-responders-508.pdf. Accessed 24 June 2020.

22. "Notification of Enforcement Discretion under HIPAA to Allow Uses and Disclosures of Protected Health Information by Business Associates for Public Health and Health Oversight Activities in Response to COVID-19." https://www.hhs.gov/about/news/2020/04/02/ocr-announces-notification-of-enforcement-discretion.html. Accessed 24 June 2020.

法律倫理

機構	發佈時間	個人健康信息保護規則要點
	2020.4.9[23]	• 受保實體或其業務夥伴參與COVID-19檢測工作的，OCR不會對不符合HIPAA監管要求的行為進行處罰，以此來幫助移動檢測站點的發展，促進個人快速、安全的接受檢測。
	2020.6.12[24]	• 在COVID-19期間，若醫療服務提供者出於維護、監督公共健康等目的，合理使用和披露受保護的健康信息的，不會對其違反HIPAA隱私規則的行為進行處罰，並且商業夥伴之間可共享該健康數據以此促進與公共衛生和監督機構的合作與信息的交換，增強應對COVID-19的能力。 • HIPAA允許受保醫療機構使用健康信息來識別和聯繫康復的患者，詢問提供血漿或獻血的信息，從而幫助其他感染者。隱私規則允許HIPAA涵蓋的實體及業務夥伴在未經個人授權的情況下使用、披露患者的醫療信息來識別感染人群，但使用健康信息的同時需遵守合理必要且最低限度的原則。 • 若要將受保護的健康信息向第三方披露，仍需取得個人的授權，不能直接將患者信息向獻血中心等第三方組織披露。

3. 其他主要國家疫情期間的個人信息保護規則

除了具有典型代表意義的美國和歐盟及其成員國，俄羅斯、紐西蘭、瑞士等國家也相繼結合其國內的數據保護相關立法，發佈了關於新冠疫情期間的個人數據利用與保護規則，具體要點表述如下（見表12.3）。

---

23. "Enforcement Discretion Regarding COVID-19 Community-Based Testing Sites (CBTS) During the COVID-19 Nationwide Public Health Emergenc." https://www.hhs.gov/sites/default/files/notification-enforcement-discretion-community-based-testing-sites.pdf. Accessed 24 June 2020.

24. "Guidance on HIPAA and Contacting Former COVID-19 Patients about Blood and Plasma Donation." https://www.hhs.gov/sites/default/files/guidance-on-hipaa-and-contacting-former-covid-19-patients-about-blood-and-plasma-donation.pdf. Accessed 24 June 2020.

表12.3　部分國家應對COVID-19的個人數據的使用規則要點匯總表

機構	發佈時間	個人數據保護規則要點
俄羅斯聯邦電信、信息技術和大眾通信監督局	2020.3.10[25]	• 應僱主的要求，允許使用熱像儀測量企業和組織的工人和訪客的體溫。 • 體溫是有關健康狀況的信息，因此屬於特殊類別的個人數據。 • 建議在組織入口處發佈適當的公告。來訪者進入本組織則視為同意被收集體溫，但是體溫數據不應當有身份證明。熱成像指標建議在收到後24小時內銷毀。
紐西蘭隱私專員辦公室	2020.3.13[26]	• 根據《健康法》，醫療衛生官員可以指示個人和機構披露有關構成公共健康風險的個人信息。 • 如果個人掌握有人患病的信息，且認為對預防或減輕公共健康或安全的嚴重威脅有必要，可以使用或披露其個人信息。 • 若有員工感染病毒，僱主可以為了保護其他員工的安全披露該事件，但不應當披露員工的姓名。
瑞士聯邦數據保護專員辦公室	2020.3.17[27]	• 僱主處理疫情相關的個人數據必須尊重《聯邦數據保護法》第4條中規定的原則。 • 在可能的情況下，有關病毒症狀（例如發燒）的數據，應由受感染人士自行收集和傳遞。 • 私人第三方收集和進一步處理健康數據的工作，必須向當事人披露，讓他們知悉處理的目的和範圍，以及處理的內容和時間範圍。

25. http://rkn.gov.ru/news/rsoc/news72206.htm. Accessed 24 June 2020.

26. "Covid-19 and privacy FAQs." https://www.privacy.org.nz/blog/faqs-on-privacy-and-covid-19/. Accessed 24 June 2020.

27. "Legal data protection framework for coronavirus containment." https://www.edoeb.admin.ch/edoeb/en/home/latest-news/aktuell_news. html#-216122139. Accessed 24 June 2020.

法律倫理

4. 態勢分析

通過對上述規則的綜合分析，可以發現新冠疫情之下域外個人數據利用與保護規則存在以下主要態勢：

1. 出於疫情防控的目的，各國數據監管機構均承認個人數據利用的合法性，允許公共管理機構在不經過數據主體同意的條件下收集和處理與疫情相關的個人數據（包括體溫在內的個人健康數據和位置數據）。如歐盟數據保護機構明確數據保護規則（例如GDPR）並不妨礙針對冠狀病毒大流行而採取的措施，在GDPR規定的六種可以合法處理個人數據的情形中，包括了維護公共利益，因此，本次疫情下，若發生傳染性疾病或災害等公共衛生事件時，為預防嚴重的健康威脅或保護公共利益，健康信息數據的控制者可以未經數據主體的同意處理這些個人數據。而美國的HIPAA及其相關指南也將維護公共安全等情形作為共享、披露個人健康信息的法定例外。

2. 在疫情下，允許私營部門甚至是個人收集和處理個人數據，並鼓勵私營部門出於抗疫目的與公共機構共享這些個人數據，多數國家也為私營機構的這一行為設立了責任豁免規則。如歐盟GDPR之下，數據控制者出於對預防疾病、確保公共安全的需要將數據與行政部門共享，此時這些數據控制者如健康保險公司或網絡平台與行政部門之間可通過訂立數據共享協議，明確數據使用目的、明晰各自責任分配。美國則隨着COVID-19的不斷擴散，從最初嚴格遵守HIPAA隱私規則到對一些隱私規則進行豁免，希望以此促進健康信息在私營機構和公共部門之間以及公共部門相互之間的共享，更好預防和控制疫情的發展。其他主要國家對於私營企業對其員工相關個人信息的披露與共享也做出了較為明確細緻的責任豁免規定。

3. 與疫情有關的個人數據屬於敏感的個人信息，即便被允許使用，也應當遵循各國數據保護法的一般性保護原則，包括符合目的原則、告知原則、最小必要原則、及時刪除原則、安全保護原則等。歐盟GDPR將個人健康數據歸為特殊類型的個人數據，除非有個人的明示同意，一般情況下是禁止利用此類數據，即使在疫情之下，為維護公共利益的同時也要確保數據主體享有的訪問、更正、刪除等權利，履行告知義務，盡可能遵循數據最小化原則，若能滿足數據使用目的，推薦採用匿名化等措施，以此來平衡公共利益的實現與個人數據安全。美國儘管放寬了健康信息披露的限制與信息獲取機構的範圍，也在指南中多次強調要遵守健康信息使用的最小必要原則，並沒有因疫情原因就放鬆控制，獲得健康信息的機構仍要加強對這些信息的保護。各國的數據保護機構基本都強調了這一原則。此外，數據利用目的完成後立即刪除個人數據和疫情結束之後整體刪除全部相關個人數據的規定也高頻出現。如奧地利數據保護機構要求，在流行病結束時，必須刪除不再需要的數據（例如員工的私人聯繫方式）。俄羅斯則規定，熱成像指標建議在收到後24小時內銷毀。

4. 在歐盟範圍內等具有強烈數據保護傳統的國家，即便允許在疫情期間使用個人信息，也特別強調匿名化處理過程，在個人信息的披露中（例如對患者信息的披露，以告知其他人員進行規避和防護）均嚴禁披露患者的姓名。芬蘭數據保護局、紐西蘭隱私專員辦公室和瑞士聯邦數據保護專員辦公室都規定，如某僱員被診斷患有COVID-19，僱主可以出於對其他員工或第三方的安全保障義務披露感染或潛在感染的一般信息，但不能公開該僱員的姓名。

5. 有部分國家規定了患者或潛在感染人員的報告義務。如瑞士聯邦數據保護專員辦公室規定有關病毒症狀

（例如發燒）的數據，應由受感染人士自行收集和傳遞。這一舉措也有助於緩解私營部門在隱私保護義務上的困境。

6. 發佈較為領域化、有針對性的數據利用與保護指南，對於應對此類突發事件，能夠起到較好的指引作用。如美國OCR每次發佈的指南或公告都直指疫情防控的某一關鍵方面，包括遠程醫療服務的提供、一線工作人員獲取公眾健康信息的方式、媒體對患者進行訪問與拍攝的限制及康復患者血液捐獻的規定等，這種較為細緻的規定便於在不同部門在抗疫中依據各領域明確的指南開展工作。俄羅斯則對個人體溫、熱成像指標等抗疫需高頻利用的個人數據做出了專門的規範指引。

綜上所述，歐美國家在抗疫過程中將個人數據和隱私保護問題的解決作為首要目標，傾向於指導公私部門之間的數據共享的具體操作，以在保障公民個人數據和隱私的基礎上對接觸感染者的公民起到警示作用。

三、疫情下個人數據利用與保護的中國進路初探

1. 中國獨特倫理觀對數據利用的基礎性作用

中國的倫理觀與西方個人本位思想不完全相同。雖然數據、隱私和生命倫理並不是存在於中國傳統倫理觀中的一個重要問題，但是，中國有着自己獨特的隱私乃至生命倫理傳統與觀念。

在倫理討論的語境中，人們普遍認為儒學在近代以前的中國傳統倫理觀中佔主導地位。不同於西方以個人為中心的政治和社會哲學，儒學關注家庭、社區、社會甚至國家的集體利益。在「倫理」這個詞中，「倫」的意思是人際關係，「理」的意思是理性或邏輯。它表明道德是個體在與他人交往過程中應當維持的合理關

係。「倫理」一詞的漢字構成，揭示了中國傳統倫理觀念簡單指向理想的人際關係。它重新樹立了關係人格的概念。在儒家學說中，一方面，對於他人隱私的尊重是儒家思想中「禮」的內在要求。[28]另一方面，「仁」的含義是「對人性、仁愛、慈善等積極人性品質的培養」，[29]在隱私問題上，儒學將自我隱私的犧牲視作實現個人價值的重要途徑，必要時，個人隱私的處理需遵從「捨己為公」的原則。此外，道教也是中國傳統倫理觀的重要構成部分，道家學說認為：「道是存在於萬物之中的至高無上的形而上的力量，支配着宇宙萬物的運行和運作。」[30]在道家思想下，人是由道孕育和激活的，人繼承了道的內在潛能。這意味着道不僅體現在每個人的自我中，而且存在於每個人的存在中。個人與他人之間的界限並不總是很清楚。因此，一些學者，如梁漱溟更明確地提出了這一觀點：「……在中國人的思維中，個體從來不被視為獨立的實體；他們總是被看作是一個網絡的一部分，每個人都在與他人的關係中扮演着特殊的角色。」[31]他甚至得出結論，中國傳統倫理既不是基於個人也不是基於社會，而是基於關係。[32]家庭、社區、國家和世界，從中國傳統的觀點來看，是自我的不同方面，一個人在其中逐步完善和成就自己。此外，中國倫理觀念並不局限於單一的傳統倫理視角。自新中國成立以來，社群主義倫理逐漸成為主導範式，而改革開放後，大量西方的倫理思想也湧入了中國。總體來說，當代中國的倫理觀的確是多種價值觀和信仰的混合體——古代的和現代的，西方的和東方的。目前，中國文化的特點是對社會價值觀和社會和諧的重視。對於自治等基礎觀念的看法，正如范瑞平教授所指出的，一個人不應孤立地根據其自身利益而作出決

---

28. 《禮記》：「戶外有二履，言聞則入、言不聞則不入。」

29. Qiu, R. "China: Views of a Bioethicist." *Genetic and Ethics in Global Perspective*. Eds. D. C. Wertz and J. C. Fletcher. Kluwer Academic Publisher, 2004, pp. 399–400, at 47.

30. 梁漱溟，《中國文化要義》[M]。上海：上海世紀出版集團，2005年。

31. 同上。

32. 同上。

定。[33]因此，中國文化所倡導的主要價值觀可以被描述為「和諧依賴」。[34]據中國人的理解，個人不僅是獨立的人，還是某些家庭、團體或社區的成員；因此，他們在做決定時需要全面考慮將受到這一決定影響的所有有關方面的利益。

在數據利用與隱私保護方面，中國倫理視角下的隱私概念並非基於個人自治和人格尊嚴的義務論假設，而是基於家庭和社會成員之間的關係[35]。相較於個人，公共機構反而在個人數據的控制和利用活動中掌握更大的話語權。雖然中國倫理觀中對於獨處和緘默的重視與西方隱私概念並行不悖，但在中國，人們對於數據匿名化和政府的數據收集行為的隱憂卻遠遠小於西方。[36]這些都對中國數據倫理與法律規則的構建與完善有着非常重要的基礎性作用。

2. 中國疫情下個人數據利用與保護態勢分析

中國的政策導向是防疫與個人信息保護並重。在形式上，一方面要求電信、交通運輸等行業的企事業單位按照政府相關部門的要求及時報送有關數據，另一方面迅速推出地方政府和企業聯合開發不同版本的健康碼應用[37]進行公民個人數據的收集，政府有關部門對這些數據整體進行存儲、分析與利用。2020年2月4日中央網信辦專門出台了《關於做好個人信息保護利用大數據支撐聯防聯控工作的通知》，其中明確提出鼓勵有能力的企業在有關部

---

33. Fan, R. "Self-Determination vs. Family-Determination: Two Incommensurable Principles of Autonomy." *Bioethics*, vol. 11, no. 3–4, 1997, pp. 309–322, at 315.

34. 同上，p. 318.

35. Ma Y. "Relational privacy: Where the East and the West could meet." *Proceedings of the Association for Information Science and Technology*, 2019, vol. 56, no. 1, pp. 196–205.

36. Chan Y K. "Privacy in the family: Its hierarchical and asymmetric nature." *Journal of Comparative Family Studies*, 2000, vol. 31, no. 1, pp. 1–17.

37. 2020年1月31日，用戶通過廣州政務微信小程序「穗康」，可申報登記14天內離返情況及健康狀況，並可預約購買口罩；2月9日，深圳成為全國首個疫情期間憑「碼」出行的城市；2月11日，杭州市政府與支付寶聯合開發推出的健康碼實施綠、紅、黃三色動態碼管理。其後，有上百個不同地方政府聯合企業相繼推出了各種不同版本的健康碼。

門的指導下分析預測確診者、疑似者、密切接觸者等重點人群的流動情況，為聯防聯控工作提供大數據支援，並授權了對於已經取得衛生健康部門授權或者需要配合疾病預防控制機構、醫療機構收集個人信息的企事業單位不需要徵得被收集者同意而收集使用其個人信息。同時，該通知對大數據分析中的個人信息保護工作做出了具體要求：收集聯防聯控所必需的個人信息應堅持最小範圍原則，收集對象原則上限於確診者、疑似者、密切接觸者等重點人群，一般不針對特定地區的所有人群等。

3.　建構符合中國當代社會治理需要的數據倫理

公共機構對於公民個人數據的收集和利用是政府實施公共管理職能的基礎，無論是古代的戶籍制度還是近代開始的人口普查活動，都是公共機構對公民個人數據的收集，並在對其進行各種形式的分析後制定相應的政策措施來實現政府的公共事務管理職能。而現代社會由於人口眾多且流動性大、社會關係複雜，加之信息技術的發展使得各種公民行為和社會活動都可以泛化為數據，對數據的有效收集、分析和使用已經成為提高政府的公共管理能力與範圍的主要手段之一。因此，公共機構出於保護國家安全、打擊嚴重刑事犯罪、保障社會治安和公共管理的需要，長期以來一直都對公民個人數據進行各種不同形式的追蹤、收集、儲存和利用，這已經成為了國家治理現代化的常態，構成了社會運行的基本範式。因此，構建符合中國當代社會治理需要的數據倫理，應當從促進互信和共享的角度出發，通過倫理規則的方式促進公共機構和其他數據控制者對數據的正當且負責任的利用，從更關注經濟利益、競爭、國家博弈，而轉向更關注人，讓數據利用都更加以人為本，讓他們來幫助人、服務人、成就人，而不是限制人、替代人和危害人。人的獲得感、幸福感，並不是單純從那些紙面上的權利或者金錢對價中獲得，而需要更多的尊重、關懷和自由。在未來，我們需要通過數據倫理規則的設計，實現讓每個人的世界都變得更美好的目標。

法律倫理

4. 完善中國現行的數據利用法律規範

此次COVID-19中大數據的使用提高了疫情防控工作的效率，通過向社會公佈確診患者行蹤軌跡、疫情診療情況等信息提高了公眾對此次疫情的認識與防護，利於公眾做好日常生活中的隔離防範。雖然個人信息的處理使用對疫情控制發揮着重要作用，但是針對信息收集、使用、披露、共享等處理的主體、方式、範圍、程序等也需要進行合理的限制來保護個人信息的安全，絕不能為保護公共利益而無限制使用個人信息。為尋求個人信息保護與公共利益維護之間的平衡就需要法律發揮其應有的作用。具體來說，有以下幾點應當特別注意：

1. 明確個人數據利用的合法豁免規則。對於中國而言，目前個人信息使用的合法性前提唯一而確定的「告知並取得用戶同意」，並沒有統一而標準明確的「公共利益豁免」類規定。儘管《關於做好個人信息保護利用大數據支撐聯防聯控工作的通知》要求參照的推薦性國家標準《個人信息安全規範》中將維護公共利益作為個人信息「同意豁免」的情形之一，但並不具有法律意義上的強制性。為此，在疫情防控中公共機構、私營部門和個人即便以疫情防控為目的，但在未經個人同意的情況下，仍然具有明確的法律風險。

2. 明確公共機構收集公民數據的權利與義務。出於實現公共利益的需要，法律賦予了公共機構對個人信息極大的控制與調用權限，但僅規定了若造成個人隱私的洩露需承擔責任，並未規定承擔的責任種類及方式。本次疫情防控工作中有很多的信息洩露都是由於參與信息收集的工作人員將登記的包括姓名、電話、家庭住址等信息主動上傳網絡造成的。對其行為應認定為過失或故意，是要承擔刑事責任還是僅承擔行政責任亦或紀律處分，法律的規定大多都模糊不清。因此需要明確公共機構收集個人健康信息的權限及承擔的責

任，對違反保密義務致個人健康信息洩露、故意披露個人健康信息，私自查閱禁止查閱的個人健康信息等行為都應該作出較為詳細的行政、刑事責任的劃分。

3. 制定突發事件下對個人健康信息、行蹤軌跡信息等特殊類別個人信息的數據利用規則與保護辦法。針對此次新冠肺炎疫情，將大數據用於聯防聯控工作中成效顯著，但也出現了許多確診患者、疑似患者和居家隔離者個人信息洩露事件，致其受到了電話騷擾與謾罵。而通過上文可以發現中國在突發事件下對個人信息的使用更側重於保護公共利益，而沒有對具體的信息收集、共享、披露等作出規定。同時，中國對於疫情期間使用個人信息也缺乏明確的指引，特別是對於個人信息的存儲和刪除並沒有明確規定，這對個人信息的後續使用，特別是疫情結束後的私營部門和個人對個人信息的使用，遺留了極大的風險隱患。因此可借鑒域外在緊急狀態時對個人信息使用的要求，建立有關數據收集、分析、共享、披露等環節的統一標準，規範公共機構等收集個人數據的行為，明確數據處理的目的，並通過對數據最小化使用達成預防、控制疾病等突發事件的目的，從而實現保護公共利益與個人信息安全的平衡。

4. 進一步明確個人信息的概念及法律保護範圍。以個人健康信息為例，歐盟發佈的GDPR中規定，健康數據指的是與自然人的身體或精神相關的，顯示個人健康狀況信息的個人數據，包括和衛生保健等相關的服務，同時將個人健康數據作為一種特殊類型的個人數據，對該數據的處理等作出了更為嚴苛的限制。而中國目前的法律法規中並無對個人健康信息的界定，對其認定僅出現在《個人信息安全規範》中，而該規範僅是推薦性標準，並不具備法律強制性。而在《傳染病防治法》雖規定了對有關傳染性疾病等信息的收集與保

護，但均以「個人隱私」、「相關的信息、資料」等進行模糊描述。因此，需從法律層面界定各類個人信息的概念及配套保護規範，使得相關主體對需要收集、利用和保護的對象更具有針對性。

醫　療　倫　理

第十三章

年齡配給的倫理問題

新冠疫情下，誰應該得到呼吸機？

王珏

西安電子科技大學人文學院哲學系副教授

　　在目前席捲全球的新冠疫情中，是否應該依照年齡分配呼吸機等稀缺醫療資源成為一個熱點問題。據新聞報導，意大利、西班牙等國家已經開始限制60歲以上老年人使用人工呼吸機。美國也着手在醫院中設立「積分」系統來決定哪些病人應該優先獲得呼吸機治療，而其中年齡是決定分數的一個重要因素。這些做法與中國尊老敬老的傳統價值相去甚遠，相關報導也在中國讀者中引發廣泛的反對意見。這種態度上巨大差異背後是深刻的文化差異，值得進一步探尋其隱藏的倫理意蘊。

　　需要指出的是，在西方文化語境下依照年齡分配醫療資源並非一個新問題[1]，而是一個有悠久討論傳統的老問題。在醫療資源有限的情況下，配給制被看作是提高資源使用效率和控制成本的一條重要政策思路，而其中年齡是最自然的分配標準，既然理論上所有人都處在生命歷程的某個階段。雖然實踐中西方一些國家和地區已經就一部分醫療資源實行了配給制，在本次新冠疫情中呼吸機等稀缺醫療資源又再次成為年齡配給的焦點，但關於年齡配比的倫理爭論從未止歇。

---

1. 比如，在英國國家醫療服務體系中血液透析就是依照年齡配給，超過55–65年齡區間之上的病人極少能夠得到透析治療（參看Daniels. *Am I My Parents' Keeper? An Essay on Justice between the Young and the Old*. New York: Oxford University Press, 1998, p. 84）。

在批評者看來，依照年齡配給醫療資源本質上是一種年齡歧視，並且即使配給制不可避免，也不一定要以年齡為標準。但在年齡配給制度的支持者看來，如果一個老年人和年輕人患有同一種疾病，而醫療資源只夠醫治一人時，選擇醫治年輕人可以產生更高的回報以及挽救更長的生命年限。換言之，年齡配給制度更符合社會的公共利益。對自由主義者而言，在資源有限的情況下，選擇優先醫治年輕人也是保護機會平等的要求，因為每個人都應該有平等的權利經歷生命的所有階段。

依據所持倫理理由的不同，我們大致可以梳理出西方倫理學家為年齡配給辯護的三條主要倫理路徑：功利主義、自由主義與社群主義。本文將首先梳理西方依照年齡分配醫療資源政策背後的倫理論證，在此基礎上評析這一政策的道德依據和倫理風險；並嘗試從儒家視角出發評價年齡配給制度，以求進一步闡明為什麼一種年齡配給政策在中國文化語境下是不可接受的。

一、西方語境下年齡配給制的倫理辯護[2]

功利主義論證認為醫療資源依年齡分配的結果應當符合功利主義原則，即從長遠看有利於提升大多數人的總體利益。既然年輕人通常有更長的未來生命預期，以及更高的生產效率，因而醫療資源分配應當向年輕人傾斜，換言之，從社會投資回報的角度看，將醫療資源投資在年輕人身上可以有更高成本效益或者說成本效率。

這種功利主義論證面臨着嚴重的理論困難和道德障礙。首先，上述功利主義的論證只有在我們接受成本-效益是社會醫療服務追求的唯一目的時才是有效的。然而沒有任何一個醫療服務

系統是僅僅服務於效率的；根本說來效率只是手段，必須服務於更深層的道德價值。其次，即使接受功利作為評價標準，我們也會發現在醫療語境下所謂的「功利」是一個極為複雜，難以定義的概念。僅僅一些純粹數量上的功利指標，比如節省的費用，生存年限，並不是一個充分的衡量標準。以新冠治療為例，即使接受功利標準，也可以進一步質疑，年齡本身並不能準確地預測使用呼吸機後的生存概率。如果不進一步考量病人個體生命狀態，一刀切地使用年齡標準，是一種年齡歧視，並引發更深刻的倫理疑問，即，我們是否有權為生命定價，以決定哪些生命比另一些生命更值得拯救。

換言之，任何涉及醫療資源的年齡配比要成為一種倫理上可辯護的政策，都必須在促進社會總體福利與保護個體之間找到一個平衡點，它必須說明一種以年齡配給醫療資源的制度如何能有效控制醫療保險的成本，促進社會整體健康狀況與長遠利益，同時又不會以犧牲老年人的福祉，撕裂社會為代價的。丹尼爾斯的「生命週期」理論從自由主義視角提出一種為年齡配比辯護的論證，對上述問題展現了一種更為平衡的、更為精緻的觀點。

不同於功利主義者抹煞個體，以美國生命倫理學家諾曼·丹尼爾斯為代表的自由主義倫理學家為年齡配給提供了另外一種基於個體視角的倫理辯護。丹尼爾斯首先論證依照年齡分配並不一定意味着年齡歧視。年齡與性別、種族不同，它不屬於個體不變的特徵，而是隨着個體生命階段的改變而變化。因而，對不同年齡群組的區別對待並不意味着不公平對待，而是達到在整個生命週期內公平分配資源的一種手段。丹尼爾斯比較了兩種可能方案。A方案（年齡配給方案，Age-rationing）包含着一個直接的年齡標準，比如規定70歲或75歲（參照正常壽命）以上的老年人不應該再接受昂貴的、延長生命的高科技治療。L方案（運氣方案，Lottery）則拒絕年齡配給制，僅僅依據醫療需求分配延長生命的醫療資源。L方案相比於A方案傾向於將醫療資源更多地從生命的早期階段挪至生命的後期階段，這樣有些老人也許會受益，獲得超出正常狀態的壽命。但是L方案卻降低了年輕人達到正常壽命的機會，

因為在資源有限的情況，年輕人獲得延長生命的醫療資源的機會相對降低了。丹尼爾斯相信絕大多數人會選擇A方案而不是L方案，因為他們清楚生命的有限性，並希望盡可能提高自己達到正常壽命的機率，他們會理解只有這種分配結果最有可能保障個體人生計劃的成功，實現個體間的機會平等。[3]

當前疫情下西方國家出台的一些關於呼吸機分配的倫理指導意見中，常常可以看到A方案的身影，比如建議醫生在決策時考慮患者的生命週期，在分配中向年輕患者傾斜，所持的理由也正是年輕患者還有更多未經歷的生命階段、未實現的生命可能性。

自由主義辯護的最大吸引力來自於它對個人自主的尊重，如丹尼爾斯自述的，「它並不包含一個人對另一個人生命的價值或意義的判斷，相反，它要求人們自己為自身決斷生命不同階段的利益」[4]。但這種倫理辯護的弱點也正在於它的個人主義前提，其所依賴的契約論路徑假設我們作為審慎思慮的個體可以從嚴格中立的立場得出相同的結論，作出毫無二致的選擇，以至於通過恰當的程序化，個體的選擇可以直接延伸為關乎社會整體的公共政策。然而個體的選擇千差萬別，對健康、對不同人生階段的意義都有不同的理解和不同的價值取向。尤其是在新冠疫情這種公共衛生緊急狀態下，很難設想一種抽象的契約論能夠凝聚起足夠的道德共識，在巨大危機面前維護社會團結，加強而不是侵蝕我們彼此之間的道德責任感。

另一個相關的更深層的困難是，是關於選擇主體的同一性難題。丹尼爾斯的模式設定在無知之幕（包括對自己年齡的無知）後的個體會選擇一種最公平的方式，在整個生命週期之內合理分配社會基本善。然而問題是，這樣孤零零的、抽象的個人是否能夠真實地想像自己老齡生活的樣子，能夠預測自己在衰老的階段所持的價值觀？如果無法肯定地回答這個問題，那麼丹尼爾斯

---

3. Daniels. *Am I My Parents' Keeper?*. p. 90.

4. Daniels. *Am I My Parents' Keeper?*. p. 94.

的模式就會面臨「非同一性」問題，而危及他的核心主張，即生命週期解釋應當可以不偏不倚地對待生命的每一個階段。為了把生命諸階段融為一體，我們所需要的不僅僅是所謂的想像力，更重要的是共同的詞彙和實踐以把握生命歷程作為總體的意義。換言之，年齡配比制合理性的前提是對老年意義的深刻了解，然而這一點恰恰是無知之幕後的原子式個體所難以把握的。

第三種具有代表性的路徑是由卡拉漢從社群主義視角所發展的論證，其論證的核心就是闡明老年的意義。卡拉漢論證的核心就是年齡配給是完成老年意義的必要途徑，「對老年人自身而言，生命的價值和意義奠基於醫療資源的限制上」[5]，甚至即使社會可以提供無限制的醫療資源，我們也需要為醫療資源的使用設定邊界，因為這是生命的內在界限所要求的。無限制延長的生命對個體和對社會都難以承擔的負擔。正是在此，我們可以看到卡拉漢的社群主義視角與自由主義視角的深刻差異。對丹尼爾斯，醫療資源的有限性是進行醫療配比的必要條件。但卡拉漢卻清楚地表明，即使有充足的資源，也有必要進行按年齡配比，在此卡拉漢所訴諸的理由是生命的意義與老年的意義，而不僅僅是一種政治經濟學視角下的考慮。為了把握前者，必須訴諸一個貫通不同世代的道德共同體。如他所說，迫在眉睫的危機為我們提供了思考根本問題的重要機會；這些對人生而言根本的問題包括：延長生命的技術的界限，老年的意義，以及世代延續社會的共同之善。

卡拉漢的論證包含着一個重要的道德洞見，維繫老年階段社會角色的最基本網絡就是代際延續的道德共同體。對老年人來說，雖然實現意義的方式很多，但老年人對未來的特殊義務才是關鍵所在。特殊義務就是要做自己身前和身後的道德守衛者：「正是守衛者這一不可或缺的角色使我相信老年人的基本追求應是為年輕人和未來服務。他人建造了社會，將傳承之道

---

5. Callahan, *Setting limits: medical goals in an aging society with "a response to my critics"*, Washington: Georgetown University Press, 1995, p. 116.

教給後人，而老人作為他人的後代，也同樣有義務為自己的後人盡責」[6]。老年人接受衰老與死亡的最大動因是一種代際延續的明確自覺：要讓年輕人蓬勃發展，老年人就應主動退居一邊，直到生命行將結束，也要努力為後人留下一個充滿希望和饋贈的世界。

年齡通常被看作是道德無關的因素，換言之，如果以年齡為標準來區別對待人群的話，就會涉嫌年齡歧視；正如依據種族或性別區別對待，會涉嫌種族歧視與性別歧視。丹尼爾斯的「生命週期論」已經挑戰了這一論證，他指出年齡與性別、種族不同，它並不屬於個體不變的特徵，而是隨着個體生命階段的改變而改變，因而對不同年齡群組的區別對待並不意味着不公平對待，並不意味着年齡歧視，而是達到在整個生命週期內公平分配資源的一種手段。「年齡」也因此成為道德相關（ethically relevant）因素。

相比於丹尼爾斯的論證，年齡內蘊的道德責任。「正因為衰老有其目的，正因為它結合了自我身份和服務他人生命的重要職能——聯結過去、現在與未來——生命才有了意義。……正因為社會承認和鼓勵老年人實現自己對年輕人的義務，讓他們有了明確和重要的角色，那種有利於大眾福祉，也只有他們才能扮演的角色，於是老年人才獲得了生命的意義。」[7]

關於新冠疫情的倫理討論中，我們同樣可以聽到上述社群主義聲音的迴響。日前比利時一位90歲老人蘇珊娜・霍萊茲拒絕使用呼吸機，以將生的希望留給年輕人，她自我犧牲的舉動得到廣泛讚譽。雖然社群主義路徑包含着對生命有限本質的深刻洞察，但將這種道德洞見發展為切實可行的公共政策面臨着現實困難，尤其在西方社會文化語境下。將德性提升為制度必須由一種具體的、倫理上得到完善辯護的政治哲學支撐，這種政治哲學有足夠的合法性依據一種具體的善的生活觀念，去充實年齡配給制度的

---

6. Callahan, *Setting limits: medical goals in an aging society with "a response to my critics"*, p. 43.

7. 參看哈瑞・穆迪、詹妮弗・薩瑟，《老齡化》，陳玉洪、李筱媛譯。江蘇人民出版社，2018年，248頁。

內容。如果缺乏這樣一種具體的善的生活觀念作為支撐，單單依據年齡限制老人的醫療供給是有巨大道德風險的，極有可能演變為對老人的單方面剝奪。而個人主義、自由主義價值主導下的當代西方社會恰恰缺乏對一種具體的善的生活觀念的共同承諾，以維繫代際之間交互道德責任。這使得在西方語境下，社群主義視角更像是對理想界限的揭示，而非一條現實的道德途徑。

二、儒家視角下的年齡配給制度

　　相比於功利主義與自由主義，儒家的倫理視角更接近於一種德性論與社群主義視角。從一種德性論與社群主義視角出發，儒家會贊同卡拉漢論證中的一個核心觀點，即，老人有責任接受生命的內在限度，並且接受生命的有限性是我們完成對共同體責任的起點。如費孝通所該概括的中國文化特質就在世代之間，「上一代以『不孝有三，無後為大』為訓，下一代則以『光宗耀祖』為奮鬥目標」，每一代「把自己作為上下相聯的環節來看待」。[8] 傳統中國人的生命感正是安頓在世代序列的鏈條之中而得到支撐，得到充實，得到意義提升。「對於祖先的重視和對於子嗣的關注，是傳統中國的一個極為重要的觀念，甚至成為中國思想在價值判斷上的一個來源。一個傳統的中國人看見自己的祖先、自己、自己的子孫的血脈在流動，就有生命之流永恆不息之感，他一想到自己就是這生命之流中的一環，他就不再是孤獨的，而是有家的，他會覺得自己的生命在擴展，生命的意義在擴展，擴展成為整個宇宙。」[9]

　　由此與卡拉漢一致，儒家同樣承認年齡的道德涵義，並將之看作定位個體自身的道德使命，衡量彼此之間道德責任的起點。

8.　費孝通，《家庭結構變動中的老年贍養問題：再論中國家庭結構的變動》，7頁。

9.　葛兆光，《中國思想史》。上海：復旦大學出版社，2009年，24頁。

這使得在某些點上，儒家可能會同情卡拉漢所採取的立場。但我們需要看到，儒家道德觀念總體上是不支持一種依照年齡的醫療配給制度，特別是當這種配給制度會指向限制老年人的醫療供給。本文開頭所提到的中西方社會在呼吸機分配問題上大相徑庭的態度，背後實際隱藏着道德觀和道德價值上的深層文化差異。捕捉和闡釋這種差異，不僅可以幫助我們更好理解自身文化傳統的道德特質，也能提供一個難能可貴的觀察點，以切入在本次席捲全球的疫情中，中西方社會對抗疫情的不同策略背後的倫理差異。這也是本文寫作的最終目標。

這是一個重要但也相當宏大的理論問題，在此我們不能期待有任何現成的簡單答案，正如一種年齡配給制度也從來沒有像西方那樣在中國倫理探討語境下成為一個焦點問題。但這並不意味，我們不能從既有儒家倫理資源中推衍出儒家對年齡配給制度相關討論的態度。限於篇幅，筆者將僅僅討論如下三點相關的儒家立場。

第一點，儒家同樣認可老年的意義（或者更一般地說，年齡的意義）在關於老年人醫療照顧的道德探討中扮演着關鍵角色。在儒家看來，一個接力型社會最大的隱憂就是它是一個老年在其中喪失了固定角色的社會，一個接力型社會是一個老人不斷退出的社會，這對傳統中國人而言是難以接受的。如徐復觀所指出，一個接力型社會，一個有慈而沒有孝的社會，「等於是每一個人都沒有圓滿收場的社會，也即是每一個人從他的工作退休時，即失去了人生意義的社會」。[10] 而在儒家植根於反饋式代際關係的縱式社會中，老年人始終扮演着重要的社會角色。「孝悌也者，其為仁之本歟！」（《論語・學而》）。老人是否得到尊重和保護不僅

---

10. 徐復觀，《中國思想史論集》。九州出版社，2014年，240頁。徐復觀進一步評價說這樣一種不給「老人」留下特定角色和位置的社會結構是有嚴重問題的，而中國孝道文化恰恰可以用來補弊。「難說這便不算一個社會問題、人生問題，而不值得把中國的孝道加以新的評價嗎？」（同上）

關係到個體整體人生意義的完滿與否，也關係到社會團結的基礎，更被看作是仁政的一個重要指標。如孟子所説的，「謹庠序之教，申之以孝悌之義，頒白者不負戴於道路矣。七十者衣帛食肉，黎民不饑不寒，然而不王者，未之有也」（《孟子‧梁惠王上》）。這意味，儒家會認為，基於我們共同的社會義務，政府有責任幫助家庭照顧老年人，有責任幫助老年維持健康，維持老年人與所在社群的密切關聯，安享晚年。重視代際延替的悠長生命感也使得中國社會格外重視養老，重視社群對老年人的道德責任，如孟子所言的「是使民養生喪死無憾也。養生喪死無憾，王道之始也」（《孟子‧梁惠王上》），又如荀子所言的，「使生死終始若一，一足以為人願，是先王之道」，「生死俱善，人道畢矣」（《荀子‧禮論》）。儒家對養老的重視不僅僅是重視承擔養老職責的社會機構，而且也重視養老對提升整個社群精神品質的作用，並相應地將對老年人的道德責任看作是「仁政」的基礎，是和諧團結的社會秩序的基礎。

　　第二點，事實上儒家並不反對一般意義上的配給，儒家典籍中也不乏關於以年齡為分配標準的記載。一個非常著名的配給制例子就是《孟子》中所記載中的，「五畝之宅，樹之以桑，五十者可以衣帛矣！雞豚狗彘之畜，無失其時，七十者可以食肉矣！百畝之田，勿奪其時，數口之家可以無饑矣！謹庠序之教，申之以孝悌之義，頒白者不負戴於道路矣。七十者衣帛食肉，黎民不饑不寒，然而不王者，未之有也。」（《孟子‧梁惠王上》）但這些**配給更多是以彰顯對老人的尊重和優待為目的，並以家庭為單位來實行**。相比於將年齡看作是限制接受醫療服務資格的區別性特徵，儒家更傾向於將年齡看作是在一個道德共同體中佔據不同角色的標誌，不同角色也意味着不同的權益與責任。「五十衣帛」，「七十衣帛食肉」的待遇是對老年人對社會曾經貢獻的肯定，是代際之間團結紐帶的展現。因而，在儒家看來，建立一個公平的、能夠審慎對待各個年齡段醫療需要的醫療保障體系，最佳的策略是實行分層次的醫療保險，而不是在同一個醫療保險制度內部實行年齡配給

制，如范瑞平等學者提出的家庭醫療帳戶制度就是一個有益的思考方向。[11]

值得注意的是，雖然家庭醫療儲蓄帳戶制度有可能產生類似於醫療資源年齡配比制的效果——比如增加積累，促進代際公平，控制醫療費用——但是兩種制度在其道德涵義上有着根本差別。按年齡分配意味着傾向於以一種以與其素質和潛力成比例的方式對待一個人，因而隱含着對老年意義和老年價值的消極理解，並且沒有充分考慮到老年人的獨特需要。處於依賴狀態中的老年人最核心的需求是持續的照料，而其所需要的照料也無法簡單地以關於功能的量化標準來加以衡量。比如，一個家庭可能選擇不採用昂貴的移植手術來延長一個老年家庭成員的壽命。然而，在表面的相似性之下，這種家庭決定與基於量化標準的配給決定之間存在着顯著的差異。家庭的放棄手術的決定並不侵蝕家庭內部責任紐帶，即使不採取某些技術手段，比如高成本延長壽命技術，家庭成員也總會在病人身邊，給予安慰與支援，共同承擔家庭的命運。家庭決定與配給制決定最大的區別就在於，**家庭決定從來不是一種計算，而是一種在無法衡量的善之間的艱難平衡**。這也決定了儒家倫理視野下不能接受對呼吸機的年齡配給制度，因為現有的幾種年齡配給制方式難以袪除的信息就是老年倍計算為無意義的、缺乏投資價值的人生階段，這與儒家所追求的仁愛互助的和諧社會相悖。

第三點，儒家無法接受一種西方式年齡配給制度的更深層原因是它持有一種不同於西方的社會正義觀念。西方社會正義視野的焦點是個體之間的公平分配。之前討論的西方語境下為年齡配給制度所作的辯護，除了社群主義視角外，辯論的重點都落到「個人是否得到了他應得的份額」。但在儒家的視野下，正義社

---

11. 例如建立家庭醫療帳戶制度，政府可以在不分年齡的基礎養老保險層次之外，給予家庭更多主動權利，將更多資金留在家庭內部，讓家庭根據自身需求為其成員配置更符合需求的補充保險計劃。參看曹永福、范瑞平，〈建立中國「家庭醫療帳戶」的倫理論證：儒家的家庭倫理、「愛有等差」及衛生改革〉，《倫理學研究》，2011年，1期，27頁。

會的終極目標並非相互競爭的個體之間的平等與公平，而是一個道德共同體的完善及其中每個成員的德性提升，是人與人之間相互負責、與諧共處。儒家關於社會正義的圖景最形象、最簡練地表達在《禮記‧大同篇》中：「大道之行也，天下為公。選賢舉能，講信修睦，故人不獨親其親，不獨子其子，使老有所終，壯有所用，幼有所長，矜寡孤獨廢疾者皆有所養，男有分，女有歸。貨惡其棄於地也，不必藏於己；力惡其不出於身也，不必為己。是故謀閉而不興，盜竊亂賊而不作，故外戶而不閉，是謂大同。」一種儒家社會正義論的關注重點不是社會制度如何影響分配方案，即「誰得到什麼」的問題，而是關注分配結果如何影響人類社會關係，即「我們如何相互聯繫的問題」。[12] 羅爾斯式社會正義論把機會、資源和被分配的物品視為相互競爭的個人的財產或潛在財產；儒家則不傾向於將之看作是個人獨佔的財富，而是作為個人修養的促進者，促成適當的人際關係，構成和諧的社會。

　　這種價值取向使得受儒家文化影響的中國社會在面對突如其來的重大危機時，傾向於採取「飽和式救援」[13]，「一方有難，八方來馳」，而警惕「以鄰為壑」的傾向。正是基於以上的道德和政治考量，儒家不會認可醫療資源年齡配給制作為一種醫療配置方案，因為以年齡來決定是否給予治療，是將年齡看作限制或否定接受醫療資格的手段傾向於強調分裂人群的因素，這與儒家所追求的仁愛互助的和諧社會理想相悖。這也解釋了為什麼在本次新冠疫情，絕大部分中國人最直接的道德反應就是拒絕依照年齡來分配呼吸機等稀缺資源，因為這會侵蝕中國社會團結的基礎，侵蝕將社會成員連接在一起的道德紐帶。這條紐帶生長於家庭之中，以孝道為根基，並衍生到整個共同體。這條以家庭為根基、為範本的團結紐帶不僅維繫着中國人的共同文化心理，也構成了中

---

12. 查看Sor-hoon Tan. "The Conception of Yi in the Mencius and Problems of Distributive Justice." *Australasian Journal of Philosophy*, vol. 92, no.3, 2014.

13. 電影《流浪地球》中描繪的「飽和式救援」並非只是科幻想象，而在一定程度上可以看作是民族深層文化心理的投射。也是我們在此次眾志成城、團結一致、馳援湖北，抗擊疫情的行動中可以觀察到的現實。

醫療倫理

國社會解決問題的重要倫理和社會資源，以及應對危機時的價值指引。在本次新冠疫情面前，中國社會的一些不同於西方的選擇和反應背後也有這些文化和倫理價值因素的深層影響。

三、年齡可以成為呼吸機分配的依據嗎？

基於上述討論，再回頭看本文開始提出的倫理問題，「是否應該依照年齡分配呼吸機」，我們會發現這一問題本質上是一個開放的問題。在回答這一問題之前，我們需要廓清三點前提。首先，這是一個涉及稀缺醫療資源分配的公共政策問題。只有出現資源稀缺，且需求迫在眉睫的情況下，醫療配給政策才能具有一定的合理性。這意味，在面對這一倫理難題時，我們所能期望的答案並非一勞永逸的普遍規則，而只是特殊背景下的一種價值權衡。歸根到底，依照年齡實行醫療資源配給是應對資源稀缺情境的一種手段，而是否是一種合理手段，還需要結合具體條件加以倫理辨析。就當下的這場新冠疫情而言，我們還需要進一步分析如下問題：(1) 新冠疫情是否構成一種必須通過年齡配給才能應對的資源稀缺狀態；(2) 為了達到最高的資源使用效率，年齡是否是最合理的分配依據；(3) 如何平衡考慮年齡配給的收益和成本，包括道德成本和政治成本。

其次，任何涉及醫療資源的年齡配給要成為一種倫理上可辯護的政策，都必須在多種 (有時相互衝突的) 價值之間找到一個平衡點，最經常被訴諸的價值包括社會整體健康狀況與長遠利益、機會平等、社會團結等。如何理解這些價值的內涵，以及價值之間的優先關係在很大程度上是由所置身的社會文化傳統，及其內含的善的生活觀念所決定的。當前疫情下西方社會所採納的依年齡分配標準更多是基於功利主義和自由主義立場，這也與現代西方社會的主導價值觀相一致。但正如上文所分析的，依年齡分配醫療資源是一項道德風險極高的公共政策，所有倫理辯護都有這樣或那樣的漏洞。最嚴重的道德問題包括：(1) 所有年齡配給政策

難以袪除的潛藏信息就是老年是無意義的、缺乏投資價值的人生階段，這在有些情況下可能會引發嚴重的人道主義危機；(2) 以年齡來決定是否給予治療傾向於強調分裂而不是團結人群的因素，侵蝕社會成員彼此之間的道德責任感。

最後，在回答「是否應該依照年齡分配呼吸機」的倫理難題時，必須考慮不同文化類型下的不同價值抉擇。這也可以幫助我們理解中西社會不同態度背後的價值觀差異。在儒家看來，老人是否得到尊重和保護不僅關係到個體整體人生意義的完滿與否，也關係到社會團結的基礎，更被看作是仁政的一個重要標誌。因而，同樣面對醫療資源稀缺情境，受儒家價值觀的制約，中國社會絕不會將限制老人的醫療供給作為一種合理應對手段。需要指出的是，儒家倫理也是一種社群主義視角，但相比卡拉漢的觀點，儒家更深刻的道德洞見在於認識到，對老人的態度不只是關乎對某個社會群體的道德責任，更重要的是關乎我們相互之間道德責任的根基。這種價值取向賦予中國社會一種堅韌性：在疫情面前，不拋棄，不放棄，以最大的團結爭取最後的勝利。

第十四章

新型冠狀病毒肺炎疫情防治中倫理困境分析

黎可盈

南方醫科大學衛生管理學院碩士研究生

嚴金海

南方醫科大學通識教育部教授

一、前言

自2019年12月起，中國湖北省武漢市陸續出現多起新型冠狀病毒肺炎（COVID-19，簡稱「新冠肺炎」）病例。此後，新冠肺炎疫情迅速從湖北省爆發乃至蔓延全國，並在2020年1月20日被列入《中華人民共和國傳染病防治法》規定的乙類傳染病，採取甲類傳染病措施。[1]截止至2020年6月9日，中國已確診病例達84,638例，死亡病例4,645例，均遠遠超過2003年SARS疫情的病例數和死亡數。2020年3月11日，WHO世界衛生組織正式宣佈新冠病毒肺炎為全球性大流行病。而截止到2020年6月9日，全球累計確診病例總數為7,100,635例，累計死亡總數達406,653例。

---

1. 國家衛生健康委員會：2020年第1號中華人民共和國國家衛生健康委員會公告，2020年1月21日。

疾病帶給患者心身痛苦、失去勞動生活能力、甚至是死亡的結局，還帶給家庭和社會以多方面的壓力，改變生活運轉的軌跡，一定程度上加劇人際衝突，往往將隱性的矛盾顯現化，引發倫理問題。傳染性疾病不僅有前述的問題，還往往通過傳染同類，使他人也進入人類本能厭惡的疾病狀態，繼而影響他人、族群、甚至是全社會的健康。此時，人類內部的競爭關係突顯出來，健康等利益邊界剛性化，個體、群體、社會組織、地域、國家之間的矛盾與衝突加劇，原來的倫理現狀及規則面臨或大或小的衝擊，相應的倫理衝突隨之爆發。

在新冠肺炎疫情傳播與防治過程中，傳染性疾病引發的一系列平時不易點燃的倫理衝突，導致人們陷入相互指責與對立困境，很明顯不利於疫情的控制。因此，本文分析了新冠肺炎疫情防治中的倫理困境，從儒家生命倫理的角度為疫情的防控和診治提供協調機制和決策建議，有助於推進中國和世界應對突發公共衛生事件的治理體系和治理能力現代化。

二、疫情防治中的倫理困境

1. 疫情信息公開與社會恐慌情緒的衝突

在現代社會中，公共衛生事件應對的主要責任者是政府相關的行政部門，其應對處置方式蘊含了豐富的倫理內涵。回顧武漢市政府公開疫情相關信息的過程，從2019年12月8日武漢衛健委通報首例確診不明原因肺炎的病例發病，2020年1月1日武漢公安機關對包括李文亮醫生在內的所謂散佈「確診7例SARS」謠言理者依法處，1月11日武漢衛健委首次將「不明原因的肺炎」更名為「新冠病毒感染的肺炎」並表示未見明顯人傳人和醫護感染的證據，1月14日武漢衛健委稱尚未發現明確人傳人不排除有限人傳人，直至1月20日鍾南山院士在記者會上證實新冠病毒「人傳人」。而據

1月29日中國疾病預防控制中心等機構發表的論文表明，自2019年12月中旬以來新冠病毒在密切接觸者之間已發生人際傳播。[2]

按照《中華人民共和國防治法》（以下簡稱《防治法》）第三十八條規定：「負有傳染病疫情報告職責的人民政府有關部門、疾病預防控制機構、醫療機構、採供血機構及其工作人員，不得隱瞞、謊報、緩報傳染病疫情。」此次疫情前期，武漢市政府相關的行政部門未依法公開疫情的行為以致錯過了防控疫情的最佳時期，重演了非典時期的歷史教訓。政府隱瞞疫情或許主要是出於維護社會安定、經濟平穩發展的權衡利弊的考慮，另外一個理由是擔心公開疫情引發公眾的恐慌。但事情發展的方向卻相反，由於隱瞞疫情信息導致採取不恰當的處置措施，新冠肺炎疫情不僅在武漢市區迅速擴散，而且擴展到更大範圍，引發重大的公共衛生事件，造成難以估量的損失。如何在重大公共衛生事件來臨之時，及時準確告知並指導公眾採取恰當的應對方式，但又不造成過分社會性恐慌情緒與反應，一直是社會風險管理的難題。在這次疫情的早期應對過程中，相關部門「諱疾忌醫」的做法雖然是個別事件，但值得反思。

2. 稀缺醫療衛生資源分配的衝突

醫療衛生資源是保障人類生命健康的重要資源，新冠肺炎疫情的大流行使醫療衛生系統不堪重負。在疫情緊急突發的情況下，醫護人員資源的調配、醫療物資的分配、輕重病症患者的救治選擇等醫療資源供需之間的不平衡迅速增長，引發了稀缺醫療衛生資源分配的倫理衝突。例如，病床短缺時該把有限的病床安排給治療中收益最大的患者還是病情最危急的患者，缺少醫用口罩和防護服時該如何分配給醫護人員使其獲得最大的防護保障，都需要給予更多的倫理考量。

---

2. Li, Q., Guan, X., Wu, P., et al. "Early Transmission Dynamics in Wuhan, China, of Novel Coronavirus-Infected Pneumonia." *The New England journal of medicine*, vol. 382, no. 13, 2020, pp. 1199–1207.

應對稀缺醫療衛生資源的分配難題，基於傳染病的性質與防控任務，其分配的實踐應該把握好效用原則和公正原則的平衡。效用原則要求在能夠得到最大可能的收益的同時，實現最小可能的傷害，從另一方面擴大行動的淨收益。[3]考慮到效用原則，政府和醫療機構在分配稀缺醫療衛生資源時應最大可能地提高群眾的健康水平和減少傳染病造成的傷害。但是追求效用原則也存在其弊端：一是強調效果價值分配衛生資源容易忽略道德價值，二是可能造成對個人權力的侵害而忽視了公平的要求。因此，為了約束效用原則的負面效應，還應堅持公正原則，以糾正追求效用最大化行動所導致的不公正現象。在稀缺醫療衛生資源分配上，公正原則要求在所有社會成員之間公平、公正地分配資源、收益和負擔。公平公正分配資源，將利益最大化的價值放在首位，適用於在新冠肺炎疫情中需要醫療衛生資源的群體。

3. 患者信息披露和個人隱私權的衝突

政府在防治疫情過程中採取的每一步公共衛生行動，都必須在涉及到的個體權益和公眾權益之間進行權衡取捨。《防治法》第十二條規定：「疾病預防控制機構、醫療機構不得洩露涉及個人隱私的有關信息、資料。」在倫理上，允許為了公眾利益在一定程度上限制個體權益，如疫情期間按照法律和規章要求通報患者一定的隱私信息和行動軌跡，但其前提是必須採取的防疫措施有效且侵犯不可避免、必要和合理，同時盡可能確保侵犯的性質最輕化、程度最小化、時間最短化。例如，晉江市張某某因從武漢回來後未進行居家隔離，多次外出走親訪友和聚餐，確診後導致三千餘人被隔離而被媒體報導為「晉江毒王」，其和家人的隱私信息也被外洩，使他們不堪其擾。後續是晉江市公安機關對涉嫌危害公共治安罪的張某某立案偵查，並採取強制性措施。張某某及家人除合法的個人消息外被洩露，很明顯是隱私權遭到了過度的

---

3. 王明旭主編，《醫學倫理學》。北京，人民衛生出版社，2010年，145頁。

侵害。當患者的隱私權與公共健康安全發生衝突時，在保護患者的權利的同時，需要對隱私權設置合理的邊界，不能違反法律法規和損害公共利益，在實際的傳染病防治工作中找到保護隱私與公眾利益的平衡點。[4]

另一方面，必須反對在患者信息披露過程中稱呼諸如「晉江毒王」、「武漢病毒」這類對患者、疑似患者及其家屬、地域和民族的歧視和偏見的「疾病污名化」行為。《防治法》第十六條規定：「任何單位和個人不得歧視傳染病病人、病原攜帶者和疑似傳染病病人。」傳染病患者基於自身的病恥感，原有的身份認同會發生改變，而社會的歧視和隱私權被侵犯容易使其對社會環境、人際關係和社會關係產生不滿甚至仇視。[5]審視和防治新冠病毒這類的傳染病，不能限於預防檢測知識的發展、診斷治療技術的進步，而更應關注在疾病防治過程中的社會觀念和社會行動。在披露患者信息時，應注重避免對患者的歧視和偏見，依法維護個人隱私權，消除大眾對傳染病的「疾病污名化」心理與行為，構建和諧的社會精神健康的氛圍和理性疾病文化。

4. 防控過當和防控不足的衝突

《防治法》賦予了基層組織參與防疫工作的法律依據，某些地區卻出現了防疫過當的失控行為。例如「某地一家三口在家打麻將被鄰居舉報後，防疫人員打砸麻將桌」、「某地一村民因不戴口罩被防疫人員捆在牆上」等新聞屢見不鮮。防疫的正當性並不意味着一切打着「防疫」旗號的行為都是合理的，防控過當是公共衛生資源的不當使用和浪費。引發防控過當行為的原因之一是公眾在疫情期間讓渡出了人身權、自由權等部分權利，留下了公共權力侵犯個體權力合法的空間。造成失控的另一因素是缺乏有效

---

4. 參見雍明媛、盧安，〈傳染病患者隱私保護與公共衛生安全〉，《醫學與哲學》，2019年，40卷14期，9–11，30頁。

5. 參見嚴金海，〈從非典型肺炎的流行談理性疾病文化〉，《醫學與哲學》，2003年，6期，17–19頁。

的法律約束，突然掌握了公共權力的人出現了權力膨脹心理，導致在防疫過程中濫用公共權力的行為。在這次關係到全社會的大考面前，我們應該探討法律是否能明確劃分基層在防疫工作中的權力範圍、責任主體，如何在保護集體利益的同時盡可能維護個人權力，才能避免以集體之名濫用公共權力。

與防控過當相反的是，社會上也出現了「公共場合不戴口罩」、「從疫區回來不配合隔離卻出門聚會」等缺乏自我控制的行為，是為防控不足的表現。從疫情控制角度看，這類行為不僅侵犯了他人的合法權利，對公共安全構成了威脅，還涉嫌觸犯相應法律法規。對此，除了用道德和倫理加以規範外，必要的違法行為還應給予強制性處分。在人類命運共同體的時代背景下，每一個人都可能成為新冠病毒的傳播者和感染者，公民應承擔應有的社會責任，把控好防疫的行為邊界。

5. 疫情信息流傳中真實與謠言的衝突

疫情期間，大量的信息資源被及時迅速地更新，公眾在接受真實信息同時，還伴隨着謠言傳播的困擾。從普遍的社會心理規律看，疫情會引起緊張、恐懼反應，公眾有迫切獲得相關信息的心理需要。如果信息披露不及時，又或信息來源審核不嚴，謠言就有了廣闊的空間。康德在《純粹理性批判》一書中提到，理性的批判最終必然導致科學，與此相反，理性不經批判的獨斷則會導向毫無根據的、人們可以用同樣明顯的截然相反的主張，從而導致懷疑論。[6]無論是雙黃連口服液風波，xx市宣佈封城消息，還是寵物可傳播新冠病毒等新聞報導，造謠者通過捏造、編造、虛構公眾關心的要素來造謠。而媒體在傳播過程中不核實信息的真實性後進行擴散不僅歪曲事實、誤導公眾，還加劇了公眾非理性情緒的蔓延。

---

6. [德]康德，《純粹理性批判》。人民出版社，2003年，43頁。

在網絡時代中，每個人既是信息的傳播者，又是信息的接受者。公眾在接受到相關信息時，不應該受從眾心理影響助長謠言的滋生，而應該秉持科學與理性精神審慎傳播和核實每一則信息的真實性，共同維護健康的輿情環境。同時，政府應該增強信息透明度，及時回應引起公眾恐慌的謠言。媒體應該恪守倫理道德規範，本着時、度、效的報導原則，不斷提供權威信息並對虛假消息進行闢謠，給公眾足夠的知情權也要避免恐慌。

6. 醫務人員獻身的職業素養與健康職業防護的衝突

根據世界衛生組織（WHO）於2016年發佈的《傳染病爆發時的倫理問題應對指南》提出，前線工作人員在傳染病爆發期間要儘量減少被感染的風險，使風險降到合理可能的程度。[7]由於疫情的爆發前期準備不足，這次戰疫，尤其是早期，各類防護用具的缺乏，增加了醫務人員職業感染的風險，且導致了本可以避免的犧牲。據中國疾控中心2020年2月11日的統計，在為新冠肺炎患者提供診治服務的422家醫療機構中，共有3,019名醫務人員感染了新型冠狀病毒（1,716名確診病例），其中5人死亡。[8]即使一線醫務人員已經明確新冠病毒具有高度傳染性與危險性，專業素養與職業道德仍讓無數醫務人員發揚獻身精神，奔赴戰鬥在抗疫的一線。在頌揚其專業素養和崇高犧牲的同時，必須使醫務人員做好有限的自我保護，政府也應保障醫生的工作環境，防止疫情的進一步擴散。[9]

職業素養的另一個表現是，醫務人員在維護人群利益的前提下做好對患者個人利益的關懷，讓患者感到社會、他人對自己

---

7. "Guidance for Managing Ethical Issues in Infectious Disease Outbreaks." World Health Organization, 2016, https://www.who.int/ethics/publications/infectious-disease-outbreaks/en/

8. 參見〈中國疾病預防控制中心新型冠狀病毒肺炎應急回應機制流行病學組：新型冠狀病毒肺炎流行病學特徵分析〉，《中華流行病學雜誌》，2020年，41卷2期，145–151頁。

9. 參見杜治政，〈SARS防治中的倫理學斷想〉，《中國醫學倫理學》，2003年，5期，1–3頁。

的關愛，從而得到他們對各種防治措施的支持。[10]在診斷和治療患者的過程中，醫務人員堅守醫學道德倫理，充分與患者進行溝通，保障患者的知情同意權和個人隱私權等。而患者在精心治療後病癒出院，投入到防疫的其他環節，如有些康復者主動捐獻血漿救助病重患者，有助於營造一個良好的醫患環境。

7. 保護野生動物與公共健康安全的衝突

新冠肺炎疫情陰影籠罩之下，野生動物的保護再次成為突出問題。據中科院武漢病毒研究所的研究證實，2003年的「非典」（SARS）疫情源於野生動物，中華菊頭蝠是SARS病毒的源頭。[11]而研究表明，新冠病毒經過全基因組測序發現，與蝙蝠來源的冠狀病毒具有96%的同源性。[12]距離「非典」疫情短短十幾年後，針對野生動物的違法行為仍然屢禁不止，而且再次爆發了源於野生動物的傳染病疫情。

目前，儘管中國現行法律體系已經建立了一套相對完整的保護野生動物的制度，主要包括《野生動物保護法》、《漁業法》、《動物防疫法》和《進出境動植物檢疫法》，以及《刑法》中對涉及野生動物保護的刑事犯罪行為的有關規定。但是相關的法律法規仍有待完善，比如除了列入中國《野生動物保護法》保護範圍的野生動物，對於一般野生動物並沒有明確規定，這無疑給野生動物進入市場的監管留下盲區，也會給公共健康安全帶來隱患。法律和管理措施能規範和引導人們的行為，而如何正確認識人與自然、人與動物的關係也值得我們思考。自然界的生態系統保持着動態的平衡，人類濫殺捕獵野生動物卻打破了這個平衡，

10. 參見李紹元、黃鋼，〈從公共衛生倫理學的視角反思非典〉，《醫學與社會》，2007年，4期，20–22頁。

11. GE X Y, LI J L, YANG X L, et al. "Isolation and characterization of a bat SARS-like coronavirus that uses the ACE2 receptor." *Nature*, vol. 503, no. 7477, 2013, pp. 535–538.

12. MOHD H A, AL-TAWFIQ J A, MEMISH Z A. "Middle east respiratory syndrome coronavirus (MERS-CoV) origin and animal reservoir." *Virology Journal*, vol. 13, no. 1, 2016, p. 87.

引發各種問題甚至給社會帶來災難。疫情發生後，部分人群反而對野生動物的存在過分的恐慌和指責，從傳染病防控的角度出發也不利於公共健康安全的穩定。因此，我們也要保護野生動物的權利，用科學的理念和客觀的視角學會與野生動物在大自然和諧共處。

8. 與疫情相關的生物醫學研究存在的倫理衝突

一段時間以來，中國形成以SCI論文數量、檔次評價學者與研究機構學術能力的重要風向標。在此次疫情期間，中國生物醫學領域的科研人員迅速開展研究並取得諸多重要成果，如迅速查明新冠肺炎病毒的基因序列並公佈，在較短的時間內在國際權威期刊發表了與疫情防治相關的數十篇論文，但這一現象也引發社會輿論熱點。

其焦點之一是：形成並發表擴展人類知識的論文成果是科研人員的本職要務之一，也有助於研究成果分享，早日合作攻關病毒。但是由於相關研究成果與臨床工作結合不緊密，且需要較長時間的轉化過程，容易造成公眾的誤解。[13]所以科研人員在權威期刊發表論文後，也要思考如何使研究成果能夠轉化到實際的防疫工作中，惠及更多的人群。2月17日，科技部印發《關於破除科技評價中「唯論文」不良導向的若干措施（試行）》的通知，倡導破除「唯論文」導向，加快完善科技評價制度。國家試圖打破過去「唯論文論」的風氣，完善科技成果的評價制度，鼓勵科研人員把論文和成果寫在祖國抗疫的大地上。

焦點之二是：科研人員在突擊開展新冠病毒的相關基礎與臨床應用研究時，應遵循科學研究的倫理規範，通過相應的科學性、倫理性評審。根據中國臨床試驗註冊中心網站公開信息，截

---

13. 參見丁蕾、蔡偉等，〈新型冠狀病毒感染疫情下的思考〉，《中國科學：生命科學》，2020年，50卷3期，247–257頁。

至2月28日10時，已經有累計277項COVID-19 相關臨床研究註冊開展，其中有164項為干預性研究。然而大量的疫情防控相關臨床研究、藥物/疫苗研發迅速開展，並不意味着要降低科學性、倫理性以及法規依從性相關要求。[14]為了減少低質量無意義的研究扎堆，科研人員在研究設計上應該嚴謹科學，向多中心、隨機、雙盲、對照性研究看齊。從設計研究到真正的臨床使用的每一步，都需要符合科研倫理規範，合理評價「有效性」和「安全性」兩個方面，而不是打着「新冠病毒」的旗號盲目追求名利。

三、應對新冠病毒疫情倫理困境的建議

1. 在國家層面上，基於「仁者愛人」理念構建防控疫情的仁政

「仁」的思想是中國傳統儒家倫理的最核心概念與最高精神境界追求，主要通過政治倫理滲透進入中國政治制度的設計與建設之中，還是中國人相互交往的道德要求。「仁者愛人」的最早出處為孟子的「仁者愛人，有禮者敬人」，[15]宣揚愛自己也愛他人的博愛思想，體現在制度設計與實施層面則為仁政。而對生命的愛護是儒家價值觀「仁」的重要組成部分，如孫思邈的著作《千金方》，即是出於「人命至重，貴於千金」的理念，反映了每個人都應該具有「愛生護生」的本性。

實際上，在此次新冠肺炎疫情過程中，以習近平為核心的黨中央統籌全局，堅持把人民生命安全和身體健康放在第一位，本質上也是儒家仁政在新時代的實踐發展。所以防控傳染病疫情，建議以「以人為本」和「仁者愛人」思想指導各項相關衛生政策、法律法規的完善和落實。執法機關既要嚴格執法，也要保持理性執

---

14. 參見張海洪，〈新冠病毒肺炎突發公共衛生事件相關研究的倫理思考〉，《中國醫學倫理學》，2020年6月3日，見http://kns.cnki.net/kcms/detail/61.1203.R.20200212.1523.002.html

15. 《孟子》卷八《離婁下》。北京：中華書局，2016年，88頁。

法，以事實為依據，切忌「一刀切」的做法。加強政府應急管理、決策溝通、指導各級政府和基層組織防控等職能，能夠真正構建防控疫情的仁政。

政府還應加大對信息公眾平台的監管，及時、準確、科學地向公眾傳遞真實信息，打擊和遏止網絡謠言，提高政府的公信力和群眾滿意度。另外，應加強中國科研技術倫理監管，正確引導科研人員的研究初心，規範科學研究的過程和評價制度。正如張居正所言，「治政之要在於安民，安民之道在於察其疾苦。」通過總結此次疫情實踐的經驗教訓，將儒家生命倫理中關於仁政的元素以新的形態融入應對重大公共衛生事件的舉措，有助於社會的和諧穩定。

2. 在社會層面上，營造「天人合一」的疫情防控的理性文化環境

「天人合一」，是儒家倫理闡釋人與自然萬物關係的基本命題，其基本的含義是：天地之大得曰生。人是天地生成的萬物之一，人與天的關係是部分與全體的關係，人與萬物是共生同處的關係，應該和睦相處。天地之大德曰生提醒我們需要在社會上營造出「天人合一」的防治疫情的理性文化環境，達到天、地、人三者之間有機統一和諧發展。

首先必須從抗擊新冠肺炎疫情中汲取教訓，堅決抵制和打擊非法野生動物市場和交易，革除濫食野生動物陋習，更好地把人與自然的矛盾與衝突控制在合理範圍之內。更為重要的是，要喚醒全社會成員生態保護和公共衛生安全的意識。通過多種形式進行野生動物保護專題宣傳教育，使大家樹立「天人合一」的生態文明理性意識，共同努力構建人與野生動物和諧共生的體系。

其次，「天人合一」也體現在社會生活層面，天生眾民，眾民要和諧共生。因此，營造的防控疫情的理性文化環境十分重要。政府和媒體應該向大眾宣傳科學的防治疫情的知識，給予公民理性

醫療倫理

255

思考和判斷的空間，消解群眾對傳染病的誤解和偏見，提高對傳染病防治相關知識和應對能力。同時還應該倡導醫療機構和社區為家庭和個人提供心理支持和社會關懷，降低新冠病毒疫情對個人、家庭和社會的影響。借助此次疫情的機會，也應該進一步調解醫患關係，實施緩解醫患關係緊張的有效措施，開啟尊重醫療衛生人員的好風氣。

3. 在個人層面上，提升「己所不欲，勿施於人」的公共倫理素養

子貢問曰：「有一言而可以終身行之者乎？」子曰：「其恕乎！己所不欲，勿施於人。」[16]「己所不欲，勿施於人」是儒家構建處理人際關係的重要原則，強調從自己的感受推出自己的言論、行為對他人的感受，以達到推己及人的目的。然而在此次新冠肺炎疫情中，許多人都不能恪守「己所不欲，勿施於人」的信條，只顧及自身的感受，以個人利益為重，妨礙甚至傷害到他人正當的利益。

傳染病的預防和治療，需要每一個公民提升「己所不欲，勿施於人」的公共倫理素養，增強公共健康意識和公共衛生倫理意識，做好對個人和他人的切實防護。每個人都需要強化關於「己所不欲，勿施於人」的哲學反思並進行自我提升，在傳染病預防治療過程中遵守相應的倫理規範，實現自我保護並保護他人的目的。當面對公共健康與個人健康、整體利益與個人利益的現實衝突時，能做出合乎理性與德性的抉擇。

---

16. 《論語》。北京：中華書局，2017年，60頁。

第十五章
新冠肺炎防治倫理
整體防控、科學認知與三部六病治療方案

鄧蕊

山西醫科大學人文社會科學學院副院長

前言

　　2020年1月30日，世界衛生組織將新型冠狀病毒肺炎（下文簡稱為「新冠肺炎」）疫情列為國際關注的突發公共衛生事件，目前已處於全球大流行狀態。截至2020年6月15日，全球新冠肺炎確診病例超過776萬例，全球因新冠肺炎死亡人數超過43萬例。戰勝新冠肺炎疫情要靠「防」與「治」，兩者不可偏廢。「防」重在防擴散，隔離第一，目的是切斷傳染源，這是國家、社會與個人之職。「治」重在治好病，治療第一，目的是治癒疾病，減少死亡，這是醫療之職。防與治都應遵循相關的倫理原則。在中國的新冠肺炎防治中，「整體防控」突顯了以人為本的生命觀，「科學認知」構築了效價均衡的治療觀，「三部六病中醫方案」是在具體措施上探索的中西醫結合治療方案，是一套新冠肺炎治療的科學、有效、易得、價廉的方案。

一、整體防控：突顯以人為本的生命觀

　　大疫當前，中國共產黨和中國政府始終以對人民負責、對生命負責的鮮明態度，準確分析和把握形勢，既多方考量、慎之又

慎，又及時出手、堅決果敢，以非常之舉應對非常之事，在人民生命和經濟利益之間果斷抉擇生命至上，採取最全面、最嚴格、最徹底的防控措施，前所未有地採取大規模隔離措施，前所未有地調集全國資源開展大規模醫療救治，全力保障人民生命權、健康權。這是一種整體防控的抗疫佈局，這種佈局彰顯的是「生命至上、人民至上」的以人為本的生命觀。

1. 古老的圍堵：封鎖一城，成就一國

傳染病防治總則中指出，有效的抑制傳染病的流行，關鍵在於切斷傳染病的傳播鏈：即控制傳染源、切斷傳播途徑、保護易感人群。[1]「隔離」是世界上最古老也是最有效的傳染病防治辦法。為遏制病毒傳播而進行隔離的做法，國內外都有幾千年歷史。秦律規定，凡麻風病人都要送往「癘遷所」隔離起來。西漢時碰到疾疫，也採取及時的隔離措施，以防傳染。晉朝為保護皇帝及朝廷官員，規定官員家中發生傳染病，如有三個以上的親屬被傳染，即便官員自己沒有被傳染也不得入宮，為期一百天等等。[2]1910年中國東三省爆發鼠疫，死亡人數達6萬之多，清政府派出防疫總醫官，迅速採取斷絕交通、隔離疫區、收容疫患、火化疫屍等多項措施，很快有效控制了疫情。六世紀歐洲出現麻風病，唯一辦法是將病人關進麻風院隔離起來。十四世紀歐洲「黑死病」肆虐時，米蘭大主教下令對最先發現瘟疫的房屋進行隔離，不許裏面的人邁出半步，結果，米蘭未讓瘟疫蔓延，成為歐洲大城市中唯一的倖免者。

2020年1月，全國新冠肺炎新增確診病例快速增加，中國把人民生命安全和身體健康放在第一位，以堅定果敢的勇氣和決心，

---

1. 〈中華人民共和國中央人民政府. 市民公共安全應急指南〉，2007年3月22日，見http://www.gov.cn/ztzl/yjzn/content_557575.htm（2020年6月3日訪問）。

2. 〈古代和現代對疫情的防控〉，搜狐，2020年1月29日，見https://www.sohu.com/a/368860806_120297999.（2020年6月3日訪問）。

採取最全面最嚴格最徹底的防控措施。1月23日，堅決果斷關閉離漢離鄂通道，武漢保衛戰、湖北保衛戰全面打響，有效阻斷病毒傳播鏈條。在防止疫情的蔓延方面，武漢封城築起了第一道防線。我們在一個1,500萬人口的城市實行了果斷的封城措施，這項措施持續了76天，直接帶來了新增病例平緩的下降或保持在較低水平。

　　2020年2月24日，世界衛生組織感謝了中國。中國−世界衛生組織新型冠狀病毒肺炎聯合專家考察組外方組長、世界衛生組織總幹事高級顧問布魯斯•艾爾沃德在中國調研之後總結說，[3]面對一種未為人知的新型病毒，中國採取了古老的傳染病防治方法，並採取了可以說是有史以來最恢弘、靈活和積極的防控措施。武漢這個城市，原本矗立着高樓大廈，有現代化的城際交通樞紐，是九省通衢的中部地區經濟中心，然而封城後，一切卻陷入沉寂。那些高樓大廈裏面的燈光，是1,500萬的武漢人民，他們數個星期靜靜地待在家裏。然而，武漢人民說這是他們的責任，他們要保護全世界。正是由於中國採用了全政府、全社會的這一經典傳統、看似又老派的方法，避免了少則萬餘多，多則數十萬病例的出現，這是了不起的成就。有很多國家認為，採用這種古老的圍堵方式不會奏效，而在中國就是在了解其特點的基礎上採用了這種古老的方式，使得這個疫情逆轉了。而且在不同的環境中，無論是有集中病例的湖北，還是有散發病例的河南或其他省份，大家都因地制宜地利用這種古老的圍堵策略。中國讓世界看到了，我們有什麼策略就先用什麼策略，用什麼就快速地去用。很多人會說，現在沒有藥，沒有任何疫苗，所以我們沒什麼辦法。而中國的方法是，既然沒有藥，也沒有疫苗，那我們有什麼就用什麼，根據需要去調整，去適應，去拯救生命。

---

3. 以下內容引自〈中國−世界衛生組織新型冠狀病毒肺炎聯合專家考察組新聞發佈會文字實錄〉，國際合作司，2020年2月25日，見http://www.nhc.gov.cn/gjhzs/s3578/202002/1fa99f55972740f681d47cde0d1b2522.shtml（2020年6月1日訪問）。

2. 動員與組織：萬眾一心，全民抗疫

國家興亡，匹夫有責。在充分的動員和高效的組織下，14億中國人民不分男女老幼，不論崗位分工，都自覺投入抗擊疫情的人民戰爭，凝聚起抗擊疫情的磅礴力量，彰顯了人民的偉大力量。廣大民眾扛起責任、眾志成城，自覺參與抗擊疫情。危難面前，中國人民對中國共產黨和中國政府高度信任，勇敢承擔起社會責任，為取得抗疫勝利約束自我乃至犧牲自我。疫情爆發正值春節假期，國家一聲令下，全民回應，一致行動，整個社會緊急停下腳步。中國共產黨嚴密的組織體系和高效的運行機制，在短時間內建立橫向到邊、縱向到底的危機應對機制，有效調動各方積極性，全國上下令行禁止、統一行動。

醫務工作者白衣執甲、逆行出征。從年逾古稀的院士專家，到90後、00後的年輕醫護人員，面對疫情義無反顧、堅定前行；武漢人民和湖北人民顧全大局、頑強不屈，為阻擊病毒作出巨大犧牲；社區工作者、公安民警、海關關員、基層幹部、下沉幹部不辭辛苦、日夜值守，為保護人民生命安全犧牲奉獻；快遞小哥、環衛工人、道路運輸從業人員、新聞工作者、志願者等各行各業工作者不懼風雨、敬業堅守；十天建成火神山、雷神山兩座各可容納1,000多張床位的傳染病專科醫院，改擴建一批定點醫院，改造一批綜合醫院，使重症床位從1,000張左右迅速增加至9,100多張；集中力量將一批體育場館、會展中心等改造成16家方艙醫院，床位達到1.4萬餘張，實現輕症患者應收盡收、應治盡治，減少了社區感染傳播，減少了輕症向重症轉化。

中國所採取的這些非藥物性干預措施，有效地改變了新冠肺炎的傳播進程。所有這些措施的實現都基於中國有巨大的集體意願，這是一種全政府、全社會策略。這樣強大的集體意願來自高強度的動員能力，總的來說，就是動員一切可以動員的力量，組織各方專業力量，去抗擊疫情，消滅病毒。

3. 飽和式救援：疫情至重，生命至上

電影《流浪地球》提出了一個概念，叫做「飽和式救援」，就是為了達到某種目的，需要投入極多的人力、物力、財力等等，換句話說就是「不計代價的救援」。從道德上來說，飽和式救援符合中國人的傳統美德。從體制上來說，飽和式救援是社會主義的優越性所在，是集中力量幹大事的制度優勢。

武漢和湖北抗疫，我們採取的就是「飽和式救援」。儘管在中國，每個省都有疫情爆發，都有感染病例，但是各個省依然花很多氣力去想如何為湖北省、武漢市提供援助。全國各省所有的資源，都向湖北傾斜。全國上下緊急行動，依託強大綜合國力，開展全方位的人力組織戰、物資保障戰、科技突擊戰、資源運動戰，全力支援湖北省和武漢市抗擊疫情，在最短時間集中最大力量阻斷疫情傳播。此次抗疫行動速度之快、規模之大，世所罕見，展現出中國速度、中國規模、中國效率。

具體來說，19個省份以對口支援、以省包市的方式集中優質醫療資源支援湖北省和武漢市。全中國有4.2萬餘名醫護人員進入湖北，醫患比例1:2，平均1個醫護人員治療照顧2名患者，提高治癒率、降低病亡率始終都是首要任務，從出生僅30個小時的嬰兒至100多歲的老人，不計代價搶救每一位患者的生命；大力加強醫療物資生產供應和醫療支援服務。全國緊急調配全自動測溫儀、負壓救護車、呼吸機、心電監護儀等重點醫療物資支援湖北省和武漢市；統籌協調武漢市近千萬人居家隔離的生活物資保障；社會力量廣泛參與。工會、共青團、婦聯等人民團體和群眾組織，組織動員所聯繫群眾積極投身疫情防控。城鄉居民、企業、社會組織等紛紛捐款捐物、獻出愛心。各級慈善組織、紅十字會加強捐贈資金和物資的調配和撥付，將捐贈款物重點投向湖北省和武漢市等疫情嚴重地區；疫情發生後，港澳台同胞和海外僑胞通過各種方式和渠道伸出援手，積極捐款和捐贈各類防疫物資，體現了濃濃的同胞親情，體現了海內外中華兒女守望相助、共克時艱的凝聚力向心力。

醫療倫理

4. 命運共同體：全球援助，大國擔當

在中國疫情防控形勢最艱難的時候，國際社會給了中國和中國人民寶貴的支持和幫助，中國感謝和銘記國際社會寶貴支持和幫助。中華民族是懂得感恩、投桃報李的民族，中國始終在力所能及的範圍內為國際社會抗擊疫情提供支持。中國始終秉持人類命運共同體理念，肩負大國擔當，同其他國家並肩作戰、共克時艱。

習近平主席親自推動開展國際合作。提出堅決打好新冠肺炎疫情防控全球阻擊戰、有效開展國際聯防聯控、積極支持國際組織發揮作用、加強國際宏觀經濟政策協調等四點主張和系列合作倡議，呼籲國際社會直面挑戰、迅速行動。習近平主席在2020年5月18日第73屆世界衛生大會視頻會議開幕式上的致辭中指出，「人類是命運共同體，團結合作是戰勝疫情最有力的武器。這是國際社會抗擊愛滋病、伊波拉、禽流感、甲型H1N1流感等重大疫情取得的重要經驗，是各國人民合作抗疫的人間正道。中國始終秉持構建人類命運共同體理念，既對本國人民生命安全和身體健康負責，也對全球公共衛生事業盡責。」為推進全球抗疫合作，習近平宣佈中國將在兩年內提供20億美元國際援助、同聯合國合作在華設立全球人道主義應急倉庫和樞紐、建立三十個中非對口醫院合作機制、中國新冠疫苗研發完成並投入使用後將作為全球公共、同二十國集團成員一道落實「暫緩最貧困國家債務償付倡議」等中國支持全球抗疫的一系列重大舉措，用實際行動與全球各國共同佑護各國人民生命和健康。[4]

中國第一時間毫無保留地同國際社會各方分享防控和救治經驗。同時，在自身疫情防控仍然面臨巨大壓力的情況下，向國際社會提供人道主義援助。積極開展對外醫療援助，充分調動國內專家、援外醫療隊等資源，積極支持配合外方開展救治。有序地開

---

4. 習近平，〈團結合作戰勝疫情共同構建人類衛生健康共同體──在第73屆世界衛生大會視頻會議開幕式上的致辭〉，《中華人民共和國國務院公報》，2020年，15期，5–6頁。

展防疫物資出口，開展國際科研交流合作，加強同世界衛生組織溝通交流，同有關國家在溯源、藥物、疫苗、檢測等方面開展科研交流與合作，共享科研數據信息，共同研究防控和救治策略。

二、科學認知：構築效價均衡的治療觀

面對新冠肺炎這樣一個新發的、傳染性較強、重症患者死亡率較高的疾病，最重要的是提供可靠有效的治療，才能夠避免恐慌，穩定人心，堅定信心。有效的治療，基於對疾病科學的認知，科學的認知才能保障治療的倫理。

1. 治療的認知基礎：了解外因，改造內因

新冠肺炎的外因是病毒感染。細菌和病毒的一個重要區別在於能不能獨立生存。多數細菌具有獨立的營養代謝系統，可以獨立生存，所以它進入人體後只是索取「營養」，它不必非要侵入細胞內。但病毒不僅要「營養」，它因沒有細胞結構而只能侵入其他物種的細胞內，借助其他物種的細胞加工遺傳物質，加工蛋白，不停地繁衍出下一代病毒。這就是病毒性肺炎難治的根源。抗生素對於常見的細菌感染有效。但絕大多數病毒感染並沒有特效藥，即便有些藥物號稱具有一定效果，它們對病毒起到的效果也只是「抑制」，而且越在早期應用效果越好，後期應用效果並不理想。因此，新冠肺炎診療方案對治療的描述是「對症、支持治療」，因為沒有辦法「對因治療」。很多人希望發明西藥去消滅/殺死病毒，事實上，這種希望是渺茫的，有三個理由：第一，病毒體積太小，「無有入無間」，[5] 藥物很難對應它。第二，病毒侵入細胞內部複製，細胞會成為病毒的「保護傘」，病毒因此而不易受到機體免疫反應的攻擊。第三，藥物與病毒決勝的主戰場是機體而不是實

---

5. 老子，《道德經》，第四十三章。

驗室，機體複雜的內環境對藥物和病毒都有巨大的干擾作用，從實驗室單一環境得出來的結論在臨床上多數不成立。事實上，人的機體天生具有抗病毒的能力，病毒更喜歡侵犯免疫力弱的人，要大力發揚「自立更生」精神，把更多的財力、精力、智力放在充分調動和發揮機體自身的抗病毒力量上，把病毒消滅於體內是容易做到的。

新冠肺炎的內因是自身免疫功能弱。既然沒有消滅病毒的藥，抗病就只能靠人體的自我防禦能力，這極其重要。自我防禦能力主要體現在免疫功能上。免疫功能與人的體質有關，年輕人自我防禦能力強；與生活習慣和心態有關，生活規律、心胸開闊的人自我防禦能力強；與藥物干預有關，中藥可以增強自我防禦能力。自身免疫功能弱分「絕對的弱」和「相對的弱」兩種情況，一般來說，老年人和部分慢性病患者的免疫功能是絕對的弱，其他人群的免疫功能只是相對的弱，這類人群的免疫功能弱是因為免疫功能抑制造成的。所以，從內因出發，治療新冠肺炎的第一原則就是「調動自身免疫功能」，這是中醫治療的優勢，也是中藥發揮作用的機制所在，可以有三個方面的作用：第一，防止病原「着陸」。新冠病毒是外源性的，首先侵犯呼吸道黏膜，中國工程院院士、國醫大師、北京中醫藥大學王琦指出中醫藥的作用可以通過外用藥作用於黏膜，降低接觸病毒的危險度。[6] 三部六病中醫認為，及時大劑量使用黃芪可以防止病毒「着陸」在呼吸道黏膜上。第二，清除已「着陸」病毒。清除的唯一方法是調動自身免疫功能，若清除及時可防止病毒在呼吸道上「安營紮寨」。患者雖然會發病，但是病情不重，也容易好轉。調動自身免疫功能的一般方法是中等劑量、連續、持續給藥，一直要持續到免疫功能徹底調動起來為止。要注意兩種不當操作，一是劑量太小，會出現「九十九斤的力量搬不動一百斤的石頭」效應；二是劑量太大，會出現「副作用抵消正作用」效應。第三，增強機體抗病力。這主要是針對免疫功能

---

6. 〈新冠肺炎疫情中醫藥防控工作進展和成效新聞發佈會〉，國務院新聞辦公室網站，2020年4月17日，見http://www.scio.gov.cn/ztk/dtzt/42313/42976/42978/42982/42992/Document/1678771/1678771.htm.（2020年6月15日訪問）。

絕對低下的人群，具有「補腎作用」的中藥普遍都有增強免疫功能的作用。增強自身免疫功能的機理是補充生化反應的「物質」。對於老年人這類人群，因某些「物質」缺乏導致生化反應弱化，生化反應弱化導致機體功能下降，機體功能下降導致抗病力不足。因此，補充生化反應「物質」是治療發揮作用的源頭。

2. 治療的原則：分期治療

　　雖然新冠肺炎是一個急性病，但是它仍然有比較清晰的病程發展特點，比如潛伏期特別長，之後病毒大量複製持續不斷地引發免疫反應，但不幸的是，免疫反應並沒有把病毒消滅卻把淋巴細胞消耗掉了，一旦出現這種局面，病情就要陡然惡化，接下來很大概率就要出現「炎症風暴」，控制不好就將發生「多器官衰竭」，結局只能是死亡。新冠肺炎病人的「病情加重通常在病程第9-12天，加重之後有快速進展的過程。病人發展成重症的標誌就是出現呼吸衰竭。」[7]感染了新冠病毒，患者有一個從輕到重、從重到危、從危到死的連續過程。在不同的疾病發展階段，患者的病情、疾病的主要矛盾、治療的要點都是有差異甚至是相反的。治療的一個重要原則就是要阻斷病情的進展，這要求醫生一定要有分期治療的思想，對疾病處於什麼階段有清晰的認識，並能夠採取有效的處置。如果用同一種方法去治療不同階段的患者，就有可能出現誤治。

　　通過對第一至第七版新冠肺炎診療方案的分析，中西醫關於分期分別是以下態度和做法。在全部七版診療方案中，在「治療」部分，西醫沒有做明確分期，只是區分了「一般治療」和「重型、危重型病例的治療」。中醫治療在第一、二版中僅有一句話，說明在疫情早期中醫對新冠肺炎的認識與治療都尚處於懵懂之中。第三版的中醫治療有了分證（四種證型）沒有分期，但是僅

7. 〈新發病例將繼續增加，湖北病死率最高：有關疫情的20個專家判斷〉，搜狐，2020年2月6日，見 https://www.sohu.com/a/371007928_296660.（2020年6月11日訪問）。

有分證是不夠的，因為幾乎在每一期都會有本質相反的兩種證，沒有分期，證就沒有載體。第四、五版的中醫治療有了分期，總體上分兩期，醫學觀察期和臨床治療期，可喜的是在治療上開始有了分期的意識，把臨床治療期分為初期、中期、重症期、恢復期。第六、七版與第四、五版相同的是，也在總體上分兩期，醫學觀察期和臨床治療。不同的是，臨床治療期更加細緻地分為以下六點：清肺排毒湯（通用方，適用於輕型、普通型、重型患者，在危重型患者救治中可結合患者實際情況合理使用），輕型（細分為虛症和實證），普通型（細分為虛症和實證），重型患者（細分為虛症和實證），危重型，恢復期（有兩種證的區分）。這樣的診療方案說明，中醫對於新冠肺炎的分期、分型、辯證有了比較清晰的認知，並且能夠關注到在分型中還會有本質相反（虛症和實證）的兩種情況的存在，這是非常寶貴和難得的。但是，以上六點把一個通用方、五種分型、一個分期糅合在一起共同作為臨床治療期，存在分類標準不一致的問題，結果卻反而沒有突顯「分期」這個重要原則。

本文認為，一個簡單明瞭的新冠肺炎的治療分期可以分四個階段：潛伏期、抵抗期、發作期和恢復期。每一期都有不同的疾病本質、病變特點、治療原則和治療方法，必須嚴加分析，區別對待。其中，尤其要強調潛伏期與發作期的鑒別論治。在潛伏期與發作期，病變的機理是相反的。潛伏期是免疫功能低下，發作期是免疫功能亢進，沒有任何一種治療方法和藥物可以同時適用這兩期的病情。如果將同一套方法用於這兩期，則屬於誤治範疇。總的治療要點是：在潛伏期要堅決徹底的調動免疫功能，在發作期要堅決徹底的抑制免疫功能。

3. 治療的關鍵：重視潛伏期治療

所謂潛伏期，是指病毒已經侵犯機體，但是機體免疫功能尚未充分調動起來的時期。新冠肺炎治療的關鍵就是重視潛伏期治療。新冠肺炎上海治療方案也強調了這個關鍵點，「最關鍵的

就是治療關口前移，防止輕型重症化，病在於防而不在於治，因為到了重症化醫生就非常的被動。醫護應該主動出擊，阻斷重症化。」[8]

重視潛伏期治療有以下四個原因：首先，客觀上新冠肺炎的潛伏期比較長。鍾南山團隊研究結果指出疾病潛伏期最長達到24天，[9]之後甚至發現多個超過30天的超長潛伏期患者；第二，潛伏期長導致疾病進入發作期後危害巨大。比較長的潛伏期，使得新冠病毒有機會悄悄在體內大量複製，聚沙成塔，累積效應出現後就迅速地摧毀了身體，「早期感染的大部分病人可能只有輕微呼吸道症狀，一部分病人有發燒、有咳嗽，有一些輕微呼吸道症狀，進展很緩慢，但是往往很多病人，一週以後可能突然出現病情變化，體徵和症狀並不成比例」；[10]第三，潛伏期是治療的重要時間視窗。病情一旦過了潛伏期往往會陡然加重，甚至突然惡化導致死亡。治療新冠肺炎必須在潛伏期嚴防死守，務必把病毒在潛伏期乾淨徹底地消滅掉，絕不可輕易讓病情從潛伏期過渡到發作期；第四，潛伏期的治療更加容易。比較長的潛伏期給疾病治療提供了很好的時機，這個階段的治療，醫療上的代價小花費少，患者遭受的痛苦少。

4.　治療的模式：中西醫並重

2020年4月17日國務院新冠肺炎疫情中醫藥防控工作進展和成效新聞發佈會上，習近平總書記強調，要堅持中西醫並重，不斷優化診療方案，加強醫療救治。李克強總理提出明確要求，加強中

8.　〈「新冠肺炎上海治療方案」：最關鍵是關口前移，病在防不在治〉，澎湃新聞，2020年3月6日，見http://www.medsci.cn/article/show_article.do?id=9f77189481d7.（2020年6月15日訪問）。

9.　〈鍾南山團隊首篇新冠病毒論文：最長潛伏期24天〉，新浪財經，2020年2月10日，見https://finance.sina.com.cn/wm/2020-02-10/doc-iimxxstf0244199.shtml.（2020年6月6日訪問）。

10.　〈中國—世界衛生組織新型冠狀病毒肺炎聯合專家考察組新聞發佈會文字實錄〉，國際合作司，2020年2月25日，見http://www.nhc.gov.cn/gjhzs/s3578/202002/1fa99f55972740f681d47cde0d1b2522.shtml.（2020年6月13日訪問）。

醫療倫理

西醫結合，提高臨床救治有效性。[11]新冠肺炎在治療上的宏觀模式應該是中西醫並重。因為，在新冠肺炎的治療與康復上，中、西醫各有所長，西醫治療以對症、支持為主，中醫中藥則有補虛、扶正的優勢，應當各取其所長，不可因偏見而偏廢。

迄今為止，西醫並沒有針對新冠肺炎的有效方法，西醫在新冠肺炎診療方案和治療過程中提出、推薦並嘗試（試驗）了多種藥物和療法，最終均沒有得到「有效」的結論。例如，雖已開展瑞德西韋、抗瘧藥磷酸氯喹、血漿療法等臨床研究，但迄今無任何新型冠狀病毒肺炎的特效療法。[12]研究表明，硫酸羥氯喹和磷酸氯喹用於治療COVID-19的安全性與有效性並未經臨床試驗進行驗證，因此只能在緊急情況下使用，並需按要求對這兩種藥物的已知風險和藥物相互作用等信息予以書面告知。[13]但是，西醫在疾病危重期有比較好的對症和替代治療手段，比如機械通氣、挽救治療、血液淨化治療、ECMO治療甚至是肺移植，這些手段確實可以救患者於命懸一線之際，延長重症、危重症患者生命，給下一步的病勢逆轉爭取時間。

相反地，中藥治療新冠肺炎從「有明顯效果」到有「特效藥」，均得到了臨床經驗和臨床試驗的證明。在2020年3月4日的中央指導組會議上，湖北新聞記者從國家中醫藥管理局了解到，初步證實清肺排毒湯、化濕敗毒方、宣肺敗毒顆粒、金花清感顆粒、連花清瘟膠囊、血必淨注射液等三個中藥方劑和三個中成藥對新冠肺炎有明顯療效。臨床研究顯示：中藥治療效果是肯定的，不同階段都適合用中藥。對於輕型和普通型患者，早使用中藥，能較快改善症狀，縮短住院天數，減少輕型、普通型向重型發展。對於

---

11. 〈新冠肺炎疫情中醫藥防控工作進展和成效新聞發佈會〉，國務院新聞辦公室網站，2020年4月17日，見http://www.scio.gov.cn/ztk/dtzt/42313/42976/42978/42982/42992/Document/1678771/1678771.htm.（2020年6月12日訪問）。

12. 周吉銀，〈新型冠狀病毒肺炎試驗性治療的倫理辯護〉，《醫學與哲學》，2020年，41卷8期，30-33，81頁。

13. 夏訓明，〈美國FDA緊急批准硫酸羥氯喹和磷酸氯喹用於治療COVID-19〉，《廣東藥科大學學報》，2020年，36卷2期，276頁。

重型和危重型患者,實行中西醫結合,在改善發熱、呼吸急促、咳嗽等症狀方面有顯著優勢,促進重型、危重型向輕型、普通型轉變。對於恢復期人群,中藥在降低肺纖維化、恢復肺功能等方面有作用。對於仍有氣短、乏力等症狀的,可以通過補肺健脾、養陰生津予以調理,既可以吃中藥,也可以用藥食兩用的食材進行膳食調理。[14]2020年4月17日的國務院新冠肺炎疫情中醫藥防控工作進展和成效新聞發佈會上,北京中醫藥大學副校長、教授王偉明確提出,清肺排毒湯是治療此次新冠肺炎的特效藥。[15]

中西醫結合在新冠肺炎治療上主要體現在危重症的治療。北京中醫藥大學東直門醫院黨委書記葉永安指出:中西醫聯手救治危重症,大有可為。中醫藥在重症及危重症救治中均發揮了良好的作用。它起到的作用是,減緩、阻止了重症向危重症的轉化,促使危重症轉為普通症,從而提高了治癒率,降低了病死率,體現了綜合救治能夠有效地阻止重症向危重症的轉化。[16]

三、三部六病:探索中醫介入方案[17]

北京中醫藥大學王琦院士在2020年4月17日國務院新冠肺炎疫情中醫藥防控工作進展和成效新聞發佈會上指出,下一步的工作是做好中醫藥治療新冠肺炎臨床總結,更新中西醫結合診療方案,開展恢復期、康復期的治療。對臨床救治有效的方案,有效的

---

14. 〈最新!多種中藥初步證實有明顯療效!〉,《楚天都市報》,2020年3月5日,見http://news.guilinlife.com/n/2020-03/05/459128.shtml。(2020年5月25日訪問)。

15. 〈新冠肺炎疫情中醫藥防控工作進展和成效新聞發佈會〉,國務院新聞辦公室網站,2020年4月17日,見http://www.scio.gov.cn/ztk/dtzt/42313/42976/42978/42982/42992/Document/1678771/1678771.htm。(2020年6月15日訪問)。

16. 〈新冠肺炎疫情中醫藥防控工作進展和成效新聞發佈會〉,國務院新聞辦公室網站,2020年4月17日,見http://www.scio.gov.cn/ztk/dtzt/42313/42976/42978/42982/42992/Document/1678771/1678771.htm。(2020年6月15日訪問)。

17. 三部六病中醫方案內容部分來自:〈山西醫科大學郗蕊教授:新冠肺炎治療的中醫對策〉,《鳳凰新聞》,2020年1月29日,見http://ishare.ifeng.com/c/s/v002G4pAcla6LMkac5ooQd15biBHBAwS--STXJAAtXv8gmjk__。(2020年6月16日訪問)。

醫療倫理

方劑,開展機理研究。對中藥的一些複方和中成藥,進行嚴格的篩選。進而推進中醫藥參與融入國家傳染病防控體系,做好一線支撐的信息化平台的建設,使中醫藥成為具有中國特色的疾病防控體系的重要組成部分。[18]疫情當前,三部六病中醫學說[19]認為,治療新冠肺炎,中醫完全可以在西醫強大的生物學、影像學基礎上提供一套有效的、易於掌握的、便於操作的「完備、獨立的治療方案」。這套治療方案的主要特點就是「分期治療」,其價值在於它的科學、有效、易得、價廉。具體治療方案見表15.1。

根據表15.1,具體來分析四個階段的情況如下。第一,潛伏期,一般情況下病變症狀不突出,病人的痛苦也相對較輕,往往被誤以為是小問題,易拖成大病。在潛伏期用藥的基本原則是「儘快、充分地調動機體的免疫功能」,如同發動群眾打一場人民戰爭,讓病毒無處落腳與藏身。相反,這個階段如果用抗生素、激素和退熱藥,則會壓制身體機能。調動機體免疫功能中藥是最好的,但不能濫用清熱解毒類中藥,這類藥的作用與抗生素相同,有壓制機體反應力的作用。應當用溫補類的中藥調動機體的免疫功能,首選用藥是蒼術湯,該方劑主藥為蒼術、黃芪、黨參等健脾燥濕益氣之藥,其機理是激活脾胃功能,改善大腦供血,興奮神經中樞,調動機體的反應力,增強免疫反應和代謝水平,改善身體狀況。此方在潛伏期使用的關鍵是要掌握「穩、準、狠」原則方能奏效;第二,抵抗期,是指病毒已侵犯機體但尚未造成局部組織損害,這時機體免疫功能已經充分調動起來了,這個時候的免疫功能亢進屬於機體正常的抗病反應,不應壓制,反而要適當保護,因此,對高熱反應不可輕易採取退熱措施;第三,發作期,是指病

---

18. 〈新冠肺炎疫情中醫藥防控工作進展和成效新聞發佈會〉,國務院新聞辦公室網站,2020年4月17日,見http://www.scio.gov.cn/ztk/dtzt/42313/42976/42978/42982/42992/Document/1678771/1678771.htm.(2020年6月15日訪問)。

19. 三部六病學說,是劉紹武先生一生潛心研讀、臨床實踐《傷寒論》的基礎上,依據《傷寒論》之辯證思想,將人體劃分為「三部」(表部、裏部、半表半裏部),每部根據陰陽對立統一的法則,可分為陰陽兩種病性的症候群,因此,三部共有六種症候群,稱為「六病」。即,表部有太陽病和厥陰病;裏部有陽明病和太陰病;半表半裏部有少陽病和少陰病。詳見,劉紹武著、劉東紅整理,《劉紹武三部六病講座(錄音版)》。北京:中國中醫藥出版社,2020年。

表15.1　新冠肺炎三部六病中醫治療方案（分期表）

分期	病變本質	病變特點	病變機理	治療原則	治療方法
潛伏期	機體免疫功能不足	低熱或無熱，咳嗽，喘息，周身酸痛，乏力不適。	潛伏期時間越長，病變越嚴重，預後越差。	快速、猛烈地調動機體免疫功能。	蒼術湯，必要時給予葡萄糖注射液靜脈補液。
抵抗期	機體免疫功能亢進	高熱，但症狀不嚴重，患者痛苦也不大。	免疫功能亢進屬於機體正常的抗病反應，不應壓制，要適當保護，因此，對高熱反應不可輕易採取退熱措施。	注重休息，多飲水。抵抗力不足時適當採取扶正措施；抵抗力過強時適當採取疏導措施。	休息，配合中藥。扶正用蒼術湯+黃芪；疏導用調心胃湯或調肺湯。
發作期	機體免疫反應異常亢進	持續高熱，伴嚴重呼吸道症狀，如乾咳、呼吸急促甚至呼吸困難，患者痛苦很大。	病毒侵犯造成組織損害，產生異源物質—異源物質引發機體自身免疫反應—機體自身免疫反應又造成機體更大的損害。彼此間形成惡性循環。	堅決平抑機體自身免疫反應，並且給予適當的支持處理與必要的對症處理。	中、西醫並重。以中藥+補液為主。中藥用祛斑湯，補液以葡萄糖氯化鈉注射液為主；必要的時適當用激素穩定病情，但不能濫用。
恢復期	肺炎給機體造成了急、慢性損傷	發熱已退，呼吸道症狀持續存在，如咳嗽，患者大多體力較差，仍有相當的痛苦感。體質越差的人群恢復期越長。	病毒雖已被消滅，但肺炎已對機體造成損害，如果對損害控制不當，肺炎急性病演變成呼吸道慢性病，甚至引起嚴重的併發症。	注重恢復期治療，突出中醫治療和非藥物療法的作用。	中藥以調肺湯為主，需長期服用，療程不低於三個月；非藥物療法重點在於強調靜養的必要性。

毒侵犯機體造成了局部組織的損害,損害產生異源物質引發了機體猛烈的自身免疫反應。在潛伏期絕對不能用激素,在抵抗期可小量用激素,在發作期特別是「炎症風暴」時一定要用激素控制病情。關於激素的使用,《柳葉刀》雜誌2020年2月6日發表的一篇文章提出:臨床證據不支持糖皮質激素治療新型冠狀病毒引起的肺損傷,並且可能有害。原因是皮質類固醇激素雖然可以抑制免疫反應、消除炎症,但同時也抑制了人體免疫系統對病毒的清除作用。[20]事實上,用與不用激素都不全對,問題的關鍵在於對激素「適應症」的把握;第四,恢復期,是指肺炎的勢態已被控制,冠狀病毒已被消滅,但是,肺炎所造成的損傷已經形成,需要較長時間來恢復。

結語

　　疫情仍然嚴峻。文章收尾之際,全國本已連續多日無新增本土病例,疫情防控局面穩定向好,但是,2020年6月12日起,北京、河北等地連續4天新增本土病例近百例。6月16日晚北京市突發公共衛生事件應急回應級別上調至二級,剛剛復課的北京市中小學各年級學生一律停止到校上課,其他防控策略均做出相應調整。全球疫情更是看不到轉機,確診、死亡病例每天都在飆升。大疫當前,人們害怕被傳染上疾病,更害怕生病後沒有確定可靠的治療方案。海外新冠肺炎治療還出現了所謂的群體免疫策略、窮人老人感染後被放棄治療、因支付不起治療費用輕症患者不去治療而轉成重症……。相較之下,中國舉國之力的抗疫策略突顯了以人為本的生命觀,是在最大層面上的符合倫理的大義之舉。新冠肺炎治療的倫理保障來自對疾病的科學認知和理性分析,來自中西醫在理念和臨床實踐上的恰當配合。探索一種科學、有效、易得、價廉的新冠肺炎治療方案,也是倫理的要義所在。

---

20. 〈新版診療方案包含激素治療,世衛專家:臨床證據不支持〉,第一財經,2020年2月7日,見https://www.yicai.com/news/100494176.html.(2020年5月13日訪問)。

第十六章
疫病防治對患者自主權利的
限制與合理補償

李振良

河北北方學院高等教育研究所教授

聶業

西南醫科大學人文管理學院副教授

　　倫理學是關於理由的理論，醫學倫理學是在醫療實踐中關於做或不做某種行為、同意或不同意某種行為的理由，共同的倫理原則被認為是指導和評價醫療行為的重要規範。但醫學倫理學原則還受着歷史、文化等因素的影響，不同的人對於倫理學原則的認識不盡相同，在不同場合表現各異。「仁」是中國傳統儒家倫理的精髓，體現在醫學實踐中就是「醫乃仁術」，即通過對患者實施「仁術」從而達到愛人的目的。醫學倫理原則在常規時期和非常時期，對特定行為的倫理評估也不是同一回事，對倫理原則的解釋和應用也大不相同。就一個具體的醫療行為來說，對患者「仁」可以體現在尊重患者自主意願的外顯的仁，也可以體現在救助患者神聖生命的內斂的愛。在疫病流行時期，疫情的防控對於內在的仁更為依賴，對於「尊重自主」則相對來說給予一定的限制，這又體現出一種特別的「權力」。

一、尊重自主原則

尊重自主原則作為現代醫學倫理最重要的原則之一，是由倫理學家湯姆·比徹姆和詹姆士·邱卓思在其著名的生命醫學倫理「四原則」中首先給予系統論述的。雖然他們認為「這樣的敍述順序並不意味着尊重自主原則優先於其他所有倫理原則」，[1]但它確實在一般意義上為其他三個原則（不傷害、有利、公正）奠定了理論和思維的基礎。在醫患關係中尊重自主原則實際上論證了兩個主體：醫生和患者。其完整表述或許可以是：在疾病的診療活動中，醫生應當「尊重」患者的「自主（權利）」。在這裏醫生是義務主體，患者是權利主體。尊重隱含着醫生的義務，自主隱含着患者的權利。

1. 患者的自主權利

自主權是患者的重要權利之一，甚至被認為是現代社會最重要的權利。人與人是平等的，自主權是一項內涵豐富的權利，在社會活動中任何人不能將自己的權益建立在損害他人權益基礎之上；人在道德上是自主的，人的行為雖然受客觀因果的限制，但是人之所以成為人，就在於人有道德上的自由能力，能超越因果，有能力為自己的行為負責。

患者首先是人，其人格權屬和尊嚴並不因為身患疾病、處於弱勢地位而被降低；相反，正因為其身心承受着病痛折磨，更應得到醫方的尊重和維護。個人自主「在最低限度上是指自治，即個人不受他人控制性的干涉，也不受妨礙個人做出有意義的選擇的限制……自主的個體可以根據自我選擇的計劃自由行動」。[2]對於患者來講，（尊重）自主原則的理論前提和內在根據是：要承認患

---

1. 湯姆·比徹姆·詹姆士·邱卓思，《生命醫學倫理原則（第5版）》，李倫譯。北京：北京大學出版社，2014年，59頁。

2. 湯姆·比徹姆·詹姆士·邱卓思，《生命醫學倫理原則（第5版）》，李倫譯。北京：北京大學出版社，2014年，59–60頁。

者作為個體擁有基於個人價值信念，並根據這些信念和看法做出選擇並採取行動。這隱含了一系列患者的權利，如知情同意、選擇權、放棄權等。該原則客觀上體現了自主選擇的充分性，知情同意成為現代醫患關係的重要基礎性原則。這種自主的要求使醫療上的自我決定權萌芽，知情同意成為自然的要求。「雖然患者由於患病，需要求助他人，可以考慮其有某種不健全性，但是根據人類的自律性的原理，對自己的肉體將被如何處置的患者當然有不受限制的自己決定權。」[3]

自主性要求個人能夠按照自己的意願來決定行動。要實施這一過程，需要患者有能力思考行動的計劃並有能力把計劃付諸現實。這除了要求患者有主觀的能力外還要有必要的客觀環境作保證。

2.　醫生的尊重義務

尊重自主原則的核心基礎是「任何人無權為他人設定義務」。尊重的對象是自主者即患者，尊重的客體則是患者的自主權。尊重自主，表示的是對個人的自主和自由的尊重，其核心是對人的尊重。

作為醫生義務，尊重自主在醫患關係中包括：(1) 講真話；(2) 尊重他人隱私；(3) 保護保密信息；(4) 向病人徵求實施干預的同意；(5) 應他人請求幫助他們做出重要決定。[4]在這裏陳述了醫生尊重義務的兩條最重要的倫理要求，1、4、5是要保證患者的「知情同意」權並幫助他們得到完全的落實；2、3則需要醫務人員尊重和保護患者隱私和個人秘密，這同樣是一條古老的倫理原則。

---

3. 夏媛媛，〈從知情同意的發展史正確認識知情同意權〉，《醫學與社會》，2007年，20卷2期，44–46頁。

4. 湯姆・比徹姆、詹姆士・邱卓思，《生命醫學倫理原則（第5版）》，李倫譯。北京：北京大學出版社，2014年，66頁。

在實踐中，尊重患者的自主權就是要尊重由患者來選擇是否同意醫師所建議的診療方針或方案的權利。尊重自主首先要求醫務人員要「講真話」。在現代社會，即便是對患有絕症的病人醫務人員的「善意的謊言」同樣是不可取和無必要的。在獲得有關病患的真實情況的基礎上，醫務人員則應尊重患者的決定。而對於缺乏自主能力的患者（如某些精神病患者、兒童）則表現為不僅是態度上的尊重，而且是行動上的尊重，表現為幫助他們建立起自主選擇的能力。通過「知情同意」可以達到醫患之間的深入交流，達到理解和相互信任，「我正分擔責任的重負，分享我所參與的臨床決定的所有權與控制，在與我的病人一起努力的過程中，向我的病人學習，而不僅僅設法說服他們。以這種方式，我與病人的關係經歷了根本性的變化，我更易於理解他們的痛苦、希望，甚至他們的沉默。」[5]

隱私和保密既是自主的要求，也直接與人的尊嚴相關。在與健康和醫療有關的行為中，醫生以診療為目的收集患者個人信息並不一定構成侵犯患者隱私權的行為。但是，醫生如果超出了一定的限度在醫療過程中暴露患者的隱私部位或收集、使用患者的個人信息則有可能構成侵犯患者隱私權。在診療活動中，患者往往不希望醫生獲取與疾病無關的個人隱私，或醫院與其他醫療無關者分享患者的個人信息，或者超出患者允許的使用範圍。這在某種程度上拓展了「不傷害」原則，由此造成的「精神傷害」越來越受到人們的關注。

二、疫病態勢下自主權的限制

傳統中國醫學倫理認為「人命至重，有貴千金」，人的生命是神聖的和無價的，這為患者自主原則設定了前提。患者實現自主是需要一定主客觀條件的，事實是在何種情況下病人完全自主決

---

5. Grant Gillet，〈病人醫生與知情同意〉，《醫學與哲學》，2004年，25卷2期，37–39頁。

策實際上是不現實的。張新慶教授在「醫患共享決策」中依據決策主體和參與程度區分了九種決策「模型」。其中處於兩極的分別是「醫生獨立作出決定，而病人不參與」和「病人獨立作出決定，而醫生未參與」。[6]根據這個模型，疫病態勢下最適用的模型顯然是前者，即最典型的「醫生主導型」決策模式，而這種模式最突出的特點是對患者自主權的限制。

1.　健康權力的延伸

如前所述，個體的權利要麼是法定的，要麼是約定俗成的，對於權利的減損必須是在特定條件下經過特定的程序作出。能夠減損和制約權利實施的只可能有一種基於強制力的「權力」。在現代社會，個人享有豐富的和充分的健康權利，獲得基本的醫療健康服務也被認為是天然的應當人人享有的權利。但這種個人權利的形態、範圍、程度、享有方式等都需要國家權力進行規定。小到如醫保享有的範圍、藥品的目錄，大如國家重大健康計劃、國際健康合作。特別是在疫病態勢下，無論是在疫病防控、人員物資調配，還是在疾病治療、人群檢測等方面，都離不開國家健康權力的運行。

健康權力可以描述為：「專為對社會民眾或其他主體的健康權利進行權衡、協調和確認之力。」[7]健康權力直接來源於法律法規的規定或認可。在中國，《基本醫療衛生與健康促進法》對（國家）基本醫療衛生服務、醫療衛生服務機構和人員、藥品供應保障、健康促進等醫療衛生及管理活動進行了法律規定。《傳染病防治法》作為衛生健康工作的基本法律對疫病防控起着基礎性作用。第十二條規定：「在中華人民共和國領域內的一切單位和個人，必須接受疾病預防控制機構、醫療機構有關傳染病的調查、檢驗、採集樣本、隔離治療等預防、控制措施，如實提供有關情

6.　張新慶，〈醫患「共用決策」核心概念解析〉，《醫學與哲學》(A)，2017年，38卷10期，12-15，61頁。

7.　李振良，《行知之間：健康中國視域下的健康文化建設》。北京：中國經濟出版社，2020年，121頁。

況。」為疾病預防控制機構和醫療機構進行診療活動提供了法律依據。這些都是疫病態勢下國家健康權力的集中體現。

國家健康權力與健康責任高度重疊，全社會處於統一的權力控制之下，這為對患者的自主權「設限」提供了理論與實踐基礎。健康權力自上而下傳遞到具體的醫療活動中和醫患關係中，表現為醫療機構和醫務人員具體實施部分《傳染病防治法》規定的「調查、檢驗、採集樣本、隔離治療等」職務行為。這些職務行為並非是基於常規的醫患關係和醫師義務，而是在特定情況下帶有強制性一種「權力」行為。與日常醫療行為相比，它具有一定的單方性、強制性、不可違，患者有義務執行和給予配合，否則有可能會構成觸犯法律的行為。

在中國傳統文化思想中，「家國一體」是家國情懷認同的重要基礎。正如孟子所云「天下之本在國，國之本在家，家之本在身」。其在醫學實踐中的體現就是「上醫醫國」。尤其是在疫病態勢下，個人健康與國家命運高度重合，醫生的診治行為既可視為醫疾之下醫，亦可視為醫人之中醫，更是醫國之大醫。

2. 對患者權利的限制

不同個體之間的利益有時是相互衝突的。在疫病態勢下，由於個體權益之間通過群體利益的媒介而相互作用，在維護一部分人權益時必須限制其他人的權益。例如，為了最大限度地減少普通公眾的感染風險，除了患者需要到指定醫療機構治療外，密切接觸者需要定點隔離留觀、普通接觸者需要居家隔離，這些都是個體善讓度於群體善的具體體現。而通過城市街區、農村鄉村的封閉式管理，限制大多數人的流動、減少聚集，也是防範公眾健康風險所必要的。對於疫病患者來說，其自主權受到多方面的限制。

選擇權的限制

醫療行為對人身的限制性並不一定構成對自主權的限制。醫院是醫療行為發生的主要場所，在日常醫療行為中的住院病人，起居、飲食、注射、服藥、檢查都要有特定的安排，在限定的時間內進行；大多數醫院裏，在沒有護士長同意的情況下，病人不允許離開病房；探視制度不僅控制病人會見探視者，而且約束着那些來探視的人；病人被限制參加社會活動等。非住院患者為了身體恢復也需要「遵醫囑」而被限制活動。這些限制行為同樣是作為治療過程必須的手段，有的是來自於醫院的管理制度或者是一種默示的規則。

在疫病態勢下得病不再是患者個人的事情，而且直接關係到他人的健康和社會的安寧。由於疾病的強傳染性和後果的不可預知性，那些需要診斷的潛在患者和需要住院治療的患者以及密切接觸者，不能選擇就診時間、不能選擇就診地點、不能選擇醫務人員、不能選擇診療方式、不能共同制定治療方案，甚至不能選擇放棄治療。而出於對疫情防控的需要，對於從重點疫區進入和境外入境人員實施強制的檢測和隔離，也是對患者和潛在患者自主權的限制。

知情與同意的分離

自主原則是一項頗具現代性色彩的倫理原則，「知情同意」在常規醫療時期被視為最基本的原則。它要求「病人和醫生必須改變、分擔責任、分享信息及做出決定，如同跳舞中的兩個情願的同伴。」[8]

由於疫情的特殊性，常規狀態的醫患關係準則全部或部分地失效了。在這種情境下，共同決策、醫患溝通、知情同意、醫患共情都呈現出特殊的形式。知情同意是患者的權利，在很多時候它

---

8. Grant Gillet，〈病人醫生與知情同意〉，《醫學與哲學》，2004年，25卷2期，37–39頁。

其實包括兩個階段和行為，即知情和同意，這會表現為兩種結果：同意或不同意。在任何情況下患者的「知情」權都是不可剝奪的，患者總是有權知道自己健康的實際情況。但是由於疫病的特殊性，患者的「同意」權是受到限制的，表現為兩種情況：一是知情但「無需同意」，一是知情「不得不同意」。

疾病的強傳染性和無有效治療手段可供選擇，會採取強制分級治療和採用專家研定的規範（法定）方案進行治療。對於醫務人員來說按照規範的治療方案對患者進行治療和管理，一般情況下無需徵得患者的明示同意，即知情但「無需同意」。

「知情不同意」是知情同意的特殊形式，它是指患者、患者親屬或其他法定代理人全部或部分不同意醫方對疾病的診斷、治療措施安排和治療方案，是患者自主行使知情同意權的另一種表達形式。對於疫病患者來說，他們需要嚴格按照醫務人員提供的治療方案配合醫務人員的診療。一般來說患者不能拒絕醫務人員提供的診療措施，甚至不能「放棄治療」。

隱私權的「兩難」

在疫病態勢下，作為患者自主原則重要內容的隱私保護是一個難以平衡的倫理要求。為了防止病的擴散、切斷傳播途徑，需要公佈患者、疑似患者、密切接觸者和醫學隔離者的身份以及一定期限內的行蹤。在實際執行過程中，得益於發達的網絡，一經發現確診病例，其行蹤、密切接觸人員、甚至是更次一級接觸人員的姓名、住址、行程等信息就會通過種種渠道公開出來（即便經過技術處理，周圍人也很容易推斷出其中的細節）。這對於疫情的防控顯然是起到了很大的作用。

但疫情「公開」與「隱私」保護就產生了矛盾。特別是普通公眾在網絡傳播這些信息並沒有得到很好的控制，更沒有懲戒措施。「疾病預防控制機構、醫療機構不得洩露涉及個人隱私的有關信息、資料」。那麼其他什麼機構，在什麼「限度」之內可以公

佈以上所説的這些「隱私」呢？從目前情況來看，由於個人信息大量的公佈，已經為一些人造成心理的二次傷害，甚至會影響其未來的生活。如何平衡公眾「知情權」與相關人員「隱私權」看來是一個值得關注的話題。

3.　醫師義務的減免

患者的自主權是對醫師干涉權的一種制約，但並不取消這種干涉權。這不僅是有益於患者的，也是有益於醫師的。有些醫師義務是在任務情況下不可免除的，如：尊重患者的義務、告知義務、隱私與保密義務等。但是在突發的疫情狀況下，醫師的部分權利（或權力）會有所強化，隨之部分義務也會產生減免。

醫學處置權

醫學處置權是行醫權的核心，醫患關係的特點是醫師具有以患者的利益為目的的干涉權，即對患者自主權的干涉，不僅是動機、出發點，而且結局、歸宿與應有利而不傷害患者。

患者患病特別是罹患嚴重的新型傳染病後，不知道應該做什麼才好，需要醫生告訴他們怎麼辦。治療活動的根本目的就是為了患者自身的健康，包括患者在內的所有人都是有合乎理性地進行選擇、作出決定的能力。對於重症和危重症患者來說，如果病人失去理性與決策能力，有可能危害自己或別人，不可能作出理性的選擇，醫生更應行使醫學處置權。

「病人權利託付」

病人之所以要求醫，就是因為病人無法了解自己的病因，需要具有豐富經驗的醫生通過對病體的觀看，查出病因，並制定和實施某種治療方案。從醫患關係史來看，病人把自己的某些權利託付給醫生行使是形成醫患關係的基礎，只有注意到這樣一個關鍵

責任倫理

環節,才有可能準確地揭示出現代病人權利的內容和找到保障病人權利的可行措施。病人必須把凝視權讓給醫生,通過醫生的凝視消除疾病,恢復健康,這時病人就必然有信任託付的行為,否則醫患關係無法建立。「病人權利託付」是形成醫患關係的現實基礎,承認這個斷言,首先意味着承認病人這種角色的弱者地位:他不能像常人一樣自主地行使某些社會權利,不能平等地與醫生討論醫學技術問題等。這就勢必導致與人權理論中那種片面地強調我行我素的以自我為中心的人權模式的區別。[9]

由於疫情的特殊性,需要住院治的患者尤其是重症和危重症患者而言,並無自主選擇醫院、醫生、時間、方案的權利。在這種情境下,共同決策、醫患溝通、知情同意、醫患共情都呈現出特殊的形式。厚重的隔離設備將醫生與患者分割於「兩個世界」,醫患關係也很容易回歸到最初的「父權模式」,醫護人員在某種程度上是國家「健康權力」的具體操作者。同時,由於疾病的強大的傳染性,對醫生與患者的密切接觸、交流、安撫等提出了更高的要求。而在特定條件下(如醫護資源嚴重短缺),這種「醫德」的要求也因厚重的隔離設備而部分地失效,而並不會因之對醫護的行為進行倫理譴責和追究。

4. 自主與公正

自主原則不是孤立存在和發揮作用的,它與其他三項原則相輔相成、相互作用,「四原則」需要處置相互矛盾的倫理問題。由於人是社會動物,人的一切活動都是在社會關係中進行的,對個體的善與對群體的善有時是分離的。

公正是通過對特殊個體權利進行限制而實現的。急性大規模爆發的傳染病不僅對患者本人承受痛苦甚至死亡的危險,更構成

---

9. 王聖軍,〈病人權利託付的醫學倫理學意義〉,《自然辯證法研究》,2002年,18卷5期,63–66頁。

了對他人健康的威脅和對社會的危害。在疫病態勢下，集體主義的善與個人主義的善的矛盾顯得更為明顯，由於個體權益之間通過群體利益的媒介而相互作用，在維護一部分人權益時必須限制其他人的權益。

公正原則要求公正分配和使用衛生資源、公平對待每個個體。從國家和社會的宏觀層面，這次疫病態勢下，通過國家健康權力的行使，國家承擔了全部的醫療責任，體現了新的「公正」的原則，也體現了實質的「正義」原則。對於微觀的醫療活動，突發的重大公共事件對於醫療系統構成一個重大的衝擊，在開始階段幾乎所有的診療活動都具有「試驗性治療」的性質。這種「試驗」有利於醫學科學的發展，又無疑會使公眾受益，這就是符合公益原則精神的。但這種「試驗」有可能構成對個體患者的傷害。

三、對患者權利限制的合理補償

傳染病的流行強化了衛生健康領域的「家國一體」。通過強制限制人員流動的方式進行疫病的控制有類於「一人得病，全家吃藥」，這種對普通公眾選擇權和行動權的適當限制不是建立在個人權利基礎上，而是為個人設定了義務，是國家行使健康權力的典型形式。首先由於疫病是未知的，診斷和治療是複雜和昂貴的，藥物和醫學設備成為奢侈品，得病也成為個體和社會沉重的消費負擔。因此，患者除了需要尋求醫療機構技術上的幫助外，也需要國家的協調。其次，本次疫病的流行是一個社會化過程。疾病的起因、傳播、治療不是個人行為，也不是個人能夠控制的行為，而是受到個人生活環境的嚴重影響。因此，在國家為主體的互助與互濟就成為必須了。其三，對疫病的控制已經成為一種「強制性」的全民行動，這就使得此時的疫病防治具有了公共產品的性質。而共同分享義務的必然結果應該是共同分享成果，使每個付出的人都有機會獲得補償、服務甚至回報。

在疫病防治過程中，個人權利與群體利益時有衝突、地區之間的利益需要平衡、患者權益與對普通公民自由的限制也造成個人之間權益的矛盾。由此而造成對個人的自主權的限制，實際上也是個人對社會、對群體做出的貢獻。此外在疫病的防治過程中，難免會有某些個體受到這樣那樣的損失。對於這些限制與損失應當是有一定「補償」渠道的，這種補償是通過提供「服務」的方式進行，包括：

第一，免費檢測和治療。例如對患者實行免費檢測、免費治療。對特殊人群實行免費的「應檢盡檢」，對其他人群實施優惠的「願檢盡檢」。免費的診療不僅僅是為了減輕患者負擔，還是對患者權利受限的有效補償，同時也有利於控制疫情的蔓延。

第二，對治癒患者的預後追蹤與康復服務。就此次尚在全球流行的新冠肺炎來看，不僅還沒有找到零號病人和公認有效的治療手段，對於大量治癒患者的預後也還是在探索期。是否有復發、是否還傳染、是否有其他後遺症等等都是未知的。這就要求對於患者不能一癒了之，需要提供長期的跟蹤服務。

第三，個人隱私和個人信息應得到妥善處理。為了快速找到傳染源並防止疫情的迅速蔓延、落實「四早」（即早發現、早隔離、早診斷、早治療），有關機構利用現代信息技術收集了大量個人信息，其中包括許多隱私。當疫情得到有效控制後，這些隱私信息應當得到有效的處置以使當事人生活安寧受到進一步的影響。

第四，非疫病患者權益的保護。出於對疫情控制的需要，各級醫療機構都大大減少了發熱門診以外的門診開放（部分門診轉到線上），這客觀上造成其他病人不能方便就醫，平時「門庭若市」的各大醫院門診大廳變得「門可羅雀」，其他普通患者選擇不就診或推遲就診。在疫情防控期間，應當為其他患者提供專業的適合的醫院條件、保持就醫途徑暢通，提供網絡或家庭醫生服務，特殊慢病患者增加一次的開藥量等。

　　總之，突發的重大公共衛生事件不僅對個人的健康是巨大的風險，對國家衛生健康保健體系也是極大的挑戰，它對包括醫患關係在內的人際關係產生了巨大的影響。醫生作為平等的醫患關係的一方，同時又健康權力實施的末端。不僅承擔着治病救人的工作，而且承擔着維護社會健康秩序、執行國家健康權力運行的使命。這也使得醫患關係變得更為複雜，醫生–患者權利義務發生相應的變化，需要對包括尊重自主權在內的傳統倫理原則的具體實踐做相應的調整。其中一個總的原則應當是在保證社會整體健康利益的前提下堅持以患者的健康權益為中心。在疫病態勢下，當自主與行善兩個倫理原則發生衝突時，基於傳統儒家文化的倫理原則更傾向於首選行善，而將自主原則相對後置，這既符合東方價值傳統，又是對特定醫療健康環境的合理應答。

責任倫理

第十七章

突發公共衛生事件下中國醫療保險新政的儒家反思

吳靜嫻
西安交通大學經濟與金融學院助理教授

鄭蘭蘭
西安交通大學及香港城市大學管理學哲學博士候選人

一、引言

比爾·蓋茨曾在2015年一次對話中提出,「未來的人類最大的威脅是流行性病毒」,「由於現代交通工具的發達,與『西班牙流感』流行時的1918年相比,今天的病毒傳播效率提升了50倍。」2019年12月中國武漢首先爆發了新型冠狀病毒肺炎疫情(以下簡稱新冠疫情)。在接下來的幾個月,這場疫情更是蔓延到全中國和整個世界。截至2020年5月31日24時,新冠肺炎確診病例全國累計83,017例,[1]全球累計逾600萬例。[2]新冠疫情傳播速度快、感染範圍廣,是中國建國以來傳播速度最快、感染範圍最廣、防控難度最大的一次「重大突發公共衛生事件」。2020年1月30日,世界衛生組織宣佈將新冠疫情列為「國際關注的突發公共衛生事件」(Public Health Emergency of International Concern,PHEIC),嚴重威脅

---

1. 詳見2020年6月7日國務院新聞辦公室發佈的《抗擊新冠肺炎疫情的中國行動》白皮書,http://www.xinhuanet.com/politics/2020-06/07/c_1126083364.htm?baike,2020年6月7日。

2. 詳見世界衛生組織新冠疫情實時統計網站,https://covid19.who.int/,2020年5月31日。

着各國人民生命安全和身體健康,是近百年來人類遭遇的影響範圍最廣的全球性大流行病。

新冠疫情發生以來,患者的救治費用一直是各國政府和人民密切關注的熱點。接近20%的重症患者需要採用危重病人體外心肺支持(ECMO)治療設備和措施,而且一旦發生炎症風暴,將會導致多器官功能的衰竭,搶救的各種措施(包括血液淨化等)均極其昂貴。截至2020年5月31日,全國確診住院患者結算人數5.8萬人次,總醫療費用13.5億元,確診患者人均醫療費用約2.3萬元。其中,重症患者人均治療費用超過15萬元,一些危重症患者治療費用幾十萬元甚至上百萬元。[3]如果費用渠道不明確,新冠患者就醫存在顧慮,不僅會耽誤感染患者的及時診斷救治,還為傳染源控制、未感染人群的健康防護及社會經濟發展埋下隱患。

醫療保險作為一項健康風險轉移機制,旨在通過社會群體間的互助共濟,分散疾病風險,保障參保人身體健康。由於疾病和醫療服務的特殊性,醫療保險主要被納入社會保險的範疇,少部分醫療保險作為補充醫療保險由商業保險經營。可以說,覆蓋全民的醫療保險制度是全民健康的重要制度保障,中國也不例外。經過多年改革實踐,[4]中國已建成了以城鎮職工基本醫療保險(以下簡稱職工醫保)和城鄉居民基本醫療保險(以下簡稱居民醫保)為主體的覆蓋城鄉全體居民的社會醫療保險制度(又稱基本醫療保險制度,以下簡稱基本醫保制度),[5]居民「看病難、看病貴」問題得到明顯緩解。新冠疫情的爆發,無疑對中國醫療衛生體制產生了巨大衝擊,如何充分發揮醫保制度的風險保障作用、提高群眾健康績效水平,再一次成為全社會關注的熱點和焦點。

---

3. 詳見《央視新聞網》,http://news.cctv.com/2020/04/11/ARTIkDomPq7t1LH7RaNlcD5G200411.shtml,2020年4月11日。

4. 參見李珍,〈基本醫療保險70年:從無到有實現人群基本全覆蓋〉,《中國衛生政策研究》,2019年,12卷12期,1–6頁。

5. 根據國家醫療保障局(以下簡稱國家醫保局)發佈的《2018年全國基本醫療保障事業發展統計公報》,2018年全國參加基本醫保134,459萬人,參保率穩定在95%以上,基本實現人員全覆蓋。詳見http://www.nhsa.gov.cn/art/2019/6/30/art_7_1477.html,2019年6月30日。

　　面對此次疫情，中國國家醫療保障部門迅速反應。2020年1月22日國家醫保局、財政部聯合發文，對全國醫保系統明確提出了「兩個確保」的要求，即「確保患者不因費用問題得不到及時救治，確保定點醫療機構不因醫保總額預算管理規定影響救治」。「兩個確保」的核心就是實施「就地免費救治」的策略，「就地」是指患者能夠在當地、就近得到救治；「免費」是確保患者不會由於費用問題而不去治療或者放棄治療，打消患者的後顧之憂，讓患者放心就診；「救治」則要求醫療機構應收盡收，先救治後付費，確保醫療機構不因預算限制而影響救治。在此原則下，先後出台了新冠患者先救治後收費、醫保基金先行預付、特殊報銷政策、互聯網醫療進醫保、階段性減徵企業職工基本醫保費等一系列應急新政策。[6]然而，這些醫療保險新政能否取得預期的政策效果、是否在道德上合理仍然值得商榷。

　　本文基於當代儒家生命倫理所提倡的「仁愛」原則、「公義」原則、「誠信」原則和「和諧」原則等基本原則，對新冠疫情發生以來中國政府推出的醫療保險新政，特別是新冠患者「免費治療」政策進行倫理反思（分析框架見圖17.1），嘗試探討突發公共衛生事件下醫療保險的功能定位及發展趨勢。

---

6. 詳見2020年1月22日國家醫療保障局（以下簡稱國家醫保局）、財政部發佈的《關於做好新型冠狀病毒感染的肺炎疫情醫療保障的通知》，http://www.nhsa.gov.cn/art/2020/1/23/art_37_2284.html；1月27日，國家醫保局辦公室聯合財政部辦公廳、國家衛生健康委（以下簡稱國家衛健委）辦公廳發佈的《關於做好新型冠狀病毒染的肺炎疫情醫療保障工作的補充通知》，見http://www.nhsa.gov.cn/art/2020/1/27/art_71_2392.html；2月2日，國家醫保局發佈的《關於優化醫療保障經辦服務 推動新型冠狀病毒感染的肺炎疫情防控工作的通知》，見http://www.nhsa.gov.cn/art/2020/2/2/art_71_2389.html；2月28日，國家醫保局、國家衛生健康委聯合發出的《關於推進新冠肺炎疫情防控期間開展「互聯網＋」醫保服務的指導意見》，見http://www.nhsa.gov.cn/art/2020/3/2/art_37_2750.html；2月21日，國家醫保局、財政部、國家稅務總局聯合發佈的《關於階段性減徵職工基本醫療保險費的指導意見》，見http://www.nhsa.gov.cn/art/2020/2/21/art_14_2655.html；2月25日，中共中央、國務院發佈的《關於深化醫療保障制度改革的意見》，見http://www.gov.cn/zhengce/2020-03/05/content_5487407.htm?trs=1等。

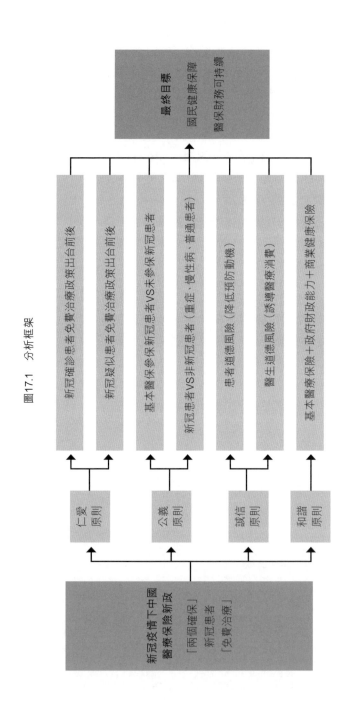

圖17.1　分析框架

二、「免費治療」政策及時嗎？基於仁愛原則的反思

「仁」是儒家倫理中最核心的德行。仁愛原則，是建立在這一核心哲學觀念之上的。仁愛起於本心，源於家庭，繼而推廣至他人及萬物。儒家推崇「仁者，愛人」，以政府為主體的仁愛觀強調對全體人民的愛護，一個仁愛的政府應該做到「以民為本」而非「以政為本」，[7] 保證人民群眾的健康權益。在實踐層面，儒家認為，仁愛首先是基本層面的廣博之愛，同時也體現為差等之愛。換言之，在儒家看來，市場「仁政」的前提，在於政府對全體國民提供基本的醫療保健服務，在此基礎上，政府應承擔起建立健全市場機制的重要作用，允許國民實現差等之愛，滿足國民自由選擇醫療保健服務的需求。

在此次新冠疫情下，中國是第一個宣佈全部新冠肺炎患者免費治療的國家，在疫情最初階段就制定並實施了有效的應急醫療保障政策，得益於中國已經建立的世界上規模最大的全民基本醫療保障網。在此基礎上，中國政府及時調整醫保政策，明確確診和疑似患者醫療保障政策，對確診和疑似患者實行「先救治，後結算」。對新冠肺炎患者（包括確診和疑似患者）發生的醫療費用，在基本醫保、大病保險、醫療救助等按規定支付後，個人負擔部分由財政給予補助。異地就醫醫保支付的費用由就醫地醫保部門先行墊付。據統計，截至2020年5月31日，全國各級財政共安排疫情防控資金1,624億元，新冠患者治療費用全部由國家承擔，新冠患者治癒率94.3%。[8]

無論是「兩個確保」要求的明確提出，還是先救治後付費等醫保政策，都體現了以人民為中心的發展理念。可以說，疫情下的醫保新政是「以人民為中心」的、積極地、博愛的、基本符合儒家

---

7. 范瑞平，《當代儒家生命倫理學》。北京：北京大學出版社，2011年，244–245頁。

8. 詳見2020年6月7日國務院新聞辦公室發佈的《抗擊新冠肺炎疫情的中國行動》白皮書，http://www. xinhuanet.com/politics/2020-06/07/c_1126083364.htm?baike，2020年6月7日。

仁愛原則。[9]在「醫保為了誰」這一問題中，中國政府交出了一份滿意的答卷，上述政策皆出自「以人為本」，在一定程度上體現了「仁愛」原則。然而，所謂突發公共衛生事件，是指突然發生，造成或者可能造成社會公眾健康嚴重損害的重大傳染病疫情、群體性不明原因疾病、重大食物和職業中毒以及其他嚴重影響公眾健康的事件。一般具備三個特點：一是突發性，即不易預測；二是社會危害性，即危害公共健康和安全；三是快速傳播性。[10]目前，中國政府尚未建立起完善的醫療保險應對突發公共衛生事件應急機制，所出台的對新冠患者醫療費用享受醫保和財政雙重保障的一系列醫保新政，可以說是新冠疫情發生後的「亡羊補牢」。那麼，「免費治療」政策出台的是否及時呢？

在回答這一問題之前，我們先看一組時間：

2019年12月1日，臨床醫生推斷本次新冠肺炎第一個確診患者出現症狀。

2019年12月12日，武漢市官方掌握第一個住院確診病人（武漢周先旺市長接受董倩採訪時說是12月27日發現首例）。

2019年12月31日，武漢衛健委第一次通報疫情，27名武漢患者被診斷為「不明肺炎病症」，事件持續發酵。

2020年1月20日，鍾南山院士確定病毒可以人傳人，新冠肺炎開始在全國爆發。

2020年1月22日，國家醫保局會同財政部聯合發文、明確提出「兩個確保」要求。在基本醫保、大病保險、醫療救助等按規定支

---

9. 較之於2003年的非典疫情，就仁政而言，此次醫改政策進步顯著。其一，非典疫情爆發時，基本醫保制度尚未建立、覆蓋面極窄，參保對象只限於城鎮職工，廣大的農民及城鎮無業的老人及未成年人在制度層面沒有納入醫保範圍；此外，在政策規定範圍內，職工醫保參保率也很低（到2003年底，參保人數僅為10,900萬人）。其二，單一的醫保籌資渠道（職工醫保基金來源為單位和個人的繳費）和較低的籌資水平，導致醫保保障水平較低，保障效果堪憂。

10. 王旭，〈分清角色相互銜接──突發公共衛生事件與醫療保險關係的思考〉，《中國社會保障》，2003年，9期，20頁。

付後，個人負擔部分由財政給予補助，新冠肺炎確診患者的醫療費用，納入醫保基金支付範圍，個人部分由財政支援補助。[11]

2020年1月27日，針對確診患者的醫保、財政綜合保障政策擴大至疑似病人。[12]

2020年2月28日，國家醫保局、國家衛生健康委聯合發文，推進新冠肺炎疫情防控期間開展「互聯網+」醫保服務，將符合條件的「互聯網+」醫療服務費用納入醫保支付範圍，鼓勵定點醫藥機構提供「不見面」購藥服務。

……

一方面，對於在政府宣佈新冠確診患者免費治療之前的新冠確診患者（截至2020年1月21日，全國新冠肺炎確診患者已累計440人），其相應的醫療救治費用，是按照現行政策（即免費治療）給予事後補償賠付，還是仍參照常態下的基本醫保待遇？在疫情爆發的最早期，在國家沒有宣佈新冠肺炎治療免費之前，全家多人感染，無力承擔巨額醫藥費放棄治療的案例屢見報端。[13]或者由於無法及時進行核酸檢測，醫生無法確診，只能以疑似病例上報，卻不在醫保報銷範圍內。但是從目前已經發佈的新政看，沒有任何一項針對這類早期患病人群進行病情回溯並做出補充安排。

---

11. 此後國家財政部明確確診患者（包括異地就醫確診患者）所需資金由地方財政先行支付，中央財政對地方財政按實際發生費用的60%予以補助。

12. 疑似患者（含異地就醫患者）發生的醫療費用，在基本醫保、大病保險、醫療救助等按規定支付後，個人負擔部分由就醫地制定財政補助政策並安排資金，中央財政視情給予適當補助。目前各地醫保保障政策也有所不同。在疫情重災區武漢還提出，對凡是在武漢市各發熱門診當中留觀的患者，門診治療費用也由政府買單。在一些經濟較為發達的地區，如深圳，補充規定「確認疑似和確診新冠肺炎參保患者，在初診醫療機構和定點或非定點救治醫院，門診、住院診療使用藥品和醫療服務專案發生的全部疾病治療醫療費用（包括治療基礎病、合併症、併發症、其他疾病中感染等費用），全部納入醫保基金支付範圍。」

13. 據新聞報導，32歲的翁女士是一位剛剛得知二胎懷孕的媽媽，其與丈夫還有5歲的女兒在湖北黃岡做門窗生意，本身是個快樂的三口之家，帶著對新生命的期待。然而，從翁女士在菜市場買菜回來的第二天，病情的迅速惡化摧垮了翁女士的身體，同時摧毀的，還有這個小家的經濟狀況，ICU住院一週多，治療花費將近20萬，但是病情仍在持續惡化，最終通過家人商議，在21日簽署了放棄治療同意書。然而，第二天，國家宣佈免費治療。陳先生失去了妻子和素未謀面的孩子，卻背負了家庭的巨額債務，除了一紙「重症肺炎」診斷書，什麼也沒留下。在疫情爆發的最早期，像翁女士和陳先生這樣的並非個案。

責任倫理

另一方面，對於在政府宣佈新冠疑似患者免費治療之前的疑似患者（截至2020年1月26日，全國新冠肺炎疑似患者現有6,973人），同樣存在上述問題。在疫情爆發早期，核酸檢測是確診新冠肺炎的唯一標準，但是受限於初期的試劑供應能力、檢測能力[14]及醫療接待能力，大批的早期疑似病人仍然被居家隔離，或自行進行藥物治療，或進入醫院隔離區首先進行治療，等待疑似或確診診斷。在等待診斷期間的醫療費用，是自行承擔還是按照現行政策（即免費治療）給予事後補償賠付，醫保政策尚未給出明確回應。可以說，醫保「免費治療」政策的滯後性和發佈之日「一刀切」的做法，將其他本該同樣享受到這一待遇的早期新冠患者排除在外，他們或因病致貧、背負起高額的債務，或因此失去親人。這樣看來，「免費治療」政策完全符合儒家仁愛原則嗎？筆者認為是否定的。

在儒家看來，市場「仁政」的前提，在於政府對全體國民提供基本的醫療保健服務，不因個體社會地位、經濟水平有所差別，更不能讓公民（特別是弱勢人群）為公共政策的滯後性買單。因此，在現階段，亟需對「免費治療」政策出台之前的新冠患者給予與政策出台之後「平等的」醫保及財政經濟補償。而從長期來看，應該以此為鑒，變事後「亡羊補牢」為事前「未雨綢繆」，考慮中長期醫療保障制度在疫情防控中的一些關鍵問題。例如，將當前的一些應急性措施作為長期的制度安排予以確定，逐步建立和完善常態化的醫療保障應急管理體制。做好頂層設計，有必要將突發公共衛生事件的醫保應急措施規範化、制度化，建立成熟的、長期的疫情防控應急保障機制。具體而言，可以基於突發公共衛

---

14. 2020年1月19日，由於對初期的疫情工作重視不足，住着18萬人口的武漢百步亭社區照常舉行了萬家宴活動，出現多個「發熱門棟」，成為此次疫情中的公眾關注焦點。2月9日晚間，一位自稱是百步亭花園百步雅庭的居民在其微博寫道，「百步亭一個網格一天只給一個核酸檢測的名額，大量疑似和發熱病人至今還在家，沒有集中隔離，甚至還有重症病人四處奔波求救。」《每日經濟新聞》記者則從一線網格員彭磊處了解到，核酸檢測一天一個指的不是名額限定，比如說連續5天，我們一個網格做了5個核酸檢測，這樣平均一下是一天做一個。但其實核酸檢測發放到社區網格的名額並不固定，事實情況是有時候一天一個都沒有，有時候一天能解決一兩個，我們甚至會發動私人關係去找（核酸檢測的名額），還有些社區七八天都解決不了一個，（這樣的情況）都是存在的。」

生事件演化不同階段的特點，即潛伏期長、引發期突然、發展期
迅速、爆發期全面、消亡期漫長，識別和研判其關鍵節點，對突發
公共衛生事件演化過程給予全流程應急管理，並在關鍵節點採取
相應的關鍵措施：常態和潛伏期的應急準備與預防機制建設、引
發期、發展期的預警機制建設與先期處置、爆發期的應急處置與
社會動員以及消亡期的醫療救治與社會保障。[15]

三、「免費治療」政策對所有人公平嗎？基於公義原則的反思

　　「大道之行也，天下為公」（《禮記‧禮運》），這是儒家所描
繪的社會藍圖。「天下為公」一直是儒家聖人一生追求並努力實
現的人生理想。「公」的本義即「公正無私」，「義」的本義也即
「公正、合理而應當做的」。「公義」為君子之德，同時也為天下之
責。在中國現代的語境中，更強調的是社會角度的公平正義和法
律角度的公正無私。[16]公義原則是衛生公正原則在儒家生命倫理
中的體現。它強調，對政府而言，不應一味追求人人平等而走上平
均注意道路，但是卻要以「天下為公」的責任，對弱勢群體進行適
當的關愛。公義原則希望通過合理的政策調控，所有的政策對象
主體都能在適當範圍內獲取相對公正的資源分配。

　　面對來勢洶洶的新冠疫情，中國政府在短時間內迅速反應，
研究制定了如前所述的針對新冠患者和疑似患者的多項醫療新
政，在第一時間打消患者的就醫顧慮，實現了源頭控制。由於「免
費治療」的費用保證來源於基本醫保報銷+中央及地方財政兜底，
本質上說，是由醫保和納稅組成。醫保資金由全部的參保人群繳
費組成，而納稅由全民參與。那麼根據儒家公義原則，我們需要反

15. 席恒、張立瓊，〈突發公共衛生事件應急管理的基本問題與關鍵節點〉，《學術研究》，2020年，4期，1–7頁。

16. 胡瑞琴，〈論儒家聖人公義思想及啟示〉，《蘭台世界》，2017年，12期，103–107頁。

思如下兩個問題：第一，對於所有新冠患者，基本醫保參保人群和非參保人群是否應該獲取「一視同仁」的免費治療呢？第二，由於個人主觀選擇造成感染的新冠患者和被動感染型新觀患者，有沒有更合理的醫療獎懲機制？第三，對於所有疾病患者（包含新冠患者以及其他疾病患者）而言，醫療資源分配是否公平呢？

　　儘管近年來基本醫保在制度層面上實現了全覆蓋、參保率維持在95%以上，但是由於居民醫保制度的非強制性特點（區別於職工醫保的法律強制性）及居民個體的逆向選擇問題（即健康狀況差的個體傾向參保，反之則反），依然會存在一些群體醫保參保率較低或參保後退保的情況（如新業態靈活就業人員、大學生群體和流動人口等人群）。針對已經參加醫保和未參加醫保的新冠患者實行同等政策，同時也意味着醫保權益享受的不均等，也會產生對醫保政策的權威性質疑。根據儒家公義的道德觀，對於已經按時繳納醫保的患者而言，政府的保障範圍是完全符合的。但是對於未繳納醫保的患者而言，卻分為兩種情形：一種是無支付能力，個人或者家庭屬於被社會救助和保障的人群，無醫保繳付能力，本着儒家「公義原則」，政府對「鰥寡孤獨廢疾者」等弱勢人群，有着關心關愛責任。但是對於另外一部分有支付能力，卻因為主觀投機心理作祟拒不繳納的人群，政府仍然採取醫療費用全部包幹政策，對於天下公義，對於其他納稅人都有失公允，同時也會造成個別人的僥倖心理以及道德問題。針對這部分人群，政府應該採取更合理的帶懲罰選擇的醫療制度，允許其按照國家醫保政策，限時內補繳後才能享受醫保新政的相關報銷政策。否則對本次救治的費用進行相應的報銷比例扣減，也影響後續的參保信用。

　　對於主動感染新冠患者（由於不遵守疫情防控規定，仍然出國出境旅遊，或者在疫情期間參加或者組織群體聚集等造成的感染者）和被動感染新冠患者（已經嚴格遵守疫情規定，但是仍然不幸被感染），除了惡意感染傳播事件違反相應的法律條例外，在目前的醫保新政下，對於報銷政策沒有區別規定，只是部分主動感染新冠患者在道德框架下受到社會譴責。儒家公義原則強

調社會的公平正義，但是對於由於個人的選擇造成的公義失衡問題，通常尋求更合理的解決之道。對於被動感染新冠患者，政府採取積極的包幹救助策略。但是對於在疫情期間不顧政府三令五申，由個人原因擅自出國出境旅行導致感染疫情，或者私下組織群體聚會人群，應根據事件惡劣程度，適當予以報銷減扣政策以示公平，同時結合法律公正予以追究責任。

　　由於疫情期間的醫保政策、醫療資源向新冠患者傾斜，造成其他非新冠患者的醫療資源被擠壓、無法得到及時就醫。[17]然而，醫療資源調配的傾斜對非新冠患者是公正的嗎？非新冠患者通常包括如下三類：重症患者、慢性病患者以及其他普通患者。首先，對於非新冠重症患者，是此次醫保新政的重災區，在不能獲得公平的醫療服務機會情況下，生命權和質量都無法得到保證。一些危重症患者，如尿毒症患者的透析被中斷20天以後不幸離世，疑似白血病患者只能在家等待確診，癌症患者無法入院救治只能繼續病情惡化。武漢大學中南醫院急救中心副主任夏劍曾對媒體估算，他所在的醫院搶救量大概是正常狀態的三分之一，其中還包括新冠肺炎引起的急救。[18]根據規定，沒有核酸檢測的新冠肺炎，醫院不能收治；而免費核酸檢測需要有發燒症狀，被認為疑似才能上報走流程；付費檢測渠道受限於名額限制，等待時間相對較長。這些「憑空消失」的急重症患者應該怎麼辦呢？對未感染的其他患者，武漢市於2月17日公佈6家接診非新冠肺炎患者的醫療機構名單，以滿足疫情期間非新冠肺炎患者醫療需求，特別是滿足慢性重症患者、孕產婦、兒童、血液透析患者的醫療需求，[19]可以看出政府在醫保政策調控過程中也在積極尋求公正原則，但是更合理的方案需要去積極尋求。

---

17. 詳見微博話題 #非肺炎患者求助# https://s.weibo.com/weibo/%2523%25E9%259D%259E%25E8%2582%25BA%25E7%2582%258E%25E6%2582%25A3%25E8%2580%2585%25E6%25B1%2582%25E5%258A%25A9%2523?topnav=1&wvr=6&b=1

18. 微博話題#非肺炎患者求助#下，求助信息幾乎每日都在更新，據《中國青年報》記者統計，截至2020年3月18日，閱讀量已有1.1億，詳見《中國青年報》，http://news.cyol.com/yuanchuang/2020-03/18/content_18520197.htm，2020年3月18日。

19. 詳見《人民網》，http://society.people.com.cn/n1/2020/0217/c1008-31590713.html，2020年2月17日。

其次，高血壓、糖尿病等常見病、慢性病患者的正常就醫需求被積壓。各級醫保部門配合衛生健康部門實施「長處方」政策，減少慢性病患者去醫院次數。這樣既保證了疫情期間慢性病患者服藥的需求，又兼顧了減少人群聚集外出的防護需求。但是，「長處方」一直沒有落地實施，主要因為無法確保醫療隨診和針對病情的及時醫藥調整，此時的長處方政策雖是權宜，卻不是根本方案。最後，對於輕症普通患者，政府提倡創新模式的「互聯網+」診療模式，把輕症人群盡可能分流到線上，並且及時將符合條件的「互聯網+」醫療服務費用納入醫保支付範圍，鼓勵定點醫藥機構提供「不見面」購藥服務。[20]但是新模式的診療服務，在確保其他非新冠患者可以及時就診的同時，服務效果目前並沒有長效的反饋機制得以保障。

醫療資源的公正分配是不同文化下面臨的同一倫理難題，每種倫理原則在指導醫療資源分配問題中有各自的優勢和局限。[21]儒家的公義原則，要求政府必須給予每個個體平等獲得「基本」醫療衛生服務的機會。換言之，應該不論個體社會經濟地位的差別，為每位社會成員提供基本的醫療衛生服務。[22]針對以上問題，應該進行更加深刻的反思和改進。同樣基於對生命的敬畏和尊重，政府在關注新冠患者的同時，醫療資源應根據當時當地各項患者總體情況進行動態比例調整，如開放各醫院的網上登記制度，由醫院進行整體患者分佈統計來制定當天的醫療資源分配，給新冠患者和非新冠患者創造均等的治療機會。新冠患者和非新冠患者的診療線路區分，以不造成交叉感染和醫療資源重疊等機制。同時，針對已經獲取長處方許可權的急慢性病人，進行不定期電話或者線上抽查隨訪，開放輕症患者的就診反饋機制以提高

---

20. 武漢針對門診重症慢病患者的需求，每日納入醫保支付的「互聯網+」醫療服務費用超過1,300單，向定點零售藥店流轉處方超過1,100單，詳見《中國新聞網》，http://www.chinanews.com/sh/2020/03-16/9126685.shtml，2020年3月16日。

21. 肖巍、于滄海，〈醫療保健資源公正分配的倫理依據〉，《中國衛生經濟》，2015年，34卷4期，13-16頁。

22. 吳靜嫻、范瑞平，〈醫療保健制度正義標準新探〉，《中國醫學倫理學》，2016年，29卷6期，924-928頁。

線上診療效果，不定期的線上線下醫療資源互換等等。此次疫情中，醫療資源應該和其他資源一樣被視為一種社會資源，在使用過程中涉利者產生的公平感應與整體社會公益達到一致，只有盡可能滿足所有涉利者的公平感，公義的社會分配——利益共享才得以可能。[23]

四、「免費治療」政策下的道德風險——基於誠信原則的反思

孟子曰：「誠誠者，天之道也；思誠者，人之道也。（《孟子·離婁上》）」儒家將誠信視為安身立命的根本。「誠」者，其首要含義即為「實」，真實，表裏如一；「信」者，則要求誠實可信、信守諾言，言行一致。儒家的誠信原則堅決反對為了一己私利而表裏失衡、言行不一、違背諾言、甚至欺騙他人。[24] 在醫療保險領域，與誠信原則密切相關的，即醫療服務市場存在的信息不對稱，所導致的醫療服務供需雙方（醫患雙方）潛在的道德風險問題。主要表現在醫療服務需方（即患者）降低預防動機、醫療服務供方（即醫生及醫療機構）誘導需求下的過度醫療消費等兩個方面。

與2003年「非典」時期相比，這次新冠疫情中沒有出現患者因害怕負擔醫療費用而「逃脫」檢查的現象。「兩個確保」原則下的免費救治政策，促使了新冠患者、疑似患者積極主動地到醫院排隊求治，這是一種巨大的進步。如果沒有此項醫保新政，許多患者可能不會如此主動地接受醫療檢查與救治，這種新的烈性傳染病完全可能在更加隱秘的狀態下持續擴散，進而導致更為嚴重的後果。特別是在傳染初期，抑制傳染的正外部性比較大，可以說，自動報告病例或者自我防治者的社會收益大於其個體收益。

23. 周琬琳、陳旻、莫楠，〈醫療大數據利益分配的公平感與公義性——以中國台灣地區健康保險數據庫為例〉，《中國醫學倫理學》，2019年，32卷11期，1401–1405頁。

24. 范瑞平，《當代儒家生命倫理學》。北京：北京大學出版社，2011年，247–248頁。

責任倫理

然而，由於不需承擔相應的治療成本，個體道德風險問題在所難免。新冠疫情的爆發恰逢中國傳統佳節——春節。春節是中國人口流動的集中時間，每年春節中國人口流動會達到或者超過3億人次。加之近年現代化交通網的快速發展，更加大了疫情防控難度。2020年的除夕是1月24日，國內每天關於疫情的廣泛報導始於1月21日，湖北省啟動突發衛生公共事件二級應急回應則是在1月22日，武漢作為新冠肺炎疫情集中爆發地採取「封城」限制政策則是在1月23日。此後，全國各地也都出台了不同程度的出行限制措施，國民對於新冠肺炎的防範意識瞬間增強。國家衛健委倡議廣大民眾「不聚會、不聚餐、不聚集」，做好個人防護，戴口罩、勤洗手、多通風。

然而，或是因僥倖心理、或是因治療免費而「有恃無恐」，在個人利益的驅動下，部分人似乎失去了誠信和道德準則。因家庭聚會、聚餐引起的聚集性疫情屢屢見諸報端（例如累計確診新冠患者逾40人的吉林舒蘭傳染鏈[25]），家庭聚會、聚餐已成為新型冠狀病毒感染肺炎的重要傳播途徑。有學者甚至提出，疫情未完全結束之前，每一次聚餐，都有可能是一場「鴻門宴」。如上所述，傳染性疾病防治作為一種公共產品，具有極強的外部性。其中，個體預防行為關係重大。加強個人防護，不僅是對自身健康負責，同時也是對國家和社會負責任的表現。為了暫時歡愉、滿足一己私利，在疫情當口選擇聚會，與儒家誠通道德原則大相徑庭。這些「無誠之人」，其行為——降低預防動機的最終後果——感染新冠肺炎，卻要政府和其他「有誠之人」買單。[26]

此外，值得注意的是，此次新冠救治免費對應的是「新冠患者」（包括確診及疑似患者），而不是新冠患者的新冠救治費

---

25. 詳見《央視新聞網》，http://m.news.cctv.com/2020/05/19/ARTIWUaX16bLcE7VNPVAQok1200519.shtml，2020年5月19日。

26. 目前對此類瞞報出境記錄的新冠患者（政策上同樣治療免費）僅限於道德譴責，筆者認為亟需出台相應的法律手段對此類行為進行規範。

用。[27]只要患者因為新冠入院治療，那麼治療過程中所產生的費用就可以報銷。對於疑似患者的救治費用，醫保也給予了一定的減免。免費治療政策下，是否會出現過度消費或使用醫療服務的行為（如患者「搭便車」、醫生「大處方」）呢？會不會有非新冠患者為了享受「免費醫療」而變相要求醫生給予新冠確診或疑似診斷、換取醫療免費呢？這其中，作為診斷「決策者」的醫生責任重大。在醫療服務領域，一方面，作為理性的經濟人，醫生在治癒患者的同時有使自己利益最大化的動機，而患者一般只想花費最少的醫療成本使疾病得到治療。可以說，醫患雙方的利益並不一致，但是總體來講，患者對其醫療消費擁有一定的選擇權和決定權。然而，此次新冠疫情下，不管費用多高都是國家負責，新冠患者治療免費。可以說，由於無需支付費用，患者出於個人利益考慮，會主動放棄上述選擇權和決定權，對於醫療費用合理控制的主觀能動性較低。

另一方面，由於醫療行業的高度專業性和技術性，作為代理人的醫生擁有處方權和醫療技術方面足夠多的信息，而委託人患者往往處於醫療信息的劣勢地位，醫生可能誘導患者去消費更多的醫療服務。[28]此次新冠疫情中，由於尚未研製出新冠肺炎的特效藥，當前醫療機構針對新冠患者的治療是以對症支持治療為主，一些治療方案方法尚處於試驗階段。多位醫生在受《中國經濟周刊》訪問時也坦言，「因為患者不用付費，在治療新冠肺炎患者時也就沒有關注費用問題」。加之醫療服務領域不確定性的存在（特別是患者個體差異），試驗治療不可避免會造成高昂的經濟成本，但是能否帶來相應的健康收益卻是未知。

誠信作為一項普遍適用的道德規範和行為準則，是保障醫療衛生事業和整個社會存在可持續發展的基本紐帶，是每一個醫務

---

27. 武漢大學全球健康研究中心研究員崔丹在接受《中國經濟周刊》採訪時表示，「由於新冠沒有特效治療藥物和手段，所以從技術上沒有辦法明確哪些是新冠的治療費用、哪些是基礎疾病或併發症的治療費用。」

28. 除了供方（醫生）誘導醫療需求，也存在醫患合謀誘導醫療消費等道德風險問題，參見李翔，〈城鎮居民醫療保險中道德風險的防範與控制〉，《中國衛生事業管理》，2011年，28卷3期，186–189頁。

人員的立身之本、處世之寶，也是每一個醫療衛生機構的立業之本。《希波克拉底誓詞》有云：「我之唯一目的，為病家謀幸福，檢點吾身，不做各種害人及惡劣行為」，《中國醫師宣言》亦云：「廉潔公正。保持清正廉潔，勿用非禮之心，不取不義之財……充分利用有限的醫療資源，為患者提供有效適宜的醫療保健服務。」擁有一支高效、規範、廉潔的醫護人員隊伍，既不因（非疫情期間）醫保對醫療費用進行總額而控制減少必要治療，也不因（疫情期間）醫療費用醫保買單、財政兜底而過度治療，始終以患者健康為導向，充分利用有限醫療資源，不僅是儒家誠通道德的要求，也是醫療服務質量提升、醫保財務可持續的前提。

「人無信不立，業無信不興」，面對當前中國信任危機、誠信危機以及新冠疫情爆發對醫療服務市場、醫療保險制度的衝擊，政府、醫療機構、患者應合力建立一個以誠信德性為核心的醫療服務市場。

五、 治癒出院就「萬事大吉」了嗎？基於和諧原則的反思

「和」是儒家另一個中心德性，所謂「和也者，天下之達道也」（《中庸‧第一章》）。通過修身、齊家、治國、平天下，實現社會和諧。儒家重「人和」、「中庸」的價值哲學，「和諧」原則不僅肯定世間萬物的多樣性、認同社會群體之間具有衝突的性質，更強調通過「統一關係、互補存在」，[29]構建和諧、共榮，以化解多元事物的差別及由此產生的對立、對峙、衝突。這種德性理念要求在做重要決定時「不能過度強調獨立、自主，互補、和諧才是最重要的價值」；必須兼顧所有人利益、協商確定，不應堅持己見、堅持絕對個人主義。儒家主張「禮之用，和為貴（《論語‧學而篇》）。」從某種意義上講，「禮」就是制度。因此，要達到「和」，政府必須首

---

29. 范瑞平，《當代儒家生命倫理學》。北京：北京大學出版社，2011年，249-250頁。

先要做好政府與市場在制度上的安排和創新，使兩者互相適應，以統籌兼顧政府、醫療機構、患者等多方利益，不應有所偏移。

在此次抗擊新冠疫情中，中國政府將人民生命健康擺在第一位。如上所述，緊急出台了多項醫保新政，以確保新冠患者病有所醫、全國上下疫有所防。然而，患者治癒出院就「萬事大吉」了嗎？首先要回答的第一個問題便是，患者治癒出院就等於完全治好了嗎？因為這次新冠肺炎，社會關注到了當年非典治癒者的後續生活，[30] 同時也對於這次肺炎可能帶來的後遺症和花費問題也很恐慌。[31] 隨着最終確診人數峰值的出現，以及醫學界對該病毒病理效應認識的不斷深入，亟需對新冠肺炎患者後期的醫療保障問題給予考慮。根據「非典」經驗，部分患者後期會出現相關併發症甚至轉變為長期慢性病，這部分醫療費用是仍然按照現行政策實施（即免費治療），還是參照常態下的基本醫保待遇，迫切需要給予政策回應。

多國醫改經驗表明，單一依靠政府的公共醫療保險不僅在財務可持續上難以為繼，且對國民健康的保障能力終究有限，因此，必須有市場力量介入。這同儒家和諧原則一致，即發展公-私「兩級制」的醫療保健體制。一個符合儒家道德倫理的政府，應該「給予市場神聖的、永恆的生存權和發展權，在政府主導的基本醫療保障基礎上，為患者提供更好的醫療保障（甚至全方位的健康保障），服務那些願意購買私人/商業保險的病人。私立一級對公立一級在結果上形成補充，也形成和諧的平衡和競爭」。當前，中國已經建立起了以政府主導的基本醫保為主體、醫療救助為托

---

30. 據報導，非典倖存者因治療過程中過度使用激素，往往有股骨頭壞死、糖尿病、肺纖維化及精神抑鬱症等後遺症，生活過的相當困苦艱難。這些非典後遺症患者僅有少數專家定期診斷進入了醫保報銷名單，不少「非典」後遺症患者因病情不夠嚴重而沒有能夠進入名單。此外，醫保病種目錄也只包括股骨頭壞死、肺纖維化及精神抑鬱症三種被政府認定的後遺症。

31. 武漢市聯合醫院救治專家組專家、中南醫院急救中心副主任夏劍在接受《中國新聞周刊》的採訪時說過：「他們（新冠治癒患者）的肺功能要恢復到完全正常是不可能的，因為有些肺部組織損失是不可逆的，能使他們的肺功能支撐正常活動就可以了。」可以說，新冠治癒患者在現階段應該沒有短期後續花費，但是肺功能損傷可能會造成未來肺部問題（例如普通感冒治療困難、不再「普通」等）。

圖17.2 中國多層次醫療保障體系

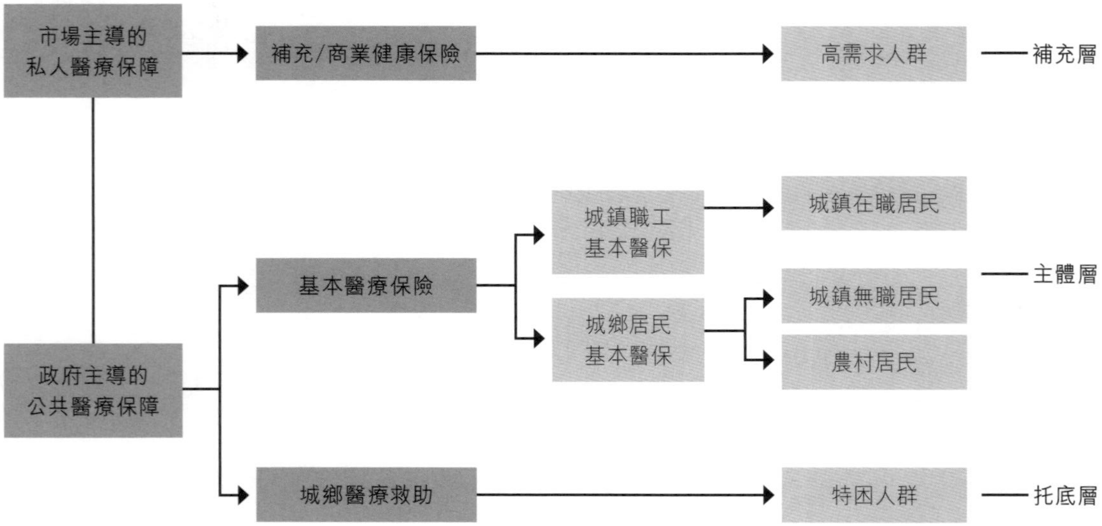

底，以市場為主導的商業健康保險和其他社會慈善互助保障為補充的多層次醫療保障體系（見圖17.2），人民群眾看病貴問題得到了明顯改善。隨着經濟社會發展和老齡化的加快，醫療保障需求呈現多層次多樣化的特點。基本醫保立足保障群眾基本醫療需求，對於「非基本」的多樣化、高層次的醫療保障需求，還應通過商業健康保險來滿足。[32]

　　商業健康保險作為基本醫療保險的補充，在多層次醫療保障體系中發揮着重要作用，其保障效應已經初步彰顯。根據2018年國內商業健康保險保費規模已達5,448億元，同比增長24.1%，在各大類保險業務中增速最高；商業健康保險業務賠款和給付1,744.34億元，同比增長34.72%。[33]雖然這次新冠患者的治療費用由國家買單，但商業健康保險的作用仍不能忽視。其一，對於確診患者的健康保障，基本醫保僅保中期治療，確診前由個人承擔的費用，康復以後是否存在後遺症及後遺症所需要的醫救費用，還需要商業健康保險進行保障。[34]其二，對於疑似患者，界定為疑似前所發生的醫療費用，也可通過個人所擁有的商業健康保險來承擔。其三，對於出現可疑症狀但尚未獲得疑似診斷的患者就醫費用，則需要在扣除常規基本醫保報銷之後，即自付醫療費用由商業健康保險給予賠付。政府主導的公立保障與市場主導的私立/商業保障的和諧互補，這既是儒家和諧倫理原則的要求，也是滿足人民群眾多層次健康需求、共同維護國民健康的迫切需要。

---

32. 李珍、王怡歡，〈論基本醫療保險與商業健康保險的定位與衝接〉，《中國衛生政策研究》，2019年，13卷1期，9–14頁。

33. 參見《新華網》http://www.xinhuanet.com/money/2019-03/11/c_1210078198.htm，2019年3月11日。

34. 新冠肺炎確診患者在治療過程中需要的特殊種類藥物（如丙種球蛋白、血紅白蛋白等增加免疫力的藥物，或已成為新冠重症患者，特別是重症老年患者延續生命的必需藥品，但並未納入基本醫保藥品清單）也可通過商業健康保險給予保障。此外，重症和危重症患者後續可能併發一些類似「急性呼吸窘迫綜合症」、「肺炎造成深度昏迷或中度昏迷」等重疾情況，可申請重疾險理賠。如果因新冠肺炎導致身故，根據保額可以通過定期壽險、終身壽險獲得賠付，為患者身故後的家庭獲得一筆保障資金。最後，患病治療期間的誤工損失，可通過住院津貼、重疾險等獲得補償。

責任倫理

在回答商業健康保險對於保障新冠患者健康的補充作用這一問題後，還應充分考慮醫保財務可持續問題，即對於突發公共衛生事件中患者相關醫療費用如何在基本醫保、公共財政和商業保險之間的分擔責任。儒家認為，萬事萬物不是自足的存在着，每個個體必須要與另外一個個體相互形成一個統一體，統一關係、互補存在，才能實現和諧。應用到醫療衛生領域，政府單方大包大攬，個體、社會不予參與，這種籌資體制難免脆弱。針對新冠疫情、「非典」等突發公共衛生事件，政府可與商業保險公司建立利益共享、風險共擔機制，雙方按一定的比例來分配保費收入，也按一定比例來承擔理賠風險。這樣不僅可使保險公司的承保風險減小，也可以促使政府將共同承保獲得的一部分利潤用於公共衛生突發事件的預防和治療。[35]

子曰：「君子和而不同，小人同而不和」（《論語‧子路》）。在新冠疫情爆發之下，公共基本醫保與市場商業保險的關係要達到「和諧」，必須各正其位、各盡其能、多元共存、互補互利、有效銜接、分工配合、協調發展，以此共生雙贏、保障國民健康。

六、結語

新冠疫情是新中國成立以來發生的傳播速度最快、感染範圍最廣、防控難度最大的一次重大突發公共衛生事件。疫情發生以來，國家醫保、財政等主管部門在「兩個確保」原則指導下，出台了一系列醫療保險新政策，以解除患者或疑似患者診療費用的後顧之憂。上文基於儒家生命倫理提出的「仁愛」、「公義」、「誠信」及「和諧」四項基本原則，對突發疫情下的「免費治療」政策進行了倫理反思。可以說，這一醫保新政從總體上和短期來看符合儒家生命倫理原則，但也存在一些問題，主要體現：第一，在臨

---

35. 蒲曉紅，〈醫療保險制度應完善對突發事件的應急機制〉，《四川大學學報（哲學社會科學版）》，2005年，1期，53–56頁。

時性、應急性政策多,缺乏法定的制度安排和長效化機制;第二,
整體上一刀切的政策安排,忽略了時間差別和個體差別,對社會
公平也產生了一些挑戰;第三,更加關注新冠患者當下的醫療救
治費用負擔問題,而對新冠患者和非患者全方位、長期的健康保
障不夠重視,對醫保財務未來可持續關注不足。

　　鑒於此,亟需以健康為價值導向,以「預防-治療-康復」全過
程健康管理為切入點,在疫情防控的不同時期,對不同程度病情
的患者採取不同級別的就診制度和醫療報銷制度、對疫情演化
不同時期、不同節點下的患者採取不同級別的保障範圍和救助等
級,統籌發展基本醫保、財政補助和商業健康保險,探索醫保制
度應對突發公共衛生事件的長效應急機制。由此不僅在理論層
面與儒家倫理原則一致,又在實踐層面,有利於(且從根本上有利
於)醫療費用控制、醫保財務可持續及國民健康改善。

第十八章

疫情中的生物醫學研究
該如何保護受試者？
儒家倫理的視域

劉濤

廣州醫科大學馬克思主義學院副教授

　　庚子未至，疫情來襲。面對來勢洶洶的新冠肺炎疫情，醫護人員捨生忘死、全力救治新冠患者，與疫魔進行激烈較量。與此同時，為了找出有效遏制疫情的方法，各種生物醫學研究試驗也加速啟動與開展。大疫當前，與疫情相關的和其他的生物醫學研究都面臨着極大考驗，它們或被打亂了原定的研究節奏，或頂着較大的風險性與不確定性而處於如何開展、怎樣繼續的兩難境地。在此過程中，問題迭出，需要我們一一進行討論與回應。本文以疫情中生物醫學研究的受試者為論述對象，從中國本土儒家倫理的視角，談談保護其權益的重要性及若干具體的保護方法。

一、仁義：底線之原則

　　仁是儒家倫理的核心精神。《論語‧樊遲》記載：「樊遲問仁。子曰：『愛人。』」《孟子‧離婁下》亦云：「仁者愛人。」《孟子‧公

＊　本文為廣東省哲學社會科學十三五規劃學科共建項目（GD18XZX03）的階段性成果。

孫醜上》又云：「所以謂人皆有不忍人之心者，今人乍見孺子將入於井，皆有怵惕惻隱之心」，「惻隱之心，仁之端也」。可見，仁的本質就是對他人的關愛、對他人利益的增進和對他人痛苦的感知、不忍心他人痛苦的同情。儒家仁之倫理精神，大致可囊括比徹姆、丘卓斯所提出的有利原則與不傷害原則。依孟子之見，不忍心他人受到痛苦，是仁的最本源的精神特質，在此基礎上方能談及對他人之利益增進。因此，從儒家倫理而言，不使受試者受到傷害以及增進受試者的權益，是生物醫學研究者對受試者的底線原則。其中，不使受試者受到傷害、保護受試者安全又是最底線的原則。

疫情中開展的生物醫學研究，對待受試者也必須遵循仁之底線。首先，必須謹慎控制風險。平時開展臨床試驗、藥物試驗等涉及人的生物醫學研究，需要衡量研究方案對受試者的風險受益比。疫情期間，更需要考慮方案之外所疊加的疫情影響的風險，更加謹慎地評估研究方案的風險性。若風險系數超過一定閾值，哪怕預期受益較多，亦需考慮更改方案或中止研究。

其次，研究者不能以其研究成果有可能拯救大多數人為理由，而做出損害受試者安全的行為。《孟子·公孫醜上》云：「行一不義、殺一不辜而得天下，皆不為也。」《孟子·盡心上》云：「殺一無罪，非仁也；非其有而取之，非義也。居惡在？仁是也；路惡在？義是也。居仁由義，大人之事備矣。」相較於功利論，儒家更傾向於道義論。天下不可謂不重，然而在仁義的倫理光芒下，天下之重亦不免相形見絀。假若疫情中有此研究者，其認為可以為了拯救天下蒼生而犧牲少數受試者的安全利益，這一做法是得不到儒家承認的。因為受試者是無辜的，對受試者的安全侵害則是不仁不義，哪怕以天下蒼生為藉口，亦無法獲得儒家倫理之辯護。

進一步討論，若受試者自願為天下蒼生而犧牲自我安全，則研究者是否有權利遵其意願實施？依據前述仁之底線原則，研究者亦不能不顧受試者之安全境況而置其於巨大風險中。以新冠病毒疫苗的研發為例，有學者提出了所謂的「人類挑戰」項目，主張

選擇自願的受試者接種疫苗並進行病毒攻擊挑戰試驗，以此加速新冠疫苗 III 期臨床研究進度。[1]據相關報導，根據實驗設計，只有經過一些初步測試確保了生物安全性並在人體中實現免疫應答的候選疫苗才會被選入這項研究；然後招募年輕、健康的參與者，並確保他們沒有被感染，給他們接種候選疫苗或安慰劑，等待足夠長的時間讓他們產生免疫反應；接下來，讓參與者接觸病毒，並密切追蹤他們，儘早發現任何感染跡象；最後檢查疫苗組是否比安慰劑組表現更好，具體為病毒水平、症狀出現的時間以及是否感染等指標。[2]在該項研究中，無論是僅接種安慰劑的受試者，還是接種疫苗的受試者，一旦感染新冠病毒，都將面臨着巨大的安全風險。我們無法套用現有的社會總體的新冠肺炎輕症自癒率、重症率、危重率、病死率等指標來推斷這些受試者感染病毒後的狀況，更不能用輕症自癒率多為藉口而刻意低估或忽視其重症率、病死率。從儒家倫理的視角而言，研究者無法以受試者自願這一理由來獲得研究本身的倫理正當性。

更進一步討論，若研究者自身甘願作為受試者，為救他人而甘冒巨大風險，則能否得到儒家之認可？據《論語‧衛靈公》記載孔子云：「志士仁人，無求生以害仁，有殺身以成仁。」儒家是較為認可這種為救蒼生而犧牲自我之做法的。但這樣做的同時仍需注意首先確保試驗方案的基本安全。如果試驗方案的基本安全都得不到驗證，在這種情況下貿然展開研究是不明智的，有可能非但救不了他人，還損害了自身安全，或由於試驗失敗而可能給他人與社會帶來新的風險。

---

1. 參閱Nir Eyal, Marc Lipsitch, Peter G Smith. "Human challenge studies to accelerate coronavirus vaccine licensure." *The Journal of Infectious Diseases*, vol. 221, 2020.

2. 王靜，〈百名志願者以身試毒？為加速新冠疫苗研發，美國學者提出最激進方案〉，見https://www.fmmu.edu.cn/info/1600/11117.htm。

責任倫理

二、禮智：規則與變通

儒家的禮，是恭敬之心、辭讓之心的推廣。實行仁義，須有一定的節度、一定的形式，就是禮。[3]具體到生物醫學研究而論，禮可以指為保障該研究的順利開展所制定的一系列制度規範，包括倫理審查制度、研究監管制度、應急處理制度等規範。儒家的智，包含對於事物的認識與對於道德的認識。且按照董仲舒的說法：「智者見禍福遠，其知利害早，物動而知其化，事興而知其歸。」（《春秋繁露・必仁且智》）智也是對於事物變化的預見。[4]禮與智，代表着儒家對規則與變通的思索。禮乃做人做事的規矩，而世事變動不居，禮亦需智以因應變化，通過不斷發展、調整規則來適應新的環境。本次新冠肺炎疫情突如其來，打亂了許多日常的生物醫學研究程序或節奏，為保護受試者的權益，我們須在堅持原有規則的基礎上對其進行變通與革新，使其適應疫情期間乃至後疫情時期的環境變化。

疫情期間的受試者，大致可分為健康受試者、染疫的受試者、非染疫的病患受試者。非染疫病患受試者按病情分，可細分為有腫瘤、血液、口腔等不同病情的患者受試者；按受試場所分，可分為住院受試者、門診受試者、居家受試者等。以仁義原則為指引，疫情中的生物醫學研究首先要將受試者的安全放在第一位。為實現這一目標，研究者可根據受試者的具體情況而優化、調整原有的相關程序。諸如，為減少疫情傳播風險，對健康受試者和非必須住院的受試者，儘量安排其居家，並以網絡隨訪、視頻會議等方式了解受試者情況，還可用無接觸方式為受試者發放試驗藥品。對門診受試者而言，為降低院感風險，研究者在設計研究方案的時候應考慮減少將門診患者納入試驗對象。對已經按規定開展的試驗，也應儘量降低門診到訪次數。對需要入院的受試者，在入院或到訪前，必須進行相關體溫等檢測，正常方可進入。受試者在院期

---

3. 參閱張岱年，《中國倫理思想研究》。江蘇教育出版社，2005年，117頁。
4. 參閱張岱年，《中國倫理思想研究》。江蘇教育出版社，2005年，122頁。

間，研究機構應為其提供良好的環境，避免受試者扎堆，保持安全距離，保障試驗器材安全，做好各項疫情防護措施。

　　需要注意的是，以上疫情期間對研究方案或流程所做出的變通，體現了儒家倫理「智」的一面，但變通必須合理（符合仁義原則），也必須合「禮」（符合倫理審查規定）。由於疫情引起的研究方案修訂或出現的方案違背，必須遞交倫理委員會進行審查。[5]倫理委員會是保障受試者權益、審核研究方案是否合理與合禮的重要機構。特別是在疫情期間，倫理委員會更應發揮其重要職能。為保護受試者，倫理委員會總體上可從以下兩點加強工作：其一，對疫情期間新申請的研究項目和方案修訂較大的已申請的研究項目，倫理委員會可採取（緊急）會議審查的方式進行，必要時可召開緊急視頻會議。筆者近來在現實接觸一些倫理委員會的過程中發現，有的委員認為疫情期間為了快速進行倫理審查，可對涉及疫情研究的新項目採取簡易審查的方式。其實，按照相關規定，簡易審查程序僅對已批准研究項目的研究方案作較小修改且不影響研究的風險受益比的研究項目和研究風險不大於最小風險的研究項目適用。除此之外，我們不能以快速審查為理由而簡化審查程序，仍應主要以會議審查的方式進行。其二，為整合倫理審查資源，提升倫理審查的效率，對涉及疫情研究的多中心臨床試驗、跨機構倫理審查等情況，可採取成立區域倫理委員會、進行中心倫理審查等方式應對。特別是疫情時期，以新冠肺炎患者（染疫者）為主要試驗對象的研究項目，往往涉及到複雜的跨機構合作、多中心合作，以中心倫理審查的方式進行，可避免重複審查，也可更有效地保護受試者權益。

　　上述關於疫情期間倫理審查的方式、受試者納入標準的選擇、隨訪的開展方式等各方面，既要遵守儒家倫理之「禮」的規則意識，又要體現「智」的變通精神。但變通需要掌握一定的度，不

5.　參閱黃鉞、石超吉等，〈重大突發公共衛生事件一級回應下口腔疾病臨床研究工作指導建議〉，《上海口腔醫學》，2020年，29卷2期，114–115頁。

能無視基本規則，變通的倫理依據在於對受試者的保護，而這又更深層地體現了儒家的仁義原則。

三、誠信：雙向之堅守

《說文解字》中將誠、信互釋：「誠，信也」、「信，誠也」。朱熹在解釋《中庸》時曾將「誠」與「信」分而論之，認為「誠」是絕對的、純粹自然的，而「信」是相對的、人為的，普通人能做到的是「信」，唯有聖人方可達至「誠」之境界。[6]但在儒家看來，「誠」、「信」總體上是可以合而論之的。誠信即誠實，它是人與人之間相互對待的基本道德。[7]具體而言，「誠」指一個人內在的真誠，「信」則指一個人外在的信用。儒家認為，真誠是自我的完善，也是一切事物的發端和歸宿。真誠的人，其對人也應該做到言而有信、言行一致。[8]

疫情中的生物醫學研究所涉及的誠信問題，首要方面是知情同意。誠信，是確保受試者知情的必要條件。研究者在招募受試者時，必須對該研究的風險與收益據實相告，誠實地對待受試者，切不可因疫情期間招募受試者較為困難，為了招募到符合條件的受試者而刻意隱瞞研究風險或誇大受益。近期的一項調查顯示，在新冠肺炎疫情影響下，健康志願者參加藥物臨床試驗的積極性較高，願意參加試驗的人數佔被調查人數的97.3%；志願者參加試驗最關注的因素是「試驗補貼」（45.6%），其次是「藥物安全性」（36.26%）。[9]該項調查表明，健康志願者對新冠肺炎認識不足，防護意識較為缺乏，在安全性和試驗補貼之間，健康志願者

---

6. 參閱黎靖德編，《朱子語類》。中華書局，1986年，103頁。

7. 參閱張岱年，《中國倫理思想研究》。江蘇教育出版社，2005年，124頁。

8. 參閱黎紅雷，〈「仁義禮智信」：儒家道德教化思想的現代價值〉，《齊魯學刊》，2015年，248卷5期，5–12頁。

9. 參閱沈勇剛、陳吉生、王丹銳等，〈新冠肺炎疫情影響下健康志願者參與藥物臨床試驗意願調查〉，《今日藥學》，2020年，30卷6期，377–380頁。

更看重後者而不是前者。因此，我們也有必要從反面提醒研究者注意，不能將利益誘惑置於試驗安全性之上，亦絕對不可用利益誘惑來遮掩、淡化知情同意的真實性和嚴肅性。

除了知情同意，誠信還包括以下方面：其一，研究者遵守信諾，按研究方案進行試驗。這包括，研究者不在未徵得受試者知情同意或未徵得倫理委員會同意的前提下無故違背方案；在受試者權益發生損害時按方案履行補償、賠償等義務；當發生嚴重不良反應或不良事件時須及時按規定處理，不隱瞞真相。同時，還需要持續強化申請人對臨床試驗的主體責任意識，及時識別臨床試驗過程中的潛在風險和未知風險，制定風險最小化措施，嚴防安全性事故發生。[10] 其二，研究者應避免申請重複性的研究、低質量的研究，在研究項目的把控和經費申請、論文發表方面均應遵循誠信倫理。相關統計顯示，新冠疫情爆發以來，相當數量的試驗干預方法類似或雷同，研究方案對照組的選擇和樣本量的設計都存在不合理的情形。[11] 研究者不應以疫情為由，浪費臨床研究的學術資源，而是要實事求是地開展高水平、有意義、有必要性的研究。這不僅是為了遵循誠信倫理的要求，也是為了讓受試者能得到應有的尊重。

當然，誠信不僅是研究者需要遵守的倫理精神，受試者同樣應該遵循。比如，在疫情時期的研究過程中，受試者必須向研究者如實告知自己的身體與心理狀況、以及是否到過中高風險地區、是否密切接觸過確診病例等一系列情況。若受試者有所隱瞞，則可能會對自身、研究者、研究機構、其他受試者乃至更廣泛的社會人群造成負面影響，增加發生不良事件與疫情擴散的風險。因此，誠信的倫理要求是雙向的，研究者與受試者雙方均應堅守。

---

10. 參閱崔歡歡、裴小靜、謝松梅、王海學、王濤，〈在疫情期間藥物臨床試驗安全監管的思考〉，《中國臨床藥理學雜誌》，見http://kns.cnki.net/kcms/detail/11.2220.R.20200410.2138.006.html

11. 參閱黃志軍、陽國平，〈後新冠肺炎疫情下臨床試驗的發展及思考〉，《中國臨床藥理學與治療學》，2020年，25卷5期，591–593頁；常江、張銘等，〈338項新型冠狀病毒肺炎註冊臨床試驗的分析與建議〉，《華中科技大學學報（醫學版）》，2020年，49卷2期，169–172頁。

責任倫理

第十九章
突發公共衛生事件應急處置與行為抉擇
中國生命倫理學的價值導向

蔣輝

福建醫科大學附屬漳州市醫院科教科經濟師

中華文化源遠流長。任何文化都不是自我封閉的整體，而是通過人際交往、貿易、遷徙、戰爭等方式不斷同其他文化進行相互作用和相互影響。范瑞平教授等人呼籲建構中國生命倫理學，提出不能簡單地把現代西方價值當作「普適價值」或者「道德硬核」，而是應該從中國自己的倫理傳統出發，構建新的觀點、原則和理論來探討中國社會的生命倫理問題。[1]中國的醫學倫理學、生命倫理學研究、教學和發展，只有以中國文化為基礎，建構成為一門扎實的、綜合的中國文化學科，才能為日新月異的「前沿」研究和層出不窮的「時髦」話題提供根基深厚的道德觀點和開闢具有源頭活水的創新論證。[2]

公共衛生事件有着強烈的社會屬性，突發公共衛生事件對人民群眾的生產生活有着顯著影響。隨着全球一體化和信息多元化，突發公共衛生事件日益成為世界各國關注焦點。由於它可能

1. 范瑞平、張穎，《建構中國生命倫理學：新的探索》。北京：中國人民大學出版社，2017年3月。ISBN 978-7-300-23885-2

2. 范瑞平，《當代儒家生命倫理學》。北京：北京大學出版社，2011年。

同時包括醫學因素和社會因素，對國家制度、文化、資源分配規則、相關機構的決策模式和應急處置等均有嚴峻的考驗。在所有公共衛生突發事件中，傳染病是最主要的一類，具有突發性和重大健康風險，例如非典、伊波拉病毒、新冠病毒等傳染病流行和傳播給國內外人民的生命財產帶來重大影響。剖析突發公共衛生事件應急處置的規律及矛盾，建立科學全面的應急管理體系具有重要的政治、社會和經濟意義。

中國《突發公共衛生事件應急管理條例》在2003年制定與實施後，突發公共衛生事件在權威規制的範圍內定義為：突然發生，造成或者可能造成社會公眾健康嚴重損害的重大傳染病疫情、群體性不明原因疾病、重大的食物和職業中毒以及其他嚴重影響公眾健康的事件。

一、應急處置與兩難困境

Rosenthal（1991）等人認為：「應急管理其實就是對於社會系統和大眾規範的價值體系、行為標準構成的威脅與觸動，亟待要求在短期內和強壓下作出必要反應和決策的事件」。[3] 在突發公衛事件爆發時，造謠、偷盜、囤積居奇、弄虛作假等違法犯罪現象時有發生。很多情境需要處理個人利益和集體利益、局部利益和整體利益、當前利益和長遠利益的關係，特別是在處理物質財產保護與生命救援之間的關係上，領導者的倫理價值觀以及組織倫理氣氛會對應急救援有重要影響。與此同時，只有在全民倫理素質達到一定程度時才能夠保證決策能夠得到切實執行。

---

3. 韓鋒，〈突發公共衛生事件應急管理機制國內外研究綜述分析〉，《行政事業資產》，2014年，11期，5–6頁。

1. 行為的時空突然被極度壓縮

無論既定的應急預案多麼完備，當真正發生應急事件時，何時啟動預案，具體由誰來執行，涉及的有關方面是否及時、緊密協作，往往令人措手不及，不可能完全得以施行。因為事件的突然、時間和空間的局限、許多情況處於未知和動態持續發展過程中，所以只能把握關鍵的環節和程序。因此，突發公共衛生事件應急處置需要一套不斷完善的管理體系和實施制度，同時也需要政治智慧和領導藝術。政府領導者在突發公共衛生事件管理中通常處於領導地位，擁有緊急召集配置人員和資源的權利，其領導水平將直接關係到應對突發公共衛生事件活動的成敗。當突發危機考驗政府的領導者，例外管理就開始發生作用，[4]最高管理層將日常發生的例行工作規範化、標準化、程序化後授權給下級管理人員處理，自己主要去處理那些暫時沒有或難以例行化的工作，並且保留監督、改革、獎懲等領導者權力。由此，管理學轉入領導學，從技術規範引入藝術智慧，也就是更加注意控制事態，緩解矛盾，關切群體心理和情緒，組織和協調有限的戰略資源，保障受害者的基本權益，為災區提供必要支持，適時採取干預措施引導事件的良性發展。政府應始終維持社會穩定，勇於擔當，善於作為，促進社區人群形成凝聚力和向心力，鼓勵和幫助廣大人民群眾包括事件受害者、社會組織甚至國際友人等積極有序地自救、互救，盡可能地動員救災資源。

2. 同一時空環境下倫理兩難抉擇與利益衝突

拋開過去的條件和未來的影響來看，如果只是局限在當下時空環境做抉擇，倫理兩難很可能無解。意大利重症與麻醉協會在新冠病毒疫情爆發時發佈聲明稱「可能有必要設定重症監護

---

4. 喬莉，〈淺論突發公共衛生事件領導者的決策保留〉，《中國急救復甦與災害醫學雜誌》，2007年，8期，497–499頁。

患者的年齡限制」，[5]首先面臨的難題就是對無價的生命進行價值評估。如何評價某個生命主體的價值並做出「判決」呢？如果這樣，生命被物化，後續的救治生命也似乎失去了意義。如果這樣，每一個得以苟活的人身後，都有一個無法抹去的犧牲者，這個陰影可能一直籠罩活下來的人，並質問當初作出「判決」的醫生——他是「拯救者」還是「劊子手」呢？不得不選擇，又不能選擇任何一個答案。在電影《流浪地球》和《傳染病》中，同樣面對災難環境如何存活的選擇，不約而同地設計了抽籤決定誰可以繼續活下去。那麼，「抽籤」方式公平嗎？由於亮出結果的時間有先後差異，按「薛定諤的貓」從量子力學的角度看，世界就在一瞬間坍塌，而摧毀世界的應該是所有抽籤的人。以此，應再質疑存在的意義。其實一切矛盾在無法調和的時候，都應該升高維度，或者擴大範圍。在更高維度和更大範圍內尋求解決之道。那麼，我們儘量避免倫理兩難抉擇的發生。一旦種種因素導致災難發生後，兩難抉擇往往受限於現實的時空環境下起主導作用的價值判斷和運作機制，很可能是經濟能力更好、社會地位更高、避險能力更強的人贏得在災難中存活或更多獲益。此時，需要審視的是當下的選擇對今後的影響，如果機會更多地留給富人，那麼在暫時犧牲稍窮的人同時，更富的人也會是下一個受害者；如果這樣的制度環境不能得以改變，下一個可能就是任何一個人。所以，對於預防和抗擊災難的人而言，所有的人都是一個共同體。我們必須建立起一個對歷史無悔、對當下無愧、對未來負責的決策和運作體系，對此，人與人產生聯繫和影響的倫理秩序就好像一個生命體一樣，需要不斷成長、成熟，沒有一蹴而就，必須不斷努力！[6]

3. 公共利益遭受侵襲，原有社會秩序破壞和次生危害發生

突發公共衛生事件的形成和演化是各種自然因素和社會因素相互交錯、共同作用的複雜過程。突發事件應急處置是一個涉及

---

5. 張新慶，〈倫理兩難：誰該優先獲得救治機會〉，《健康報》，2020年3月13日，5期。

6. 蔣輝，〈倫理兩難，究竟難在哪裏〉，《健康報》，2020年4月3日，5期。

多領域、多學科、多要素、多目標的複雜體系。公共利益與私人利益之間並非彙集、或此消彼長的數學關係，從更長期來看更傾向於一榮俱榮、一損俱損的生態構建關係。面對突發事件時，群體思想容易產生混亂，對待事物的正確認識和辨別顯得更加盲從、草率，社會階層和人群不斷產生割裂和彌合。一旦群眾情緒和行為失控，原先的社會秩序破壞，信息獲取和應對處置多處於孤立狀態，原有的倫理秩序受到衝擊，人們的行為往往趨於個體利益最大化，公共利益受侵襲，就會形成次生危害事件。此時新冠病毒疫情中損失慘重的養蜂人自殺，就是這類典型的悲劇事件。

4.　個人與組織、局部與整體的義務邊界模糊

趨利避害是生物個體生存的自然本能，守望相助則是生物群體繁衍的組織本能，這些已經用基因記憶的方式寫入了生物機體。人類也不例外，只是人類在社會組織環境中，體現出更顯著的社會性。隨着社會專業化分工和事件複雜程度不斷提升，客觀上致使個人與組織在社會上存在必須具有一定的義務，但在災害環境中，在一系列基於本能的行為選擇下，義務的邊界會進一步模糊，原有的平衡被打破。此時，沒有任何一個專業化組織能夠及時全面了解突發事件的全部信息，進而施加處置和救援。一些社會群體、利益團體、組織、政府部門可能出於自身利益考慮，或受客觀條件限制，發展形成一個封閉系統，僅在其系統內部分享信息和資源，拒絕、或無法與外部系統進行充分、有效的溝通，因為這往往意味着記得利益的損失、風險的增加與義務的擴張。而從社會整體來看，這種有利於局部的割裂是與總體的應急救援要求是背道而馳的。譬如，在新冠病毒疫情發生之初，某些地區挖斷道路阻礙交通的舉措。因此，梳理和界定新的義務邊際，優化社會人際關係，構建疫情期間的社會秩序，不僅需要提升公民理性，加強溝通，發揮人性關懷，而且需要政府組織引導和促進不同社會群體之間的理解、關懷和認同。

責任倫理

5. 渴求英雄和領導者的挺身而出

從公共管理的角度看，災害發生時，迫切需要群眾中產生英雄人物促進群眾相互合作，減少摩擦，實現應急處置中資源共享和信息協同，促使自救與他救結合。英雄人物在追求自我倫理同時，依靠自身的領導和組織能力，鼓舞並激勵社會群體和組織的其他人共同行善，一起努力擺脫困境、贏得發展。這種基於「自組織」模式的多邊指揮體系由位於應急處置體系末梢的基層資源組成，可能促進混亂、無序狀態向有序狀態的轉變。同時，果斷地處理突發的突發公共衛生事件，要求領導者具有超人的魄力和堅毅的主見，既要廣泛地聽取各方面意見，集中多數人的智慧，又要善於分析概括，不糾纏於細枝末節，雷厲風行，搶時間爭主動，避免事態的進一步擴大。在果斷反應的基礎上，領導者要迅速控制事態的全局。突發事件發生後，能否首先控制住事態，使其不擴大、不升級、不蔓延，是處理整個事件的關鍵。人們也希望政府領導者通過個人語言、行動對被領導者及社會公眾產生影響力、感召力、說服力，通過雙向溝通、強化和決策，激發追隨者的積極作為行為。在突發事件應急處置過程中，搶救生命與保障人們的基本生存條件，是處理危機和開展救援工作的首要任務，其中必然面對很多突發的、緊急的、非程序性的決策和執行。[7]其中，不同地方不同層級的政府部門之間，領導者們應堅守道德底線，知恥而後勇，一個正直、可信賴、公平、有原則的公共利益決策者，才能真正關心他人和社會的利益，帶領組織工作人員更主動、更高效、更務實地履行政府責任。此外，在應急處置人力資源配備上，要充分考慮到整個應急救援團隊的人員結構，既要保證團隊整體有過硬的技術本領，也要保證在面臨突發情況時，喪失領導者而群龍無首時，團隊中有一個人能夠挺身而出，力挽狂瀾於危難之際。

---

7. 高小平、王華榮，〈倫理領導在應急管理中的功能研究〉，《中國應急管理》，2012年，3期，14–18頁。

6.　當下的確定性與未來的不確定性選擇

　　事件和環境的壓力迫使政府和人民都必須採取有關行動。而人們要面對的不僅僅某個事件，而是如何在不確定的世界中把握確定的自身行為選擇與取捨。當下，新冠病毒疫情顯示出的不確定性，使政府應對公共危機事件的難度增大。政府無法根據危機全貌做出決策，無法確定危機持續時間和影響範圍，且沒有法律和先例可依。但果斷及時、適度靈活的政府決策，依然是公共危機事件應對的最關鍵力量。這種決策的順利實施有賴於政府對公眾的適當賦權、科學的進步和與公眾更為有效的溝通。[8]

二、中華民族與中庸之道

　　中國人有中國人的文化心態，有中國人的歷史故事，有中國人的利益訴求和價值觀。如何突出中國特色社會主義的特徵，促進中國經濟與社會的良性、有序、全面、可持續發展，增強中華民族的向心力和凝聚力，需要確立一個具有中國特色、符合中國國情、反映中國社會群眾需求的價值導向體系。[9]對此，中國生命倫理學肩負歷史使命，任重道遠！

　　「中庸之道」是中國傳統文化儒家思想中最重要的特徵，是中國傳統文化價值觀念體系的核心之一。[10]中庸之道絕非保守主義，更不是不顧原則地和稀泥，而是不偏不倚、執中致和，避免不足或過度的應急處置干預行為，兼顧當下困境的解決和未來發展的持續。中國團隊倫理決策模型中，當眾多個人彙集在一起組成團隊之後，往往會表現出很多個體水平上所不具備的特徵。個體決策

8.　安娜，〈應對不確定性：公共危機事件中政府決策的新挑戰——以新冠疫情為例〉，《哈爾濱學院學報》，2020年，41卷6期，50-52頁。

9.　周君，〈當今中國的價值導向問題探究〉，湖南師範大學，2010年。

10.　王博，〈論中華文化的中庸之道〉，《學理論》，2014年，8期，41-42頁。

和團隊決策在過程機制上也會存在着非常大的差異。[11]如何在當前更客觀地分析情況、更全面地採取措施,更妥善地分類處置各類問題,結合中國文化中庸、威權領導等特點,亟需從倫理價值導向的視角輔助公共政策的決策和施行。

突發公共事件應急處置與行為抉擇涉及到政府、社會組織和群眾的每一個人,這些都是基於當時的情形,根據人們的理性判斷和心理活動特點而採取的行為。除了表層的個人與群體行為和社會現象外,其深層次的心理、情感關係更值得剖析。在多元價值觀共存發展時,價值導向作用對於情誼聯絡、環境優化、社會治理等多方面均能發揮出重大的作用,聯繫、彌補、強化個人、組織與社會公眾、政府的情感關係,優化倫理秩序,形成更具人文關懷、更具生命力的制度文化。核心價值觀的趨於一致性使人們能夠更加清晰地溝通,預測他人的行為,更加有效地配合工作,完善社會信用體系,提高組織效率。[12]中國社會文明進步需要平衡社會多方面群體的利益,用社會主義核心價值體系引領、整合多元化的價值觀,通過人與人之間的相互作用,促使個人道德不斷成長,並形成良好的、有道德的組織文化和氛圍;需要以各種組織管理活動為載體,在利他、集體主義、誠信等價值理念的指引下,貫徹落實以人民為中心的發展思想,通過領導者與被領導群眾之間雙向溝通、強化和決策,鼓舞並激勵人們倫理行事,這樣才能形成以「富強、民主、文明、和諧、自由、平等、公正、法治、愛國、敬業、誠信、友善」社會核心價值觀為主導的倫理秩序,贏得更長遠發展和更根本目的實現。

---

11. 楊建鋒、明曉東,〈中國情境下團隊倫理決策的過程機制及影響因素〉,《心理科學進展》,2017年,25卷4期,542–552頁。

12. 高小平、王華榮,〈倫理領導在應急管理中的功能研究〉,《中國應急管理》,2012年,3期,14–18頁。

三、價值導向與行為抉擇

　　人類在文明演進中所形成一定時期和區域的價值觀與所處環境的倫理秩序有着交互影響。價值導向對個人、組織和社會、政府的行為選擇與發展都具有舉足輕重的作用。當今中國正處於進一步推進各項改革的關鍵時期，複雜多元價值觀交匯作用，對中國新時期的價值秩序構建形成嚴峻挑戰，正確的價值導向顯得十分緊迫。

1.　行政決策：正義的結果應通過正義的途徑來實現

　　君子愛財取之有道。對於個人如此，對於政府和社會組織亦然。突發公共衛生事件行政決策不同於企業決策，也區別於業務決策，它必須堅持民主、平等、公正、法治的價值觀導向，採用符合倫理道德的工具、手段、方式、方法來合理用人和依法決策。

　　當前武漢市在新冠病毒疫情下開展核酸檢測，由政府承擔費用，向國家和社會交出令人放心的答卷：從5月14日0時至6月1日24時，武漢市政府集中核酸檢測9,899,828人，沒有發現確診病例，檢出無症狀感染者300名、檢出率為0.303/萬，追蹤密切接觸者1,174名，其核酸檢測結果均為陰性，對無症狀感染者和密切接觸者均進行了醫學隔離觀察。目前武漢市無症狀感染者在痊癒者中佔比極低，沒有發現無症狀感染者傳染他人的情況。儘管檢測費用支出大約在9億元左右，但是這次篩查換來了全國人民的放心，武漢人民的安心。[13]耗時耗力的檢測確實代價不菲，檢出率極低，但從當前新冠肺炎疫情防控管理的倫理狀況與困境來看，武漢市政府的價值導向是以全國人民的生命健康為上，同時預防和擺脫武漢人民可能被歧視的心理，取得良好的社會效益。這個政府行為的價值導向符合為人民服務的宗旨，也體現了人民公僕的初心。但

---

13. 新聞聯播（cctvxwlianbo），湖北省衛健委，《湖北日報》，見https://mp.weixin.qq.com/s/3ooi-Yxr_sXZGll3alNkLQ，〈武漢全民核酸檢測結果發佈！〉，《中國新聞網》，2020年6月2日。

似乎很少有人追問背後的一系列問題,諸如檢測費用應該由中央
財政支出,還是應該湖北或武漢地方政府支出;費用列支是從醫
保基金,還是應急救災儲備金,或政府債券、某科研基金;費用
的結算是否參照既定制度或特事特辦、是否需要向人大報告或備
案、檢測試劑的供應商和應急醫院的建設方有沒有被及時支付款
項;實施核酸檢測的工作人員是否合理領取了相應的勞務補貼,
等等。可見,新時期社會主義的倫理秩序建設一定要注意繼承和
發揚傳統道德的精華,特別是黨領導的人民在長期革命和建設中
形成的社會主義道德,同時,也要注意勇於吸納和借鑒發達國家
在長期社會發展中所形成的人類共同的文明成果。[14]

　　應急處置與決策既需要技術也需要藝術。值得研究和借鑒
經驗的案例是:法國的國家倫理諮詢委員會2004年8月起獨立,成
為世界上唯一一家完全獨立、不依附於任何監管機構的生命倫理
委員會 (除成員任命方式外),由1名主席 (法國總統任命) 和39名
成員 (包括科學家、醫生、哲學家、法學家和記者) 組成;它的任
務是就生物學、醫學、衛生等研究領域所產生的倫理道德問題乃
至與人、群體和整個社會有關的倫理道德問題提出諮詢意見,採
用少數服從多數的原則投票決定。當然該委員會也可自行決定是
否就某一問題發表意見。法國在3月1日諮詢國家倫理諮詢委員會
意見:一是,與新型冠狀病毒肺炎患者治療和救助有關的倫理問
題;二是,在病毒大流行過程中,為保障公共衛生可採取的限制
性措施,包括如何在保障公共衛生安全的基礎上,保護和尊重個
人基本人權?限制性措施的邊界在哪裏,這樣的邊界是否有社會
共識?如何平衡和減少限制性措施對經濟發展造成的消極影響?
——而倫理諮詢委員會考慮包括:由病毒大流行而導致的緊急狀
態是否有合理的理由讓渡部分個人自由和權利?限制個人活動空
間,可以限制到多小的空間範圍?在缺乏醫療物資或醫療保護手
段的情況下,社會可以在什麼條件下接受某些成員的優先保護?

---

14. 李小萍,〈社會倫理學價值導向應與市場經濟相適應〉,《廣西醫科大學學報》,2001年,S2期,154頁。

法國地方政府的領導，是否要讓位於法國中央政府的領導？法國政府的病毒控制計劃和信息公開，要如何有效避免恐慌反應？此外，還有在有限醫療物資的情況下，如何超越民族主義保護促進全球抗疫合作，保證「在全球範圍內最富有的國家與最貧窮的國家保持團結」，[15]共建人類命運共同體？

眾所周知，在疫情爆發環境中限制個人基本自由可能是必要的，但如何將這種限制控制在必需的範圍，有沒有經過必要的法定程序來實施，能不能保障個人的基本生存和生活、就醫的權利，其實有很多細節問題。隨意擴大對個人權利的限制可能有利於政府部門降低應急處置的成本，但其間的平衡點在哪裏？傾向於集體利益的排查手段是否從根本上更長期地維護集體中的個人利益？個人需要什麼被傳染可能性的情形下就醫或排查，以保護集體利益乃至更大範圍的公共利益？這些往往需要認真而謹慎地評估性質、程度等級和具體界限。在中國新冠病毒疫情中，許多防疫抗疫舉措紛紛出台實施，例如大數據技術被廣泛應用於個人信息排查和追蹤。這些措施事先是否經過倫理論證，使用場景是否恰當，有沒有侵犯個人隱私和正當權益，值得很多問題值得斟酌。中國《突發事件應對法》要求：縣級以上人民政府作出應對突發事件的決定、命令，應當報本級人民代表大會常務委員會備案；突發事件應急處置工作結束後，應當向本級人民代表大會常務委員會作出專項工作報告。[16]各地以防疫指揮部下達的各項抗擊新冠病毒疫情的有關決定、命令有沒有向人大備案和專項報告，對此當地人大可能也缺少監督。

2. 疾控組織和醫療衛生機構：職業操守和專業能力

非典、新冠的經驗和教訓都值得總結實踐，大自然時刻在提醒人類要遵循自然規律，但在貌似強大的生物科技面前，有很

---

15. DesMots的呆貓，〈防病毒大流行，法國政府卻先諮詢倫理委員會，這是什麼操作？〉，見https://mp.weixin.qq.com/s/htSk1JVy3zzo1JSY8SXEZA，2020-03-03.

16. 〈中華人民共和國突發事件應對法〉，《安全》，2007年，10期，60–63頁。

多人都顯得不以為然。基因編輯嬰兒事件，似乎展示人類無所不能，卻反而暴露出狂妄和愚昧。疫苗造假、醫療機構院感事件、濫用抗生素等屢見不鮮，隨意侵入野生物領地、開展微生物武器研究、無視生態環保，失去倫理導航的專業技能其實在加速人類滅亡的進程。

再好的制度也要依靠人的執行。在信息化高度發展的今天，具備了快速傳輸信息的技術，但是沒有在實踐中得到很好應用是決策體系的缺憾。突發公共衛生事件發生前的醫療資源配置和儲備是前期基礎，應在國家頂層設計層面，採用平戰結合模式，否則在事件發生後應急分配必定問題迭出。例如，加強患病人群的確診和分診、臨床救治、疫苗藥物研發等技術儲備，調整各類診療方案以快速應對，加強傳染病的疫苗、檢測產品、新藥和其他醫療產品和技術的研發，提高疾病預防和臨床救治水平。中國醫療資源日常配置和應急分配仍存在巨大的城鄉、地區差異，如何從社會醫學與公共衛生倫理的視角切入改善，是一個伴隨社會改革進程的難題。

3. 各類企業：環境選擇與發展演化

人類起源與發展經歷了「生物與文化」的雙重進化過程，兩者節奏不合拍、發展週期不吻合，導致人類面臨一系列困境。唯一可能緩解人類社會兩難困境的方法是：調控人類文化進化的節奏、週期，處理好矛盾的平衡，力求人類與自然有序、和諧、健康並持續的發展。[17]

企業在市場上生存和發展也遵循着殘酷的「適者生存」自然法則，在當前營商環境中，如果善於鑽營取巧、偷稅漏稅、在生態環保上陽奉陰違的企業更能夠贏得發展機會，那麼，誠信經營者

---

17. 程煥平，〈從「雙重進化」的視域辨析人類社會〉，《吉林師範大學學報（人文社會科學版）》，2013年，41卷1期，30–33頁。

則會被淘汰。從企業倫理的角度，任何企業都負有突發公共衛生事件下的社會責任和義務。在抗擊新冠病毒疫情時期，中國各類企業的生存和發展環境處於社會主義初級階段，根據所有制形式的不同，有着鮮明的身份定位。「國」字當頭的企業「不計成本」地投入這場沒有硝煙的戰役，「民」字身份的國內企業似乎趨向於投機和社會責任免除。而社會群眾基於身份來指責行為，政府基於身份來實施監管，已經造成了不同企業之間的身份歧視。如果不對背後的原因加以分析和解決，中小型企業和民營經濟必定萎縮甚至一蹶不振，市場經濟分配資源的效率大幅下降。例如，莆田系醫療機構在民營醫院中佔有大部分比重，但由於其發展歷史背景，幾乎都被貼上了不道德的標籤，而其生存和發展似乎一如既往。為何讓「不道德」的醫療機構繼續存在？為何不對其實施更加嚴格的監管促使其轉型？或者，一個「壞人」已經棄惡從善，其從善的行為是否仍然會被視為居心叵測？

情況不儘然，當民營醫院被聲討失去了醫療機構的本性時，中國非公立醫療機構協會網站首頁發佈《中國非公立醫療機構協會嚴正聲明》顯示：面對嚴峻的疫情，武漢市前期已分三批徵用24家社會辦醫院作為發熱病人收治定點醫院。[18]此外，還有民營醫院、個人身份的醫務人員踴躍參加抗疫工作，而且基本沒有要求政府補償或免稅。社會群眾和政府如何引導、監管和獎懲企業在抗疫期間的行為，必定影響到整個市場生態環境。

與此同時，新冠病毒疫情已經從突發公共衛生事件，演變蔓延為全球性的危機事件。其影響已經不是短暫的消費下滑、消費延遲那麼簡單了。疫情期間，人們的戶外活動大幅度減少，很多消費因此銳減或延遲，很多中小企業面臨倒閉，也有些產品或消費，如口罩、洗手液、消毒液、體溫計等醫療衛生用品，需求及消費會短時間內激增，不少企業重新審視銷售渠道發展，加大網絡銷售建設，開發生態友好型產品，重新審視海外經營及投資戰略。群

---

18. 朱國旺、郭文培，〈抗疫戰，民營醫院真的缺席了嗎？〉，《經濟日報—中國經濟網》，見http://www.ce.cn/cysc/newmain/yc/jsxw/202002/13/t20200213_34256936.shtml，2020年2月13日。

眾就業狀況及購買力、消費力在相當長時間內嚴重受挫。[19]在此環境和發展趨勢下,「不計成本」的企業行為能走多遠呢?它只適用於疫情環境下的應急處置,並不符合企業行為選擇背後的價值規律和市場邏輯。市場活動主體行為的失序、失衡、失償,必將反作用於社會倫理秩序,倫理生態的惡性循環和良性發展都具有很強的慣性,而突發公共衛生事件又往往產生轉變契機。

4. 社會團體:弱勢群體的聯合救助與慈善事業

在勞動報酬、稅收和補貼調節之外,慈善捐贈和救濟是社會公平和正義的重要實現途徑。社會財富三次分配機會[20]包括:市場經濟實現的勞動收入分配、政府調節進行的轉移分配、社會群眾在道德和情感選擇下的捐贈分配。本次新冠病毒疫情中,中國慈善組織已成為社會力量的重要組成部分,為疫情防控彙聚、提供的急需資金、資源和物資等。絕大部分慈善組織參與重大公共衛生事件的經驗不足,需總結經驗,吸取教訓,提高慈善組織在公共衛生領域的治理能力;地方政府和慈善組織的協同機制還有待加強,從而保障善款和物資的快速、精准接收和發放;同時,必須加大地方社會組織的發展力度,以便在大型公共事件發生後,能夠發揮其靈活性優勢,協助基金會、紅十字會、慈善會系統開展援助工作。慈善組織必須提升專業水平、應急能力、透明程度,滿足重大公共事件的行動需求,適應新時代共建共治共享的社會治理格局。[21]

---

19. 汪光武,〈新冠疫情對企業經營戰略之影響分析〉,見https://3g.163.com/news/article/FEBPIDI40519AU4N.html?from=history-back-list,2020年6月5日。

20. 厲以寧,《股份制和現代市場經濟》。江蘇人民出版社,1994年。

21. 李曉林,〈本次疫情對慈善組織發展提出三點新要求〉,見http://gongyi.people.com.cn/n1/2020/0421/c151132-31682084.html,2020年4月21日。

5.　基層群眾：社區文化和生活結構

　　群眾是英雄產生的土壤，也是時代前行的最終力量。突發公共衛生事件對每個公民都可能會產生影響，雖然突發公共衛生事件屬於應急事件，時間緊迫性決定了在制定應對決策時公民參與、協商的可能性不足，但是在制定影響深遠的突發公共衛生事件過後的決策和政策時，應積極參與並協商，保證政策和決策的可行性和社會公平性。[22]依靠政府安排、坐等救援、一盤散沙的群眾也必定成為直接受害者，難以為繼。只有積極主動、合理合法地參與到社會文明進步的種種活動中，形成良性互動的社區文化和生活結構，基層群眾才能成為自己命運的主人。當前新冠病毒抗疫工作中，基層組織和社會人群志願活動發揮了重要作用。只有將預防保健措施與社區生活的融合，有健康教育和心理適應的參與，發揮群防群治的優勢，走群眾路線，突發公共衛生事件才能有根本上防治和管控。

　　在公共決策體制改革過程中，聽證會制度的確打破了原來政府在決策過程中「一言堂」模式，公民參與協商系統通過收集相關社會信息，對事件的發展和影響範圍進行評估。由於突發公共衛生事件的緊急性，可能沒有時間廣泛徵詢公民的意見。儘管突發事件應急處置決策不適用《重大行政決策程序暫行條例》，[23]但對可能會影響到多數人或引發社會不穩定的事件應當通過媒體公佈事件真相、徵求社會反饋意見或舉行聽證會，保持政務公開透明，以贏得群眾支持。而轉向公眾與政府的「合唱」模式，參與聽證會的公眾與聽證申請方成為最引人注目的「主唱」角色，但如果政府實際上仍傲慢地獨享決策權，沒有相應的聽證程序要求，就會導致公眾冷漠與厭倦，[24]聽證會最終浮於形式，失去初衷。此外，中國社會發展不均衡、不充分的矛盾在新冠疫情中也

---

22. 王煒、賴南沙、劉清華，〈關於建立突發公共衛生事件決策體系的探討〉，《中國初級衛生保健》，2005年，11期，34–35頁。
23. 〈重大行政決策程序暫行條例〉，《人民日報》，2019年6月4日，15期。
24. 劉健婷，〈我國行政決策中的聽證制度研究〉，上海交通大學，2011年。

體現得很明顯，弱勢群體的生存狀況更值得政府和社會各界的廣泛關注。

6. 媒體機構和自媒體：聯繫紐帶和風險感知及應對

媒體通過發佈、溝通信息形成政府與人民的聯繫紐帶。危機一旦發生，政府的主要任務是控制事件影響的程度與範圍，減少損失，具體策略包括及時充分公佈完整、統一、權威、及時更新的信息；積極主動開展危機公關，及時安排專人和公眾、媒體溝通，通過專業的溝通技巧，控制恐慌性行為的發生與流行；授予一線公共衛生、醫務人員以公共話語權和及時採取專業處置的機會，這些都有利於人們解除公眾消極心理狀態。傳染病的發生發展非常迅速，必須在管控過程中及時應對，加強病原體、中間宿主、傳播途徑、人員流動和終端個體的全鏈條控制和防護，形成富有應變能力的防控體系，能迅速統籌社會資源，及時採取各類措施，控制疾病的擴散蔓延。要充分發揮網絡、廣播、報紙期刊等宣傳資源的作用，提升人們在應對突發事件時的信息鑒別和行為選擇能力。[25]

媒體報導直接決定群眾對突發公共衛生事件的風險感知，這既包括警惕不足，又包括防範過度。大多數公眾是通過信息系統產生對風險的認知，而媒體是主要的信息傳播介質，媒體的信息傳播成為風險建構的重要組成部分，媒體報導可以起到風險感知放大的作用。因此，不同的風險結構在不同時期形成主導，而媒體報導的方式和決策過程對風險感知放大和減弱具有重要作用。媒體應把握宣傳的真實性和客觀性，如實地與公眾溝通，公開事實真相，避免以訛傳訛，造成過分的恐慌。因為已經發生的事情是不能逆轉的，重要的是把出現的問題解決好，而不是去掩蓋事

---

25. 高小平、王華榮，〈倫理領導在應急管理中的功能研究〉，《中國應急管理》，2012年，3期，14–18頁。

實，製造新的危機。危機發生一般都是很突然的，對每個人而言都是一個嚴峻的考驗。

與此同時，新媒體環境中多元信息源背後是多元主體的利益訴求，在新媒體的環境下，社交網絡日益發展，改變了傳統單向性的傳播方式，完成了向多元互動的新型交流結構的轉變。公眾的信息來源於自媒體、論壇、微信和微博等，突發公共衛生事件信息在人際間、組織間和大眾間同時傳播，受眾的選擇範圍更加廣泛和多元。在新媒體環境中多元化的信息源容易導致信息管理風險放大，突發公共衛生事件的風險感知也面臨新的挑戰。[26]

---

26. 李敏智，〈突發公共衛生事件風險感知與信息傳播機制分析——以2009年甲型H1N1流感為例〉，《新聞知識》，2012年，11期，30-32頁。

第二十章
疫情下不同居住方式的老人的需求與照護

謝文野

香港城市大學公共政策學系博士生

　　新型冠狀病毒肺炎疫情短短幾月時間席捲全球,對各國社會帶來了深重而長久的影響。落筆之時,一些國家和地區已經在疫情防控方面取得了較好的進展,慢慢進入「後疫情時代」生活。同時也有其他國家,確診數字仍在增加,人們的生活仍受疫情所困。疫情之中各行各業遭受的衝擊與挑戰不一而足,不同人群在疫情下面臨的困難也不盡相同。從年齡來看,老齡群體在本次疫情中首當其衝,重症率及死亡率較其他年齡段相比極高。老吾老以及人之老,本文主要討論疫情之下老齡群體需求,不同居住方式又對老齡群體的需求有何影響。討論不僅限於單一國家或地區,以期根據疫情中老齡照護遇到的問題提供後續改進的方向。

一、新冠病毒——老齡群體首當其衝

　　根據目前數量龐大的感染案例數據顯示[1],老齡(65歲或以上)人群感染率及重症死亡率較其他年齡群組顯著較高。新冠肺

炎對於本身有一項或多項慢性病群體影響更大[2]，而老齡人群恰恰是極受慢性病困擾的群體。[3]僅舉幾個國家數據為例，在中國80%以上死亡案例為60歲或以上人群，60–69歲群體確診案例死亡率為3.6%，70–79歲群體為8%，80歲以上群體為14.8%。在美國每十個死亡案例就有八個案例為老齡人士。在意大利，確診年齡中位數為62歲，60歲以上人群死亡案例約為總案例的95%，死亡年齡中位數為79歲。同樣受疫情衝擊嚴重的西班牙，60–69歲群體確診案例死亡率為4.8%，70–79歲群體為15%，80歲以上群體為24.5%。在德國，確診年齡中位數50歲，70歲以上佔總死亡人數的87%，死亡年齡中位數為82歲。[4]各國的幾組數據直接體現了新冠肺炎對於老齡人群的直接衝擊。

二、疫情之下 —— 老齡人群需求

相較其他年齡段人群，老齡人群因身體健康等原因主要受影響需求可大致分為三方面：一是日常生活需求，其中包括基本生活物資獲得，如食物、基礎生活用品、防疫物資等，以及照護服務需求；二是醫療服務需求，如就醫、慢性病藥物獲取、社區上門醫療服務等；第三方面為老齡人群的心理健康需求。

---

2. Wang D., Hu B., Hu C., Zhu F., Liu X., Zhang J. "Clinical characteristics of 138 hospitalized patients with 2019 novel coronavirus-infected Pneumonia in Wuhan, China." *Journal of American Medical Association*, vol. 323, no. 11, 2020, pp. 1061–1069.

3. 參見《中國老齡化與健康國家評估報告》，世界衛生組織，見https://apps.who.int/iris/bitstream/handle/10665/194271/9789245509318-chi.pdf

4. 中國："The Novel Coronavirus Pneumonia Emergency Response Epidemiology Team. The epidemiological characteristics of an outbreak of 2019 novel coronavirus diseases (covid-19) — China, 2020." *China CDC Weekly*, vol. 2, no. 8, 2020, pp. 113–122. 美國：參見疾病控制和預防中心 https://www.cdc.gov/coronavirus/2019-ncov/need-extra-precautions/older-adults.html；意大利：參見意大利國家衛生院傳染病部門數據 https://www.epicentro.iss.it/coronavirus/bollettino/Infografica_24aprile%20ITA.pdf；西班牙：參見西班牙衛生部數據https://www.isciii.es/QueHacemos/Servicios/VigilanciaSaludPublicaRENAVE/EnfermedadesTransmisibles/Documents/INFORMES/Informes%20COVID-19/Informe%20n°%2025.%20Situación%20de%20COVID-19%20en%20España%20a%2023%20de%20abril%20de%202020.pdf；德國：參見羅伯特科赫研究所數據https://www.rki.de/DE/Content/InfAZ/N/Neuartiges_Coronavirus/Situationsberichte/2020-04-27-en.pdf?__blob=publicationFile

　　日常生活需求方面，老齡人群對於諸如來自社區、照顧者等外界支持依賴性相較於其他年齡段人群更強。隨着年齡增長，老年人會愈發需要他人協助來處理日常活動，尤其80歲以上老人，雖然並不意味着完全無法獨立生活，但是這可能性與日俱增。[5]從日常生活活動[6]及工具性日常生活活動[7]兩項指標來看，對於75歲或以上的老齡群體，其中八成以上至少有一項日常生活活動限制，有三成老年人有四項或以上活動受到限制。[8]而對於超過85歲的老人，即使沒有重病，也有至少四分之一的人群會表現身體屍弱。[9]根據中國老齡科學研究中心的研究顯示，超過六成老人需要人協助完成做飯、洗衣、收拾家務、以及買東西這幾項日常活動。[10]在疫情期間，老年人的日常生活需求因社交隔離及擔心身體健康等原因被加倍放大。

　　同樣，在醫療需求方面也是如此。在醫院資源較緊張情況下，老年人群覆診、就醫、特定藥物獲取都會較平時更加困難，常規醫療服務被擠壓。尤其是一些居住在社區的老人如果有上門醫療服務需求，由於醫療護理人員緊張以及擔心傳染風險，很多相關服務暫停。美國有調查指出，70歲以上人群，至少有一半人醫療服務因疫情需保持社交距離而受到影響，39%的人取消或推遲了非必要醫療服務，32%的人取消或推遲了初級或預防性治療服務，15%的人已經取消或推遲了必須醫療服務。[11]

5.　Dooghe, G. *The ageing of the population in Europe: Socio-economic characteristics of the elderly population.* Leuven: Garant publishers, 1992.

6.　日常生活活動，即Activities of Daily Living（ADL），包括6項自我照護指標：洗澡、個人衛生、穿脫衣物、如廁、進食、上下床/在室內移動，用以測定個人的功能狀態。

7.　工具性日常生活活動，即Instrumental Activities of Daily Living（IADL），包括清潔、做飯、購物（生活必須品）、服藥等指標，用以測定個人是否有能力獨自在社區生活。

8.　Kinney, J.M. "Home care and caregiving." *Encyclopedia of Gerontology.* Ed. Birren, J.E. San Diego: Academic Press, 1996.

9.　Morgan, L. & Kunkel, S. *Aging: the social context.* Thousand Oaks: Pine Forge Press, 1998.

10.　參見《中國城鄉老年人口狀況一次性抽樣調查數據分析》

11.　"More Than Half Of Older Adults In The U.S. Have Experienced Disruptions In Care Due To Coronavirus." NORC at the University of Chicago, 27 April 2020, https://www.norc.org/NewsEventsPublications/PressReleases/Pages/more-than-half-of-older-adults-in-the-us-have-experienced-disruptions-in-care-due-to-coronavirus.aspx

責任倫理

　　除此以外，社交隔離更影響老年人群的心理健康需求。因社交隔離，老人感到被拋棄、焦慮，因無法與家人朋友見面，倍感孤獨。同時因日常生活節奏被打亂，導致作息和服藥等不規律，直接影響老人的身體健康。[12]一些居住於養老機構的老人，因長期不能有親人陪伴身體情況轉差，記憶力也開始倒退。[13]由非典時期香港老年人的自殺情況研究來看，因社會心理（psychosocial）原因自殺的老年人較其他年齡段明顯更高。[14]目前也已有大量研究證實社交隔離以及孤獨會增加例如高血壓、心臟病、焦慮、抑鬱、認知功能退化、阿茲海默症等一些生理及心理疾病發生的可能性。[15]

三、疫情之下——不同居住方式對於老齡人群的影響

　　對於採用不同居住方式的老齡群體，上述需求受影響的程度不盡相同。疫情之下面對的問題與挑戰亦有不同。一般而言老齡群體居住方式大致可分為三種：與照顧者同住；獨居或與同樣有需求人士同住；在養老機構居住。對於與照顧者（配偶、子女、家政人員等）同住的老齡群體，主要受影響需求來自照護方面，即老年人可能通過同住的照護者受到病毒感染。譬如在很多地區輕症患者被政府要求在家中隔離，但政府又並無進一步措施遏制病毒傳播，導致家庭內部互相傳染嚴重。一般而言，家庭照顧者缺乏相應的訓練或醫療知識實現較佳的家庭內部隔離措施。家庭照顧者相較於來自醫療機構或社區組織的專業照顧者，無論在相關

---

12. 見https://www.aljazeera.com/indepth/features/chk-elderly-italians-loneliness-worse-covid-19-fears-200323154948211.html；https://theinitium.com/article/20200319-international-covid19-elderly-in-europe/

13. 見https://www.hk01.com/社會新聞/444680/新冠肺炎-服務暫停-長困家中-獨力照顧者瀕臨崩潰

14. Chan, S. M., Chiu, F. K., Lam, C. W., Leung, P. Y., & Conwell, Y. "Elderly suicide and the 2003 SARS epidemic in Hong Kong." *International journal of geriatric psychiatry*, vol. 21, no. 2, 2006, pp. 113–118.

15. "Social isolation, loneliness in older people pose health risks." National Institute on Aging, 2019, https://www.nia.nih.gov/news/social-isolation-loneliness-older-people-pose-health-risks

訓練、知識儲備、或實際資源支持等方面上都難望其項背。在意大利，家庭內部傳染案例一度佔據總案例的四分之一。[16]

對於獨居或與同樣有需求人士（老齡配偶等）居住的老齡群體，也同樣面對來自照顧者的傳染風險。與上述群體不同，他們面對的可能傳染風險來自醫療機構或社區機構上門服務的專業照顧者。尤其當這些專業照顧者需要服務多個家庭時，交叉感染風險也會增高。對於這一老齡群體，因疫情走出家門與外界接觸成為了高風險事件，導致基本生活物資獲取也受影響。因各種強制或自覺隔離在家的獨居或兩老家庭，因無法出門與朋友社交或與家人見面情緒健康需求難以兼顧。對於兩老家庭，如果其中一人為另一人的家庭照顧者，該老年人同時需要承擔照顧者所面臨的生理及心理壓力。生理方面，照顧者本身容易因照顧過程中防護措施不足等原因染病。心裏方面的抑鬱、焦慮、睡眠質量差等問題無疑也因新冠疫情放大。在老年人群本身更易感的前提下，身兼照顧者職能讓他們面對病毒時變得無論身心都更加脆弱。對於某些患有特殊疾病的老齡人群如認知能力衰退腦萎縮症患者，因隔離限制行動更不利於患者本身健康情況。同時對於照顧者而言，照護挑戰及壓力也因疫情而加重。

以居住方式來看，此次疫情受影響最大的群體可說是在養老機構中居住的老年人群。各國各地區都有大量養老機構確診案例及死亡案例，養老機構可以稱為新冠肺炎死亡的「重災區」。在美國，全國至少有10,000人因感染新冠病毒在養老機構中死亡，全國至少20%的死亡案例與養老機構或其他長期照護機構相關。[17]僅紐約地區就有至少2,000人於養老院內死亡以及大量相關人群被感染，613家持牌養老院中有過半機構報告新冠病例。[18]在英國，

16. "Isolating the sick at home, Italy stores up family tragedies." *The New York Times*, 6 May 2020, https://www.nytimes.com/2020/04/24/world/europe/italy-coronavirus-home-isolation.html

17. 因至截稿前疫情仍在發展，相關數據最終都會更高。見https://www.nytimes.com/2020/04/17/us/coronavirus-nursing-homes.html，https://www.wsj.com/articles/coronavirus-deaths-in-u-s-nursing-long-term-care-facilities-top-10-000-11587586237

18. 見https://www.nytimes.com/2020/04/11/nyregion/nursing-homes-deaths-coronavirus.html

責任倫理

至少有1,000人死於養老機構內，但養老機構內的死亡案例數目目前仍沒有計入官方統計案例總數。[19]在西班牙、意大利、加拿大，養老機構中的老人被拋棄。老人因新冠肺炎直接死亡或因無人照護餓死或脫水死亡。[20]根據一些早期數據進行的分析研究，意大利、愛爾蘭、法國等國家約有42%至57%的死亡案例來自養老機構。[21]種種數據不一而足，但都反應出居住於養老機構的老人在最易感染群體中也是首當其衝。

究竟哪些原因使養老機構成為新冠肺炎爆發的溫床？除機構中老齡群體本身為相對其他年齡層健康群體更高危外，養老機構有助於疫情發酵傳播的原因主要有以下幾點：養老機構中更容易出現交叉感染；人員流動性強；防疫物資短缺，防疫措施不足。養老機構中的交叉感染對象可能有幾種方式，老人與老人之間互相傳染，老人傳染給機構內照顧者，照顧者傳染給老人，探訪者傳染給老人。當防護意識不強時，養老機構內老人若不保持在機構內的社交距離，例如照常在食堂進行就餐等，都容易促進疫情的傳播。就養老機構中的照護方式而言，基本上是需要機構內的照顧者進行近身或貼身照護，尤其是對於大量無自理能力或自理能力低的老人。與之相關的另一原因為養老機構內人員流動性相對較強。一方面是來機構探訪老人的家屬或朋友等探訪人員會帶入病毒。另一方面是需要每天通勤的護理人員可能將病毒帶入機構內，與其他護理人員或老人互相交叉感染。除人員流動性強及交叉感染原因外，相對專業醫療機構養老機構缺少如口罩、防護服等必需防疫物資。從存儲量來說，在養老機構的規劃中，不會像醫院或診所等儲存大量的防護物資。在疫情爆發之初或過程中，

---

19. 見https://www.theguardian.com/world/2020/apr/09/covid-19-hundreds-of-uk-care-home-deaths-not-added-to-official-toll

20. 見https://www.bbc.com/news/world-europe-52014023，https://www.nytimes.com/2020/04/16/world/canada/montreal-nursing-homes-coronavirus.html，https://www.politico.eu/article/the-silent-coronavirus-covid19-massacre-in-italy-milan-lombardy-nursing-care-homes-elderly/

21. Comas-Herrera A, Zalakaín J, Litwin C, Hsu AT, Lane N and Fernández J-L. "Mortality associated with COVID-19 outbreaks in care homes: early international evidence." LTCcovid.org, International Long-Term Care Policy Network, CPEC-LSE, 21 May 2020.

養老機構一般而言也非政府的優先考量對象，短缺物資一般優先供給醫院等醫療機構。缺少必備防疫措施使養老機構中居住的老齡群體更加脆弱。因此，對於居住在養老機構的老齡人群而言，主要受影響的需求──是獲得合理照護以及避免照顧者等傳染的身體健康需求，以及情緒健康需求。在大部分地區受疫情影響後，養老機構首先就會停止家人等探訪者入院探視。同時，老人之間要保持一定的社交距離，很多社交活動無法正常展開。這些措施都不利於老人的心理情緒健康，也會同時影響老年人的身體健康狀況。

四、何去何從？──儒家倫理與老齡照料政策建議

在老齡照護方面，儒家倫理道德可以為如何安放老齡群體提供啟示。對於儒家而言，「仁愛」思想是宗旨之一。「仁者人也，仁者愛人」[22]、「仁者，以其所愛及其所不愛」[23]皆能反應孔子及孟子對於「仁愛」精神的推崇。老齡群體作為此次疫情中直接受衝擊的人群，政府、社會都應有對於弱勢群體的惻隱之心，是謂「人皆有不忍人之心」[24]。尤其對於老年人中的「鰥、寡、獨」群體，就政府而言更應給予更多支持，做有德之政府關照社會中弱勢群體。當然，根據不同的情況的老齡群體做法也應有所不同，而非一概而論。但究其結果，都是希望老齡人群可以生活在「老吾老，以及人之老」[25]以及老有所養的社會之中。

對於大量居住於社區的老齡人群，防患於未然的社區公共衛生政策則更為重要。其一，政府需重視及發展如診所、社區醫院等基層醫療機構。對於老齡群體而言，加強基層醫療對於老年人

---

22. 《論語・顏淵》
23. 《孟子・盡心下》
24. 《孟子・公孫醜上》
25. 《孟子・梁惠王上》

群日常的健康管理及健康教育尤為重要。在諸如此次疫情或其他大型公共健康事件中，也可避免在醫院不必要的交叉感染，減輕對於醫療資源的擠壓。其二，政府應支持老齡照護社區組織，不僅是為社區中居家老人提供必要的生活、健康等服務支持，也同時對照顧者進行防疫教育及提供防疫物資支持，以保證他們仍可以為社區中包括老年人在內的有需要人士提供必需的照護服務。保障社區照護者的健康及安全，既可以防止照護者成為體弱人士的病毒傳播者，也同時幫助有居家醫療需求的老齡人群減少不必要地使用醫院醫療資源。在疫情這種特殊公共健康危機時期，社區基層醫療機構的健康「守門人」尤為重要。從行政層面支持專業以及成體系的老齡基層社區組織或社會組織發展，對於社區中老齡群體及其照顧者們至關重要。在本次疫情中，各國各地區的社會組織都起到了很重要的作用。政府在規劃中，也應對於基層醫療機構以及社區組織提供切實的物資與財政支持，通過社區基層組織或社會組織實施更好的社區應對計以防患於未然。

對於此次疫情的「重災區」養老機構而言，在非疫情期間政府監管方面要注重對於養老機構對於緊急公共衛生事件的防範計劃。同時，國家或地區在制定公共衛生規劃或應急規劃時需要提高養老機構在規劃中的優先級。很多根據過往如甲型H1N1流感、禽流感等大規模流感疾病的研究指出在疫情不同階段時，養老機構應大致做何準備。在疫情中或疫情預警期間，機構需要制定相應計劃與決策機制；要有落在紙面的涵蓋疾病監測、機構進出、職業健康、疫苗及抗病毒藥物分配、獲得重要物資渠道及喪葬等事宜的詳細計劃；機構要進行演練，將演練中反應出的問題解決方案納入該應對計劃。政府以及機構需要留意在其他國家發生疫情時就需做好準備，當疫情已經在本地區發生時，可以及時將計劃付諸行動；對於有疑似病症的老人需要及時隔離，同時與醫療機構做好病人就醫的相關準備等。[26] 養老機構作為傳染性疾病

26. Kilbourne ED. "Influenza pandemics: Can we prepare for the unpredictable?" *Viral Immunol*, vol. 17, 2004, pp. 350–357. Horimoto T, Kawaoka Y. "Pandemic threat posed by avian influenza A viruses." *Clin Microbio*, vol. 14, 2001, pp. 129–149. Mody, L.& Cinti, S. "Pandemic Influenza Planning in Nursing Homes: Are We Prepared?" *J Am Geriatr Soc*, vol. 55, no. 9, 2007, pp. 1431–1437.

高發場所，在平時也需做好應急情況應對——規範的行動守則、防疫物品操作使用等，都需要對機構內照護者進行培訓，人員業務能力要求是應對此類事情的根本。除了對於管理者以及員工的培訓外，針對機構內老齡居住者的衛生教育也必不可少。在非典期間一項調查顯示，只有17.5%的居住者對於非典型性肺炎是什麼，症狀為何，如何傳播等相關信息有足夠認識，剩餘82.5%的老人對該疾病只有少量認識或完全不了解。[27]居住在養老機構的老年人接觸的信息渠道有限，此時機構對於老人的疫情防範教育等尤為重要。實際上世界衛生組織以及一些國家與地區已有涉及養老機構如何應對公共衛生事件的書面指引。[28]然而就此次疫情而言，很多地區在如何真正落實這些規劃與指引仍存在問題。對於一些仍沒有或者正在計劃相關防範性政策的國家和地區，在設計相應的公共衛生事件應對政策時，政府需要加強對於養老機構的監管確保此類政策可以推行且落實。

在養老機構優先級方面，問題一般體現在如防疫物資分配等方面。此次很多國家突顯出了養老機構醫療物資不足問題，在疫情初期養老機構較難獲得諸如防護、病毒檢測用品等重要的防疫物資。對於養老機構這種高風險人群聚集性的場所而言，防疫物資充足有助於大幅降低院內交叉感染等情況。養老機構在平時不同於醫療機構，更難大量儲存防疫衛生用品，所以在疫情中政府的適時支援更為重要。在疫情後期或結束後，當疫苗研發成功後初期必然會存在需求量大而產量少的情況，此時養老機構中護理人員以及適合接種疫苗的人群也應被列為高優先級。當病毒被盡可能地從源頭抑制其傳播及發展時，才更有可能減輕後續醫療資源壓力。養老機構在政府規劃中需要獲得與基層醫療機構相

27. Tse M.M., Pun S.P., Benzie I.F. "Experiencing SARS: perspectives of the elderly residents and health care professionals in a Hong Kong nursing home." *Geriatr Nurs*, vol. 24, 2003, pp. 266–269.

28. *Pandemic influenza preparedness framework.* World Health Organization, 2011, https://apps.who.int/iris/bitstream/handle/10665/44796/9789241503082_eng.pdf?sequence=1 ; *Pandemic influenza plan.* U.S. Department of Health and Human Services, 2017, https://www.cdc.gov/flu/pandemic-resources/pdf/pan-flu-report-2017v2.pdf ; *A guide to influenza pandemic preparedness and response in long-term care homes.* Emergency Management Unit, Ministry of Health and Long-Term Care, Canada, 2005, https://collections.ola.org/mon/13000/258406.pdf

責任倫理

同的優先級，在如疫情這種特殊時期獲得政府提供的必要的物資
支持。

　　如前文所述，此次疫情中老齡群體首當其衝。在類似傳染病
或其他自然災害應急規劃中，需優先將該最易直接受影響群體納
入規劃。安置好最易受影響群體，有助於從源頭解決可能發生的
嚴重問題。以此次疫情為例，老年人群更易受感染，感染後需進
入醫院使用醫療資源的可能性較其他群體更大。如果在前期有措
施減少老齡群體受感染案例，後續就可直接減少對醫療資源的
擠壓。由此也可見政府制定及執行政策時，完善預防性質的政策
較被動應對更為有效及重要。

第二十一章

突發公共衛生事件中醫務人員
生命健康權的保障

以新型冠狀病毒肺炎疫情為例

尹梅
哈爾濱醫科大學人文社會科學學院院長

金琳雅
哈爾濱醫科大學人文學院醫學倫理學教研室講師

新型冠狀病毒（2020年2月11日，世界衛生組織正式命名為COVID-19、[1] 2月21日國際病毒分類委員會正式命名為SARS-CoV-2[2]）肺炎疫情於2019年底在武漢突然爆發，並迅速在全國傳播，多省市先後宣佈啟動突發公共衛生事件一級回應。突發公共衛生事件中醫務人員作為戰勝疫情的中堅力量，面臨着醫療防護物資缺乏、病毒感染高風險性、被歧視等諸多倫理困境，健康生命權益受到了衝擊。面臨着多重的醫療風險，本文嘗試透過以已往突發公共衛生事件的實踐指南為基礎，探討醫務人員生命健康權的保障的理論與顯示依據。以本次新型冠狀病毒肺炎疫情為例，提出突發公共衛生事件中醫務人員生命健康權的保障舉措，以期更好地應對新型冠狀病毒肺炎疫情，共同努力打贏這場疫情防控阻擊戰。

---

1. 〈名為COVID-19的新型冠狀病病〉，世界衛生組織，見https://www.who.int/ emergencies/ diseases/ novel-coronavirus-2019/events-as-they-happen，2020年2月11日。

2. Gorbalenya, A.E., Baker, S.C., Baric, R.S. et al. "The species Severe acute respiratory syndrome-related coronavirus: classifying 2019-nCoV and naming it SARS-CoV-2." *Nature Microbiology*, 2020, p. 3.

一、基本概念界定

1. 突發公共衛生事件

中國《突發公共衛生事件應急條例》指出:「突發公共衛生事件是指突然發生,造成或者可能造成社會公眾健康嚴重損害的重大傳染病疫情、群體性不明原因疾病、重大食物和職業中毒,以及其他嚴重影響公眾健康的事件。」[3] 2020年1月31日世界衛生組織宣佈新型冠狀病毒肺炎疫情構成國際關注的突發衛生事件。

確定為突發公共衛生事件之後,按照「國家突發公共事件醫療衛生救援應急預案」規定:國務院衛生行政部門應立即啟動醫療衛生救援領導小組工作,組織和協調醫療衛生救援,根據需要及時派出專家和專業隊伍支援地方。[4] 國家衛建委在疫情爆發後迅速做出反應,在全國組派多支醫療隊赴湖北馳援一線抗疫工作。全國醫務工作者秉承着「苟利國家生死以,豈因禍福避趨之」的信念,積極回應國家號召,截止至2020年3月8日全國共有330支醫療隊,4.26萬名醫務人員馳援湖北。[5]

2. 生命健康權

《民法典》第1002條規定自然人享有生命權。自然人的生命安全和生命尊嚴受法律保護,任何組織或者個人不得侵害他人的生命權。第1004條規定自然人享有健康權。自然人的身心健康受法律保護,任何組織或者個人不得侵害他人的健康權。[6] 民法學界通說認為,生命權的內容包括生命享有權、生命利益支配權、生命

---

3. 2011年1月8日根據《國務院關於廢止和修改部分行政法規的決定》修正,〈突發公共衛生事件應急條例 (2011年1月8日修正版)〉,《中華衛生應急電子雜誌》,2016年,2卷1期,64–68頁。

4. 〈國家突發公共事件醫療衛生救援應急預案〉,《中國食品衛生雜誌》,2006年,4期,373–378頁。

5. 〈國家衛健委:4.2萬醫務人員支援武漢和湖北,其中女性有2.8萬人佔2/3〉,《環球網》,見https://baijiahao.baidu.com/s?id=1660581598045455239&wfr=spider&for=pc,2020年2月8日。

6. 《中華人民共和國民法通則》,全國人民代表大會,2009年8月27日。

維護權和生命權請求權。健康權的內容包括健康享有權、健康支配權。由於新型冠狀病毒肺炎具有高傳染性、前期抗疫期醫用物資匱乏、醫療救治工作的高負荷性等原因，在突發公共衛生事件中醫務人員的個人生命健康權可能受到消減。《新型冠狀病毒肺炎流行病學特徵分析》報告分析了72,314例病例，截止至2020年2月11日，中國共有3,019名醫務人員感染了新型冠狀病毒（包括確診病例、疑似病例、臨床診斷病例及無症狀感染者，其中確診病例1,716名），佔比3.8%。[7]截止至2020年3月11日，中國在抗擊新型冠狀肺炎病毒疫情中犧牲醫務人員41人。[8]截至4月26日的公開信息及美國醫學網站Medscape 4月24日的數據（不完全統計），全球犧牲在疫情前線的醫護人員達到632人，分佈在美國、意大利、伊朗、菲律賓、英國、中國等54個國家。這些犧牲醫護的年齡，在公開信息中，已知年齡最大的為98歲，年齡最小的僅21歲，超過三分之一年齡在60歲以上美國凱撒健康新聞KHN報導，截至6月6日，有586名美國醫療保健系統支持人員染疫離世。而且，死亡數仍在增加。逝者包括各類醫療機構的醫生、護士、護理人員，相關機構行政人員、保安、病人轉運人員，以及養老院、急救系統工作人員等。全世界醫護人員的生命健康權都受到了嚴重影響。

二、突發公共衛生事件中醫務人員踐行的醫德素養

1.　仁愛救人，懸壺濟世

古稱醫術為仁術，意即是一門「救人生命」、「活人性命」的科學技術。《黃帝內經》指出：「天覆地載，萬物悉備，莫貴於人。[9]」強調人的地位，尊重人的尊嚴，重視人的生命，遂使醫者視「仁者

---

7. 〈中國疾病預防控制中心新型冠狀病毒肺炎應急回應機制流行病學組. 新型冠狀病毒肺炎流行病學特徵分析〉，《中華流行病學雜誌》，2020年，41卷2期，145–151頁。

8. 袁穎、許詩雨，〈一個不願更新的清單，銘記疫情中離世的醫務人員〉，見https://new.qq.com/omn/20200311/20200311A07HWS00.html，2020年3月11日。

9. 王冰，《黃帝內經素問》。北京：人民衛生出版社，1963年，158頁。

愛人、仁愛救人、濟世活人」為崇高的醫德理想。《黃帝內經》強調：人命至重，有貴千金，一方濟之，德逾於此。東漢醫家張仲景在《傷害雜病論•自序》中提到仁愛思想是醫德的內容中非常重要的組成部分，作命名《千金要方》就是「人的生命是至關重要的，是千金難買的，一生能治癒生命，就是在積德」。醫務人員的生命健康同樣體現着中國傳統醫學倫理學中的仁字，人的生命健康權不分高低貴賤都需要被尊重與保障。突發性公共衛生事件中醫務人員不顧個人安危前往抗疫一線支援國家醫療救助工作，他們的生命健康也應同樣得到保障。

2. 不圖名利、正直誠實

晉代楊泉指出：「夫醫者………非廉潔淳良不可信也。」在傳統醫藥史中，就有「杏林春暖」、「橘井流香」這些慣用語來讚譽醫生。「杏林」和「橘井」就是對醫家清廉正直道德形象的物化。突發性公共衛生事件發生後醫務人員從無怨言，反而以救人性命、解除病痛為自己的職責。孫思邈在《大醫精誠》中亦強調：「凡大醫治病，必當安神定志，無欲無求」，[10]「醫人不恃己所長，專心經略財物，但作救苦之心」。

3. 勤於總結，勇於創新

醫學之所以能夠不斷地豐富和發展，是歷代醫學家在不斷總結前人的基礎上進一步的有所創新。葉天士就主張「不期師古，不法常可」，吸取諸家之長，來創新發展中醫藥。勤求古訓，遵古但不泥古，不為局方的教條所束縛，勇於創新在知識的豐富上不要拘泥於前人的看法，要經常帶有懷疑創新的精神。張仲景在「勤求古訓，博采眾方」的基礎上寫出了《傷害雜病論》，創立了理、法、方、藥嚴謹的辨證論治體系。張元素在治病處方時，雖效

---

10. [唐]孫思邈著，劉清國等校注，《千金方》。北京：中國中醫藥出版社，1988年，15頁。

法仲景分經論治，但並不拘泥於古方，認為如果墨守古方以治今病，正如削足適履，是不符合實際的。因此他提出「古方新病，不相能也」的革新主張。[11]醫學也正是在這種繼承與創新的基礎上不斷地豐富和發展的。馳援武漢的醫療隊在初期救治中善於總結治療經驗，基於國家診療方案的基礎上，制定大劑量維生素c治療肺炎的方案，提出了早期走量，短成和聯合的治療方案。目前有伊拉克等國家也借鑒了中國的做法，美國醫生也在使用同樣的治療方式。

　　另外，中醫藥在這次新冠治療中也發揮了重要的作用。醫務人員觀察到，很多重症患者的病人，除了新冠肺炎之外，還有大量的基礎性疾病，高血壓、高血糖等。所以在治療過程中醫務人員將中西醫結合起來，開展了中藥、穴位貼敷治療新冠肺炎的嘗試，很好的提升了患者的體驗。

三、突發性公共衛生事件中醫務人員的生命健康權需　　加以保障的理論依據

1.　生命健康至上原則

　　亞伯拉罕•馬斯洛於1943年提出的需求層次論作為人本主義理念的重要組成，指出「生存需求」、「安全需求」是人最基本的兩項需要。在本次冠狀病毒肺炎疫情期間，醫務人員首先面臨的就是生存與安全問題，由於防護設備（口罩及防護衣等）的缺乏，在疫情爆發初期，大多數醫務人員在缺乏標準防護的前提下參與臨床一線救護，口罩及防護衣存在重複使用、多人共用的情況，造成醫務人員安全需求得不到基本保障。美國護理協會倫理規範中指出護士對他人和自己擁有同樣的職責，包括維護正義和保證安

11.　何兆雄，《中國醫德史》。上海：上海醫科大學出版社，1986年，148頁。

全的責任,[12]防疫一線醫務人員救治患者的前提是自身安全得到保障。中國《突發公共衛生事件應急條例》也體現出了醫患利益兼顧的原則,醫務人員的生命健康利益得到保障,才有可能更好地調動醫務人員參與防疫工作的積極性與主動性。[13]

突發公共衛生事件發生後,防疫一線醫務人員犧牲殉職的報導日益增多,截止至2020年3月11日,在抗擊新型冠狀肺炎病毒疫情中殉職犧牲的醫務人員達41人。突發公共衛生事件中醫護人員受到的影響是多向度多原因的。首先,3月6日中央指導組成員、國務院副秘書長丁向陽在新聞發佈會上表示,由於對新型冠狀病毒的認識不足,缺乏防控的知識與手段,使得疫情初期醫療機構的防護理念缺失,防護物資缺乏,導致大量醫務人員感染甚至死亡。[14]其次,學者Hakan研究表明長時間的工作、值夜班、高負荷工作和社會支持不足會增加醫務人員的焦慮和抑鬱水平,降低他們的工作積極性。評估後研究顯示連續24小時工作的醫務人員氧化應激水平明顯升高。[15]本次新型冠狀病毒肺炎疫情持續時間較長,一線防疫醫務人員緊缺,基層醫務人員長期處於高負荷工作狀態,免疫力下降導致像湖北省醫生左漢文等在抗議一線連續20天高負荷工作後因勞累過度突發心臟病離世。再次,吳萍等學者曾對經歷SARS的醫務人員精神狀態進行研究,結果顯示受訪者中有約10%的醫務人員經歷了高水平的創傷後應急綜合症。[16]在本

12. Wai-Ching Leung. "Why the professional-Client Ethic is Inadequate in Mental Health Care." *Nursing Ethics*, vol. 9, no. 1, 2002, pp.51–60.

13. 劉憲亮、徐玉梅,〈《突發公共衛生事件應急條例》的倫理原則解析〉,《中國醫學倫理學》, 2003年,4期,27頁。

14. 〈湖北省超過3,000名醫護人員感染新冠肺炎〉,《人民日報》,見http://news.sina.com.cn/2020-03-06/doc-iimxyqvz8352052.shtml.2020年3月6日。

15. Buyukhatipoglu H, Kirhan I, Vural M, et al. "Oxidative Stress Increased in Healthcare Workers Working 24-Hour On-Call Shifts." *The American Journal of the Medical Sciences*, vol. 340, no. 6, 2010, pp. 462–467.

16. Wu P, Fang Y, Guan Z, et al. "The psychological impact of the SARS epidemic on hospital employees in China: exposure, risk perception, and altruistic acceptance of risk." *Canadian Journal of Psychiatry Revue Canadienne De Psychiatrie*, vol. 54, no. 5, 2009, p. 302.

次新型冠狀病毒肺炎疫情期間也有急診醫生崩潰大哭的報導，長期處於應激狀態可能會使醫務人員產生生理上的不適。

2.　正義原則

　　正義原則包含了分配資源、機會和成果的公平，具體要素有一視同仁、避免歧視和剝削，留意那些特別脆弱的人。突發公共衛生事件應急管理時應當保護公共安全、健康和福利，儘量減少緊急情況期間和之後的死亡、傷害、疾病、殘疾和痛苦程度，以包容、透明為基礎進行科學決策。以本次新型冠狀病毒肺炎疫情為例，關注一線高風險防疫人員，對有限醫療防護資源進行科學分配，保障醫務人員生命健康至關重要。

　　其次是程序的正義，程序正義的要素包括應有正當的程序、透明（提供決策過程所依據的清晰、準確的資訊）、包容性/社區參與、可問責制和監督機制。倫理哲學學者霍爾與貝倫森提出「在突發公共衛生事件中鼓勵醫務人員盡其所能為患者提供醫療救治，但為了保障醫務人員的人權，這種道德義務應當有所限制。[17]醫務人員提供救治的義務取決於政府充分履行其提供安全工作環境的初步義務，當薄弱的醫療衛生系統存在缺陷，醫務人員無法取得基本的健康保護時，醫務人員應有維護權益的正當渠道與程序。」此次新型冠狀病毒肺炎疫情期間，在疫情防控一線的復旦大學附屬華山醫院感染科的張文宏醫生表示，如果醫務人員在缺乏必要防護措施的情況下可以拒絕上崗工作。拒絕工作應有嚴格的程序與保護機制，使醫務人員免受傷害。美國頒佈的流行病預防指南提出，當有下列情況時醫務人員有權拒絕參與工作：1）醫務人員認為他們面臨嚴重和直接的生命健康危險；2）他們已要求醫療機構管理層對危險進行補救但無果；3）醫務人員沒

17.　Hall MA, Berenson RA. "Ethical practice in managed care: a dose of realism." *Ann Intern Med*, vol. 128, 1998, pp. 395–402.

有正當渠道向勞動安全衛生行政部門提出建議；4) 沒有其他方式保障醫療工作的安全性。[18]

3. 互惠原則

　　互惠是對於他人貢獻給予「適當和成比例的回報」。互惠原則的踐行有助於實現前述的正義原則，因為互惠可以矯正分配過程中的不公平差距，減輕社會面對突發公共衛生事件時的負面影響。無論醫務人員是否內心預設有承擔疫情爆發的高度危險的義務，一旦他們承擔起這一風險，社會就自然形成了一個互惠的義務，應支持在保護公共利益方面承受不成比例重擔或承擔風險的人。以往突發公共衛生事件的發生，已在職業安全和健康領域形成了一套完善的「控制等級」來限制接觸和風險。這個層次結構的四個中心原則是：(1) 從源頭上消除或隔離危險，這是最有效的保護策略。(2) 在醫務人員與風險之間設置科學有效的物理屏障 (工程性控制)，比依賴正確的醫療操作、使用個人防護設備 (PPE) 更為有效。(3) 醫療工作的組織性與較少風險的醫療實踐至關重要。(4) 個人防護設備 (PPE) 是職業安全和健康計劃的基本組成部分，可以作為上述防護措施的必要補充。[19]冒着自身健康或生命危險，為處理疫情做出貢獻的人員應該優先獲得稀缺醫療衛生資源。

　　不論是安全防護方面、工作負荷方面還是心理支持方面等都在本次新型冠狀病毒肺炎疫情中對醫務人員產生了非常大的影響，為醫護人員提供生命健康的保障是及其必要。

---

18. "USA Government. Avian and Pandemic Flu Information." 28 May 2009, www.pandemicflu.gov/index.html

19. Ringen K, Landrigan P J, O. Stull J, et al. "Occupational safety and health protections against Ebola virus disease." *American Journal of Industrial Medicine*, vol. 58, no. 7, 2015, pp. 703–714.

四、突發公共衛生事件中醫務人員生命健康權的保障

1. 提供安全指導與防護

　　突發公共衛生事件期間誤解和過度恐懼時有發生，利益相關者之間的溝通至關重要。醫務人員對疫情信息、個人防護裝備與病毒傳播控制教育會愈加關注。學者Ives對醫務人員在流行病爆發期的工作態度進行了定性研究，結果顯示「醫務人員認為有必要對他們提供更多的安全防護指導。如果他們被要求承擔新的任務和責任，適當的技能培訓與補償在長期的工作崗位上必不可少。[20]

　　在實施「控制等級」措施的基礎上應指定一名或多名安全負責人員，對醫務人員進行安全工作實踐培訓，並監督個人防護設備（PPE）的正確使用。醫療領域中的公平正義，集中體現在醫療資源如何適當分配，本次冠狀病毒肺炎防疫前期醫療防護物資缺乏，秉持公平原則，在應對類似情況時應首先保障義務人員的防護需求。可依據工作性質和風險等級將一線抗疫醫務人員分為五個類型，包含高風險暴露人員、較高風險暴露人員、中等風險暴露人員、較低風險暴露人員以及低風險暴露人員。優先保障一線抗疫人員的醫療防護物資（防護服，外科口罩、醫用防護口罩、乳膠檢查手套、速乾手消毒劑、護目鏡、防護面罩／防護面屏、隔離衣、防護服等），運用分級管理機制科學分配物資。國家衛生健康委印發了《關於進一步加強疫情防控期間醫務人員防護工作的通知》，提出「醫療機構要結合工作強度和崗位特點，合理調配醫務人員，科學安排診療班次，保持醫務人員合理休息，不鼓勵帶病上崗。加大醫用防護用品等相關物資保障，防護物資供應不足時，應當及時向主管部門報告。」

---

20. Ives J, Greenfield S, Parry J M, et al. "Healthcare workers' attitudes to working during pandemic influenza: a qualitative study." *bmc public health*, vol. 9, no. 1, 2009, pp. 56–60.

關懷倫理

2. 提供權利救濟的正當渠道

秉承程序公正的原則，如工作機構不能提供安全的醫療防護環境與必要的個人防護設備，醫務人員有權利通過正當程序拒絕上崗工作，並在今後工作發展中保證不會受其影響。學者D.K.Sokol對該問題進行了倫理探討，他指出醫生的救治義務並非如管理當局所宣稱的那樣無限，而是由多種因素決定的，包括醫務人員的專業、醫務人員承擔的負擔和風險，為患者帶來的可能受益，以及由醫務人員的多重角色（如父母、配偶或看護者）帶來的相互競爭的道德義務[21]建立獨立、正當的權利救濟程序，臨床醫務人員作為與疾病接觸與鬥爭的一線工作人員，在發現醫療救治工作存在重大安全缺陷時可以憑藉職業敏感和專業知識最快發出安全防護預警。同時要建立適當的容錯機制與豁免制度，來消除醫務人員的顧慮，只有建立完善的救濟與關懷制度，制定嚴密的專門保護措施，才能鼓勵醫務人員暢所欲言，消除顧慮，絕不瞻前顧後，只管大膽直言。

中國衛健委提出要加強醫務人員健康監測及感染報告，儘早發現感染隱患。做好被感染醫務人員的醫療救治，控制病情發展，對重症、危重症病例要集中優質資源全力救治，最大限度減少病亡數量。落實好疫情防控中，醫務人員工資待遇、臨時性工作補助、衛生防疫津貼待遇，以及工傷認定、烈士評定相關工作，全方位保障醫護人員的合法權益。

3. 為一線醫務人員提供心理危機干預

在新型冠狀病毒肺炎疫情防控期間，制定一線防疫醫務人員的換班制度，避免醫務人員處於嚴重工作負荷狀態。世界衛生組織將健康的定義為「一種在身體上、精神上的完滿狀態，以及良好的適應力」。因此，關注突發公共衛生事件中醫務人員身體與

---

21. Mounier Jack S, Jas R, Coker R. "Progress and shortcomings in European national strategic plans for pandemic influenza." *Bull World Health Organ*, vol. 85, 2007, pp. 923–929.

精神健康同等重要。學者Nickell等人研究發現，醫務人員的心理衝擊與其對自身所處工作環境的看法和其對突發公共衛生事件中疾病的致死風險觀點直接相關。[22]疫情期間醫務人員工作時需要承受三級防護措施帶來的工作不便、工作環境的不確定性、工作量增大以及時間的壓力，還要擔心自己家人、朋友、同事的健康狀況。疫情爆發期，醫務人員除了對病患提供照護，作為感染的控制者，肩負着保護其他病患、家屬、其他工作人員免於感染的守門人的角色；同時他們承擔着被感染的高度風險。因此，疫情爆發期間，一方面醫務人員被視為抗疫英雄，另一方面他們卻可能因外界對病毒的恐懼受到歧視的對待。[23]醫務人員在遭受疫情威脅時呈現出的反應包括：過度注意電視有關疫情的報導、睡眠中斷、疲勞、回避確定的病患、感覺焦慮甚至恐慌、缺乏耐心等壓力出現。[24]應由各省提供必要的組織和經費保障，積極開展心理危機干預工作，干預的對象包括確診患者、抗疫一線醫務人員、疾控人員和管理人員等。

4.　依法嚴厲打擊涉醫違法犯罪行為

自新型冠狀病毒肺炎疫情爆發，全國醫務人員作為抗擊疫情的中堅力量，毫不猶豫參與到抗疫一線工作中。但少數患者非法限制醫務人員人身自由、撕扯醫生口罩、向醫生吐口水、以暴力拒不接受隔離治療、在醫療機構起哄鬧事、傷醫殺醫；少數公民以避免傳播病毒為由拒絕防疫醫務人員進出小區，公開歧視參與抗疫的醫務人員。針對這種行為應依法追究其責任，以保障醫務人員的健康安全與公民合法權益。針對上述情況，國家衛生健康委、最高人民法院、最高人民檢察院、公安部於2020年2月8日聯合

22. Mounier Jack S, Jas R, Coker R. "Progress and shortcomings in European national strategic plans for pandemic influenza." *Bull World Health Organ*, vol. 85, 2007, pp. 923–929.

23. Nickell, L. A . "Psychosocial effects of SARS on hospital staff: survey of a large tertiary care institution." *Canadian Medical Association Journal*, vol. 170, no. 5, 2004, pp. 793–798.

24. Hall M G, Angus J, Peter E, et al. "Media Portrayal of Nurses' Perspectives and Concerns in the SARS Crisis in Toronto." *Journal of Nursing Scholarship*, vol. 35, no. 3, 2003, pp. 211–216.

關懷倫理

印發通知，對侵犯醫務人員人身安全、擾亂正常醫療秩序的行為依法予以嚴肅查處、嚴厲打擊。

五、結語

最先確認了SARS這種人類尚未認知的傳染病並為之殉職的無國界醫生卡洛・烏爾巴尼曾言：「人類的健康與尊嚴是不可分割的，關注脆弱的群體並保障他們的權利是人類共同的職責。」面對新型冠狀病毒肺炎疫情的爆發，醫務人員在提供診治的同時，自己的生命健康安全、工作的尊嚴、照護的能力等都面臨着威脅。醫務人員作為抗擊疫情的中堅力量，回應職業準則的召喚，秉持內在經驗與良知為患者提供照護，其生命健康權值得全社會共同關注並提供保障。

第二十二章
新冠疫情中老年群體的關懷
孝道倫理的視角

韓娟
廈門大學人文學院哲學系博士生

陳琪
廈門大學醫學院生命倫理中心研究生

馬永慧
廈門大學醫學院生命倫理中心副教授

新型冠狀病毒肺炎（Corona Virus Disease 2019，COVID-19）的爆發，不僅對於國家經濟和社會秩序產生了極大影響，而且改變公眾生活方式和心理狀態，如產生緊張和恐慌等情緒。在突發公共衛生事件中，脆弱群體（vulnerable population）因其脆弱性受到更大的影響、甚至付出更大代價，需要社會給予更多關懷。脆弱群體包括經濟上處於不利地位、少數民族、沒有保險的、低收入的兒童、老年人、無家可歸者、愛滋病毒攜帶者以及其他慢性病患者，包括嚴重精神疾病患者，也可能包括農村居民，他們在獲得醫療服務方面經常遇到障礙。[1]他們的脆弱性因種族、年齡、性別以及諸如收入、保險範圍（或缺乏保險）和缺乏通常的護理來源等因素而增強，他們的健康保健問題與住房、貧困和教育不足等社會因素交織在一起。《世界人權宣言》要求，所有人在突發情況下都應獲得醫療保健、必要的社會服務和生計保障。既然意識到所有

---

1. "Vulnerable populations: who are they?." *The American journal of managed care*, 2006, pp. S348-S352.

人都應當得到服務，且對脆弱群體的保護能夠為有效抑制疫情做出貢獻，[2]故在新冠疫情決策中，尤其注意對脆弱群體的保護和關懷。

隨着全球老齡化問題形勢日益嚴峻，增長迅速，老年人因年齡較大、基數龐大以及身體存在基礎性疾病等因素，在脆弱群體中具有普遍性和典型性。古代將七十歲作為老年人的標準，《禮記‧曲禮上》指出「六十曰耆，指使。七十曰老，而傳。八十、九十曰耄。」聯合國WHO將60歲判定老年人的標準，《中華人民共和國老年人權益保障法》第二條指出「本法所稱老年人是指六十周歲以上的公民。」因此，本文所指的老年人是年滿60周歲以上的公民。以此為標準，2019年，中國老人數量為2.54億，佔總人口數量的18.1%。在全球範圍內，65歲以上高齡老人佔總人口9.0%。關懷老年群體是中國長期尤其是進入中國特色社會主義新時代以來的重大政策導向，也是應對老齡化社會的重要舉措，更是實現「老有所養、弱有所扶」目標的應有之義。為更好地挖掘中國傳統文化資源，尋求老年群體關懷的價值合理性，本文擬從儒家孝道文化視角，考察新冠疫情境遇下老年人關懷老年群體的依據、問題和對策。

一、提出問題：新冠疫情中老年群體的脆弱性

脆弱性範疇表達了人類普遍脆弱和相互依賴的生存狀態，揭示了他者對脆弱群體承擔必要道德義務的規範效力。在生命倫理中，對脆弱性的理解主要有兩種進路：標籤進路和分析進路。[3]標籤進路通過指派脆弱群體來識別脆弱者，但並未對脆弱性進行界定。生命倫理學研究的相關文件如《赫爾辛基宣言》、《涉及

---

2. Salisbury-Afshar, E.M., J.D. Rich, and E.Y. Adashi. "Vulnerable Populations: Weathering the Pandemic Storm." *Am J Prev Med*, vol. 58, no. 6, 2020, pp. 892–894.

3. 陳慧珍，〈論生物醫學研究倫理中的脆弱性概念〉，《道德與文明》，2015年，6期；潘麒羽，〈生命倫理學脆弱性原則之意蘊〉，《知與行》，2019年1月，1期。

人的健康相關研究國際倫理準則》均採納標籤進路，但由於未能提供「脆弱性概念的實質內涵，也無法提供判斷（而不僅僅是指定）脆弱群體的普遍標準」，[4]在非研究倫理的其他情境中的指導作用有限。「分析進路」試圖通過對脆弱性進行實質定義，找出判斷脆弱群體的標準，並歸納脆弱性的類型。Rogers等從能力缺失維度討論脆弱性的形成，將脆弱性劃分為三種：內在的（inherent）脆弱性、情境性（situational）脆弱性和誘發（pathogenic）脆弱性。[5]新冠疫情中對老年群體的影響是多向度的。WHO發佈的一份題為《新冠疫情對老年人影響》的政策簡報指出，疫情正給全球的老年群體帶來無法估量的恐懼和折磨。老年群體的脆弱性有三種不同的表現形式。

其一，在內在的脆弱性方面，新冠會導致老年群體的易感性和孤獨感。新冠病毒傳播能力很強、對健康影響較大，儘管所有年齡組都有感染COVID-19的風險，但由於衰老帶來的生理變化和潛在的健康問題，老年人如果感染這種疾病，發展為嚴重疾病的概率會更高。從易感性上講，由於老年人感染新冠肺炎的風險最高，且老年人是慢性病高發人群，感染新冠肺炎後，老年人因為抵抗力差，病情更容易進展，「老年人往往患有多種慢性病，患有慢性基礎疾病的人具有更高的易感性」。[6]「老年人感染新冠病毒的死亡率更高，其中80歲以上老年人的死亡率更是高達平均值的五倍。」在美國，養老機構成為疫情爆發的重災區，全國多家養老機構發生新冠病毒集聚感染事件。據《今日美國報》（USA TODAY）5月1日報導，美國50個州中有46個州的5,700多家養老機構已有確診病例出現，在全美養老院、退伍軍人之家等養老機構中，已有超過1.6萬名入住者和工作人員死於新冠疫情，約佔全美新冠死亡人數的四分之一。而在舉行狂歡節大型聚會活動的路

---

4. 同上。

5. Wendy Rogers, Catriona Mackenzie & Susan Dodds. "Why bioethics needs a concept of vulnerability." *International Journal of Feminist Approach to Bioethics*, vol.5, no. 2, 2012, pp. 11–38.

6. Ramananda Ningthoujam, Deepa Khomdram. "Older people are at highest risk from COVID-19, but all must act to prevent community spread." *Med Hypotheses*, vol. 144, 2020, p. 109896.

易斯安那州，這一比例更高。據路易斯安那州衛生署（Louisiana Department of Health）4月29日的官方數據顯示，已有超過一半的養老機構有新冠確診病例報告，來自養老機構的新冠累計死亡人數達到637人，佔總死亡人數的35.34%，即超過三分之一的死亡病例來自於養老機構。[7]

其二，在情境性脆弱方面，老年群體成為新冠疫情治療的犧牲品。情境性脆弱通常是由外界所引起或加劇的，包括他人或社會的政治、經濟等狀況的影響。老年人通常沒有工作，依賴子女提供基本生活支持，或者從事收入很低的工作，疫情讓很多人失去工作，直接或間接的導致老年人無力承擔生活費用以及患病後的治療費用。在新冠治療過程中，因道德衝突而成為犧牲品。在治療過程中，老年人可能遭遇醫療物資分配的不公以及治療歧視（如年齡歧視和種族歧視，階層歧視），比如在資源有限的情況下，醫務人員可能將呼吸機分配給年輕人而不是老年人使用，因為一般情況下，老年人的治療效果不佳，預後較差（比如上了呼吸機的患者脫機困難），優先治療年輕人看似更為合理。[8]相比收入較高、教育程度較好的老年人，社會經濟地位較差的老年人可能會更多的衝擊，因為他們更容易感染，而且難以獲得優質的醫療服務。有媒體報導稱，在歐洲的意大利和西班牙，部分高齡老人被養老院拋棄，確診的老人無法獲得醫院的救治機會。美國則有一些millennials（2000年左右出生者）和Gen-Z（Z世代是指95後和00後）極具歧視性且幸災樂禍的戲稱新冠疫情為「嬰兒潮清除器」（boomer remover）。[9]

其三，在誘發性脆弱方面，新冠疫情造成老年群體的次生災

---

7. 見https://tech.sina.com.cn/roll/2020-05-05/doc-iircuyvi1407013.shtml

8. David Martínez-Sellés, Helena Martínez-Sellés, Manuel Martinez-Sellés. "Ethical Issues in Decision-making Regarding the Elderly Affected by Coronavirus Disease 2019: An Expert Opinion." *European cardiology*, 2020, p. e48.

9. 見https://www.newsweek.com/boomer-remover-meme-trends-virus-coronavirus-social-media-covid-19-baby-boomers-1492190；https://www.chicagotribune.com/columns/mary-schmich/ct-met-schmich-coronavirus-boomer-remover-20200324-mk3f7sut6bdj5fuuvrgvixd5su-story.html

害。誘發性脆弱性通常指人為干預而加劇了原有的脆弱性或者形成了新的脆弱性，表現為對能動性的損害與對無力感的增加。新冠疫情期間，防控新冠的目標如洪流般裹挾大量醫療資源，而許多常規的醫療服務被迫中斷，大量資源讓位於救治新冠病人。很多老年人有着自身健康問題和常規醫療需求，而在這期間病床被新冠奪走，許多癌症病人、慢性病人由此遭受了疫情防控的「次生災害」。典型例子就是隨着疫情的發展各地實施的「健康碼」制度，這是互聯網時代特有的防疫模式，以大數據過濾外來人口帶來的危險隱患，從而實現「群體安全」。毋庸置疑，此舉是目前最有效最直接的防疫措施，並且利用互聯網下發新政策，以達到傳播範圍最大化。然而，對於那些從未使用過智能手機和互聯網的老人來說，這一要求極不方便也不友好，在逐步解封後，健康碼儼然成為另一道限制人們，尤其是老年人移動的門檻，如老年人不知如何使用健康碼而被乘客催促下車的案例。

二、儒家孝道倫理對老年脆弱性的消解

　　春秋戰國時期以孔子為代表的儒家淡化了孝的宗教內涵，強調對在世父母的贍養，從生活的各個方面規定子女對長輩的行為規範。

1.　物質供養是消解脆弱性的物質條件

　　針對老年人物質能力的衰退，儒家強調晚輩需要給與必要的物質保障《呂氏春秋•孝行》對於「善養」作出了規定：「修宮室，安床第，節飲食，養體之道也。樹五色，施五彩，列文章，養目之道也。正六律，龢五聲，雜八音，養耳之道也。熟五穀，烹六畜，龢煎調，養口之道也。龢顏色，說言語，敬進退，養志之道也。此五者，代進而厚用之，可謂善養矣。」對父母的善養是多方面的，儒家認為物質供養是最基本的孝道，父母為孩子的成長付出了很多心血，子女應該有感恩意識，回報父母的養育之恩，竭盡所能供養

自己的父母。「哀哀父母，生我劬勞⋯⋯無父何怙？無母何恃？出則銜恤，入則靡至。父兮生我，母兮鞠我。拊我畜我，長我育我，顧我復我，出入腹我。欲報之德，昊天罔極！」[10]因此，供養父母成為子女義不容辭的責任。對父母日常生活的悉心照料是最基本的孝行。孟子認為「世俗所謂不孝者五，惰其四肢，不顧父母之養，一不孝也；博奕好飲酒，不顧父母之養，二不孝也；好貨財，私妻子，不顧父母之養，三不孝也；從耳目之欲，以為父母戮，四不孝也；好勇鬥狠，以危父母，五不孝也。」（《孟子・離婁下》）「五不孝」中前三個都是對於父母的供養。從孟子所談到的世俗孝道中我們可以看到其把物質上的侍奉作為「孝」的重要內容。

2. 敬的態度下消解脆弱性的精神方式

物質的供養只是孝的第一步，對於父母的供養還要有敬的態度和方式。《論語・為政》中提到「今之孝者，是謂能養。至於犬馬，皆能有養。不敬，何以別乎？」[11]由此可見，對父母之「敬」才是孝養父母的核心。孟懿子問「孝」於孔子，對曰「無違」。子夏問孝，孔子答曰「色難」，對於父母的敬要做到「無違」、「色難」並不是簡單的事情，在奉養父母的過程中始終做到和顏悅色，柔聲細語，內心對於父母的敬由日常的敬的態度和行為開始。《禮記・祭義》云：「孝子之有深愛者必有和氣，有和氣者必有愉色，有愉色者必有婉容。」[12]對父母敬養，子女應該時刻關心父母身體，「父母之年，不可不知也。一則以喜，一則以懼。」[13]一方面要為父母的高壽感到開心，一方面要為父母的年高體弱而擔心。對於父母的奉養並不是在榮華富貴之後，關鍵在於能否讓父母身心愉悅。對於父母的奉養，滿足精神層面的需求更重要，「孝子之養老

---

10. 周振甫，《詩經譯注》。北京：中華書局，2002年，326–327頁。

11. 楊伯峻譯注，《論語譯注》。北京：中華書局，1980年，14頁。

12. 王文錦，《禮記譯解》。北京：中華書局，2007年，706頁。

13. 楊伯峻譯注，《論語譯注》。北京：中華書局，1980年，40頁。

也，樂其心」[14]（《內則》）「閨門之內，戲而不歎」[15]（《坊記》）對於父母的奉養並不是等父母到一定年紀之後，而要有一種緊迫感，「親戚既歿，雖欲孝，誰為孝？年既耆艾，雖欲弟，誰為弟？故孝有不及，弟有不時，其此之謂與！」[16]世事無常，不要給自己留下遺憾。

3.　尊的行為是消解老年群體脆弱性的心理方法

尊敬父母，不僅是對父母盡心盡責，更應以實際行為讓父母心安，作為晚輩的所作所為不應該讓父母擔憂。「出必告，反必面；所游必有常，所習必有業，恒言不稱老」[17]（《曲禮上》）、對於父母的負責還在於對自己身體的保護，「身體髮膚受之父母」，身體是對父母另一種形式的延續，要保護好身體就是對父母的敬，對身體的傷害就是不孝的行為。「守孰為大？守身為大。不失其身而能事其親者，吾聞之矣。失其身而能事親者，吾未之聞也。」[18]以「孝」道對待父母的族親，與他們保持和睦的關係：「睦於父母之黨，可謂孝矣。故君子因睦以合族。」[19]對於父母的孝道推至族親，孟子則提出「老吾老，以及人之老」[20]（《孟子・梁惠王上》），由敬愛自己的雙親推廣到敬愛所有長輩老人。

尊老是中國孝文化的題中之義。《說文解字》中對孝的解釋為「善事父母」，從字形看，「從老，省，從子。子承老也」。孝屬於「子」部，它是子女的行為規範；但是它又與「老」字相結合，表明孝與「老」的密切聯繫。《禮記・曲禮上》中提到「故君子式黃髮」，在封建社會中，國家對於老者是極為尊重的，即使是九五至

14. 王文錦，《禮記譯解》。北京：中華書局，2007年，384-385頁。

15. 王文錦，《禮記譯解》。北京：中華書局，2007年，763頁。

16. 王聘珍撰，《大戴禮記解詁》。北京：中華書局，1983年，97頁。

17. 王文錦，《禮記譯解》。北京：中華書局，2007年，6頁。

18. ［清］焦循撰，《孟子正義（上）》。北京：中華書局，1987年，563頁。

19. 王文錦，《禮記譯解》。北京：中華書局，2007年，786頁。

20. ［清］焦循撰，《孟子正義（上）》。北京：中華書局，1987年，94頁。

尊路遇老者也要憑軾致意。著名學者殷海光指出：「在中國社會文化裏，長老享有特殊的地位，權利和尊敬。老人是父親意向之活生生的發祥地，而父親意向又回過頭來營養、加強、擴大和鞏固老人的地位和權利。」[21] 尊老的原則是直接從孝親推演而來的，即所謂「老吾老以及人之老」。尊老又能推進孝道發展，《禮記·大學》中有「上老老而民興孝」，《大戴禮記》有所謂「上思敬老，則下益孝」，《禮記·王制》篇則提出「養耆老以致孝」，可以看到，尊老和致孝是緊密聯繫且互相影響的。

三、儒家孝道在新冠疫情期間實現老年群體關懷的方式

在應對疫情過程中，我們必須關注老年人群。他們曾經是社會的貢獻者，他們值得照顧和服務，對年老體弱、喪失勞動能力的老人不關心、不贍養，勢必造成嚴重的社會問題。對於老年人的尊重與愛護，是每個家庭的責任，也需要社會和國家共同努力，儒家孝道則從家庭倫理拓展到政府政策，從而實現對老年群體的關懷。

1. 以家庭子輩的孝道為基礎

「孝道」被認為是中華民族傳統美德中最重要的內容。由於它和每個人的日常家庭生活關係密切，故涉及到家庭人倫親情原則的孝可以獲得較大程度的社會認同，可以作為私人生活中的道德準則。在先秦儒家經典中，行孝更具有個體傾向，孔子對什麼是孝道，如何行孝有很多闡述，如「子游問孝。子曰：『今之孝者，是謂能養。至於犬馬皆能有養；不敬，何以別乎？』」（《論語·為政》）「父在，觀其志；父沒，觀其行；三年無改於父之道，可謂孝

---

21. 殷海光，《中國文化的展望》。中國和平出版社，1988年12月，140頁。

矣。」（《論語・學而》）孝道對於子女提出的最基本要求，就是對父母的供養和尊敬。孝之所以在現在依然具有價值，正是基於對人因衰老而使生理功能減退，生存能力弱化狀況的人道主義關切，是出於助老，扶弱的天然情感。老年人隨着年齡的增長，身體狀況會越來越差，子女對於父母的贍養就顯得很必要，尤其在疫情期間，當老者的基本生活出現問題時，子女需要在確保健康的前提下完成對父母的照顧，比如基本生活資料的補給，保證老年人的均衡飲食。

孝道不僅強調對父母、長者的供養，更重要的是敬的態度，對父母要盡心盡責，也要讓其有愉悅的身心，「樂其心」是孝道對子女提出的更高要求。這與國際國內應對公共衛生突發事件的原則是相通的。2016年世界衛生組織發佈了《傳染病爆發倫理問題管理指南》（Guidance for Managing Ethical Issues in Infecting Disease Outbreaks）提出的倫理原則包括：正義（Justice）、行善（Beneficence）、效用（Utility）、尊重個人（Respect for persons）、自由（Liberty）、互惠（Reciprocity）、團結（Solidarity）。[22]中國生命倫理學家邱仁宗、翟曉梅編著的《公正衛生倫理學》一書中提出的公共衛生倫理學的基本原則包括：效用（Utility）、尊重（Respect）、共濟（Solidarity）、相稱（Proportionality）。[23]這些原則中的尊敬與傳統孝道的內涵具有一致性。孔子提出「今之孝者，是謂能養。至於犬馬，皆能有養；不敬，何以別乎？」（《論語・為政》）孟子也認為「孝子之至，莫大乎尊親。」（《孟子・萬章章句上》）對父母態度的真誠和人格的尊重是尊親非常重要的一方面。《禮記・檀弓下》記載子路曾向孔子抱怨貧窮可悲，無法盡孝，孔子卻開導他說：「啜菽飲水盡其歡，斯之謂孝。」[24]相比於物質滿足，父母精神層面需求的滿足更為重要。在現代化國家中，經濟並不是老人要解決的全部問題，精神的慰藉比解決經濟問題更為重要。父母精

---

22. "Guidance for managing ethical issues in infectious disease outbreaks." WHO, 2016, https://apps.who.int/iris/handle/10665/250580.

23. 翟曉梅、邱仁宗編著，《公共衛生倫理學》。北京：中國社會科學出版社，2016年，443頁。

24. 王文錦，《禮記譯解》。北京：中華書局，2007年，135頁。

神的慰藉首先來自於子女的身體健康,「身體髮膚受之父母」,身體是父母給的,子女是對父母生命的延續,也為照顧父母提供保障,個人的安全可以讓父母放心的同時也是在為國家的防控做出自己的貢獻。其次,出於疫情防控的需要,人們需要居家隔離,即使不能常常見面陪伴父母,電話,或者微信視頻都是我們陪伴父母的方式,為父母傳遞防疫的信息,加強老人對疫情的認識,同時做好心理疏導,排解老人居家的孤獨和無助。再次,「父母之年,不可不知也。一則以喜,一則以懼」(《論語・里仁》),之所以要懼,是因為我們認識到個體的生命是有限的,所以行孝要及時,孝所傳遞的這種理智態度讓我們能夠直面疫情期間的死亡。因此,在新冠疫情期間,所有子女都能承襲孝道,從物質層面和精神層面孝敬父母,老年群體的脆弱性則將得到較大程度的消解。

2. 以社會的群體關懷為依託

孝既是家庭生活美德還是公共生活規範,如「父子相隱」問題,父親偷東西損害了公共秩序,兒子行孝就要對此事隱瞞,作為家庭美德的孝就對社會公共生活產生影響。兒子如果舉報自己的父親,那公共生活規範對於家庭孝德又是一種損害。所以作為家庭美德的孝也具有公共生活指向。在《論語》中對於孝有一個判斷「其為人也孝弟,而好犯上者,鮮矣;不好犯上而好作亂者,未之有也。」(《論語・學而》)可以看出,不犯上是家庭中的長幼秩序,不做亂則是公共生活的尊卑次序。「移孝作忠」的理念從新文化運動時期開始就遭到魯迅、吳虞等學者的猛烈抨擊,甚至因此否定孝道倫理。孝道在歷史發展過程中確有其不可取之處,但不能因噎廢食。

孝在公共生活領域同樣可以發揮作用,而且在現代依然具有意義。在中國傳統文化中,一切人際關係均是以血緣宗法的基本精神得以展開,從而使孝成為古代社會一切人際關係得以建立的精神價值基礎。「親親而仁民,仁民而愛物」(《孟子・盡心章句上》)對自己的親人是基於血緣的親愛,對於老百姓則是仁愛的

表現，把這種情感推演到物，則是要愛惜，由親親推己及人，行忠恕之道，由對父母的愛，對兄長的敬推及他人，實現「老吾老以及人之老」，從而處理好社會關係，建設一個和諧文明的社會，實現孔子所嚮往的「人不獨親其親，不獨子其子，使老有所終」（《禮記‧禮運》）的大同社會。雖然古代的孝道會存在父子關係的不平等，但如果僅從子輩義務的角度來看，倡導對人要有愛心和責任感，遇事先替別人考慮，嚴於律己，寬以待人，這是我們今天能夠倡導的健康人際關係，一定程度上能促進個體素質的提升，社會精神文化水平的提高和和諧文明社會的建設。另外，基於血緣關係的孝有廣泛的心理認同基礎和可操作性，也為孝道促進和諧社會建設提供了可能性。疫情期間，我們可以看到社會對於老年人的關愛。社會工作服務機構、心理諮詢服務機構、社會工作者、心理諮詢員等專業力量通過電話、諮詢熱線、網絡微信、上門服務等線上線下方式，及時為有需要的特殊困難老年人提供心理調適、情緒疏導、精神撫慰等服務。在廣州市的幾個居家養老服務中心，工作人員從春節以來就一直堅守崗位，養老護理員、康復師、護士各盡其職，為困難老人提供上門做飯、打掃衛生、康復護理、代辦取藥等服務，還為老人節提供口罩等防疫物資，如出現急性發病及時送去就醫。越秀區的一位76歲的王阿婆就感受到了這份溫暖，在疫情期間養老服務中心的工作人員給予老人無微不至的關懷，老人也感到舒心。[25]

3. 以國家的精神關懷為保障

老年人不僅是家庭，社會關注的對象，國家對於老年人的重視自古有之。「昔者有虞氏貴德而尚齒，夏後氏貴爵而尚齒，殷人貴富而尚齒，周人貴親而尚齒。虞、夏、殷、周，天下之盛王也，未有遺年者。」（《禮記‧祭義》）從虞、夏、殷開始，老年人就是國家所尊重的對象。國家給予老年人很多優待，如「少兒無父者謂之

---

25. 見http://news.southcn.com/gd/m/content/2020-03/16/content_190585014.htm

關懷倫理

孤，老而無子者謂之獨，老而無妻者謂之矜，老而無夫者謂之寡。此四者，夫民窮而無告者，皆有常餼。」（《禮記・月令》）古代國家對於「獨、矜、寡」這樣的弱勢老人要提供口糧，保證基本生活。此外，漢代詔書規定，賜給70歲以上老者以鳩鳥裝飾杖頭的「王杖」，它是一種地位標誌和優待憑證。持「王杖」的老者可以自由出入官府，可以行馳於馳道旁道，在市場上可以自由買賣，蠲免租稅等。國家對於不孝的行為還在法律上予以處罰，漢律規定了不孝罪，「律曰⋯⋯教人不孝次不孝之律。不孝者棄市。」[26]平民不供養父母，一經查實，處以棄市之刑。告發父母也是不被允許的，武帝時衡山王太子劉爽因告王父不孝而棄市。[27]可見，對於老者的政策性傾斜古已有之，雖然有些政策存在爭議，但尊老的美德是應該被繼承的。

在中國古代，孝被看作是德之本，一切道德都源於對他人的關切和愛戴，人生下來之後最先感受到父母的愛，這種愛為培養出子女對父母的愛以及對其他人的愛提供了可能性。不敢相信一個不敬愛自己父母的人能夠真心實意愛他人，愛祖國。雖然現代家庭中，孝道已經不具有古代那樣高的地位，但人們仍然是生活在家庭中，具有子女的身份和角色，孝依然承載着不同身份的道德含義，依然具有普遍意義，孝能夠成為現代社會的一種美德。

為了保障老年人合法權益，發展老齡社會，弘揚中華民族敬老、養老、助老的美德，中國頒佈了《中華人民共和國老年人權益保障法》，為老年人的幸福晚年生活提供法律支持；在部署新冠肺炎疫情聯防聯控時，民政部辦公廳發佈了《關於在疫情防控期間加強特殊困難老年人關愛服務的通知》，要求開展全面摸底排查，重點排查獨居特別是生活不能自理的特困老年人；及時做好關愛服務工作，如定期的走訪探視，精神慰藉，心理疏導等；支持養老機構優先保障生活不能自理特殊困難老年入住需求等。

---

26. 江陵張家山漢簡整理小組：「江陵張家山漢簡《奏讞書釋文》」，《文物》出版社，1978年。

27. 《漢書》卷四十四，《淮南衡山濟北王傳》之「劉賜傳」。

四、儒家孝道在新冠疫情期間實現老年群體關懷的意義

「孝道」以人為發生對象的，其本質解讀離不開人的自身屬性。人的自然屬性和社會屬性作決定了孝道的兩個層面，產生於家庭之中又超越於家庭範疇，並具有厚重的社會意蘊。從孝道倫理探討對於老年群體的關懷，不論對於老齡化社會問題的解答，還是中國生命倫理學的發展以及人類命運共同體的建構均具有特殊的意義。

1. 為老齡化國家如何做好老年關懷提供理論支撐

由於疫情的突發性，導致老年人脆弱性問題也更加敏感。在思考儒家孝道對解決這個問題的意義時，也為現在很多國家面臨的老齡化問題提供思路。老年關懷應該是一個需要持續關注的問題，而不是一個暫時性的困難。

事件具有特殊性，但是問題具有普遍性。如何幫助保護老年群體，孝倫理無疑可以成為老年關懷倫理的一個原則。我們需要認識到衰老和死亡是「人人有份」的生命歷程，誰也無法拒絕。不要捨棄老年人，應當用尊重、理解的真情去幫助和關心他們，這不僅有益於社會，也有益於個人，因為關心老人就是在關心晚年的自己。我們要發揚中華民族愛老助老的優良美德傳統，形成良好的社會風尚。

2. 推動中國生命倫理學的發展

生命倫理學興起於二十世紀六十年代的西方，因為科技成果應用帶來的危機而迫使人們開始思考科技研究和應用過程中的規範。西方國家就這個問題已經提出一些生命倫理學的原則，當它之後被引入中國時，我們所用的是依然是西方的範式和標準，我們必須要肯定西方生命倫理學發展的成果，但是也要反思，在

関懷倫理

面對現代科技帶來的各種棘手問題時，西方文化為解決這一問題提供了思路，中國傳統文化是否能夠、以及如何能夠為解決現代問題提供思路。關於這個問題學界已經有很多學者在討論，如恩格爾哈特、范瑞平等都支持發展一門中國生命倫理學，中國文化應該以一種開放的態度與他者對話，展現傳統文化真正的內在價值。從儒家孝道倫理的角度來探討疫情期間老年人的關懷問題，也為老年關懷倫理學、生命倫理學的發展推進一步，在老年關懷問題上出現中國聲音。生命倫理學作為規範倫理學的一個研究領域，它的發展同樣會促進規範倫理學的完善。

3. 有助於構建人類命運共同體

此次新冠肺炎疫情是新中國成立以來傳播速度最快，感染範圍最廣、防控難度最大的重大突發公共衛生事件，此次戰爭無硝煙，卻不斷有人在離開，對於國家、對於國際社會都是一次大考。鍾南山曾說：「新冠肺炎是一個人類的的疾病，不是一個國家的疾病」。全球化時代，病毒是人類的公敵。在抗擊新冠肺炎疫情的戰爭中，中國率先發起戰鬥，世界各國也相繼參戰，成為一場真正意義上的全球抗疫，偉大的國際主義精神在抗疫戰爭實踐中進一步昇華，中國提出的人類命運共同體不是烏托邦，世界本就是一個共同體，人類命運共同體理念得到世界各國人民的積極回應和認同。「德必有鄰，大道不孤」，這次的全球抗疫實踐再一次告訴我們：當今世界沒有一個國家能夠自我封閉獨立應對人類面臨的挑戰，世界命運掌握在各國人民手中，全球協作繼續推動人類命運共同體建設才能創造人類的美好未來。

第二十三章
儒家倫理對突發公共衛生事件污名化的反思

賀苗

哈爾濱醫科大學人文學院教授

　　新冠肺炎疫情是人類社會進入二十一世紀後，面臨的一場前所未有的大災難。在這場全球公共衛生事件危機中，中國作出巨大犧牲，也為世界作出巨大貢獻。當下，中國疫情已從遏制階段進入緩解階段，但全球疫情防控形勢仍十分嚴峻。在全球性、突發性的公共衛生危機中，世界各國是休戚與共的命運共同體，病毒沒有國界，不分種族，它不是「中國病毒」、「武漢病毒」，而是人類必須共同面對的「世界病毒」。在全球被污名化的時代，人類的傲慢與偏見、嘲諷與指責、恐懼與推卸只會加速病毒的全球蔓延，而災難面前人類的責任與擔當、團結與合作、同理心與善意的堅持，才能護佑人類共同的福祉和安寧。本文主要以課題組在新冠肺炎疫情爆發過程中的調研為基礎，分析突發性公共衛生事件所引發的污名化效應，試圖從傳統儒家文化視角深入反思人們在重大災難面前的認知態度和去污名化的內在心理機制。

---

*　本文為2017年黑龍江省哲學社會科學研究規劃項目「身體、病痛和日常生活的文化研究」階段性成果，項目編號：17SHD205。

一、新冠肺炎污名化調查

新冠肺炎疫情在武漢集中爆發後，多地出現患者姓名、身份證號、手機號等隱私信息被非法曝光事件，一些地方也發生了湖北人、武漢人在外地無法入住酒店、鄂A牌照私家車被圍堵、武漢援建的工人返鄉遭歧視、醫護人員被小區業主集體疏遠等現象。課題組以2020年1月發生在日本名古屋中部機場的衝突為例進行了調研，當時上海乘客發現兩名武漢人在自測體溫，擔心感染新冠病毒拒絕與武漢乘客同機回滬。在回收的2,663份有效問卷中，受調查者的觀點存在差異，支持隔離建議的人數為365人，佔13.71%；超過半數的人（1,343人，佔50.43%）傾向於採用綜合評估的應對方式，其中認為未確診不能判斷是傳染性病患的人數為155人，佔5.82%；不應歧視病患的人數為306人，佔11.49%；應做好個人防護的人數為246人，佔9.24%；做好合理建議並希望管理部門重視的人數為248人，佔9.31%。[1] 通過調查數據，我們可以看出大眾還是能夠比較理性看待污名化現象，避免或減少歧視，加強綜合治理是大眾的普遍訴求。隨着全球疫情的持續蔓延，西方一些政客和媒體試圖將新冠病毒貼上地域、國家、種族的標籤，致使世界各地的亞裔成為種族主義攻擊的對象，無辜者受到身心重創。面對國內外林林總總的歧視、分裂、恐懼等污名化效應，我們需要冷靜地思考在疫情時期乃至後疫情時代，現代人應如何對待可能比病毒更可怕的「心理病毒」及其在全球彌散出來的前所未有的危機與風險。

二、突發公共衛生事件污名化的本質與特徵

1. 污名的本質

污名（stigma）一詞最早可以追溯到古希臘時期，是烙印在奴隸、罪犯或叛徒等社會底層個體或群體身上的一種標記，以表明

---

1. 本文調查數據由蘇州大學附屬第一醫院李紅英老師提供，特此感謝。

他們身上有污點，應避而遠之。美國知名社會學家戈夫曼（Erving Goffman）在《污名——受損身份管理札記》（1963）一書中將污名理解為「受損的身份」，是一種令人恥辱、羞愧、貶低性的社會特徵。污名首先表現為對身體深惡痛絕，即身體殘障或缺陷；其次是為他所在社會文化不能接受的性格缺點，比如吸毒、酗酒、同性戀、精神錯亂等等；最後是血統形成的對種族、民族和宗教的集體污名。[2]質言之，污名作為一種身份標籤或社會建構，具有很強的價值判斷，使個體或群體成為遭受社會排斥、打擊的對象，在日常交往和社會情境中他們的社會身份、地位、價值受到貶損，甚至遭遇社會不公正的後果。此後，污名逐漸進入當代社會研究視野，越來越多的研究者從社會學、心理學等不同視角豐富和發展污名的內涵與外延。其中林克（Link）和費倫（Phelan）對污名概念的理解頗具影響力。他們認為，「污名是貼標籤、刻板印象、隔離、地位喪失和歧視等元素的集合體」，[3]這一概念清晰地概括了污名的形成機制及其後果。實際上，污名最突出的特點就是在日常生活中造成一種社會差異，它將人分成常人和蒙受污名者，通過身份標籤、刻板印象、社會歧視等一系列方法或手段在人與人之間潛移默化地形成一套社會分類標準。

2. 突發公共衛生事件污名化的基本特徵

　　隨着中國社會的深刻轉型及世界格局的複雜動盪，由新冠肺炎疫情引發的全球公共衛生危機日益嚴重，泛污名化現象日益突顯，在一定程度上對個體和社會大眾的身心健康造成危害，甚至影響到社會的和諧、穩定與發展。根據污名的內涵及本質，由新冠肺炎疫情引發的污名效應主要呈現出如下特徵：

　　第一，污名的內容日益泛化。

---

2. 歐文・戈夫曼，《污名:受損身份管理札記》。商務印書館，2014年，3–5頁。

3. Link, Bruce G, Phelan, Jo C. "Conceptualizing Stigma." *Annual Review of Sociology*, vol. 27, no. 1, 2001, p. 363.

在人類歷史長河中，瘟疫有如幽靈般如影隨形，雖不見刀光血影、硝煙彌漫，卻有無數生命不幸罹難，對人類的生存構成巨大威脅。無論是歷史上曾席捲整個歐洲的黑死病，還是至今仍受詬病的愛滋病，已有太多的傳染病或者瘟疫因其傳染性、致死性等承受着嚴重的污名。

縱觀從去年底持續至今並蔓延全球的疫情，我們可以看到新冠病毒早已跨越單純的疾病污名，呈現出地域污名、身份污名、種族污名、交錯污名等泛化趨勢。由於新冠肺炎疫情最初在武漢集中爆發，隨即就有「武漢病毒」之類針對更大範圍人群的地域污名出現。不僅患者本人包括家屬及相關人員，似乎只要和病毒沾邊，就很容易使人們在社會心理產生認知偏好，形成集體的身份污名。當下，中國的疫情趨向好轉，但污名化並沒有停止，種族主義和排外情緒所引發的污名持續泛化。人們日益發現人類面對的最大敵人不是病毒本身，而是導致人們彼此對立的污名。

第二，污名的方式日趨多樣化。

根據林克和費倫的框架，污名始於貼標籤，[4]在人與人之間形成區別。對於新冠肺炎患者而言，一旦確診即意味着貼上了「病毒」的標籤，需要接受規範治療，成為被隔離的人群，自然而然與常人劃出界線。不言而喻，在疫苗尚未研製成功之前，隔離、檢疫是維護公共衛生利益的最有效的保障和舉措。然而，新冠病毒的快速傳染性及其前所未有的殺傷力和危害性，很容易在大眾文化和心理上形成刻板印象和思維定勢，不知不覺中使患病人群及相關人陷入受孤立、受歧視、受傷害的不利境地。

從上述分析中不難發現，突發公共衛生事件的污名一方面遵循常態污名內在的演化邏輯，即從貼標籤形成先入為主的刻板印象，接受社會隔離，進而遭遇社會歧視。另一方面，隨着人類不斷

---

4. Link, Bruce G, Phelan, Jo C. "Conceptualizing Stigma." *Annual Review of Sociology*, vol. 27, no.1, 2001, p. 363.

邁入全球化、信息化時代，由傳染病自身特點所引發的突發污名，以及由互聯網傳播出現的媒介污名，使污名方式日益多元化。新冠肺炎疫情在全球的大流行，其罕見的破壞性迅速引發全球性的公共衛生危機，突發污名與常態污名並存[5]。尤其是網絡媒介、自媒體等信息技術催生出來的媒介污名，其傳播速度快、受眾範圍廣，造成的危害性更大。受利益驅動和博得受眾眼球，部分網絡媒體有意製造煽動性、甚至聳人聽聞的不實信息，斷章取義，放大污名效果。因此，在突如其來的大疫情面前，不少專家、學者感慨他們不得不面臨雙線作戰的尷尬境地，既要應付病毒的肆虐蔓延，又要應對比病毒本身還難克服的惡意造謠與污名。

第三，污名的風險日漸加劇。

從全世界範圍來看，新冠肺炎疫情差不多波及全球所有的國家，給人類社會帶來空前災難。病毒不斷攻擊社會的核心力量，奪走無數人的生命和生計，引發全球經濟空前惡化。聯合國秘書長安東尼奧•古特雷斯曾指出，目前這場新冠疫情是二戰以來世界面臨的最大挑戰，可能會引發一場近代歷史上無可比擬的衰退。這種衰退不僅表現為社會經濟的全球危機或者大蕭條，而且由此引發的污名風險也不斷加劇。在國內，隨着武漢封城及疫情的持續發展，我們身處的方圓之內也開始出現確診病例、疑似病例、無症狀感染者，於是「人肉搜索」，各種辱罵、謠言和歧視也隨之而來，甚至個別患者已經痊癒出院卻有家難回，始終無法擺脫加在身上的污名，回歸到正常生活軌道。這種感覺很像錢鍾書先生的《圍城》，如果不身處疫區，我們永遠無法體會被圍在城中的人們的悲歡離合，也很難想像武漢人、湖北人所做出的犧牲。同樣，不身處中國，也不可能理解中國政府集中力量辦大事全力以赴抗疫的壯舉。當下，全球疫情形勢依然很緊迫，疫情阻擊戰伴隨着輿論阻擊戰，各種甩鍋、栽贓、索賠、污名化現象更是層出不窮。

---

5. 陶鵬，〈公眾污名、自我污名和媒介污名：虛擬社會泛污名化現象的三維解讀〉，《廣東行政學院學報》，2014年，1期，39–44頁。

概言之，突發公共衛生事件引發的污名風險主要表現為：一是公眾或社會對某一特定個體或群體造成的身份區隔或群體標誌，致使蒙受污名者被拋出正常的社會生活軌道，遭到社會排斥與孤立。二是由於公共衛生事件的突發性和不確定性，尤其像新冠病毒的傳染性和高致死率，如果公眾不能及時獲取專業的權威的資訊，會產生極度的焦慮、驚恐、憤怒等不良情緒，一旦社會風險管理失效，極易導致社會恐慌、群體抗議、秩序重構等一系列公共衛生危機。三是公眾污名伴隨着自我污名不斷內化，導致人的情感、心靈等精神世界嚴重受損。當下中國抗疫取得階段性勝利，越來越多的患者痊癒出院，但他們仍普遍感到外界的壓力和鄙視，需要很大力氣抵禦他人的「有色眼鏡」，導致自我評價、自我效能的貶損或降低，甚至產生嚴重的心理應激障礙。

三、儒家倫理對污名化的回應

實際上，由新冠肺炎疫情引發的污名化效應僅僅是突發公共衛生危機中的一個縮影，人類文明的歷史演進始終伴隨着危及人們生存的各種災害與苦難。人類在與疾病、瘟疫、災難一次又一次的博弈過程中，不斷積累經驗，獲得成長，也日益加深對自然、對社會、對他人、對自身更為深刻的覺察與認知。在當下全球一體化，文化價值多元化的時代，從中國傳統文化中汲取有價值的普世的倫理思想對於矯正人類生存的價值坐標，改善現代人內在精神需求無疑具有重要意義。不言而喻，在傳統與現代之間，中國與世界之間，儒家倫理開啟的天道人道思想可以成為現代人反思公共衛生危機，推行人性治理，尋求美好生活的一面文化之鏡。

1. 仁民愛物的宇宙觀

經典儒家倫理最核心的理念莫過於「仁」，其最樸素的要求就是愛人，所謂「仁者，愛人」（《孟子•離婁下》）。實際上，儒家

倫理以愛人之名，倡導一種人際之間同類相愛的博愛思想。正如《淮南子・主術訓》所言，「仁者，愛其類也。」正因為人與人同類相似相愛，才會建立鏈接，從而形成共同的生命情感。在新冠肺炎疫情這場全球性的公共衛生危機中，我們看到污名極大泛化，不僅僅是個體的身份建構，同時也成為一個群體、一個種族甚至一個國家集體的污名，這無疑會給蒙受污名的個人帶來身心打擊，引發社會恐慌，甚至對國家造成巨大損失。儒家主張人類一家，彼此相愛，其愛的基本出發點就是將他人視為自己的同類，以愛己之心愛人。質言之，儒家的愛類意識對於衝破由污名造成的身份區別、社會差異、文化紛爭具有重要價值。尤其是對處於社會邊緣的脆弱群體，儒家更是抱有深切的同情與悲憫。孟子說：「惻隱之心，仁之端也。」（《孟子・公孫醜上》）作為一個有德性、有良知的人，要懂得同情他人，尊重、理解他人的感受與需求。在新冠疫情爆發過程中，疾病的高傳染性和殺傷力，在世界各地引發一系列對脆弱群體的孤立、歧視和排斥，特別是個別國家在床位、呼吸機等醫療資源救助方面的差異政策使患有新冠肺炎的老年人受到不公正的待遇，這在具有儒家傳統文化浸潤的中國是不可想像的事情。中國政府在此次疫情中採取了應收盡收，應治盡治的原則，對高齡的老人和兒童均施以人道主義的救護和幫扶。「老吾老，以及人之老；幼吾幼，以及人之幼」（《孟子・梁惠王下》），這種文化精神已經遠遠超越儒家最初的範疇，成為深刻積澱在每個中國人的血脈之中的價值取向。

在儒家看來，愛在先後、層次上是有差別的，呈現出一個不斷向外拓展生成的過程。親親、仁民、愛物構成了儒家差等之愛的演進序列，從愛人過渡到自然萬物，蘊含着人與自然和諧共生的生態倫理觀。「天人合一」是儒家思想的精髓，先賢們認為，人是大自然的一部分，應敬畏天道，不可向自然過度索取，要取之有時，用之有度。「子釣而不綱（大網），弋不射宿（歸宿之鳥）」（《論語・述而》）「數罟（細密的漁網）不入洿池，魚鱉不可勝食也；斧斤以時入山林，材木不可勝用也」（《孟子・梁惠王上》）實際上，這些樸素的話語揭示出人類對待自然萬物的偉大智慧，這

對於人們正確審視人與自然，人與動物的關係具有重要的啟示意義。經歷疫情，人們真的要停下來反思現代社會面臨的生態危機，不僅僅是氣候變暖、土地沙化、環境污染等對自然資源的過度開發和利用，而且還要重視對野生動物的保護，真正從源頭禁止非法獵殺、收購、運輸、販賣野生動物。從更為寬泛意義而言，本文強調去污名化是從一個延展的維度強調，人類不應盲目自大，妄圖憑藉現代科技技術就可以征服和控制自然，更不能僅僅為滿足一時貪欲，就做出虐待捕殺野生動物的瘋狂舉動。儒家經典告訴我們，「仁者，以天地萬物為一體」，天道與人道相通、相感、相濟，是一個不可分割的整體。無論是在疫情之中，還是在後疫情時代，我們應從本心出發，改變自己的生活習俗，具備愛人愛物之德性，不斷體悟人在宇宙中的位置，從而營造出各美其美、美美與共的生存格局。

2. 推己及人的忠恕之道

從本質而言，儒家提倡的仁愛思想始終堅持以人為本，民生至上的基本理念。仁者愛人絕不是玄之又玄的空中樓閣，而是落在堅實的大地上，活在人與人之間的生命情感中。因此，儒家歷來重視忠恕之道，將其視為推行仁愛的方法與路徑。朱熹曾這樣闡釋，「盡己之心為忠，推己及人為恕」。（《四書章句集注》）質言之，忠恕之道將仁愛之心一以貫之的基本路徑就在於將心比心，推己及人，也就是人們常說的「己所不欲，勿施於人」（《論語・衛靈公》），「己欲立而立人，己欲達而達人」（《論語・雍也》）。仔細分析，忠恕之道包含着人與人之間的雙向互動，一方面它強調不傷害他人，以自己的感受去理解、同情、幫助他人；另一方面，它對自身也提出了嚴格要求，即你希望別人做到，自己要先做到，也就是先求諸己，然後求諸人。

實際上，儒家的忠恕之道為避免或減少污名化效應開闢一條人與人之間相互理解進而達成共識的交互體驗之路。首先，在對待他人的態度上，儒家主張要竭盡所能、全心全意去幫助他人，

並且這種幫扶是發自真心，而不是虛情假意，所謂「巧言令色，鮮矣仁」（《論語·學而》）。其次，儒家強調以愛己之心愛人，先嚴格要求自己，再以己度人。這種以愛人之心為出發點的換位思考和同理心，實際上是消除污名效應的內在心理機制。污名者之所以被污，從本質上是對其身份或其存在狀態的一種道德貶損。而儒家倫理以仁愛為核心推演出來的「己所不欲，勿施於人」，或者說「施於己，再施於人」的忠恕之道，在全球疫情依然嚴峻的當下無疑具有普適價值。在此次疫情中，感染新冠肺炎的患者及家屬在身心受到病毒侵襲的同時，也常常直接或間接地成為蒙受污名的對象，而且由病毒連帶的地域污名、種族污名、國家污名已經給不同的個體或群體造成嚴重影響。在風險與機遇並存的全球化時代，忠恕之道內在所蘊含的將心比心、以己度人、相互關切的人生態度，以及其引發而來的社會成員之間和衷共濟、求同存異、互惠共享、守望相助等思想已經成為全世界人民抵禦重大疫病時最為寶貴的精神財富。

　　總之，人類的文明進步始終交織着與重大瘟疫、災難的艱苦抗爭。在一定意義上，人類的發展史也是一部人類不斷與疾病作戰，與病毒長期共存的歷史。病毒不會歧視，所有人都有風險，污名也並非是某個人或群體的專利，而是所有人不得不面對的現實。大疫當前，從中國傳統儒家文化視角思考人與人，人與萬物之間的關係，細細品味流淌在民族血脈中的那份親情、友情和愛情，將人類的惻隱之心化成對人、對天地萬物不竭的動力源泉，從而獲得生命的自在圓成。

第二十四章
「新冠」疫情病逝者遺體處理與
告別的生命倫理學關懷

白劼

香港城市大學公共政策學系博士生

杜焱

台灣交通大學社會與文化研究所研究生

一、「新冠」疫情下的遺體處理

　　「人類的歷史也是疾病的歷史。」2020年開年爆發的新型冠狀病毒肺炎疫情，以迅雷不及掩耳之勢打亂了人們日常工作生活的節奏，這場突如其來的流行病，在初期最令人們恐懼的是其傳播之迅速與較高的死亡率。我們尤其難忘武漢疫情爆發之初，由於醫療物資與抗疫經驗的缺乏，許多病人最終不治去世。據統計，截至筆者截稿，中國境內新冠肺炎確診病例共報告85,299例，死亡4,648，病亡率5.45%。[1]到三月底當中國境內疫情得到有效緩解之時，新型冠狀病毒又相繼在東亞其他國家、歐洲、北美、南美、南亞等國家和地區迅速傳播開來。根據世界衛生組織（WHO）發佈的統計數據，這次疫情全球死亡人數高達52萬餘人，平均病亡率為4.79%。[2]

---

1. 此數據來自中國國家衛生健康委員會官方網站，見http://www.nhc.gov.cn/xcs/yqfkdt/202007/8f76a26 625044e5391bbd9e8c711b9a7.shtml，2020年7月4日。

2. 此數據來自世界衛生組織官方發佈的關於新型冠狀病毒肺炎情況統計得出（截止到2020年7月5 日），見https://www.who.int/docs/default-source/coronaviruse/situation-reports/20200704-covid-19-sitrep-166.pdf?sfvrsn=6247972_2

由於傳染病患者死亡後遺體仍然具有傳染性，對於病逝者的屍體處理顯然需要十分謹慎。[3]中國早在1989年出台《傳染病防治法》伊始，就明確規定患傳染病死亡的，應將屍體消毒後火化或按規定深埋的原則。後2004年、2013年兩次修訂該法，也都保留並深化了對於屍體處理的有關要求。此次「新冠」疫情爆發後，國家衛建委、民政部、公安部以《傳染病防治法》為指導原則，出台了《新型冠狀病毒感染的肺炎患者遺體處置工作指引（試行）》，[4]其中明確規定病人死亡後不得舉行遺體告別等各種形式的喪葬活動，遺體就近火化的要求。相關條款如下：

（六）遺體火化。遺體運送到殯儀館後，殯儀館設置臨時專用通道，由殯儀館專職人員將遺體直接送入專用火化爐火化。遺體不得存放、探視，全程嚴禁打開密封遺體袋。

（七）骨灰移交。火化結束後，由殯儀館服務人員撿拾骨灰，並出具火化證明，一併交親屬取走。家屬拒絕取走的，按照無人認領的遺體骨灰處理。

然而，遺體處理絕非僅僅是一個疫情防控的環節，它同時關係到社會的每一個人，遺體處理過程中的倫理關係也是醫學倫理道德的一項重要內容（沈超等，2013）。在舉全國之力抗擊「新冠」疫情的大背景下，病逝者的遺體處理與告別屬於一個相對隱蔽的角落，是新聞報導裏面被隱去的悲傷且失聲的片段。

把時間軸拉回2003年，當年爆發的「非典型肺炎」（SARS）疫情是人類進入二十一世紀以來所面臨的第一場全球性的傳染性流行病挑戰。根據當時世界衛生組織的統計，非典共波及全球32個國家和地區，總病例數8,422例，全球死亡病例919人，死亡率

---

3. 對於傳染病人死後遺體的處理，中國自古就有記載。如先秦南朝梁武帝在位時遇大疫，朝廷賜死者棺槨盛殮，以防傳染。宋朝時，每有災害發生後，官方便招募僧人掩埋屍體，以度牒獎勵之。北宋朝建立埋葬無人認領屍骨的漏澤園制度，後歷朝歷代有所仿改革，這也從一定程度上抑制了傳染病的蔓延與傳播。

4. 全文見中華人民共和國民政部網站，http://www.mca.gov.cn/article/xw/tzgg/202002/20200200023854.shtml

接近11%。其中，中國累計報告病例5,327例，死亡349例，死亡率為6.55%。當年對於非典病逝者的遺體處理，是根據《傳染病防治法》、《關於做好傳染性非典型肺炎患者遺體處理和喪葬活動的緊急通知》等相關規定執行。

然而，2020年的新冠疫情，從蔓延範圍、傳播時長、感染和死亡人數等多個維度，都全面超過了17年前的「非典」疫情。年初「新冠」疫情的重災區——武漢，死亡患者數量居全國之首，達2,531人（不包含未及時得到核酸檢測確診就去世的疑似病例）。到3月下旬，武漢的疫情得到全面控制之後，武漢各殯儀館開放家屬領取新冠疫情期間去世人員的骨灰，清明節前這些被「新冠」奪去生命的亡靈終於能夠與家人「團圓」。然而因為防疫要求，武漢市新冠肺炎疫情防控指揮部3月26日發佈通告，2020年清明節期間武漢市暫停所有現場祭掃服務，並推出集體祭掃、網絡祭掃服務。[5]

人倫與防疫的衝突，體現了中國國家治理現代化發展中仍然需要反思的必要性。學者吳飛曾對於中國殯葬改革存在的問題直言不諱：「現在的中國的殯葬改革是把人的屍體當成垃圾在處理，殯葬機構就是一個人體垃圾站，它的目的不是維護愛敬之情，不是慎終追遠，而是怎麼儘快把死人處理掉。」正如吳飛所言，當下中國社會已經有將遺體作為「垃圾」處理的趨勢，而「新冠」疫情下的這一議題顯得更加醒目：究竟該將病逝者的遺體作為醫療廢棄物儘快處理，還是同樣要體現其作為人的最後尊嚴？顯示的困境在於，如不及時處理，有可能會造成二次污染，造成疫情的進一步蔓延；而如果像丟棄醫療廢物一樣，又難以體現對遺體的充分尊重。

在儒家看來，不僅人的肉身是神聖的，「身體髮膚受之父母」，並且逝去的親人並沒有永久離開，而是出於「敬其所尊，愛其所親」的要求而做到「事死如事生，事亡如事存」。換言之，即便病

---

5. 《武漢市新冠肺炎疫情防控指揮部通告（第21號）》，微博：武漢發佈，2020年3月26日。

關懷倫理

逝的遺體在醫療角度會被視為具有傳染性的危險物體，但對於他們的親友而言，仍然具有情感的羈留。因而遺體的處理不能忽視親友的情感訴求。

不可否認的是，新冠肺炎屬於流行性傳染病有其特殊性，和普通患病或者意外去世的患者不一樣，如果時間軸回到那個節點，能否對病逝者的遺體和告別有更妥當的處理，對病逝者，在這場大疫中不僅能體現對生者的搶救，也能體現對亡者的尊重，也是對亡者親屬的告慰。

二、消失的告別

除了遺體的處理問題，親屬與新冠病逝者的告別同樣面臨着一個倫理困境：是服從抗疫優先的原則全面取消追悼會，還是能讓家屬與病逝者體面地告別。這兩者之間如何平衡，也涉及了生命倫理學所關心的問題。現實中，嚴格的隔離措施，讓親屬無法在病人彌留或離世後進行探望，我們於是從媒體上看到了諸如「子女配偶追趕靈車」等悲慟人心，令人動容的畫面。無法送親人「最後一程」，對於尊崇「死者為大」傳統的中國人來說，着實是種難以彌補的遺憾。

「新冠」疫情期間，一個廣為流傳的視頻讓人不忍卒觀。視頻中，病逝者劉志明的妻子蔡利萍護士追在殯葬車後痛哭哀慟，同事則將她緊緊摟住，避免她進一步追趕。一行人目送殯葬車載着劉志明的遺體駛向遠方，卻始終相隔無法見劉智明最後一面。劉智明是武漢武昌醫院院長，因感染新冠肺炎於2020年2月18日上午10:30去世。他去世後，遺體被殯儀館的車輛拉走，他的妻子也只能穿着防護服，在車後聲嘶力竭的哭喊，以這樣的方式與他做最後的告別。我們完全有理由相信，這個視頻之所以流傳甚廣、令觀者無不為之動容，除了民眾對抗擊疫情的醫護人員的付出與犧牲的感激之情以外，很大程度上也是因為親人之間這樣的告別方式，實在帶來令人難以承受之痛。

在疫情的大背景下，國家衛生健康委、民政部、公安部聯合印發了《新型冠狀病毒感染的肺炎患者遺體處置工作指引（試行）》，為新冠肺炎患者遺體處置提出了規範性要求和相關技術指導。這個《工作指引》首次明確了在新冠肺炎患者遺體處置過程中醫療機構、殯儀館、疾控機構、衛生健康行政部門、民政部門和公安機關的具體職責分工。對患者死亡後報告、衛生防疫處理、手續交接、遺體轉運、人員防護、遺體火化、骨灰移交、環境消毒、信息管理等所有涉及的流程和環節，進行了較為詳細的規定，為有效有序處置新冠肺炎遺體提供了依據和遵循。

也就是說，本着「以人為本、依法規範、及時穩妥、就近火化、疑似從有」的原則，新冠病逝者的遺體以抗疫為最優先級，從而省略了告別儀式——這個親屬能夠表達哀思、宣洩情感的途徑被剝奪了。但顯然，「以人為本」的原則並沒能很好地予以執行。

事實上，在儒家看來，喪禮除了其儀式的重要性，更為重要的是其個體維度的**情感本質**和社會面向的**教化意義**。關於禮的情感本質，集中體現在孔子與林放的對話中：

> 林放問禮之本。子曰：「大哉問！禮，與其奢也，寧儉；喪，與其易也，寧戚。」
>
> ——《論語•八佾》

對應在《禮記•檀弓上》中所載：

> 子路曰：吾聞諸夫子：喪禮，與其哀不足而禮有餘也，不若禮不足而哀有餘也。祭禮，與其敬不足而禮有餘也，不若禮不足而敬有餘也。

可以看出，在孔子看來，與其徒有禮儀的形式，喪禮中的真情實感更為重要。換言之，喪禮中所體現的出於「敬」的哀傷情感，是喪禮真正的本質。喪禮之所以重要，就在於喪禮尤其能夠體現出儒家所推崇的「敬」的態度來。在當下社會中，追悼會作為告別形式雖然已經和傳統的喪禮相去甚遠，但仍然保存着親屬借此表

關懷倫理

達哀傷情感的價值。儘管取消追悼會不意味着斷絕情感宣洩的途徑，但缺乏具有儀式性的正式告別一定程度上還是會讓喪親之痛難以安放，特別是見故去親人最後一面的願望將無法達成。

此外，喪禮除了是表達個人對親友的真切哀傷，也同樣尤其社會性的教化作用。孔子一貫強調「死生亦大矣」，生命的終結雖然不若生命的誕生帶來喜悅，但卻同樣重要。儒家推崇「慎終追遠」，認為對待逝者和祖先的態度關係到世俗民風，即《論語》中所說的「民德歸厚矣」。進一步而言，「慎終」和「追遠」代表了兩個不同維度的意涵：其中「慎終」即指敬慎地處理父母的喪事，「追遠」指祭祀祖先（孫欽善，2009：5）。在朱熹的注中，「慎終者，喪盡其禮。追遠者，祭盡其誠（四書章句集成，50）。」事實上，對待逝者的態度很大程度上體現了人類社會中文明的溫情。在火化方式得到普遍的推廣，甚至已經取代了土葬成為新的喪葬傳統後，火化前的簡短告別儀式也已經成為新的喪葬儀式中的一個重要環節。不同於西方，這個告別儀式在中國通常由殯儀館專門的工作人員主持，告別致辭也是一套程式化的範本，僅僅將逝者的名字予以替換，鮮有個性化的悼念內容。然而，這也是親屬最後一次與逝者的近距離告別，被廣泛認為是真正意義上的「見最後一面」。在這個告別儀式中，親屬通常泣不成聲、淚流滿面，呼喚着逝者，表達着自己的哀痛與不捨。因為在這個告別儀式後，逝者的肉身將煙消雲散，化作骨灰。

遺體告別以追悼會方式進行事實上起源於民國時代的喪禮改革，[6]在近百年的沿襲中，這種「新型」的喪葬儀式環節無疑是一種「傳統的發明」。毛澤東曾經大力倡導追悼會的舉辦，1944年9月8日在中共中央警備團追悼張思德的會上的著名講演「為人民服務」中，毛澤東曾說了這樣一段話：

---

6. 民國時期的喪禮改革如吳飛所言，新式追悼會大多數只停留在精英層面，沒有對民間的喪俗產生實質影響。

> 今後我們的隊伍裏，不管死了誰，不管是炊事員，是戰士，只要他是做過一些有益的工作的，我們都要給他送葬，開追悼會。這要成為一個制度。這個方法也要介紹到老百姓那裏去。村上的人死了，開個追悼會。用這樣的方法，寄託我們的哀思，使整個人民團結起來。

從毛澤東最初在追悼會設置上的闡述，也可以判斷出，雖然斯人已逝，但「寄託哀思」的意義仍然不能忽視。在新冠疫情中被病魔奪去生命的病人，雖然對社會而言不是做出巨大貢獻的英模，但對於他們的親友而言，他們的離去同樣是對整個家庭的重創。因此，疫情下的親情與哀痛不能簡單地被棄置不顧。

事實上，在2003年的「非典」疫情下，媒體曾報導過殯葬人員為病逝者排除萬難，舉行遺體告別儀式。也就是說，「非典」疫情時期曾經出現過一些病逝者遺體處理上的例外。據羊城晚報2007年一篇回顧性報導記載，在2003年2月初，廣州市殯儀館還在「全副武裝」的工作狀態下為一位非典死者舉行了遺體告別儀式，這給予了逝者家屬在特殊時期最大的安慰，同時在嚴密防護的措施中，整個非典期間所有殯儀館工作人員實現了「零感染」的紀錄。[7]

三、一個非同尋常「非典」遺體告別禮

殯葬人員的臨危不懼，展現了另一種抗非英雄群體。

2月10日，就在初步應急方案制定的次日，殯儀館就接到了廣東省中醫院的報喪電話，要求派車接運一具吳姓的「非典」死亡遺體。因為有較強的傳染性，院方希望家屬能顧全大局，同意將遺體直接送火化間火化。可是家屬不能接受親人遺體立即火化，要

---

7. 〈揭秘：廣州非典死者遺體處理內幕〉，《金羊網–羊城晚報》，2007年4月5日，見http://news.sina.com.cn/c/2007-04-05/150712705349.shtml

求將遺體運回殯儀館保存，說還有親人要見死者最後一面，堅持要求舉行告別儀式。

由於當時國家無明確的法規規定要求「非典」遺體須及時火化，不得舉行告別儀式，但為了安慰傷心的家屬，殯葬人員還是答應為「非典」死者舉行遺體告別儀式。接受任務的員工組成了一支「敢死隊」。

易偉壯馬上到運輸部，與部長商量安排人員接運，本來考慮專車專人接運，但是每位員工都表現出臨危不懼，紛紛報名參加，最後，張燦開等3名接運人員接受了這一特殊的任務。張燦開等「全副武裝」將遺體接運回館後，防腐員對遺體進行嚴格的消毒處理，並送進專櫃冷凍防腐。

2月13日舉行遺體告別儀式，防腐員夏國欣、邱志超負責遺體的穿衣、化妝任務。他們說：「死者在這場突如其來的疾病災難中去世實屬不幸，他們的家屬也是極度傷心才要求舉行告別儀式，我們不能挽回他的生命，只希望能送他走好最後一程。」他們穿好防護服、戴上帽子、兩個口罩和兩雙手套，做好個人防護，儘量避免大面積地直接碰觸遺體。在為遺體穿衣入棺後，夏國欣開始為遺體化妝，他與死者面部相隔不過20厘米，要進行近20分鐘的細心妝容，他卻臨危不懼，以精湛的技術出色地完成了任務，死者家屬深感滿意。

雖然這條新聞報導的原意是着墨強調殯葬人員的英勇無畏，是另一種形式的「抗非英雄群體」，但在這個充滿「顧全大局，還是尊重個人的情感」倫理困境的故事裏，我們還是可以從最終的解決途徑中看到它所體現的對人性的溫情和對倫理的關照。面對家屬對立即火化病逝者遺體這一處理方式的不接受、表達出強烈的希望見親人最後一面的願望，殯葬人員沒有選擇僵化地執行抗疫準則，而是在保證安全的情況下，為家屬舉行了一場遺體告別儀式。儘管面臨風險和壓力，殯葬人員們還是基於人性的「惻隱之心」，從對家屬的哀痛的「同理心」出發，為親屬與病人的最後

一面付出了極大的努力。合理平衡這種困境，不僅為今後提供了一個很好的範例，也更能讓人體會到人性的美好。我相信，這也會對敦化民風產生一定的價值。

　　儘管2013年的非典已經一度讓中國的個別地區陷入停滯，但新冠疫情無疑愈發來勢洶洶，更大程度上衝擊了社會秩序，帶來了更多的損失與離別。因而對於病逝者的遺體處理和告別相關問題出台了更為嚴格的規範性指導。在疫情的大背景下，小家庭的親情的孝道和親情是否應該完全被棄置不顧？越是這種情況下，家庭的凝聚力越重要。實用主義為導向，人倫與情感將何處安放？顧全大局、為疫情防控做出貢獻是每個公民應盡的責任，但與此同時，兼顧公民個人與家庭的情感也是應被納入到政府制定規範的考量。如何在全力抗擊疫情的基礎上，兼顧親情和倫理和溫情，是今後國家在面對疫情時仍需要面對的挑戰。

第二十五章

何以超越「畏死的恐懼」

Covid-19防控中的啟示

蔡昱

雲南財經大學商學院教授

一、引言

　　2019年底開始肆虐的新型冠狀病毒（Covid-19）疫情是典型的突發公共衛生事件，在其防控過程中，那些堅守在一線的醫護人員和社區、交警等基層工作人員，尤其是那些自願報名支援武漢的「逆行者」們一次次地令我們淚目。他（她）們不眠不休，在最危險的環境中爭分奪秒地搶救生命；他（她）們勇敢、堅強，用敬畏和愛守護生命；他（她）們詮釋、彰顯和傳遞着生命的本質力量。他（她）們中的許多人為了這場「戰役」的勝利獻出了寶貴的生命。3月5日，國家衛生健康委、人力資源社會保障部、國家中醫藥管理局聯合追授34名殉職醫生「全國衛生健康系統新冠肺炎疫情防控工作先進個人」稱號。[1]與之形成鮮明對比的是，在抗疫過程中也出現了諸如以侵害個人權利為由抗拒隔離，故意隱瞞旅遊或居住史而逃避隔離，封路或挖斷路基以求自保等情形。這些現象無疑值得我們深思——在死亡威脅面前，到底是什麼令一些平凡

---

1. 《國家衛生健康委人力資源社會保障部國家中醫藥管理局關於表彰全國衛生健康系統新冠肺炎疫情防控工作先進集體和先進個人的決定》（國衛人發[2020]4號）

的人挺身而出，同時，又是什麼使另一些人蜷縮於一己的私利而全然不顧他人的安危？

二戰後，阿倫特也曾驚愕於相似的情境下不同的人所做出的截然相反的應對和反應，並對「真正的道德問題」進行思考，即面對希特拉的對猶太人種族滅絕的命令，只有少數國家和少數人進行了抵制，而更多的國家和更多的人則是配合的，甚至表現得很積極。從對艾希曼的審判中，她得到了「平庸之惡」，即「惡的膚淺性」或「惡的平庸性」的論斷，也就是說，因思維的匱乏，才使得艾希曼這樣的人盲目服從命令而犯下罪行。當然，阿倫特這裏的「思維」是一種自我反思的活動，其作用是揭露一切未經審問明辨的意見（包括人們習以為常的價值、學說、教條和命令等）的偏頗。但這裏的問題是，「思維」是內在的，它到底是如何與行動鏈接的？或者說，「反思」到底是去除了什麼樣的行動阻礙才幫助道德行為得以發生？

由此，我們發現了一個「真正的道德問題」，即道德主體（也就是那些具有道德實踐能力[2]的人）的特徵既應包括對狹隘私利的超越，又應包括獨立性，即不盲目屈從於任何異化的權威或異化的社會力量。本文將論述：只有超越了「畏死的恐懼」的人才具有道德實踐能力從而具備上述特徵。進而，「反思」的意義就在於消除「畏死的恐懼」這一道德實踐的障礙，從而使道德能力和道德實踐得以可能。在此基礎上，我們將進一步探討可以幫助人們超越畏死的恐懼的外部條件和資源和內在條件。下面，我們將從道德實踐和道德關係的來源，即人的本真存在方式的需要開始我們的討論。

---

2. 道德實踐能力是區別於道德認知能力和道德判斷能力的，可以使道德行為現實化的能力，它被前人普遍忽略了。我們將在後文詳細論述。

二、人的本真存在方式的需要——道德實踐和道德關係

　　人的本真存在方式具有其獨特性，即共在與自在並存意義上的「整體關聯之在」。具體地說，一方面，人不能棄絕與他人的交往而孤立地存在，否則就不能生存；另一方面，人又與其他自然物不同，他需要獨立的存在感。他的存在感、自我意識和自我同一感使其要求在思維、情感、選擇和行為中確證自己。因此，人既要與外界互動關聯，又要保持自身的獨立性，即不失落自己的存在而被周圍吞噬。

　　進而，滿足此種獨特的本真存在方式的需要的社會關係應是一種雙相承認的非對象性的社會關係，在其中，雙方的人格都被承認，雙方都被允許「選擇自己的自我」，即「如其說是」地存在與行動。同時，雙方都通過將對方的需要當作自己的需要而形成的「我們」而超越了「原子式個體」的「嚴格的私人性」，[3]即超越了狹隘的私利，從而協同擴展、共同創化和實現着雙方的生命。我們可以將這種相互承認並協同創生的非對象性的社會關係稱為「生—生式的屬人的（本真的）社會關係」，將可以結成此種社會關係的實踐稱為屬人的（本真的）生命實踐，它們是人的本真存在方式的需要。進而，上述「生—生式的屬人的社會關係」進一步擴展，就是屬人的社會和屬人的世界。在其中，作為每一個節點的個體都既是有能力「選擇自己的自我」的「強壯的個體」，又是能夠超越「嚴格的私人性」從而有能力和他人形成「生—生式的屬人的社會關係」的個體，即「超個體的個體」。[4]

　　我們知道，康德體系中的道德最高原則被表述為絕對命令，它的變形公式為人們所熟知，即普遍立法、人是目的、意志自律和

3.　「嚴格的私人性」可以理解為扎根於相互分離的身體及其抽象物的，盲目追逐生存性安全感意義上的「僅僅為了活着的目的」下的「對小我的有用性」。

4.　這裏所謂的「超個體的個體」是相對於封閉於「嚴格的私人性」和嚴格的私人性下的狹隘的私利中的「原子式個體」而言的。

目的王國。在目的王國中，「每一個理性存在者應當絕不把自己和其他一切理性存在者僅僅當作手段，而是在任何時候都同時當作目的自身來對待的」。[5] 由此可見，康德的絕對命令所表達的客觀的道德法則就蘊含在作為人的本真存在方式的「生—生式的屬人的社會關係」和屬人的社會中，進而，此種「生—生式的屬人的社會關係」也便是本真的道德關係，而可以使人們結成生—生式的道德關係（即可以同時滿足人的本真存在方式的一體兩面性）的生命實踐就是本真的道德實踐。由此我們發現，道德（無論是道德關係還是道德能力）是人的本真存在方式的需要，是人的本真需要。

三、「畏死的恐懼」與「道德實踐能力」

顯然，道德實踐的有效性依賴於道德主體具備的道德實踐能力，而它卻被倫理學家們普遍忽略了。具體地說，道德實踐能力是區別於道德認知能力和道德判斷能力的，踐行道德實踐從而形成「生—生」式的本真的道德關係的能力。下文中，我們將從最深層次的人性（即「畏死的恐懼」）出發論述：道德實踐能力包括內在自由意義上的「獨立能力」、相互言說意義上的「通達能力」和「超越畏死的恐懼的勇氣」，而超越畏死的恐懼的勇氣是獨立能力和通達能力的基礎和前提。

1. 人之弱點——「畏死的恐懼」

毋庸置疑，人具有急切的自我保存的需要，即生存必須性的需要。正是其所具有的急迫性，使得「生存必須性」及其所引發的「畏死的恐懼」，即「對（生存性安全感意義上的）匱乏的恐懼」

---

5. [德]伊曼努爾·康德，《道德形而上學的奠基》，李秋零譯。北京：中國人民大學出版社，2013年，55頁。

成了對人之自由的內在脅迫，即生存必須性的脅迫。生存必須性的脅迫及其所從出的「畏死的恐懼」是人的弱點。如果被「畏死的恐懼」攝住，便會盲目追求生存性的安全感，從而可能被他人以虛假的安全為誘餌操控着，將寶貴的生命力虛耗在偏離自我實現的外在目的上，進而失落自由而被奴役。生存必須性的脅迫所引發的「畏死的恐懼」包括兩個方面的「對匱乏的恐懼」：一方面，是物質性生存必須性脅迫所引發的「對物質性匱乏的恐懼」。具體地說，人是生物性存在，需要一定的物質以維持生存，否則就會滅亡，由此便產生了「對物質性匱乏的恐懼」。如果某種機制製造了虛假的匱乏，從而引發匱乏感，便會迫使人們盲目追逐此匱乏感所指向的對象，如金錢和財富等，從而挾持了人的目的。最典型的製造此種匱乏感的機制是廣告對貪欲的製造；另一方面，是社會性生存必須性脅迫所引發的「對社會性生存安全感意義上的匱乏的恐懼」，即「對不被他人或社會認同的恐懼」。具體地說，人是社會性存在，需要與他人在物質、情感和精神上形成關聯，不可孤立地生存，由此便引發了對被孤立的恐懼。如果某種機制製造了「孤立感」，則會引發此種社會性的匱乏感，它將使人以犧牲內在自由為代價與他人關聯以追求虛假的安全。最典型的製造此種匱乏感的機制是「庸俗大他者」[6]的「凝視」。

2.　從「畏死的恐懼」看道德實踐能力

首先，形成「生─生式的道德關係」的道德實踐的有效性需要主體具備「內在自由」意義上的「獨立能力」，即具有「選擇自己的自我」的勇氣和能力。顯然，只有超越了「畏死的恐懼」的人才能獲得內在自由──他既擺脫了「恐懼感」的逼迫從而不會盲目屈從於任何異化的權威、異化的社會力量或「動物性的麕集式

6.　「庸俗大他者」是指資本主義文化所製造的「大眾」，它常以大眾認同的價值觀或消費觀等「強制」個體的選擇。

集體」[7]（即馬克思所謂的「畜群」[8]）的集體目的，又擺脫了「匱乏感」所指向的對象的「誘惑」從而不會盲目追逐，即具有了獨立性。

其次，「生—生式的道德關係」的形成需要道德主體具備相互言說意義上的通達能力，即通過言語和溝通而對雙方的本真需要進行相互了解和交流的能力，而此通達能力的形成必須去除「生存性恐懼」的障礙。原因在於，後者會將人限制在「嚴格的私人性」中，即對其所遭遇的任何事物，包括他人的言語和行為，都反射性地機械性地用「對生存性小我[9]的有用性」來衡量，也即「生存性小我」及其（基於「對生存性小我的有用性」的）反射性的機械性的情緒衝動成了相互通達的障礙。

再次，無論「獨立能力」還是「通達能力」的獲得，都需要具有「超越畏死的恐懼」的勇氣。一方面，只有具有此種勇氣的人才能具有內在自由，即有能力使自己的本質力量忠實於自己，從而避免出現曾出現在艾希曼等人身上的盲目屈從的情況，也即具有了獨立性；另一方面，只有那些具有超越「將其所有的言語與行動都拋回自身的畏死的恐懼」的勇氣的人，才能突破「嚴格的私人性」及嚴格的私人性下的狹隘的私利而獲得通達能力，從而使得「相互言說」，進而使得道德行為和道德關係成為可能。

總之，勇氣、獨立能力和通達能力是具有道德實踐能力的人的基本表徵，而超越畏死的恐懼的勇氣是獨立能力和通達能力的基礎和前提。也就是說，道德（無論是道德關係還是道德實踐）是根本排斥恐懼的。

---

7. 「動物性的麇集式集體」意為具有動物性的社會性的社會，是屬人的社會的異化。在其中，人類個體「僅僅作為集體或社會成員」而分享集體或「人——類種群」的意義，而作為個體本身失去了意義。

8. 馬克思在討論意識的發展時，認為意識起初只是對直接可感知的環境的認識。包括對其他人、自然和「人總是生活在社會中的」的意識。「這個開始，同這一階段的社會生活本身一樣，帶有動物的性質；這是純粹的畜群意識……」，可見，馬克思將這種帶有動物性質的社會稱為「畜群」。參見《馬克思恩格斯選集》第1卷。北京：人民出版社，2012年，161頁。

9. 「生存性小我」即扎根於相互分離的身體及其延伸物的生存性安全感意義上的僅僅為了活着的目的下的那些需要。

四、超越「畏死的恐懼」的外部條件和資源——當代 中國的文化與制度優勢

根據前文所述的人之弱點的兩個方面，即「對物質性匱乏的 恐懼」和「對社會性匱乏的恐懼」，我們發現，能夠幫助人們超越 畏死的恐懼的外部條件和資源也主要來自兩個方面：一是基本經 濟制度（或生產關係），二是文化。在這些方面，中國具有鮮明的 制度和文化優勢。

具體地說，近代以來的資本主義是這樣一種脅迫性的剝削性 的經濟方式：它發端於對財產的剝奪，且在競爭中進行着持續的 剝奪（表現為不斷有資產者破產和勞動者「被無用化」），由此持 續製造着生存性恐懼。進而，它以「畏死的恐懼」為仲介脅迫性 地形塑、剝削和統治「僅僅作為社會成員標本」的，僅僅為自己的 （盲目追逐生存性安全感意義上的）「活着」操心的個體，從而劫 持他們的目的和生命力服務於「物質財富積累」的社會目的（本質 上為資本的目的）。同時，在十七、十八世紀的歐洲出現了一場針 對商業活動的思想推銷運動。最終，從利益角度處理欲望促成了 西方自古以來的人性論的一次制度性轉折，即塑造了「自利」的人 性。進而，人們開始喋喋不休地用「自利」來解釋人的一切行為， 甚至解釋美德。[10]

由上可見，近代以來的資本主義制度及文化以「畏死的恐懼」 和「自利」閹割了人的道德實踐能力。與之相反，當代中國文化最 重要的兩大支柱，即儒家文化和馬克思主義哲學，都蘊含了幫助 人們超越畏死的恐懼的巨大文明力量。

具體地說，儒家從來不將人看作是「原子式的個體」，而是處 於以「仁」聯結成的仁的關係和仁的共同體中，在其中，「彼此交

---

10. 參見[美]阿爾伯特・赫希曼，《欲望與利益：資本主義勝利之前的政治爭論》，馮克利譯。杭州：浙江 大學出版社，2015年。

感互發成為一體，我的人格才能實現」，[11]即「成德並不只是個人之成就其自己而已，它指的是將全副的生命回向整個生活世界，而去成就此生活世界中的每一個個我」。[12]由此可見，儒家的「仁」並不是單純的情感，而是一種可以將人聯結成「仁之關係」的道德實踐。同時，儒家的「仁」具有「無對性」[13]和「通」[14]的特性，這正是超越了「嚴格的私人性」和狹隘的私利的表現。與此同時，儒家認為君子修身的生命階梯是在「格物、致知」之後以「誠意、正心、修身、齊家、治國、平天下」的順序次第向上展開的，這是先賢通過傳統文化向我們傳遞的偉大情懷，即我們要將「自我」的格局不斷擴大開來——從父母之子擴大為國家之子與民族之子，再擴大為人類之子、世界之子甚至宇宙之子。這樣，我們就能從越來越大的範圍內看到宏大的生命意義，也即越來越能從畏死的恐懼和狹隘的私利中超拔出來。

在馬克思主義哲學中，我們同樣可以找到幫助人們超越畏死的恐懼和狹隘的私利的強大精神動力。具體地説，馬克思為我們提出了人類解放的外部條件，即生產力高度發達的「共產主義」這一未來的「自由王國」，即「各個人在自己的聯合中並通過這種聯合獲得自己的自由」的「真正的共同體」，[15]它是「自由人的聯合體」，是「把人的世界和人的關係還給人自己」[16]的「人類生命共同體」。進而，「共產主義理想」是「共產主義社會」這一「人類生命共同體」在每一個當下於個體生命上的投射。也就是説，對共產主義的堅定信念可以將個體的人格擴展為「人類生命共同體」，

---

11. 梁啟超，《自立：梁啟超論人生》。北京：九洲出版社，2012年，282頁。

12. 林安梧，〈儒家的宗教精神及其成聖之道——不離於生活世界的終極關懷〉，《宗教哲學》，1994年，1期，123–139頁。

13. 「無對」意指「整全」，即相互通達而歸於大一。它是借用了梁漱溟先生的提法：「無對者指超離利用與反抗而歸於渾全之宇宙」。參見梁漱溟，《我的人生哲學》。北京：當代中國出版社，2014年，183頁。這裏的「超離利用與反抗」是指超離了「我—它」式的行為規則，即各方都不把對方當作觀察、研究、利用的客體或對象，不視對方為可操縱的工具，也即各方都超越了狹隘的私利。

14. 儒家認為善本應是「通」。所謂「通」，即通達，是以超越狹隘的私利為前提的「痛癢好惡彼此可以相喻且相關切」。參見梁漱溟，《我的人生哲學》。北京：當代中國出版社，2014年，183頁。

15. 《馬克思恩格斯文集》第1卷。北京：人民出版社，2009年，571頁。

16. 《馬克思恩格斯全集》第1卷。北京：人民出版社，1956年，443頁。

而對自我是「潛在的人類生命共同體」的確認可以賦予個體「與永恆相關的生命意義」。「與永恆相關的生命意義」是推開「畏死的恐懼」和狹隘的私利的終極力量。

與此同時，中國目前正處於共產主義的前期階段，即具有中國特色的社會主義社會。這意味着中國的體制，特別是經濟體制中具有與資本主義截然不同的共產主義的成分。這些共產主義成分無疑會在很大程度上消除人們的生存性匱乏感，從而幫助人們超越畏死的恐懼。

顯然，這種制度和文化上的優勢在中國的國有經濟（包括國有企業和公立醫院等）中顯得更為突出。顯然，我們很難想像中國的兩大主流文化會在中國的私立醫院中得到很好的弘揚。這也部分地説明了為什麼中國的「逆行者」絕大多數產生於公立醫院，而很多私立醫院在疫情到來之際紛紛選擇關門。

五、 超越畏死的恐懼的內在條件——對節制欲望和生命意義的反思

我們已知，道德能力的獲得需要超越畏死的恐懼。阿倫特發現了「思維」，即反思與道德實踐直接相關，但她沒有很好地説明反思和行動是如何鏈接，或者説，反思到底是去除了什麼樣的行動阻礙從而幫助道德實踐得以發生。然而，在「畏死的恐懼」理論的框架下我們可以發現，這裏的「反思」的目的應是超越畏死的恐懼，即推開恐懼感和匱乏感，從而使道德主體的道德能力和道德實踐得以現實化。

具體地説，由於「畏死的恐懼」包括「對物質性匱乏的恐懼」和「對社會性匱乏的恐懼」兩個方面，因此，「反思」也包括物質性和社會性兩個方面。一方面，在超越物質性的畏死的恐懼方面，此種反思指向對欲望的節制。具體地説，在當代消費社會中，生產力的發展主要依靠需求來拉動，而人們的需求又大多是被廣

告等欲望生產機制所激發和製造的虛假的匱乏——貪欲，也就是說，是貪欲推動了生產力的發展，與此同時，生產力的發展又製造出了更多的貪欲。由此我們發現，在消費社會中，恐懼的直接來源是被大規模地製造的虛假的需要（貪欲）及其所從出的匱乏感。因此，在超越「物質生存性的畏死的恐懼」方面，需要人們反思的是被製造的「貪欲」這種虛假的「生存必需性」的奴役性，從而主動拋棄貪欲，即節制欲望；另一方面，在超越「社會生存性的畏死的恐懼」方面，人們可以通過辨認出道德關係（「生—生式的本真的社會關係」）和道德實踐（本真的生命實踐）是人的本真存在方式的需要，從而在其中辨認出生命的本真驅動力[17]和內在於這種本質的生命力量的「整全與創生基礎上的超越性」，進而辨認出在此超越性下自己是潛在的「人類生命共同體」，是天地大生命的一環，由此便會生出與永恆相關的生命意義。與永恆相關的生命意義能給人帶來真正的安全感——它可以推開畏死的恐懼，從而使道德能力和道德實踐成為可能。

---

17. 我們可以稱之為「慈」。具體地說，慈是生命固有的本真的驅動力，此種驅動力肯定、成全與創化生命。其本質既指向整合，又指向創造，即在整合中創造，在創造中整合，在整合與創造中超越。參見蔡昱、龔剛，〈守護人之本性——再論節制欲望的共產主義和人類文明再啟蒙〉，《南開經濟研究》，2016年，1期，3-17頁。